【增订本】

徐博东　黄志平　著

丘逢甲傳

趙樸初署

九州出版社
JIUZHOUPRESS
全国百佳图书出版单位

丘逢甲先生

丘逢甲先生四十岁（1903 年）摄于广州

丘逢甲故居培远堂全貌

丘逢甲故居培远堂之护龙——念台精舍

林、吴、邱诸绅筹御敌（林即林朝栋，吴即吴汤兴，邱即丘逢甲），
此画一八九五年刊于京沪报刊，现藏于北京中国历史博物馆

丘逢甲故居培远堂之护龙——潜斋（夏同和状元书题）

“台湾民主国国玺”

“台湾民主国”政府衙门

“台湾民主国”官银票

“台湾民主国国旗”

“台湾民主国”邮票

义军缴获的日军刺刀

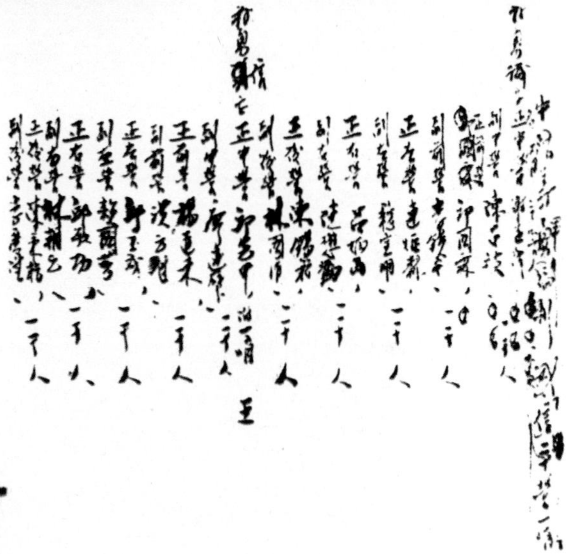

丘逢甲手书义军统领名单

台中丘逢甲纪念碑

台北丘逢甲纪念亭

台中逢甲大学

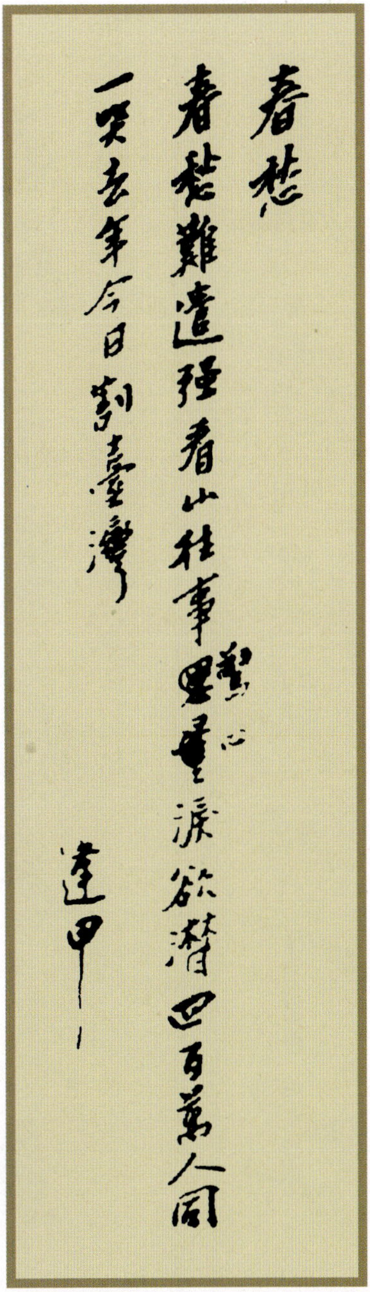

丘逢甲作于丙申年。2004 年 3 月 14 日，温家宝总理在十届全国人大二次会议答记者问招待会上曾高度评价丘逢甲保台爱国的功绩，并深情吟诵了《春愁》

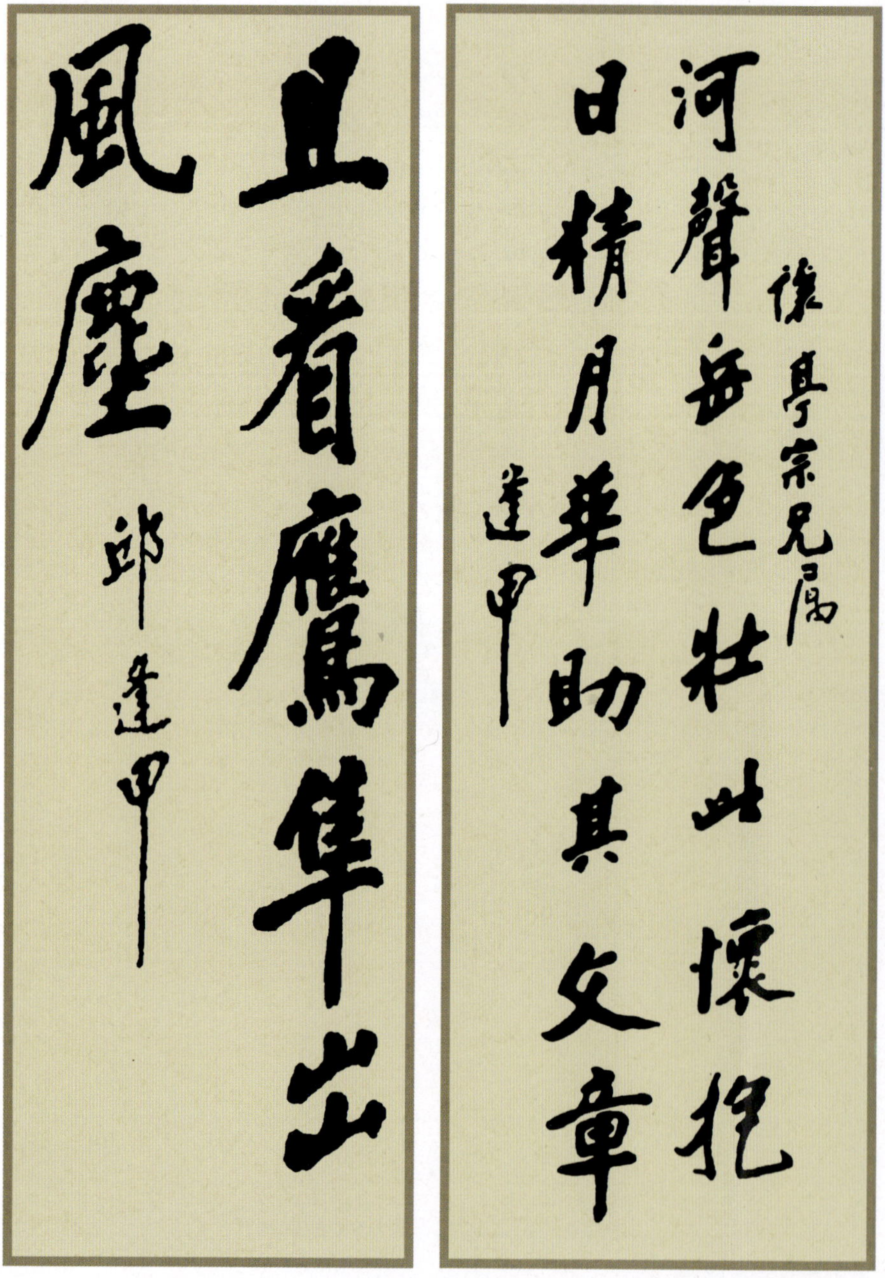

丘逢甲行书立轴 1907 年书

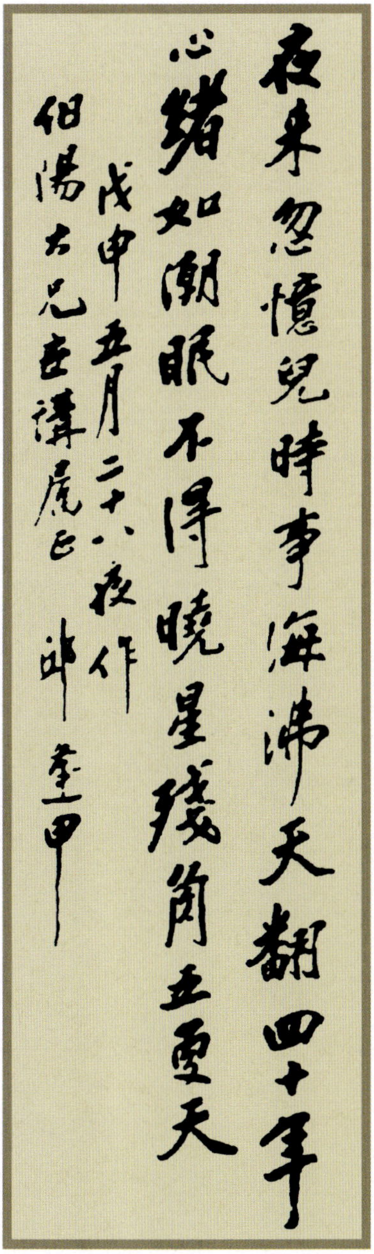

丘逢甲行书立轴。为史学家史树青在北京厂甸画棚购得，后捐献给中国历史博物馆

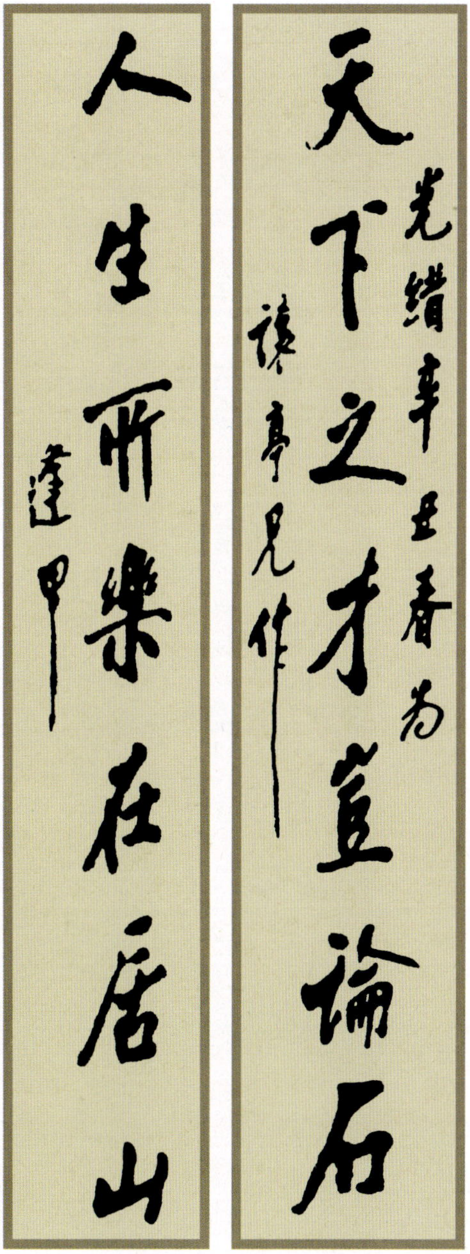

丘逢甲行书对联 1901 年书

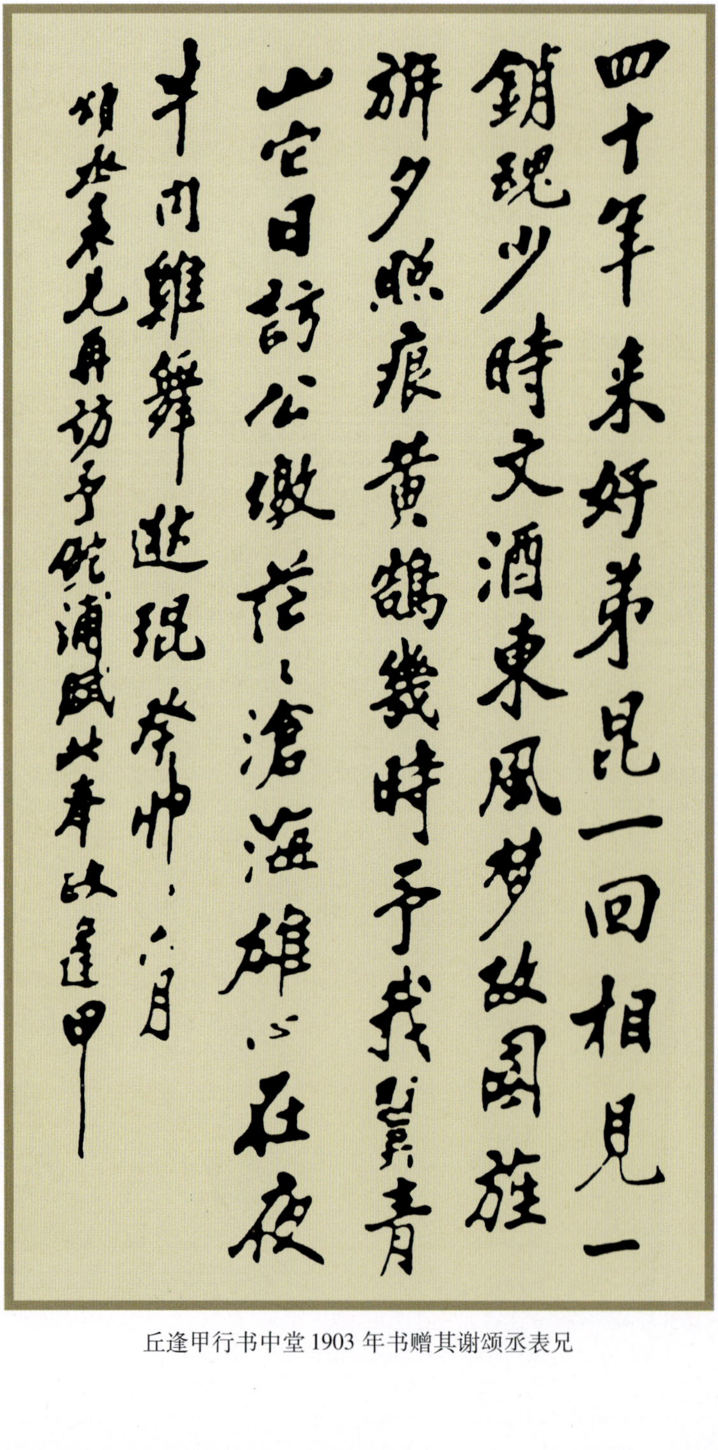

丘逢甲行书中堂 1903 年书赠其谢颂丞表兄

海峡两岸出版的丘逢甲诗文集

海峡两岸出版的丘逢甲研究及文学著作

蕉岭县逢甲大桥

丘逢甲先生亲自创办的创兆学校

蕉岭县丘逢甲陈列室

蕉岭县丘逢甲纪念亭

蕉岭县丘逢甲纪念塑像

蕉岭县丘逢甲故居

增订本序

新版《丘逢甲传》在海峡两岸出版有感

喜悉徐博东、黄志平两位学者合撰的《丘逢甲传》第四版“增订本”，在北京与台北分别推出简、繁两种字体的新版本，近期即将问世，对此，我十分欣慰，并表示诚挚的贺意。

丘逢甲（1864～1912）在近代台湾史上是一位有重要影响的人物，他对近代中国的社会变革也曾起到过积极的作用。清末民初的文史名家梁启超、黄遵宪、柳亚子、王芸生等都有过肯定的评价，表彰其倡导自主抗日保台卫国的义举，“颇足表现我中华民族之精神”，赞誉丘为“诗界革命之巨子”。但由于多种原因，上世纪的中叶，丘氏研究在大陆基本上处于停滞状态，到七十年代末改革开放后，情况才有所改变。三十多年来，海峡两岸文史学界对丘氏的研究日益广泛、深入，取得了许多共识。据悉，二〇〇九年十一月，在广州举行了由中山大学与台中逢甲大学联合主办的纪念丘逢甲诞生一百四十五周年的学术研讨会，与会的两岸学者对丘氏研究取得的丰硕成果都感到十分振奋，并一致认为，今后不应再纠缠于诸如“挟饷以去”等这类查无实据的所谓“疑点”或“难点”，理应转向深入探讨丘氏思想文化遗产与中华优秀传统文化的相互关系上来。我觉得两岸学者的这个共识与建议，非常及时，也十分可贵。

丘逢甲先生辞世将近百年了，然而他留给我们的思想文化遗产却弥足珍贵。我以为这主要有以下两个方面。

一、“国族至上”的家国情怀

众所周知，对任何国家民族而言，文化所具有的凝聚力与影响力是最为深刻、稳定而持久的。人类古代文明的发源地不止一个，但只有在黄河流域孕育并融合中华大地其他文明发展起来的中华文明，历经数千年仍能生生不息，绵延至今，显现出强大的生命力。中国优秀传统文化的形成与发展的进程，就是中华民族与中国国家的形成与发展的过程，元（蒙）清（满）入主中原的结果，进一步显示出中华文明的多源（元）性，包容性和统一性。台湾与大陆虽有浅浅的海峡所阻隔，且历经荷兰、日本数十年的殖民统治，但其思想文化的渊源、特质与发展播迁，同大陆中华母体文化却密不可分；台湾人民的价值取向、思维方式、道德伦理观念、礼仪民俗、生活习惯等与大陆基本相同，这说明台湾文化是华夏文化的一个支脉和延伸，并进一步丰富了中华文明。近代台湾爱国先贤丘逢甲的成长历程，就是鲜明的例证之一。

丘逢甲出生于十九世纪中期，这时台湾人口的增长以闽粤移民为主转变为以当地居民自然生殖增长为主，作为台湾进入定居社会之后成长起来的一代，他视祖居地“唐山”为“原乡”，把自己生于斯长于斯的台湾看作是自己的第一故乡，毕生怀有强烈的“台湾情结”和本土意识，但他所接受的仍然是中华传统文化的教育与熏陶，同样遵循“国族至上”、“国家兴亡，匹夫有责”的先贤古训，胸有强烈的家国情怀，深知国家统一才能保障社会经济的稳定发展和黎民百姓的安居乐业。在青年时期的诗作《台湾竹枝词》中，他就既歌颂郑成功率部驱荷复台、“纳土内属、维我国家”的历史功绩，又肯定康熙帝统一台湾，筹固海防的积极贡献。他能突破东南海疆一隅的视野局限，从维护国家民族的整体和长远利益的高度来评史论事，确是卓识过人。

甲午战败后的一八九五年，台湾人民的反割台斗争是伟大的正义战争，得到大陆民众和爱国官兵的广泛支持。割弃台湾乃腐败无能的清廷中央封建政府所为。丘逢甲作为一名在籍进士，其身份只是台湾几个书院的教师，并非胸有韬略、肩负守土卫国之责的边陲大吏，更非权柄在握的朝廷重臣，却能挺身而出，勇赴国难，倾家财组建义军，面对强敌，率众奋起抵抗。清廷割台界日，他“刺血三上书”，奋起抗争，继而倡建“台湾民主国”，力谋自主自救，“明知末着而势不能不拼而出此者”，这种不计成败利钝，不计个人得失荣辱的果敢行动，正是中华民族自强不息、勇以反抗的民族精神的体现。史家王芸生先生说得好：“当割台之势不免之时，台湾有宣布自主之一幕，其事虽昙花一现，然颇足表现我中华民族之精神，尚胜于不战而亡也。”

在乙未抗日保台事败挥泪内渡之后，丘逢甲创作了大量的念台诗篇（“往事何堪说，征衫血泪斑……不知成异域，夜夜梦台湾”、“春愁难遣强看山，往事惊心泪欲潸。四百万人同一哭，去年今日割台湾”），其怆台之痛，念台之深，可谓字字血泪。他痛定思痛，矢志于兴教育才、图强救国的事业，坚信只要祖国强大就能收复台湾（“大九州当大一统”、“重完破碎山河影，与结光明世界缘”）。在丘逢甲的心目中，海峡两岸乃是不可分割的“命运共同体”，谋求国家民族的富强与统一是至高无上的，并时刻把台湾的前途命运和祖国的强弱兴衰紧密地联系起来思考，这种卓识是值得后人景仰和重视的。

二、“以民为本”，始终以苍生为念，与时俱进

“仁者爱人”是儒家力倡的最高道德原则，“仁”，集诸德之全，它超越了血缘宗亲关系，涵盖了忠恕，仁爱、孝悌、信义等诸多方面，它是中华传统文化中的重要内容，历代先贤都很注重道德伦理的完善与自律。丘逢甲自幼受到父辈儒家思想文化的熏陶，深知仁爱、诚信乃为人处世之本。其父是乡村塾师，“邻居皆农家者流”，对台农“春作方忙”之甘苦忧乐深有所感，在青年时代作有《农歌》八首咏之，后又写《老番行》、《热风行》等佳作，对山胞艰辛劳作，却被迫辗转流徙的悲苦境况，表达了极大的同情与关注，吁请驻台大吏体恤民生、筹固海防。他跻身科举仕途的初衷，本是想借此实现“经世致用”、“报国效时”的理想，但见朝政昏暗、吏治污浊，他不愿与蝇营狗苟之徒为伍，也谢绝捐银“外放”的“劝告”（“家贫何术铸黄金”，“地瘠何堪再刮皮”），乞请“以亲老告归”，辞官离京返回台湾，从事文化教育工作，为建设故乡台湾竭尽心智。保台事败内渡后，他不知疲倦地探索强国复台之路，先是追随康梁变法维新，后又转而拥戴孙中山领导的民主革命。晚年他眼见清廷日趋腐败，列强瓜分豆剖之阴谋得寸进尺，国事日非，中国面临亡国灭种的严重威胁，忧心如焚，寝食难安。盛夏时节，他捧着友人送来的西瓜，难以举刀（“金刀欲下踌躇甚，多恐神州似此分。”）友人赠他香米，“甫熟未及餐，已觉香流匙”，惊闻“徐淮被灾处，草木无根皮”，而“念此不能餐，北望挥涕洟”。丘逢甲这种忧国忧民的品

德情怀，感人至深。进入二十世纪，目睹天灾人祸接踵而至，他发出了“处处闻饥复闻乱，年年忧雨更忧晴”的深沉感歎。他本来担心暴力革命会损伤国脉元气，贻外敌予可趁之机，后见孙中山领导的民主革命浪潮汹涌澎湃，深得人心，清廷统治集团只知敲骨吸髓，荼毒生灵，无可救药，遂投身时代洪流，暗护革命党人，力促广东和平光复，讴歌民主革命的伟大胜利。由此足见，丘逢甲的“民本思想”是根深蒂固、发自内心深处的。他始终以苍生为念，只要有利于改善民生，增进人民的福祉，促进国族的统一与富强，他就不断修正自己的认识，规范自己的言行，努力与时代、人民、历史一同前进。

丘逢甲先生抗日保台卫国的历史功业与日月同辉，他兴教育才的业绩与丰富的诗歌创作也将永存于世，而上述两点，我认为则是他留给我们的最珍贵的思想文化遗产。今天，我们努力传承与弘扬中华民族的这些优秀思想文化遗产，格外具有现实意义。

近两年来，台海和平持续稳定发展，两岸直接“三通”的实现，特别是“经济合作框架协定”（ECFA）的签订，使两岸的经贸交流与合作向更广更深的领域展开，这无疑有助于促进两岸经济的繁荣和两岸同胞的福祉。目前，两岸关系和平发展正面临着新的关节点，在已经取得重大进展的基础上如何进一步推向深化？经济交流与合作是两岸关系和平发展的基础，而文化交流与合作则是两岸关系和平发展的核心。按照“先经后政，先易后难，把握节奏，循序渐进”的思路，我以为，下一步我们在继续贯彻落实“经济合作框架协议”的同时，应当加大力度，采取切实有效措施，进一步推动两岸在文化层面的交流与合作，在两岸构建起中华民族在新时代的共同的精神文化家园。值此，新版《丘逢甲传》在北京与台北同时问世，应当说这是一种适时的、有益的尝试。丘逢甲先生是近代台湾人民的杰出代表，他的生平事功与丰富的诗作，表现了近代台湾同胞的品格，反映了他们的心声与诉求。乙未内渡后十七年，他追随先进社会力量，不懈探索图强救国复台的真理与道路，体现了近代中国知识分子对光明、进步的追求；他的整个人生历程，折射出新旧世纪之交主要社会思潮与社会力量的消长与趋势，具有相当的代表性和社会价值。大陆读者通过新版《丘传》，可以感受到近代台湾同胞勤朴进取的思想品格，和他们历经的苦难与悲壮的斗争；而台湾同胞则可从丘逢甲先生的人生经历中，了解到大陆同胞同样备受列强的欺凌侵略和封建专制统治压迫的悲苦命运，以及为摆脱这种命运所进行的长期的艰苦斗争。历史昭示我们，两岸同胞本是休戚与共的“命运共同体”。当前，海峡两岸面对全球化下的机遇与挑战，我们应当团结起来，共同为中华民族的伟大复兴，为人类文明的进步，做出更大的贡献。

趁新版《丘逢甲传》刊行之机，特撰此短文，略抒己见，就教于两岸方家读者。是为之序。

唐树备

2010 年 11 月于北京

增订本说明

拙著《丘逢甲传》自一九八六年问世以来，先后在海峡两岸刊行三次，其中以二〇〇三年台北海峡学术出版社出版的修订本较为完备，但此书在大陆书市无法买到。而上世纪八九十年代由北京时事出版社先后出版的两版《丘逢甲传》更早已售罄，无处寻觅。目前，随着两岸文化交流的日趋热络，希望了解台湾历史的大陆同胞愈来愈多。另悉，大型历史剧《丘逢甲》也正在筹拍之中。鉴于此，在文史界前辈、同仁和广大读者的敦促鼓励下，我们将台版《丘逢甲传》加以补正充实，送北京和台北两地出版社审定，同时推出简、繁两种字体的版本，以应时需。

这次修订补正的要点计有：

一、依据新发现的史料和近年来学术界的最新研究成果，对传主的生平、家世的叙述，进行了若干补充修正。比较重要的有：改写了第三章的第二、三节，补充了传主参与保皇会密谋庚子武装“勤王”运动的史实；增补了新发现的有关丘逢甲出任广东学务公所议绅、惠潮嘉视学员和广东总教育会会长后，于一九〇七年呈报清廷的《复陈教育计划草案条议》，并进行了简要的介绍与剖析；本书旧版及他人所撰《丘传》，多把丘氏生母陈掌妹说成是“福佬人家”的养女，现根据新发现的史料，更正为“屏东客籍武举人陈家的女儿”；关于丘氏出任台湾民主国“副总统”之相关记载与传闻，新版也增补了考证。

二、对近年来丘氏研究中的某些似是而非的观点进行了评析。如有人将乙未抗日保台斗争，归结为“一场地域公民保卫乡土的战争”，台湾士民议立自主之举，亦被视为“中国当权者授意”所致。这是有悖史实、侮辱先贤的不实之词。本书依据史实，强调指出，武装抗日保台的主战场，虽在台湾地区，但举国上下配合抗争，千余举子“公车上书”，京沪报刊大力声援，部分驻台官兵与台湾义军并肩苦战，甚至捐躯沙场……。所以，乙未抗日保台斗争是全体中国人民为维护国家领土主权之完整统一而进行的伟大斗争。甲午战败，乙未割台，促成近代中华民族的觉醒，对近代中国社会历史的进程，产生了重大而深远的影响。

三、改写了第五章的第二、三节，对丘诗的艺术特点和丘诗中的“台湾情结”，进行了更为详细具体的分析。

四、附录中，《考评》一文对丘氏所谓“卷饷内渡”的不实指控，增补了若干重要资料进一步详加辨析；收入了徐博东撰写的《试论 1895 年“台湾民主国”的民主性》一文，以补充正文中有关评论之不足；将“丘氏五代简表”增补为“丘氏七代简表”；增补了台湾出版发表的有关“台湾民主国”和“乙未抗日”研究论著目录，以供研究者参考。

五、订正了旧版中的讹错文字。

总之，这次修订再版，我们力求更臻完善，但限于水平及史料，肯定还有不少欠缺与不足，敬希专家读者给予教正。

末了，要感谢国台办前副主任、海协会常务副会长唐树备为本书作序。感谢九州出版社祝松编辑所付出的辛劳。

今年恰逢抗日战争胜利和台湾光复六十五周年，谨以本书的再版以资纪念！

徐博东　黄志平

二〇一〇年七月于北京

三版自序

《丘逢甲传》自一九九六年由北京时事出版社二版刊行至今已有七年，受到海内外舆论的重视和海峡两岸学术界前辈、同仁的肯定与鼓励，我们在此谨表诚挚的感谢。随着海峡两岸经济文化交流的日益密切和祖国统一大业的日趋明朗，人们渴求了解和深入研究近代台湾著名历史人物丘逢甲的愿望与兴趣也益显浓厚。可是，在书市上，此书已经告罄。此外，从本书二版发行以来，两岸学者研究丘氏的学术活动和科研成果不断涌现，如一九九六年和一九九九年，台中逢甲大学先后主办了《丘逢甲与台湾历史文化》和《丘逢甲、丘念台父子及其时代》两次学术研讨会；二〇〇〇年春，广东社会科学院与汕头大学联合举办了《丘逢甲与近代中国》的学术研讨会。笔者有幸参加了上述会议，聆听了与会专家学者的许多高论，受到很大启发，从中获取了有关丘氏研究与丘氏佚作的不少信息与线索。

一九九七年，广东人民出版社出版了由吴宏聪、李鸿生主编的《丘逢甲研究——一九八四年至一九九六年专集》；花城出版社也刊行了丘晨波主编的《丘逢甲文集》；二〇〇一年冬，湖南岳麓书社推出了广东丘逢甲研究会组织编校的更为翔实的《丘逢甲集》，……所有这些科研成果与学术活动，都使我们感到不仅有必要也有可能对二版进行修订与补正，使之接近和满足社会各界人士的期望与要求。

这次修订，保持原版的基本观点、结构框架和文字风格，主要是做了如下工作：（一）对新发现的丘氏佚作进行评介，如《诗畸》中披载的丘氏青年时期所作诗钟二一五联和律诗五十首、戊戌《感事》五律二十首，以及丘氏庚子南游的诗文与演说辞等。（二）对丘氏生平活动中若干史实与人物关系的变化作出必要的补充与交代，如己亥冬的秘密赴港之行，与丘菽园的交往与疏离。（三）凸显丘氏在乙未抗日保台中的活动与作用，对近年某些贬损台湾民主国和台湾军民抗日保台斗争的论断进行考评。（四）订正旧版中的讹错文字。此次修订工作，先由黄志平执笔完成初稿，继由徐博东统一修订。在修订过程中，得到学术界前辈及同仁吴宏聪、戚其章、丘晨波、林大椿、李尚行诸位先生的指导与鼓励，戚先生还惠寄史料，提出中肯意见，钟敬文老师在生前也指出了旧版的不足。台湾海峡学术出版社王晓波教授、洪宜勇主编等，亦为本书在台湾的出版花费了大量心血。

在此，我们谨致由衷的敬意和诚挚的感谢。

在三版刊行之际，我们十分感念赵朴初、林增平、徐森源三位前辈。赵老曾为本书原版亲笔题写书名，林教授为本书撰序，徐先生对本书的写作曾给予许多鼓励和支持。现在，他们都已先后辞世；在此，我们谨表深切的哀悼。

徐博东　黄志平

二〇〇三年八月于北京

修订版序

今年正值马关割台一百周年和抗日战争胜利、台湾光复五十周年，欣闻时事出版社决定出版由徐博东、黄志平合撰的《丘逢甲传》（修订版），我以为这是很有意义的事情，表示衷心的祝贺！

丘逢甲先生（一八六四～一九一二）是近代台湾史上有影响的人物。他出生在国家民族多难之秋，成长于祖国东南海疆前哨台湾。少年时代，丘逢甲的心底就孕育起了忧国伤时、反抗侵略的思想种子。身居台岛却胸怀大志，“以天下为己任”。考中进士后，他弃官回台，锐意桑梓教育，为谋求祖国的富强而努力汲取新的思想营养，呼吁防御外敌的入侵。甲午中日战争初起，他即预感到台湾的危难，于是登高而呼，以“抗倭守土”号召乡里，“倾家财以为兵饷”，投笔从戎，创办义军，以备战守。马关割台的噩耗传来，丘逢甲痛心疾首，拍案而起，“刺血三上书”，率领台湾绅民向清廷愤怒抗争，坚决反对割让台湾予日本。当一切努力均告无效，在“无天可吁，无主可依”、“无人肯援”而强敌压境的危急时刻，丘逢甲又“义不臣倭”，力倡建立以清朝为正朔的“台湾民主国”，与台湾绅民一起奋起自主保台，为反抗日本侵略、维护中华民族的尊严和祖国领土的主权，进行了不懈的努力。

事败后，丘逢甲满怀悲愤，饮恨内渡祖国大陆，定居广东。但他并未就此消沉，内渡十七年，始终以“强祖国、复土雪耻”为职志，以“教育救国”为己任，不辞辛劳，长期奔波于潮、嘉、穗等地，积极倡导新式教育，主持创办过多所学校，为国家民族培育人才，建树颇丰。晚年，更由赞助维新改良进而同情、支持孙中山先生领导的民主革命，为辛亥革命的成功，作出了贡献。

丘逢甲先生不仅是著名的爱国志士和进步教育家，而且是一位杰出的爱国诗人。早于青年时代，其诗名即已享誉全台。内渡后，他有感于故土沦丧，报国无门，列强进逼，国是日非，创作了大量怆怀故土乡亲、抨击时弊和期待国家民族振兴、洋溢着强烈爱国主义思想激情的诗篇。他的许多爱国诗篇，催人泪下，感人肺腑，表达了近代中国人民对于外来侵略和本国腐败政治现实的忧愤与抗争，为我们认识近代中国的苦难与屈辱，提供了一份生动的教材。丘逢甲在近代诗坛上的地位与成就，是有口皆碑的。本世纪初，梁启超就极为推崇，将他同晚清爱国诗人黄遵宪同誉为“诗界革命之巨子”。毛泽东、叶剑英等老一辈无产阶级革命家对丘逢甲的诗歌也十分赞赏。记得一九七四年在选举第四届全国人大台湾代表团代表时，叶剑英同志接见全体台胞代表，亲切地对我们说：“清末台湾有个爱国诗人丘逢甲，你们知不知道？他的诗写得很好，很感人！”

然而，对于丘逢甲这样一位颇为值得纪念的爱国人物，长期以来大陆学术界却甚少有人研究。党的十一届三中全会以后，直到八十年代中期，丘逢甲研究才开始活跃起来，学术界相继发表了一批较有学术水平的论文。徐博东、黄志平在广泛搜集资料并参考、吸收了海峡两岸学者研究成果的基础之上，经过自己的独立思考和认真探索，撰写出了第一部评介丘逢甲生平思想和业绩的专著《丘逢甲传》。八年前，当我拜读到这部著作时欣喜不已，这不仅因为该书作者之一徐博东教授是我看着他从小长大成人的后生，如今他已学问有成，令我欣慰；更因为这部书的问世填补了大陆台湾史研究中的一项空白；还因为这部书有如下几个特点给我留下了深刻的印象：（一）结构严谨，语言通俗流畅且富有文采；（二）资料丰富，对史料的考证、鉴别严肃认真；（三）不囿于陈说，敢于触及学术界历来有争议的疑点、难点，提出自己具有独创性的新见解；（四）对丘逢甲的评价较为中肯和实事求是。总之，我认为这本书较为全面、系统和客观地记叙了丘逢甲先生作为一位著名爱国志士、杰出诗人和进步教育家的光辉一生，是一部颇有学术价值的力作。该书出版问世后，受到海峡两岸学术界的肯定和好评，不是偶然的。现在经过作者的认真修改、补充，吸收利用了近几年来新发现的史料和学术界丘逢甲研究的最新成果，在原书的基础上又有了较大的提高，我相信，该书的重新出版，一定会受到学术界和广大读者的欢迎。

值本书出版之际，欣记如上感想，为之序。

蔡子民

一九九五年八月于北京寓所

原版序一

毕生为救亡图存作出过重大贡献的丘逢甲（一八六四～一九一二），是台湾学术界竞相研究的历史人物，近十余年，至少出版了三本纪述他生平的传记；而在大陆，却至今阙如也。这样一位值得纪念的爱国者，为什么在大陆长期地受到冷遇呢？推其缘故，大概与五十年代起基于“左”的观念对他所作的不公允的评价还没有来得及摒弃有联系。就这个课题来说，我们台湾史学界的同行倒是走在前面。好在徐博东、黄志平二位合撰的《丘逢甲传》（以下简称《丘传》）即将问世，很快就会把我们引为憾事的隐忧给消除掉。

三十多年来，在我们的有关著述中对丘逢甲贬抑较多的，大体集中在他主谋筹建“台湾民主国”这一段经历上。有的论著指责成立“民主国”是台湾官绅借以“阻遏”人民抗日力量的措施；有的则稍涉轻薄地把“民主国”讥为“一幕滑稽剧”；有的还或多或少地摆脱不了影射附会的陋习，将“民主国”同前些年嚣张一时，至今仍时起鼓噪的“台独运动”相比附，从而指控为“分裂主义行动”。对这一些颇欠公允的评论，《丘传》都曾详加辨析，有所澄清，使我深受教益。

据有关记载，远在一八九四年黄海海战失利、日本侵略军入寇辽东的时候，“逢甲已窃忧之。太息曰：‘天下自此多事矣！日人野心勃勃，久垂涎此地，彼讵能恝然置之乎？’”（江山渊：《丘逢甲传》）他鉴于驻台官兵并不可恃，因而亟起聚集乡民进行操练，以备战守。旋因台湾巡抚唐景崧奏荐，得奉旨在台督办团练。于是，丘更四处奔走呼号，以“守土拒倭”相激励，一时群起响应，“全台编册有一百六十余营”（丘琮：《仓海先生丘公逢甲年谱》），初称团练，后改称义军。为国捐躯的著名义军将领吴汤兴、姜绍祖、徐骧等率领的营伍，都在编册之中。故丘逢甲在上书唐景崧时自称“工部主事统领全台义勇”，并非虚言。他在一首诗里吟哦：“我亦曾驱十万师”，确属实事。这都说明，九十年前首倡筹组抗日保台义军的，是丘逢甲：全台义军的统领，也是丘逢甲。可是，在我们多数近代史著作或论述甲午－乙未台湾人民抗日的论著中，却不提及这个史实，以致给人们的印象是，台湾义军浴血抗战，是分别自发地纠合起来，各自为战地进行着的。

对丘逢甲“统领全台义勇”的地位不予承认，大概是由于对“台湾民主国”持否定态度的缘故。如果我们将建立“台湾民主国”时的形势和这个“民主国”的实际意义加以考察，就不难发现，以丘逢甲为首的台湾士绅的这番举动，是无可非议的。

首先，“台湾民主国”是在清廷决意割让台湾以乞求日寇罢兵的方针业已确立，屈辱的《马关条约》业已在烟台换约（一八九五年五月八日）生效之后，于五月二十五日宣告成立的。很明显，它是为了抵抗日本帝国主义的吞噬，而不是搞分裂。况且，就在同时，“台湾民主国”还曾电奏清廷，声称“台湾士民，义不臣倭，愿为岛国，永戴圣清”。而在分电北京总理衙门、南洋大臣、闽浙总督等的电文里，就更强调：“台民此举，无非恋戴皇清，以图固守，以待转机。情形万急，伏乞代奏。”这更表明“台湾民主国”是在清廷已将此宝岛割弃不顾，台湾绅民在“无天可吁，无主可依”、“无人肯援”的万急情况下，基于“以图固守，以待转机”的需要而采取的权宜之计。要说“闹独立”，“搞分裂”，那也是针对夺得了台湾管辖权的日本侵略者。这倒“闹”得好，“搞”得对头。

其次，指责“台湾民主国”的出现“阻遏了台湾人民的抗日力量”，则显然是缺乏说服力的看法。我们不宜于胶执这样一种观念，即认定历史上任何进步运动，只要有官绅一类人倡头或插手，必然是起破坏或阻遏作用；并设想人民群众自发的、漫无统率的反侵略反压迫的斗争可以克敌制胜，获得成功。只要考察一下马关订约之后台湾的局势，就不难理解，“台湾民主国”的成立，不是“阻遏了台湾人民的抗日力量”，而是有助于稳定人心、组织及动员台湾人民进行抗日保台斗争。

马关订约后，清政府已决意割弃台湾，迭次电谕台湾文武官员克期内渡；台湾文武官员也即时离台或加紧作内渡准备。少量民族败类经日本特务收买，正施展鬼蜮伎俩，密谋勾引日侵略军登陆。歹徒痞棍也四出乘机抢劫官私财物。此时，若没有一个有别于清朝台湾巡抚部院的机构出面倡议抗日保台，号召组编义军，维持社会治安，则台湾立即会陷入一片混乱之中，日军很快就会在汉奸的引导下踏上台湾；有志抗日保台的人们既无以自保身家性命，也无可依恃，必致风流星散；义军缺乏统御，也将此起彼落，难见成效。事实上，“台湾民主国”一成立，就不啻树起一面抗日保台的旗帜，形成了全台义军的统率，使台湾军民增强了信心，迅即开展起抗日保台的战斗。所以，尽管“台湾民主国”存在未逾两旬，但它却起了集结抗日义军、开创抗日保台局面的积极作用。

“台湾民主国”成立前后，丘逢甲在台北后路督率义军筹划战守。五月杪，日军猛攻三貂岭，因唐景崧指挥失当，险要尽失，后又弃军内渡，台北旋即告失。丘逢甲急率义军御敌，孤军难支，被迫退守台中一带。尔后，丘部将领吴汤兴、姜绍祖、徐骧等率军狙击入侵者于新竹，屡战不利，饷尽弹绝，所部星散。日寇以丘逢甲首倡保台，故加紧搜捕，务得而甘心。经部属和家人劝说，丘逢甲遂饮恨离台，辗转跋涉，返回祖籍广东镇平（今蕉岭县）。

丘逢甲离台内渡，也曾招来若干讪议。这就未免过于苛求了。无疑，他如果坚持到底，终至壮烈捐生，也许会以比现在更为高大的形象显露在祖国近代历史的画卷上。但实事求是地观察，丘逢甲内渡也并非消极逃避，而是从部将谢道隆的劝谏：“台虽亡，能强祖国则可复土雪耻，不如内渡也。”（《仓海先生丘公逢甲年谱》）遂与随从乔装为婚嫁行列，奉父母内渡。定居镇平山村后，丘逢甲始终以强祖国复土雪耻为职志，故内渡十七年，一直是席不暇暖地尽瘁于倡维新、兴教育的事业，后来并倾向于民主共和，对孙中山领导的辛亥革命伟业，也不乏呵护诩赞的勋劳。同时，又不时将怆怀故土、期待振兴的情感，发为心声，形于吟咏，创作了大量洋溢着爱国主义旋律的诗歌。梁启超对此曾极为推崇，将他同晚清爱国诗人黄遵宪并列为“诗界革命之巨子”。所以，就丘逢甲内渡后各方面的建树而论，不是也理应获得后人的钦仰吗？至于后来有人记载指控丘逢甲内渡时卷带义军饷银十万两一事，《丘传》及台湾学者均已详加考订，严正辩诬，我这里就没有必要再行复述了。

我同意《丘传》对丘逢甲所作的如下结论：

丘逢甲是近代中国历史上力谋抗日保台的爱国志士、清末有影响的教育活动家、著名的爱国诗人和资产阶级民主革命派的真诚朋友。他的生平事迹和爱国精神，以及诗歌创作，理应得到科学的公允的评价，以利于继承和发扬中华民族的优秀传统，从而有益于实现“四化”和祖国统一的神圣事业。

必须指出，前面提到的那些对丘逢甲有失公允、迹近苛求的微词和评论，也包括我过去的看法在内，实寓有自我纠偏崇实之意，并非自诩高明，讥刺时贤。关于丘逢甲抗日保台的肯定评价，也是读到近年来发表的有关评介丘逢甲的文章和《丘传》之后所获得的教益，理当声明，以免掠美之嫌。我为《丘传》写序，乃因为它是迄今较为翔实、揄扬较为得体的丘逢甲传记，比起台湾出版的三本同类著作来说，明显的是后来居上，故特向读者推荐。当然，《丘传》若干处叙事说理，尚有待于继续斟酌推敲；少许文字，也还可精心润饰。这里，我就不揣冒昧，代作者致意，敬请读者批评指教。

林增平

一九八五年十一月于湖南师大

原版序二

丘逢甲是中国近代一位杰出的爱国主义者。他身历了甲午战争、戊戌变法、辛亥革命等重大历史事件，虽然屡遭挫折和打击，但爱国之志从不稍衰，为了祖国的统一和繁荣昌盛而奋斗至生命的最后一息。对于近代史上这样一位颇有贡献和影响的历史人物，理应进行更多的研究，并且给予实事求是的评价。

但是，长期以来，丘逢甲的形象在一些有关论著中被歪曲了。在某些作者的笔下，丘逢甲成了一个被否定的历史人物。这显然是极不公正的。究其原因，主要是“左”的思想影响所致。正由于此，丘逢甲研究在长时间内很少有人敢于问津，几乎成了学术界的“禁区”。党的十一届三中全会以后，实事求是的学风得到恢复和发扬，学术争鸣空前活跃，给丘逢甲研究带来了生机。此后，有相当一批具有新鲜见解的研究丘逢甲的文章陆续发表，就是绝好的证明。

研究任何历史人物，都应该坚持严格的历史性，把问题提到一定的历史范围之内，给予科学的说明。如果不顾历史人物所处的环境和条件而一味苛求，这种研究方法是不足取的。列宁指出：“判断历史的功绩，不是根据历史活动家没有提供现代所要求的东西，而是根据他们比他们的前辈提供了新的东西。”说得何等地好啊！例如，“台湾民主国”的创建，本是一件具有历史意义的爱国创举，根据历史的观点进行考察，必然会给以充分的肯定。否则，撇开当时的历史环境和条件而进行孤立的研究，那就势必要得出与之相反的结论来的。应该说，以往在丘逢甲研究中之所以会发生种种差错，与对马克思主义历史研究方法的某种程度的偏离，也是有很大关系的。

客观事实是历史研究的基础和起点。章学诚尝曰：“学为事实而文非空言。”诚为真知灼见之论！丘逢甲研究自不例外。试想：连基本事实都不去弄清楚，就轻易地遽下断语，怎么能形成正确的结论？例如，对于“台湾民主国”的理解，有些同志看到“民主”二字，便望文生义，认为是“资产阶级民主”。其实，只要认真地查查“台湾民主国”本身的文献，便可以知道，当时的所谓“民主”，不过是“台民自主”的意思，与资产阶级的“民主”概念毫无共同之处。丘逢甲在乙未台湾抗日斗争中的地位和表现，也是关系到正确评价丘逢甲的关键问题。有些论著，或者抹煞丘逢甲在反割台斗争中的积极贡献，或者否认丘逢甲在台湾抗日义军中的统领地位，也都是没有史实根据的。对于丘逢甲的研究，只有建立在坚实的史实基础之上，才有可能得出符合于历史实际的结论。

但是，史料并不等于史实。在二者之间划出等号，这无疑是一种误解，这种作法实是史学研究的大忌。恩格斯曾经指出，对于历史资料要“批判地审查”。这告诉我们对于史料必须下一番去伪存真的功夫，才谈得上真正的科学研究。“德高而毁来”，不论在历史上还是现实生活中，是时有发生的事。丘逢甲内渡之后，加在他身上的不实之词，也是不少的。其荦荦大者，如“卷饷十万”一案，至今仍聚讼不已。查“卷饷”之说，首见于易顺鼎的《魂南记》；而连横的说法则流布最广，他在《台湾通史·丘逢甲传》中写道：“当是时，义军特起，所部或数百人数千人，各建旗鼓，拮抗一方。而逢甲任团练使，总其事，率所部驻台北，号称二万，月给饷糈十万两。十三日，日军迫狮球岭，景崧未战而去，文武多逃，逢甲亦挟款以去，或言近十万云。”

连横自称“或言”云云，明谓得自传闻，怎能视为信史？兹略举其不实之处言之：其一，丘逢甲任团练使绝无此事，我曾撰《丘逢甲在台湾任职考辨》（《汕头大学学报》一九八五年第一期）指出其非。其二，丘逢甲率所部驻台北一事，亦不确实。实际上，他的防区北起台北后路的南崁，南至台北、台中两府之间的后垄一带。其三，所谓“月给饷糈十万两”更是捕风捉影之谈！当时义军粮饷不继，颇为拮据，史有明证。根据丘逢甲写给唐景崧和全台营务处俞明震的信可知，当义军布防台北后路之后，营中所存仅六百两，后来还是经唐批准借饷一万两，才勉强应付了局面。何来“月给饷糈十万两”之说？由此看来，仅仅根据一句“或言”，就坐实丘逢甲“卷饷十万”的莫须有罪名，岂非为不辨析史料所误？

推倒了加在丘逢甲身上的种种不实之词这件事本身，就说明了近几年来丘逢甲研究已经取得了很大的成绩。大家开始感到，祖国大陆也应该组织出版研究丘逢甲的专著，这个时机已经成熟了。

一九八四年十二月，广东省召开丘逢甲诞生一百二十周年学术讨论会，本人有幸被邀请参加。在会议期间，认识了徐博东、黄志平二位同志。当时，即发现他们对丘逢甲已有相当的研究，而且在掌握史料方面也有很好的基础。后来，又得悉他们二位正在合作撰写《丘逢甲传》一书，不禁为之欣喜不已，便立即去信表示支持，并祝此书早日问世。

目前，《丘逢甲传》一书业已脱稿。此书之撰写，历时四载，数易其稿，作者用功可谓勤矣。《丘传》的出版，对于大陆学术界来说，正是填补了近代史研究中的一项空白。我相信，此书的问世，无疑会受到学术界的重视和广大读者的欢迎。

为纪念丘逢甲的一百二十周年诞辰，我在《中国近代杰出的爱国主义者》（《人民日报》一九八五年一月二十一日第六版）一文的结尾曾写下了如下的话：

> 丘逢甲是一位真诚的爱国主义者，他一生不知疲倦地寻找救国的道路，始终跟随时代前进。今天，他重兴中华民族的愿望正在变成现实，但他渴求祖国统一的理想尚有待于实现。① 海峡两岸的同胞都非常缅怀这位革命先辈，无限崇敬他的爱国精神，但只有大家共同努力，争取早日完成他未竟的统一祖国大业，才是对他的最好纪念。

在《丘传》即将出版之际，愿意再把这些话写在这里，奉献给海峡两岸的读者。

戚其章

一九八六年一月二十二日于泉城

① 丘逢甲有诗曰：“郁郁钟山紫气腾，中华民族此重兴；江山一统都新定，大纛鸣笳谒孝陵。”

目　录

第一章　青少年时代

——封建科场上的佼佼者（一八六四～一八九三）

一、家世源流

祖国宝岛台湾的地形，犹如一块巨大的芭蕉叶，东西最宽处为一四〇公里，南北长三九四公里，地跨北回归线，属热带、亚热带气候，温度适宜，土地肥沃，物产丰富。中央山脉贯串南北，平原则集中在西部沿海地带、在中央山脉与西部平原之间，分布着连绵起伏的若干个丘陵地。其中位于台中至南投一线，向东伸入玉山山脉与阿里山山脉的地段，人们称之为丰原丘陵地，是台湾本岛地形最特殊、物产极为丰富的半山区，著名的“铜锣湾断层”就在这里。在这块丘陵地上聚居的，有来自闽粤的东渡移民，也有与汉族融合的“平埔人”以及其他少数民族。这里是中部山地与西部平原相交接的地带，商贸往来较为频繁，民风淳朴，文风较盛，盛产菠萝、香蕉、柑桔和小麦、花生、玉米等农作物。在行政建制上，清季属福建省台湾府淡水厅管辖。

一八六四年十二月二十六日（清同治三年，甲子，十一月廿八日）午夜，福建省台湾府淡水厅境内的双峰山区铜锣湾（今苗栗县铜锣湾）星月高悬，万籁俱寂，人们早已进入梦乡，只有一户在李氏家塾设馆教书的丘姓人家里，此刻还亮着灯火。忽然，从屋子里传出一阵清脆而响亮的婴儿啼哭声，打破了这月夜的静寂——原来，一个小生命在丘家降生了。这个刚刚呱呱坠地的男婴不是别人，就是本书的传主、日后成为中国近代历史上著名的爱国志士、杰出诗人和进步教育活动家丘逢甲。

丘逢甲在家中排行第二，他的父亲叫丘龙章（一八三三～一九一一），又名元宝，字诰臣，号潜斋，时年三十一岁，为人谦和厚朴，是一位靠教书谋生的穷秀才。他共生有十四个儿女，元配妻子胡氏生下长子先甲后不久即辞世。续弦陈掌妹，出生于阿猴（今屏东）武举人陈家，祖上也是客属迁台人士。一八六〇年，丘龙章去阿猴万峦泗沟水“万和堂”坐馆，受人敬重，有幸和陈家结识。长子先甲年幼失母，与陈掌妹结合后，丘龙章返回台中铜锣湾竹森村李氏家塾教书，再婚后陈氏生的第一个男孩便是丘逢甲①。

丘逢甲出生这年，正是甲子年，“甲”是天干之冠，“子”乃地支之首，“生当甲子”，这在当时，常被认为是大吉大利的事情。科场失意的丘龙章，见长子先甲（时年八岁）只爱随祖父学祥公（一八〇〇～一八七二）舞枪使棒、无心读书，日后怕是很难指望他在文事科场上会有什么发展；而陈氏头胎所生的这个男孩，天庭饱满，地格齐整，耳垂子厚，乡邻们都交口称赞，说这是一副“大富大贵”的好相貌，这使他高兴得整夜合不上眼。心想自己年过三十，今“喜逢甲子”，他热望这孩子将来能“科甲及第”，像延平郡王郑成功那样，今后也能建功立业，耀祖光宗；于是，丘龙章灵机一动，便给孩子取名“逢甲”，乳名唤做“秉渊”②。

关于丘逢甲的家世，有人说他“出身望族”，其实不确。他实际上家境寒素，出身于恪守中原华夏文化传统的爱国世家。

据有关史料及丘氏族谱记载，以及丘逢甲长子丘琮（念台）的自述，丘氏祖先本属于中原南迁的“客家人”。所谓“客家人”，是汉族的一支民系，“客”是对原地土著居民而言，也就是“外来人”的意思。而一般“客家人”的家世，多是一部典型的移民血泪史。根据可考资料，自宋、辽、

---

① 二〇〇四年冬，广东省政协主办了纪念丘逢甲诞辰一百四十周年的学术研讨会，与会的台湾学者、作家、丘逢甲侄孙女丘秀芷女士发表了论文《关于逢甲公之新发现》，有关陈掌妹生平身世的订正即据丘女士提供的新史料。为了拍摄电视文献片《丘逢甲》，丘秀芷近年亲赴屏东等地考察，并与陈家后人陈焯棋老先生等座谈交流，走访了丘龙章执教的“万和堂”，在六堆竹田发现了丘念台为当地忠义祠题写的字匾等。

② 乳名又称谱名、家名。丘逢甲一生用过的名、字、号较多，早年在台起字“仙根”，又字“吉甫”，号“蛰仙”、“蛰庵”，亦号“华严子”，又号“仲阏”。据丘琮《我的奋斗史》：“仲”字指排行第二，“阏”字系取甲子年的别名“阏逢”之义。丘菽园的《挥麈拾遗》则云：“仙根自乙未内渡，寄籍潮州、嘉应间，自以前守台中，义军溃散，台岛沦倭，志辄郁郁不舒，乃更号仲阏，谓人事多所阻阏，未能萌甲而出也。”既而有感于《史记·留侯列传》中“博浪椎秦义事”，改号“仓海君”。辛亥光复，思去旧更新，废其旧名逢甲，即以仓海为名。诗文别署“台湾遗民”、“海东遗民”、“南武山人”及“痛哭生”等。丘逢甲的名、字、号的更替使用，正曲折地反映出他爱国怀乡的思想变化历程。

金、元以来，他们一直过着间歇性的移民生活，历经几百年的人世沧桑，直到明初，才在南方各省定居下来。长期颠沛流离的徙居生活，迫使他们不得不与险恶的环境搏斗，随之养成刻苦耐劳的习惯和勇于开拓进取的精神，并共守一条遗训：牢记祖宗均因外族侵扰而辗转南迁，所有后代子孙，不论落籍何处，都应勤耕苦读，自立图强，并将定居后的各姓宗祠均以祖居地命之（如丘姓为“河南堂”，赖姓为“颍川堂”，黄姓为“江夏堂”等等）。表面看来，客家祖先由中原南迁只是为了躲避战乱，实际上反映出他们不愿在入侵者面前屈膝苟安的民族意识。客家祖先这种忠贞不贰的精神和勤朴耐劳的品格，对他们的后代影响至深，成为一种世代相传的传统。在中国历史上，特别是在民族危机空前严重的近现代，“客家人”中涌现出许多著名的爱国人物，① 便是明证。丘逢甲家族，正是由中原南迁的众多客家族系中的一支。

丘逢甲的远祖原居于河南卫辉府的封丘县，以丘穆为始祖，丘穆的部分后裔曾先后在河南、山东、福建、四川、浙江、江西等地辗转迁播达五六十代。宋中叶前再度迁往福建，先定居于邵武府的禾坪，后移居汀州府的宁化县，直到宋高宗南渡后，丘氏始由宁化徙居上杭。上杭丘氏第八世丘梦龙，是南宋具有强烈民族意识的著名理学家朱熹的再传弟子，对《易经》颇有研究。此后，丘氏后裔直传至丘龙章乃至丘逢甲等，皆“笃信程朱理学，一以躬行实践为主，故诸子出而任事，坚苦能耐，毅然不避艰险，由其家教然也。”② 这种说法看来有一定道理。丘梦龙之子丘文兴，是南宋民族英雄岳飞的重孙女婿，娴六韬，谙兵略，南宋末年，他率乡里子弟追随文天祥起兵抗元，入幕参与军事。五坡岭之役，文天祥兵败被俘，丘文兴收集残部，随即举家移居广东梅州石窟都（明置镇平县，即今广东梅州市蕉岭县），其父丘六十郎（梦龙）即为镇平丘氏之始迁祖。此后，丘文兴隐居山

---

① 日本学者山口县造说：“翻开数百年之中国历史，没有一次政治变动是与客家人无关的。其中最显著的例子，当推洪秀全领导的太平天国革命，几乎全部参加的将领，都是客家人；其次是孙中山领导的革命，除了其本人为客家的后裔外，其他主要帮手，亦有许多是客家人。”（见《客家与中国革命》）著名英籍作家韩素英自认是由粤迁川的客家人的后裔，说客家人一向刻苦勤劳，对中国思想文化发展起过重要作用。（见香港《文丛》一九八一年第三期）

② 据清丘氏敬业书室辑录：《宋代以前上杭丘氏直系世系表》，转引自台湾郑喜夫编：《民国丘仓海先生逢甲年谱》及丘复：《潜斋先生墓志铭》。

林，改名创兆，[1] 建“相公祠”和“宋思亭”，祭祀民族英雄文天祥，“以寄遗民之思，其后代子孙虽有学行，但终元不仕。”丘氏先祖这种忠君爱国、抗击异族侵扰压迫的光荣事迹，在丘逢甲思想成长过程中显然产生过很大的影响。在青少年时代，他写有《读〈宋史·岳忠武传〉作》，对岳飞精忠报国的事迹与蒙冤受害的遭遇，深表景仰与同情；乙未内渡后，他亲自主持修订丘氏族谱，为先祖创兆公作家传，对先辈们的爱国业绩，特别给予记载褒扬，并把自己创办的族学命名为“创兆学堂”，以启迪和激励后代，效法前辈报效国家民族。此外，他毕生写有许多讴歌岳飞、文天祥的名篇，经常凭吊或领头整修潮嘉等地的文天祥纪念物，以先贤的爱国精神自励。这些事例表明，中华民族爱国爱乡的光荣传统对丘逢甲确有很深的影响。[2]

丘创兆举家迁粤之初，人丁并不多，到了第五世丘均庆那一代之后，镇平丘族才逐渐昌盛起来，他们和许多先后南迁的客家人一起，聚居在粤东这块贫瘠狭小的山区地带，交通不便，可耕地本就有限，人口一繁衍，他们不得不谋求向外发展。到了清乾隆中叶，丘逢甲的曾祖父丘仕俊（第十八世祖，一七五八～一八二八）便偕同镇平县的一批客家人，漂洋过海，又向台湾迁徙。

台湾与中国大陆的交往关系，早就见于史传，三国时，孙吴即派将军卫温、诸葛直率部开拓经营台湾。但是，由于自然环境的阻隔和历代封建统治者实行闭关自守的短视政策，台湾的开发却是很晚的事情。直到南宋时期，台湾才正式归入我国版图，当时也只是在澎湖建造军营，屯兵常年戍守，编户管辖。元代，则在澎湖正式设巡检司。到了明代，进驻台湾本岛的大陆移民也还不多。自郑成功率众赶走荷兰殖民者、收复台湾之后，闽粤沿海的漳州、泉州、潮州、嘉应州一带，才有大量移民涌入台湾。清廷为了对付郑氏政权，曾经采取“濒海迁界”的防范政策，将沿海三五十里的居民强行迁进内陆的“界”内。郑氏政权被灭后，清政府为防止台湾人民的反抗，继续颁布许多“上谕”和法令，严禁大陆居民渡台谋生。但由于经济和政治

① 丘文兴晚号“冰蘖老人”，著有《冰蘖集》及《易说》，今佚。广东嘉应州、福建汀州一带丘氏家族学堂，多以“创兆”命名。

② 据初步统计，丘氏《岭云海日楼诗抄》中，歌颂、怀念岳飞、文天祥的诗作有数十首，如《和平里行》、《凌风楼怀古》等。

两方面的因素，新的移民台湾的高潮已势不可挡，丘仕俊便是在这种情况下，于乾隆中叶东渡台湾的。到丘逢甲这一代，丘家在台湾谋生劳作已有四代、近百年的历史了。一八九五年（乙未）秋，抗日保台事败，丘逢甲被迫奉亲内渡，又迁回粤东镇平定居。所以他在《庐山遥答刘生芷庭》一诗中说：“东迁四世过百载”，是符合历史事实的。

从上述丘逢甲家世的衍播变迁情况，可以看出台湾与大陆在血缘、历史、文化等各个方面都有极其密切的关系，再一次说明了台湾同胞是中华民族不可分割的组成部分这一无可辩驳的客观事实。①

丘逢甲的曾祖丘仕俊迁台时，台湾西部平坦肥沃的土地已被开发殆尽，沿海平地大都有早期来台的福建漳、泉移民定居，粤东客家人遂到接近山胞水源充足的内地半山区谋生。丘家落脚的是旧属彰化的一个叫东势角的地方（今台中县东势镇）。当时，彰化辖属各地虽有不少居民，但是接近山区的东势等地，仍然是草莱之区，罕有人烟，是平地人与山胞交换货物的场所，也是疾病流行最厉害的地方。同时，由于那时山胞和汉人相处不很融洽，彼此常发生斗杀事件，官府则伺机挑拨渔利。所以，由大陆迁台的汉人，大都视山区地带为畏途，不敢轻易涉足。然而，丘仕俊却不顾忌这些，他体格强壮，武艺高强，据说他会祖传拳术，练就一身好本领，尤其擅长一把大刀，自信可以确保安全，毫不犹豫地到东势落脚。丘家在东势定居后，辛勤拓殖，并设馆授徒，教习武艺。他的三个儿子（学举、学观、学祥），不仅学得父辈拳技，且内外功兼修，膂力过人（传说丘学祥能在七尺长的木杆末端兜起一桶水）。丘家父子秉性纯朴刚正，喜扶弱抑强，好打抱不平，故以侠义名闻一方。这样，经过两代人的垦殖经营，丘家拥有的田产渐增，家境日宽，终于在东势这个半山区站稳了脚跟，并和乡邻、山胞建立起了和睦相处的友好关系。

从迁台的第三代起，丘家才有子弟转向文事。丘学祥（一八〇〇～一八七二）是丘仕俊的第三个儿子，娶妻罗氏，也生下三个男孩。长子元珍、

① “慎终思远，不忘祖宗”，几乎成了台湾同胞普遍遵守的“族规”。以台湾丘族为例，他们每年祭祖时，祖先灵位上写有“河南堂”三字。他们说，看到祖先灵位上的“河南堂”这三个字后，就更确定自己是中华儿女了。（参见丘秀芷：《剖云行日——丘逢甲传·后记》，台北，一九七八年版）

次子元珠皆继承祖父辈衣钵，垦荒习武；唯独幼子元宝（即丘逢甲之父丘龙章）秉性斯文，他见父兄们因防盗习武，常常弄得皮开肉绽，遍体鳞伤，内心痛楚，乃违迕父意，放弃家传武学而转习文事。经过十几年的寒窗苦读，到咸丰六年（一八五六年，丙辰）总算考中了秀才，后又被选拔为贡生。三年后，他去福州参加乡试，但很不幸，名落孙山不说，连陪同他赴考的大哥元珍也因口生恶痈，病死在福建平潭的一个小岛上。丘龙章怀着十分痛疚的心情回到台湾，这时家境已不容他再习举业，从此他不再求取功名，做起“自食其力”的塾师先生来了。在那个时代，教书生涯是很清苦的，郑板桥写的一首自嘲诗说道：“半饥半饱清闲客，无锁无枷自在囚。”由此可以想见其中况味了。丘龙章先后应邀到客家人聚居的阿猴、苗栗、丰原等地坐馆，“往来南北，家无常处，生计困苦，断炊常虞”，[①] 过着一般乡村塾师的清朴生活。

这时，丘龙章的父亲丘学祥已从东势转到葫芦墩（今台中丰原）经营布庄，生意尚好，家境小康。一八六二年（同治元年），当地发生戴潮春农民暴动，布庄被焚，家业尽散，丘学祥乃举家避迁到淡水厅铜锣湾庄，丘龙章则在当地李氏家塾教书。不久，戴潮春案渐平，丘学祥带着孙子丘先甲回彰化东势角重振家业，而丘龙章和陈掌妹夫妇则仍留铜锣湾生活。两年后，丘逢甲便出生在这里。

丘龙章待人忠厚谦和，信奉孔、孟、程、朱之学，学识渊博，热心桑梓教育、教化青年，乡人尊称他为“潜斋先生”，他撰有《觉世诗存》，劝导世人要“恤孤怜贫”，“救难济急”，切莫“损人利己”，“倚富压贫”或做“唆人争讼”这类缺德事。六十一岁生日时，其门人弟子戚友谋为其寿，丘龙章闻讯游山避之，“戒家人无得备觞宴”，后又命家人统筹宴客费需，转购一批切中时疫之药品、棺木，分施“近乡之贫而疾病老死者”。丘龙章的立身处世之道，对丘逢甲影响甚大。一八九四年春重刊《觉世诗存》时，台抚邵友濂为之作序，说：“雒诵之余，乃知仙根所造，就得力于家学渊源者远。”丘潜斋不仅“以朱程为宗儒而有侠气，能赴人之急”，且能“识微见远，辄能预料后事于前”，是一位关心国事民瘼、具有爱国心的封建知识

① 据丘琮：《怙怀录》。

分子。一八七四年（同治十三年，甲戌），日本出兵侵犯台湾南部牡丹社地区，占琅峤。当时，不少台人对新起远东的蕞尔小国日本颇为轻视，而丘龙章却萌生了忧虑，说："终为台患者，其日本乎？"一八八四年（光绪十年，甲申），法军进犯鸡笼（今基隆），台湾军民拒守经年，法军不能得逞，台人也有轻视者，丘龙章则说："观敌一封港则不得出入，无海军则台不可守，明甚。"① 此后事态之发展，果然应验了丘龙章当年的估计。一八九四年夏，中日甲午之战初起，他焦虑万分，认为"台湾乃中国东南七省屏藩，台湾一旦不保，中外之局不堪设想"，极力支持丘逢甲"倾家财以为兵饷"，组织义军抗日保台，"一门子弟能干戈者尽令从戎"，并谆谆告诫他们要"协心军事，上答君师，下保乡井。"② 中日马关签约后，又支持丘逢甲倡谋自主，说"事固不可为也，聊尽此心耳"。在战事失利的情势下，他甚至暗备毒药，准备在万不得已之时率家人服毒殉国。台湾沦陷后，丘龙章痛心疾首，"知中国非变法不足图强，而教育国民尤图强之本"，于是他不顾年事已高，仍"躬任督率"，积极鼓励和协助丘逢甲创办新学与族学。据说他平日"手不释卷，于朝章国政，言之尤能原原本本。性虽和易，而每言国事至关大得失处，忠愤之气勃然不可遏，盖其忠孝性生，老而弥笃。"而丘逢甲的生母陈氏，则是地道的客属劳动妇女，秉性勤朴耐劳，待人诚挚，"精明仁厚，有古贤妇之风"。③

一八六四年，丘逢甲就出生在这样一个具有浓厚爱国爱乡思想、生活上则保持清朴风尚的乡村塾师的家庭里，从小受到较严格的生活磨炼和良好的思想熏陶，这对他日后的事业和人生道路，都产生了积极有益的影响。

二、"东宁才子"与环境、时代

丘逢甲的启蒙教育，是由他的父亲丘龙章在家庭中完成的。他在一九〇

① 据温仲和：《恭祝中宪大夫诰臣丘先生七十寿序》。

② 据丘琳辑：《丘逢甲信稿》，原载北京版《近代史资料》，一九五八年第三期。今收《丘逢甲集》七二五页。

③ 据丘复：《潜斋先生墓志铭》及丘琮：《怙怀录》、《仓海先生丘公逢甲年谱》。

八年写的《题崧甫弟遗像》一诗中说过："以父为之师，读书同一堂"，并注明"予与弟皆未更他师"。丘逢甲自幼天资聪颖，读书过目不忘，据说两岁起，丘龙章就抱着他指着李氏祠堂大门上的"孝"、"悌"等字，教他辨识；稍长，又有意让他随着私塾里的大孩子们背诵《三字经》、《千家诗》这类当时常见的儿童教材。有这位秀才出身的仁爱父亲的刻意点拨和熏陶，小逢甲的学识进步很快，他"六岁能诗，七岁能文"，读作日不辍，① 现在人们能看到的丘氏最早诗作，是他九岁时写的两首七言诗。头一首题为《学堂即景》，诗曰：

三落书房菊蕊开，玲珑秀色满园堆；
儿童扫径尘埃地，灌者观花影上来。

丘龙章见孩子年方九岁就能把学堂前菊花盛开的景色描写得如此真切具体、朗朗上口，心里真有说不出的欣喜。为了检测孩子的文思才气，他又叫孩子以《万寿菊》为题，用"冬"字韵再写一首。丘逢甲静思片刻，提笔写道：

采见南山岁几重，古色古香艳秋容；
爱花合为渊明寿，酒浸黄英晋万盅。

丘龙章见孩子聪颖异常，文思敏捷，悟性极高，且勤奋好学，愈加喜爱，要求也格外严格。丘逢甲在十四岁考中秀才之前，丘龙章不论走到哪里，总要把他带在身边，利用一切机会对孩子进行启迪教育。外出游览，便结合景物，给他耐心讲解祖国的历史文化和先贤故事。民族英雄郑成功也是甲子年（一六二四年）生，他驱荷复台的历史功绩永垂青史，台湾民众家喻户晓，丘龙章即以这位爱国先贤为榜样，启发孩子要树立强固的民族意识，学习他力挽狂澜、造福社会的可贵精神，在孩子稚幼的心田里播下了尽忠报国的思想种子（丘逢甲曾有诗云："我生延平同甲子，坠地心妄怀愚忠"）。这种联系实际、注重启发的教育方法，起到了潜移默化的作用，使丘逢甲从小便能接触社会，了解世事人情，突破闭门苦读、五谷不分的局限，眼界较宽，知识面较广。一方面，宝岛瑰丽的山川胜景、众多的文物古迹、质朴的风土人情，陶冶了丘逢甲的思想情操；另一方面，也使他对于民

① 据丘瑞甲：《先兄仓海行状》。

间的疾苦、稼穑的艰难以及中华民族的悠久历史文化，都有较为具体深刻的了解与认识。

一八七二年冬天，丘学祥年老病逝，丘龙章遵照父亲临终遗言，携家小离铜锣湾回东势定居。次年春，丘龙章去彰化县魏家设馆授业，后去三角庄（今台中神冈）继续他的教书生涯，丘逢甲亦随父前往就读。

三角庄是文风鼎盛的地方，当地望族吕炳南家，筑有“筱云山庄”宅院，其楼台花木，至为壮丽，且藏书甚丰，凡前代新颁行之书，及清代校正群籍，与老庄诸子、唐宋以来诸大家诗文集，乃至欧、颜、柳、蔡金石文字之类，可谓应有尽有，据说达数万卷之多。① 在吕家坐馆的是广东嘉应州（今梅州市）举人，名叫吴子光，字芸阁。这位吴老先生学识渊博，弟子众多，为人狂狷笃学，著有《一肚皮集》凡十八卷、《经余杂录》凡十二卷、《三长赘笔》凡十六卷以及《小草拾遗》等，与丘龙章交谊甚洽。丘逢甲因而得以常常随父出入吕家，很快便与吕家的汝玉、汝修、汝诚三兄弟（时称“海东三凤”）结为好友，同拜吴子光为师。此时的丘逢甲可谓如鱼得水，他如饥似渴地借阅了吕家的丰富藏书，大大扩展了知识面，弥补了家学之不足。吕炳南祖籍福建诏安县，三个儿子均比丘逢甲年长；但吴子光很快发现丘逢甲年纪虽幼，可是勤勉聪敏，出语不凡，其才气与豪情非常童可及，甚为喜爱，格外悉心指教。课余，丘逢甲常偕吕家昆仲外出揽胜访幽，一起赋诗唱和、切磋磨砺。吕家在岸里社还建有一座“文英书院”，并组织了一个文学小团体叫“文英社”，丘逢甲曾参加文英社课艺，他写的《继而有师命》，文笔奇丽，被评为第一名，其评语曰：“起比反排，颇饶韵致；中比对面，重勘下局；后比旁面，轻敲下句。竟体照下而不侵下，恰是五字题文。”②不久又参加文蔚社比赛，他引古论今，指出：“文固非一人之私事，而天下人之公具也。”“能文者，必非粗鄙凡俗之人也。”这篇题为《君子以文》的文章又获选第一名，评语为：“立言典雅，考据精详”，受到大家的称赞。丘逢甲少年时代的习作，除这两篇课艺文章外，尚有《龙山寺序》等四篇流传至今。

到一八七五年，丘龙章的父亲、大哥、二哥都先后去世，母亲年老，为

①② 参见台湾郑喜夫编：《吴芸阁先生年谱初稿》。

了便于照顾一家老小和嫂侄，他由彰化三角庄转到离东势较近的新伯公刘氏家塾教书。这里学童较多，虚龄十二的丘逢甲也随父来到这里教读。他一边用功刻苦读书，一边帮助父亲“课童”，居然当起“小先生”来了。教读之余，还协助母亲操持家务，看顾幼小的弟妹。刘氏家塾地处东势角东南方的半山区，交通不便，消息闭塞，求知欲极强的丘逢甲便常抽空去三角庄吕家串门，继续借阅吕家藏书，与吕家兄弟交流读书心得，纵谈时事。那时，港沪出版的报刊不时有人辗转传来，虽说已是“旧闻”，却也令他们耳目一新，了解到海内外发生的许多事件，摄取到书本上少有的新鲜知识。少年丘逢甲，已不满足于山乡生活的狭小圈子，他渴望能够早日到外部世界去走走看看，看看外边究竟是什么样子。

一八七七年（光绪三年，丁丑），丘逢甲虚龄十四。恰逢这一年台湾府所在地台南举行院试，他跃跃欲试，一再恳求父亲让他前去应考，乡邻好友见孩子聪敏异常，也从旁怂恿，丘龙章便怀着“试试看”的心理，虚报孩子十六岁，亲自送他去府城应考。从东势到台南，步行要走六七天，父子两人晓行夜宿，翻山涉涧，到第三天上午进入诸罗（今嘉义）县境。逢甲毕竟年幼，体力不支，双脚起泡，实在走不动了，丘龙章只好背起孩子赶路，正好遇到丘龙章的同年老友黄明修，两个老秀才多年不见，今日偶然路遇，便高兴地闲聊起来：

“背着孩子到哪里去呀？”黄明修关切地问。

“带他到府城去应试。”丘龙章照实回答。

“年纪这么小，怎么好让他去报考呢？”黄秀才不免有点诧异。

“他喜欢参加，就让他去见习见习吧。”丘龙章微笑着说。

“果真有才学，那我就出个对子给你对对，好吗？”黄明修弯下腰笑眯眯地说。他想起丘龙章刚才背着孩子走路，便用“以父作马”为上联，要丘逢甲对答，这显然是有意打趣。

丘逢甲听罢，略加思索，便以“望子成龙”回对下联。黄明修听了，内心惊服，禁不住哈哈大笑起来，连连点头称赞，随即把丘氏父子请到家中盛情款待一番，尽欢而别。又走了三天的路程，他们才来到府城台南。

台南是台湾开发较早的地方，它历史悠久，文化发达。一六六二年，郑成功率众赶走荷兰殖民者，收复台湾后，台南改名“承天府”；子郑经登基，更名“东宁”；孙郑克塽降清后，又改称“台湾府”。直到一八八五年（光绪十一年，乙酉）台湾单独建省之前，它都是全台政治文化的中心。府城内外，名胜古迹甚多，如赤崁楼、安平古堡、开元寺、延平郡王祠、郑氏家庙、孔子庙、五妃庙、法华寺、竹溪寺，还有同治年间兴建的“亿载金城”等，数量之多，可谓全台各县市之冠。它们是劳动人民智慧勤劳的结晶，中华文化的艺术珍品，也是台湾人民英勇抗击外国入侵者的历史见证。

趁着考期未到，丘龙章领着孩子四处游览。丘逢甲早就向往这座历史古城，初来乍到，顾不得旅途的疲劳，跟随父亲饱览了众多的名胜古迹，留心察看府城的人情世态，大大开阔了眼界，长了许多见识。赤崁楼，本为荷兰殖民者侵台时所筑，原叫“普罗门遮城”，台人称之为“红毛城”或“菁仔城”，郑成功当年复台，最先攻克的就是这座楼宇。安平古堡，旧名叫“热兰遮堡”，建于明天启四年（一六二四年），是台湾城的遗迹，它依山面海，形势险要，堡内有地下室和深井。当年荷军总头目揆一曾在此负隅顽抗，一六六二年元月廿五日，郑成功率部一举攻克，迫使揆一无条件投降，从而结束了西方殖民者占据我国神圣领土台湾多年的历史。“开辟荆榛逐荷夷，十年始克复先基”，郑成功写的《复台诗》，同它的作者一样，彪炳青史，永受后人景仰。延平郡王祠，则是后人祭祀郑成功及其部将的庙宇，它是在原“开山王庙”的基础上扩建的。“开山王庙”又称“开山宫”，本系郑成功为纪念隋武贲郎将陈棱访台活动而建。一八七四年，船政大臣沈葆桢和福建巡抚王凯泰采纳台儒蔡国琳等的建议，上疏清廷，奏请建立延平郡王祠，将郑成功列入祀典，以表彰其“纳土内属，维我国家”的功绩，并追谥“忠节”，供后人永祀。延平郡王祠占地达九千四百余坪，红墙碧瓦，雄伟壮观。祠前石牌坊上“忠肝义胆”四个大字在阳光下熠熠放光，祠内香烟缭绕，一派庄严肃穆的气氛。“五妃墓”（现为“五妃宫”），为纪念明宁靖王朱术桂的五个妃子殉节而建。一六八三年（清康熙二十二年），郑克塽宣布归顺清朝，朱术桂决心以身殉明，他的五个妃子也一同殉节，死后合葬于台南魁斗山，人称“五妃墓”。

台南丰富众多的历史人文景观，使少年丘逢甲沉醉其中，勾起他无限感慨和崇敬之情：他登临赤崁楼头，步入安平古堡隧道，寻觅当年先辈们浴血奋战的历史足迹；他观赏“亿载金城”的落日霞飞，深情抚摸闪着青光的斑驳古炮；他伫立在栩栩如生的郑成功像前，久久不愿离去。少年丘逢甲禁不住自豪自叹、感慨万千，他仿佛看到了当年硝烟弥漫、火光冲天的鏖战情景；似乎听到了先辈们冲锋陷阵、视死如归的喊杀声；一股热血涌上心头，崇敬先贤、爱国爱乡之情油然而生，他渴望也能像郑成功那样，为国家民族建功立业，报效社会，并以自己能同郑成功一样在甲子年降生而自感荣幸。

府城台南比东势半山区自然热闹繁华得多。市井里巷中，店铺作坊鳞次栉比，人头攒动，熙来攘往，叫卖声不绝于耳。然而，透过这繁华喧嚷的表面，丘逢甲也看到了不少令人不愉快的景象：仕女们争妍斗艳，教堂钟楼上传来阵阵闷雷般的声响，信徒们虔诚膜拜，纷乱杂沓、烟雾弥漫的烟馆赌坊，更叫人恶心气闷，不少人染上烟赌嗜好，变得骨瘦如柴、面无血色，有的甚至堕落到典妻卖女的地步……，耳闻目睹府城的这些积弊陋习，少年丘逢甲心头不禁升起一种莫名的惆怅和朦胧的隐忧。这些在他稍后写成的《台湾竹枝词》、《典衣卖书》、《老妓》、《戒烟》、《五妃墓》等诗作中，都有不同程度的反映。

应考那天，丘龙章的心情比他自己当年入闱考试还要忐忑不安，一大早就把丘逢甲叫了起来，左叮咛右嘱咐，直把儿子送进学政衙署考棚。当时应童子试，按规定要写一赋、一诗、一词。是科赋题为《穷经致用赋》，要求考生以题中五字为各段的韵，撰写一篇策论。丘逢甲在首段以汉代名儒董仲舒为例破题："君不见董江都之力学也，生涯经史，雨风磨砻，半窗月白，一盏灯红。正其谊而不谋其利，明其道而不计其功。初曾治遍春秋，会心独远；后果见诸事业，应用无穷。"紧接着，论述"专经"、"精学"、"致用"，末段以"旋看大用有期，直上凌云之赋"作结。

诗题是《赋得"天容海色本澄清"，得清字七言八韵》，丘诗八句是：

偶然信步上高城，一片空明入望平；
只觉天容真洁净，但看海色最澄清。
微云散后鹏收翼，巨浪低时雁有声；
遍览乾坤偕众士，春风得意马蹄轻。

词牌为《穷经致用·调寄西江月》，丘词是：

兴起八叉手健，吟成七步才雄。更兼经史满怀中，只觉大材适用。

欲布知时甘雨，愿乘破浪长风。他年位若至三公，定有甘棠雅颂。①

上述丘赋主题鲜明，举例恰当；诗则才思横溢、意境阔大；词虽有年少气盛、自命不凡之嫌，但亦颇有气魄，才智过人。不到一小时，丘逢甲便交卷出场，考官谢怡吾甚为惊诧，以为是猜中考题事先背熟了的，便要他以《试场即景》为题，用“殊”字韵再作五言六韵一首。丘逢甲趁文思如涌，一挥而就：

奕奕神童像，千秋说晏殊；
诗因曾作矣，题诗试他乎。
胸里虽成竹，毫端恐合符；
笔开花在手，春暖墨留壶。
旧样添新样，今吾即故吾；
一经遴选出，声价重皇都。②

谢怡吾看了，觉得这考童才智过人，出语不凡，不可小视，自己也不禁技痒，依“清”字韵作和诗一首，并挥笔在丘逢甲考卷上写上评语：“语无泛设，笔有余研，论亦老当……童奇必发，此见其端”，③内心里异常高兴。

这时，恰逢是科主考官、福建巡抚兼学台丁日昌亲临考场巡视，得知这个交卷最早的考童名叫“丘逢甲”，诗、词和策论都写得很不错，就有心亲自测试他的才学，便命人把他叫来，以“甲年逢甲子”为上联，要他对答。丘逢甲也是“初生之犊不怕虎”，在巡抚大人面前没有一点慌乱。他沉思片刻，心想今年是丁丑年，主试学台又姓丁，于是灵机勃发，应声而出：“丁岁遇丁公”。丁日昌听罢，大为欣喜，接着命人摆下纸笔墨砚，以《全台利弊论》为题，要丘逢甲应试，想用这个题目来难一难他，进一步测试他的才志。丘逢甲平素留心国事，知识面又较广，他成竹在胸，“疾书二千余言，文不加点”，文章还没写完，丁日昌便迫不及待地凑前观阅，连连赞曰：“奇童！奇童！”这时日已中天，丁学台命设宴款待丘氏父子，“午后卷完，通场交卷者尚寥寥也。”当日考场放门时，道府诸官入见，丁日昌手持丘逢甲试卷向他们展示，官员们亦同声赞曰：“奇童”！丁当即宣布：丘逢甲为是科院试第一名，并赠“东宁才子”印一方，以资鼓励。“东宁”乃台

①②③　据台湾手抄本《丘仓海先生诗文录》。见《丘逢甲集》第五页。

湾之别名，“东宁才子”也就是“台湾才子”的意思。从此，“东宁才子”丘逢甲的美誉便在台湾士林学子中传扬开了。

丘龙章这次带丘逢甲到台南府应试，本意只想让孩子去开开眼界，见习练胆，没料到竟真的会金榜题名、初试得志，成为台湾有史以来最年轻的第一名秀才。上自巡抚、学台、道府官员，下至同年友好、村邻乡亲，人人称羡，个个刮目相看，丘龙章心里着实是甜滋滋的，为自己有这样一个聪敏争气的儿子而感到兴奋欣慰，期冀着孩子日后科场连捷、荣归故里的辉煌前程。丘逢甲自己当然也是春风得意、踌躇满志，他暗下决心：今后要更加勤勉用功，不辜负父亲的一片苦心，长大了，做个有出息的人。

诚然，如果丘逢甲生逢盛世，他今后的人生道路也会像封建时代的许多知识分子那样，通过科举应试博取功名，跻身仕途，走上为封建统治阶级效忠卖命、光宗耀祖的既定道路。况且，按他少年时代显露出来的才气和抱负，经世致用，“位至三公”，或许不是没有可能的。然而，时代不同了，中国的封建专制制度经过汉唐的鼎盛时期之后，至清代中叶已进入没落衰败的阶段，十九世纪后半期急剧上升的民族矛盾，新的社会阶级斗争的情势，以及台湾地区特殊的社会历史环境，所有这一切，都促人思考，催人醒悟，使丘逢甲这个聪慧早熟的饱学少年，在生活、思想、志趣、人生价值取向等方面，都相应地发生了重大变化。

丘逢甲出生前二十四年（一八四〇年，道光二十年），资本主义英国的大炮首先轰开了清王朝闭关锁国的大门，强迫清政府签订了中国近代史上第一个不平等条约——《南京条约》。从此，独立的封建的中国，一步步地沦为半殖民地半封建的中国，中华民族同外国侵略者的矛盾，上升为中国社会的最主要矛盾。一八五一年，洪秀全领导的太平天国运动像火山一样爆发了，反抗烈火燃遍了大半个中国，形成了近代中国人民的波澜壮阔的反帝反封建斗争的第一次高潮；一八五六年，英法侵略者趁中国内战，再次发动侵华（鸦片）战争，迫使清政府签订了《天津条约》和《北京条约》，攫取了更多的权益。

一八六四年，恰逢丘逢甲出生这一年，坚持了十四年之久的太平天国革命运动，终于被中外反动派的联合进攻所绞杀。受到沉重打击的清王朝，为了维持摇摇欲坠的统治，对外实行所谓“以夷制夷”的妥协卖国政策，一再屈服于外国侵略者的压力，由此酿成了日益严重的边疆危机。一系列不平等条约相继签订，愈来愈多的国家民族权益被出卖。中外反动势力加紧勾结的结果，大大加速了中国社会半殖民地化的过程。九十年代中期以后，割地狂潮迭起，瓜分大祸迫在眉睫，中华民族面临着亡国灭种的严重威胁，救亡图存成为全中国各族人民最为紧迫的历史任务。

青少年时代的丘逢甲，就生活在这种风狂雨骤的动荡年代和国家民族的多难之秋。而他出生、成长的近代台湾的社会政治环境，与同时期的祖国大陆相比较，又还有其具体突出的历史特点。

由于台湾物产丰饶、战略地位十分重要而又孤悬海外，因此，它受西方殖民者的直接祸害更深更早。从十六世纪起，荷兰、西班牙老牌殖民者都曾先后入侵和占据台湾。鸦片战争后，列强更是处心积虑，妄图霸占，以获得入侵中国大陆和控制东南亚的一块跳板。例如，一八六八年，英国发动“樟脑战争”，在台获得了采运樟脑、传教、居住及治外法权等权益；一八六七年，美国也曾利用“罗佛号”商船事件，企图占据台湾；一八七四年，日本派兵侵犯牡丹社，胁迫清政府签订《台事专约》，索银五十万两……中华民族同外国侵略者之间的矛盾，在台湾地区表现得格外尖锐突出，台湾同胞反抗外敌的斗争也就显得愈加英勇悲壮，受到的锻炼更多，养成了一种冒死“打拼”、不计成败的特殊“蛮劲”，往往成为近代中国人民反帝斗争的先声。在无数次的抗敌斗争中，民族英雄郑成功始终是鼓舞和感召台湾人民浴血奋战的一面光辉旗帜，他的爱国精神，驱荷复台的斗争事迹，在台湾民众中，家喻户晓、世代相传，这种以炽热的爱国爱乡感情为基础的中华民族的向心力和凝聚力，在宝岛台湾表现得格外突出和深固。

从经济文化的角度来看，台湾虽说是中国大陆不可分割的一部分，但其经济文化生活直到一六六二年郑氏复台之后，才真正迈入封建制的门槛。一六八三年，台湾重新纳入中央政权统一管辖之后，大批闽粤居民东渡迁台，带去了大陆较先进的生产技艺，经过几代人的拓殖经营，到十八世纪末、十九世纪初，台湾人丁大增，社会生产力和商品经济才得到比较显著的发展，其中制糖业尤为发达，“及至乾嘉之际，贸易绝盛，北至京津，东贩日本，几为独揽。”① 但鸦片战争后，台湾的经济结构受到西方资本主义的猛烈冲击，鸦片大量输入，洋货洋米充斥市场，台米台糖备受排挤打击。一八六三年起，西方列强根据他们在《天津条约》和《北京条约》中所攫取的特权，也在台湾推行半殖民地的海关制度，并设立了各种洋行、公司，逐步控制了台湾的进出口贸易。与此同时，西方传教士也涌入台岛，大肆贩卖精神鸦片。外国资本主义的经济文化侵略与渗透，固然破坏了台湾自给自足的封建自然经济结构，但同时也给台湾资本主义因素的生长和发展，造成了某些客观条件和可能。特别是一八八五年台湾单独建省后，首任台抚刘铭传注意台湾防务和各项经济文化建设，锐意兴办洋务。到九十年代前后，台湾的煤矿、铁路、造船、电信以及机器制造业等相继出现，并有了一定的规模。此外，还设立新式学堂、鼓励垦殖、整理财政等，使台湾经济文化的发展比内地多数省区更为迅速，较多地受到西方思潮和资本主义物质文明的影响，而封建主义的生产关系及其意识形态的统治，相对来说，则不及祖国大陆那样漫长和根深柢固。

上述政治、思想、经济、文化等各方面的特点，形成了近代台湾的一种特殊的社会历史环境。生长在这种独特环境中的许多知识分子，一方面，他们自幼受到台湾人民强烈的民族意识的感染熏陶，对祖国的危难和社会矛盾的认识更为敏感深切和直接具体，往往少年时代就在心田里孕育起忧国伤时、反抗侵略的思想种子，及早懂得“已无夷夏界，何处说防边?”的严峻形势，立志勤修苦读，亟盼大用有期，报效国家民族。另一方面，台湾的社会历史特点与地理环境，又使他们较多较早地受到外来的影响，较易摆脱封建思想文化对他们的束缚，睁开眼睛看世界，思考和探索救国救民的真理。事实也确实如此，玉关烽警，时代的急风骤雨，人民抗敌斗争的历史洪流，给幼负大志、忧国伤时的台湾知识分子施行了一次次的战斗洗礼，涤荡了他们身上的泥污尘垢，磨炼和砥砺了他们的节志情操，使他们在不同程度上倾向和接近了人民，从而发出了时代的强音，成为人民思想感情和切身利益的表达者和代言人。而“东宁才子”丘逢甲，正是近代台湾这类爱国知识分子中的一位杰出代表。

---

① 连横:《台湾通史》。

三、联捷进士，服务桑梓

科举制度是隋唐以来中国社会选择官吏人才的一种制度，各朝要求不尽相同。按照明、清两代的规定，读书人要想跻身官僚阶层，首先得参加“童试”，应试者不论年龄大小，皆称为“儒生”或“童生”；录取入学后称为“生员”，又名“庠生”，俗称“秀才”或“茂才”，取得秀才资格，方可参加正式科举。正式科举分“乡试”、“会试”、“殿试”三级。乡试每三年在省城举行一次，称“大比”，因通常是在阴历八月举行，故又称“秋闱”，考中者称“举人”，其第一名称为“解元”，第二名称为“亚元”。会试则在乡试后的第二年春天于礼部举行，故又称“春闱”，考中者称为“贡士”，第一名称“会元”。殿试则由皇帝亲自主持，只有贡士才有资格参加，分“三甲”录取，一甲三名赐进士及第，第一名称“状元”，第二名称“榜眼”，第三名称“探花”，合称“三鼎甲”。二甲赐进士出身，第一名称“传胪”。三甲赐同进士出身。只有取得进士资格，才能被任命为中央机构的部属成员或地方的行政官吏。三年一科，落第不甘心者，可以一考再考，考中了的踌躇满志，沿着秀才—举人—进士的阶梯，一级一级往上爬。但这类“幸运儿”毕竟数量有限，绝大多数的读书人往往是“操童子业，久不售”，直考到皓首头秃、背弯齿落，连“秀才”的资格也未取得的不在少数。这种考试制度的内容与方法延续到明清时期，大都陈腐无用，严重禁锢人们的思想才智，诱使许多青年书生，终年钻在故纸堆中，咿唔吟哦，整日沉浸在“春风得意马蹄疾，一日看尽长安花”的荣华富贵梦中，白白耗费了宝贵的青春。

丘逢甲虚龄十四，便院试夺魁，这在一般人的心目中，一条飞黄腾达、平步青云的宦海功名之路已经向他敞开了，这自然引起世人的瞩目。其时，阿罩雾（今台中雾峰）的首富林文察提督家得到消息，兴冲冲地派人来丘家提亲，要把十二岁的女儿许配给丘逢甲。丘龙章考虑到孩子年纪尚小，功名未就，虽碍于情面，不便拒绝，但还是婉求推迟这桩儿女亲事。不久，林家女儿不幸病卒，这门亲事也就作罢。

正当丘氏父子名噪士林之际，丘家却连遭不幸：丘逢甲祖母罗太夫人因年老体衰，带病操持家务多年，拖到一八七八年，终于去世；逢甲的母亲陈氏，近年来连生弟妹（树甲、瑞甲、贞儿、恩儿），丘龙章又经常外出，无暇顾家，孩子既多且小，婆婆死后，繁重家务全由陈氏一人承担，到第二年春天，也不幸病逝，葬于大宛山（又名大员山、酒桶山）。丘龙章连年丧母丧妻，身心憔悴，几个未成年的孩子骤然失去母亲的照料，不是嗷嗷待哺、绕膝啼哭，便是沉静不语、戚惑不安，全家笼罩着一片惨淡凄凉的气氛。这时，长子丘先甲已迁往廍子坑垦荒，丘逢甲虽身为二哥，早慧知世，但也不过是个十五六岁的少年，一旦失去慈母，心情异常悲痛，自然也无心举业。闽抚丁日昌此时因病乞休，行前致书丘家，希望丘逢甲随他到他的家乡潮州读书，进一步深造，足见丁日昌对丘逢甲的器重，但丘家也只得婉言谢绝。丁忧期间，他依制在家守孝三年，每当看到母亲亲手栽植的菊花，便不由得勾起他对慈母的回忆，禁不住潸然泪下。丘逢甲一生都十分怀念母亲，写有许多思念母亲的感人诗篇，在乙未内渡初写的二首《菊枕诗》中，丘逢甲追叙了儿时的欢乐生活，抒发了他对慈母的深切怀念之情。今录一首如下：

系余昔龆龀，嬉戏慈母旁。开园种秋菊，寒花映书堂。
殷勤慈母心，采菊缝枕囊。祝儿蠲宿疴，祝儿好容光。
垂垂手中线，宛宛生清香。人生嬉戏时，此境安可常。
堂北萱草花，萎谢惊秋霜。峨峨大宛山，阡表齐泷岗。
前年菊花时，登高作重阳。墓门一瞻拜，宰木塞烟苍。
去年菊花时，奔走为戎装。枕戈待旦心，力筹保鲲洋。
今年菊花时，故园成战场。不及哭墓行，寸草心徒伤。
空山此高卧，哀泪沾秋裳。

显然，纯朴、勤劳、善良、仁厚的母亲，对少年丘逢甲产生过潜移默化的良好影响。

丘龙章见全家哀伤，孩子幼小，决定改换一下环境，便在陈氏病逝后的第二年（一八八〇年），举家迁到离长子先甲垦荒地较近的彰化县翁子社（一称王子社，今台中县东势至丰原间的一个村落）丘氏家塾教书。

迁居后不久，丘龙章的一个朋友介绍了一位姓杨的台湾姑娘给他做续弦。两人见面后，情投意合。可是，按当地的旧习，是反对年轻女子嫁给年纪大的客家人做填房的，女方家长及其同宗大都极力阻挠这门亲事，丘家也有亲友担心会因此招惹是非，暗中要丘逢甲劝阻父亲。丘逢甲却颇不以为然，他不但没有附随流俗之见，相反地，还主动去找当地官绅商量，请他们出面帮助，积极为父亲奔走操办。父亲续弦后，幼小的弟妹有了继母照料，丘逢甲对杨氏也十分尊重孝顺，一家人相处得和和睦睦。从此，他才从家庭哀痛中摆脱出来，心绪渐趋平静，继续潜心攻读，同时佐父教书。他和三弟树甲相依为伴，同三角庄吕家兄弟保持密切交往，多次与他们结伴出游，饱览宝岛的旖旎风光。有时也带着弟弟外出郊游，去瞻仰铁砧山上的“忠烈祠”和“国姓井”（皆郑成功复台纪念物），以爱国先贤的英雄事迹来激励自己，并借此了解风习民情，增长了不少知识。在台湾流传的丘氏早期若干诗作，如《月华》、《竹溪寺》、《法华寺》等，反映了他这个时期的生活与情趣。

一八八三年，丁忧期满，丘逢甲迎娶生员廖赓芳的女儿为妻。也就是在这一年的年底，中法战争爆发。次年八月，战火燃及台湾，法国军舰两度炮击基隆港，并进据基隆、澎湖，进犯淡水和台北，封锁台湾海峡，企图踞台后进一步入侵中国大陆。台湾军民在福建巡抚兼督办台湾防务大臣刘铭传①的指挥下，英勇抗敌，重创法军，侵略者终未得逞。一八八五年三月，爱国老将冯子材率军在中越边境的镇南关大败法军；与此同时，刘永福率领的黑旗军也在西线临洮一带获得重大胜利，扭转了整个中法战局。消息传到巴黎，引起法国统治集团的巨大震动与恐慌，茹费里内阁被迫倒台。可是，正当抗法斗争胜利在望的关键时刻，清政府竟向战败的法国求和，签订了卖国的《天津条约》。法国不胜而胜，中国不败而败。法国占领越南后，把触角伸向我国的云南、广西，英、日、俄等东西方列强则伺机觊觎西藏，染指新疆，图谋占我东北。一时间，四处燃起了报警的烽火，边疆危机空前严重。

这一幕幕触目惊心的事实，使身居台岛的青年丘逢甲受到极大刺激，他痛恨列强的侵凌，尤感国事之多艰。国家的前途，民族的命运，时时萦绕在

---

① 刘铭传（一八三六～一八九六），安徽肥西人，字省三，号大潜山人，镇压太平天国和捻军起义时，所部“铭军”乃李鸿章淮军主力之一，曾任直隶陆路提督。一八八五年十月，台湾建省，调任台湾首任巡抚，对开发台湾多所建树。一八九一年称病离任，卒于家。著有《刘壮肃公奏议》等。

他的心头，令他担忧，促他思索。从此，他更加留心中外事故和西方文化，注意涉猎西方著作的译本，了解西方资本主义的政治经济制度，试图从中找到一条有助于民富国强的新路。

中法战后不久，一八八五年秋，丘逢甲首次横渡海峡，去省城福州投考举人。初试不第，他在福州稍事游历后，即返回台湾继续攻读。正是这一年十月，清廷宣布台湾改建行省，调刘铭传为第一任巡抚。不久，在中法战争时期因自请出关、招抚刘永福归顺清廷、立有军功的唐景崧①，升任台湾兵备道，不久兼任台湾省学台。唐景崧本出身翰林，颇有文才，喜欢舞文弄墨，到台任职后，自然是免不了去四处游访，揽胜采风，结交文人雅士。有一次，他外出时看到有吟咏风土人情的《台湾竹枝词》百首，颇感新艳可喜，探明系出自“东宁才子”丘逢甲的手笔，立即派人请丘来官邸叙话。一席交谈，使唐感到这个年轻人出语不俗，才智过人，甚为欣喜，当下就收丘逢甲为帖拜弟子。此后，唐、丘两人便结下终生不解之缘，丘一直把唐奉为“恩师”和“知交”。

《台湾竹枝词》是丘逢甲二十岁时的作品，流传至今的尚有四十首。仅从现存的这四十首来看，确是脍炙人口，不可多得。它融叙事、抒情、议论于一炉，语言朴实，内容清新，对台湾的史地风情、时世习俗，都有具体生动的描述，台湾学者誉之为“叙事纯实，论史精确，允称佳构”。② 这些竹枝词反映出青年丘逢甲广博的知识、独到的见解，以及他对社会民情的细致观察力与感受力，为我们今天理解丘逢甲早期思想发展和近代台湾的某些特点，提供了可贵的资料。它的主要内容，大体有以下几个方面：

有反映台湾人民与祖国大陆同胞密切的渊源关系的，如：

唐山流寓话巢痕，潮惠漳泉齿最繁。
二百年来蕃衍后，寄生小草已深根。

有叙述台湾山系与祖国大陆一脉相连的，如：

烽头烈焰火光奇，南纪岗峦仰大维。

---

① 唐景崧（一八四一～一九〇三），广西灌阳人，字维卿，又作薇卿，同治进士，选庶吉士，改吏部主事。一八八二年自请赴越，会同刘永福黑旗军抗击法国侵略军，战后晋升福建台湾道道员，一八九一年迁台湾布政使，一八九四年署台湾巡抚。著有《请缨日记》等。

② 据郭兆华：《丘逢甲先生的生平》。

寄语佛泉休太热，出山终有冻流时。

有表现台湾与大陆的经济文化生活交往关系的，如：

相约明朝好进香，翻新花样到衣裳。

低梳两鬓花双插，要斗时新上海妆。

有讴歌民族英雄郑成功驱荷辟台的历史功绩的，如：

黑海惊涛大小洋，草鸡亲手辟洪荒。

一重苦雾一重瘴，人在腥风蜑雨乡。

有肯定清康熙帝统一台湾、巩固海防伟业的，如：

自设屏藩障海滨，荒陬从此沐皇恩。

将军不死降王去，无复田横五百人。

有披露鸦片泛滥，给台湾人民身心带来危害的，如：

罂粟花开别样鲜，阿芙蓉毒满台天。

可怜驵侩皆诗格，耸起一双山字肩。

有慨叹洋教盛行、造成台湾世俗风习的衰败演变的，如：

门阑惨绿蜃楼新，道左耶稣最诱民。

七十七堂宣跪拜，痴顽齐礼泰西人。

此外，还有描绘宝岛的旖旎风光和气候特色的诗篇（如："浮槎真个到天边，轻暖轻寒别有天。树是珊瑚花是玉，果然过海便神仙。"）；或反映山胞生活习俗的佳作（如："番社曈昽曙色开，枪雷箭雨打围回。黍罂酒热朝餐早，手擘奇柑煮鹿胎。"）；有的重在抒发作者的思想感情和凌云壮志（如："一剑霜寒二十秋，大王风急送归舟。雄心未死潭边树，夜夜龙光射斗牛。"）。

《台湾竹枝词》鲜明地反映了青年丘逢甲炽热的爱国爱乡的思想感情，显示出他渊博的史地文化知识与娴熟的艺术表现力；他既歌颂郑氏驱荷复台的伟绩，又肯定康熙帝统一祖国的大业，评价客观公允，确实难能可贵，卓识过人。

一八八七年，丘逢甲的三弟树甲（崧甫）才十四岁，也获全台童子试之冠，作《芦中人赋》、《货殖传书后》等，得到刘铭传、唐景崧的赞赏。兼管学政的唐景崧命丘逢甲偕弟去他主持的台湾最高学府——海东书院深造，请进士施士洁担任主讲，新竹郑鹏云、安平汪春源、叶郑兰等也在一起学习，攻举子业，唐并延丘逢甲入幕佐治文书。唐景崧本是翰林出身的文人，藏书极丰，其藏书楼有“万卷楼”之称。丘逢甲成为唐的幕客之后，有机会在唐的官邸里再次博览群书。这次的读书机会，比他少年时代在三角庄吕家“筱云山庄”时更为难得，更为重要。这不仅因为此时的丘逢甲已是有相当阅历和学识、具有更强的独立思考能力的青年人了，更因为唐景崧是个与张之洞关系密切、主张学习西方、思想较为开明的洋务派官员。他收藏的图书种类繁多，既有民间不易看到的官方典册文书，也有许多介绍西方的译著。丘逢甲钻进“万卷楼”中，废寝忘食，“于古今中外朝闻国政，及百家小说，无不览，亦无不记。”① 由此，学识更有长进，“景崧有所疑，问之，答如响。”丘逢甲很重视研读介绍西方的译著，“兼习中西时事”，结合中国的国情，探悟新的道理。不久，写成《中国学西法得失利弊论》。据丘逢甲的好友丘菽园说，该文“洋洋万言，能会中西之通”，唐景崧阅后，甚为赞赏。②丘逢甲这篇读书心得虽早已散佚，今天我们已无法得知它的具体内容，但仅从丘菽园透露的“信息”，可知丘逢甲经过一番苦读和思索，思想已日趋成熟。他开始放眼世界，渴望朝廷能够学习西方，革故鼎新，振兴国势。一八八七年，台南举行府试，其策问题为《何以安置余勇》，丘逢甲获第一名。丘逢甲在文中针对内地来台的散勇日多，有舍业而嬉，甚至危害治安的情况，提出了“十大便利”的妥善措施：“于后山未开荒之地，按名分界，各给牛种以安置之”；“划区建省，大拓规模，得游勇以实荒地，幅员得以日广，而行省可以永设……”；“授之境土，不致穷饿”；“寓兵于农”关键在于“经理得人”、“统御得法”；若“得人得法，天下无事不可为矣”。从这一时期的言行来看，丘逢甲的思想政治倾向与洋务派较为接近。

唐景崧对丘逢甲的才学十分赏识，曾手书一副楹联相赠：“海上二百年，生此奇士；腹中十万卷，佐我未能”。③丘逢甲对唐景崧请缨出关、抗法卫国的行动也推崇备至，曾为唐的《请缨日记》作序，终生铭感唐的知遇之恩。

台南道署中有座“斐亭”，唐景崧派人修葺一新，自撰一联书于亭上，联曰：“听百丈涛声，最难忘铁马金戈，万里游踪真腊棹；挥满堂豪翰，果

---

①②③ 丘菽园：《挥麈拾遗》。

然是锦袍红烛，千秋高会斐亭钟”。公务之余，唐景崧常邀僚属在亭内举行“文酒之会”，“台人士之能作诗者，皆礼致之，扢雅扬风，蜚声坛坫。”①。丘逢甲兄弟俩自然也是“文酒之会”的座上客。自此，丘逢甲与台湾中上层人士的交往渐渐增多，有机会与各地名士学子结为诗友，见闻日广，才识俱进。

尽管得到唐景崧的奖掖提携，但丘氏兄弟毕竟年资尚浅，出身寒素，又兼丘逢甲生性耿介，丘树甲则沉郁内向，他们不善交际，更不懂官场中的八面玲珑之术。何况在某些人眼中，他们是年少得志，才气傲人，十几二十岁出头，就受到高官鸿儒的礼遇器重，与抚藩、道台大人同席宴饮、赋诗唱和，日子一久，自然不免惹人妒忌。丘氏兄弟不久便意识到这一点，他们不愿介入官场士林纠纷，无意追名逐利，遂向唐景崧告假省亲，于一八八七年底，离开台南，回到彰化翁子社。

一八八八年（光绪十四年，戊子）夏天，丘逢甲第二次去福州应乡试，这次他考中了举人，榜列第二十八名，② 是科主考官为黄体芳和吕佩芬。好友吕汝修也同榜中式。俗话说，“有穷秀才，无穷举人”，丘逢甲载誉归台后，家境渐渐变得宽裕起来。一则因为有钱人家都争着以优厚待遇礼聘他去任教；二是有志科场的童生常以礼敬请他批改诗文；三则大凡乡间有婚丧喜庆，事主皆厚礼请丘逢甲出面主持，以增光彩。但丘逢甲对这类客套应酬颇感厌烦，尽量避免参加。同年底，他收拾行装，准备赴京会试。邀约同行的有三角庄的吕汝修和台南的许南英（现代小说家许地山之父）。他们于次年二月起程，渡海峡，转沪滨，遇黄恩（字子惠）与之同舟北上；出吴淞，越黄海，入津门，一路看不尽的北国海上风光，别有一番情趣。舟次山东登莱间，四顾茫茫，水天一色，蓬莱仙境似乎隐约可见，丘逢甲浮想联翩，感怀古人气节，作《书感》一首以抒怀：

鲁连耻帝秦，田横羞臣汉；
海上怀古人，登舟发浩叹。③

北上途中，尽管一路舟车劳顿，他们仍注意观察各地风土人情、社会世

---

①③　丘逢甲：《柏庄诗草》。
②　据台湾存丘逢甲“文魁匾”。

态。祖国的锦绣河山，中华民族悠久的历史文化，强烈地吸引着这几个来自海岛台湾、踌躇满志的青年书生。然而，沿途见到的许多社会弊习却增添了他们的隐忧。他们动身时节，新正刚过，在“消遣”的名义下，人们吸食鸦片，狂赌滥欢，流离乞讨者，亦随处可见。各地主事者不仅置若罔闻，甚至参与其事，从中渔利。丘逢甲颇为感愤，由此他认识到：烟、赌两害实乃招致国衰民穷、诱人堕落的罪恶渊薮。

经过个把月的颠簸，他们于三月抵京，四月入贡院会试，六月发榜，中式第八十一名贡士。是科总裁为礼部右侍郎廖寿恒和宗室昆冈。紧接着参加殿试，中己丑科三甲第九十六名进士。① 由吏部引见亲政不久的光绪帝之后，丘逢甲被授以工部虞衡司主事。② 应试时所作策论，洋洋洒洒，十分得心应手。十二年后，他回忆起己丑年三月初八夜试时的情景，曾作诗一首追忆道：

十二年前此夜中，白袍人正试南宫；
惊心胡马蹂春甸，矫首孤罴忆故丛。
何日扫尘迎警跸，当时入彀枉英雄；
万言策在嗟无用，冷对山堂烛泪红。

丘逢甲到工部签到不久，即援例以亲老告归，决意回台从教。③ 此后，他多次谢绝入仕，终其一生，也只不过是挂有“工部主事”的虚衔而已。本来，科场联捷，钦点主事乃是封建时代许多知识分子梦寐以求的荣耀，而丘逢甲却弃官回台，归里从教，这种非常举动，绝不是丘逢甲年轻粗莽，一时的心血来潮，而是经过他深思熟虑后所作出的重大抉择。

那么，丘逢甲作出这一抉择的内在原因是什么呢？对此，他自己曾有诗说过：

---

① 据丘逢甲信稿及《明清进士题名碑录索引》。

② 据台中丰原丘逢甲自立之“进士纪念碑”，碑上镌明“工部主事”。连横：《台湾通史 · 丘逢甲传》作“兵部主事”，实误。

③ 关于辞职离京回台的情况，丘氏有如下自述：“光绪己丑科会试中式进士，引见后，以主事用，签分工部学习，到部后，乞假回台。”见一八九六年九月四日（清光绪二十二年七月二十七日）《两广总督谭钟麟责巡抚许振袆会衔奏内渡工部主事丘逢甲呈请归籍片》，原件存中国第一历史档案馆，今转引自汪叔子《关于丘逢甲内渡归籍的一件档案史料》，汪文原载《岭南文史》，收入中国人民大学编印的《近代史研究资料》一九九八年第十期。

踪迹何曾敢陆沉，不能朝市且山林；
除官崔烈嫌铜臭（时有劝捐升改外者），闭户袁安任雪深。
亲老怕浓游宦味，调高难作入时音；
寻常车马长安客，孤负平生出处心。

直到乞归三年之后，他还赋诗追述自己当年弃官归台的原因与心态：

吟罢长安及第花，便依南斗望京华；
医贫已误三年艾，浇俗难凭七品茶。
万里劝行良友札，五更入梦早朝车；
此身匏系成何益？目断东风海上槎。
惆怅牙琴操里音，此生终恐误山林；
未酬车马题桥愿，空抱江湖恋阙心。
亲健固容成远志，家贫何术铸黄金？
卖文自悔生涯拙，桃李门前春又深。①

显然，“亲老”只不过是丘逢甲“告归”的借口，“家贫何术铸黄金”，不满官场的乌烟瘴气，不愿与权奸显贵和蝇营狗苟之徒同流合污、鱼肉人民，这才是他弃官归里乐于从教的真正原因。

另外，我们结合丘逢甲旅京期间的生活行踪和有关诗作，也不难看出他当时的淡泊心境和真正意向。

北京乃元明以来六百多年的帝都，也是古代幽燕侠义之士出没活动的地方，有过兴旺发达的鼎盛时期，被视为全国政治文化中心和“首善之区”。可是，近五十年来，清政不纲，国势日弱，洋人势力直逼京师，津门竟为外商踞用。第二次鸦片战争（一八六〇年，庚申）期间，京畿失陷，就连皇家禁苑圆明园也被英法联军焚劫一空，咸丰帝仓皇出逃，以至病薨在热河避暑山庄……历历往事，在丘逢甲心底勾起了痛苦的回忆和忧伤的思绪。在下榻的下斜街寓所里，他来回踱步，苦苦思索，回想自己这次入京应试，本来满怀着对朝廷的期望和匡时济世的热忱，但沿途数千里所见，满目疮痍，尽是民穷吏虐、世风日下的衰颓景象；京师所闻，又多是汉人受抑、权臣显宦营私倾轧、腐败昏庸的各种丑事，内心愤懑而又失望，曾作《北平守》一

① 丘逢甲：《柏庄诗草》。

诗以示慨叹：

老作北平守，不侯殊可哀；

安知汉丞相，须用下中材。

丘逢甲寓京期间，恰逢黄遵宪也在京待职，[①] 经温仲和介绍，[②] 得以初识。黄遵宪虽比丘逢甲年长十六，但两人都喜爱诗文，志趣相投，又是嘉应州客家同乡，遂一见如故，终生结下深挚友谊。趁发榜日期未到，京城内外一片明媚春光，丘逢甲便邀约黄遵宪、温仲和、许南英、吕汝修等几位好友，结伴四出游览，一来为开阔眼界，增长知识；二来也是想借此联络情感排闷解忧。他们或到琉璃厂书坊漫步，选购些善本古籍字画；或去郊外探胜访幽，领略帝都众多的名胜风光。但是，诚如古语所说："举杯消愁愁更愁"，参观游览归来，更增添了丘逢甲心头的郁闷忧思和凄伤之情。

北京朝阳门外的黄金台，相传系战国时燕昭王所筑。当年燕昭王为了重振国势，击退强邻的入侵，听取学者郭隗的建议，筑台置金，招贤礼士，延揽人才。时隔两千多年，"金台夕照"四个大字依旧赫然在目，但时尚却已大变。如今，士人举子不远千里来到京城，不再是勤王济世，图强救国，而只是为了攀附权贵，猎取高官厚禄，像燕昭王那样求贤若渴的国君已难找到了。古迹犹存，世风迥异，抚今追昔，丘逢甲不禁思潮滚滚，感慨万千，特作《黄金台》一首，诗曰：

闻道昭王此筑台，依然悬格待奇才；

年年车马燕山道，不为黄金客不来。[③]

正是出于对官场生活的反感和朝政不纲的失望，丘逢甲才改变了企图借助科场及第、跻身仕途、经世致用的初衷，决意辞官归里，返台教读。正如他自己所说："地瘠何堪再刮皮？""宦味何如诗味浓？"何况，"方今四洋毕

---

① 黄遵宪（一八四八～一九〇五），字公度，别号人境庐主人，广东嘉应州（今梅州市）人。举人出身，近代杰出的爱国诗人、外交家和政治改革家。先后出任清驻日、英、美等国的公使馆参赞或总领事，为保护华侨利益、促进中外文化交流，作出过重大贡献。九十年代积极参加戊戌维新运动，协助湘抚陈宝箴推行新政。变法失败，被革职回乡。著有《人境庐诗草》、《日本杂事诗》、《日本国志》等。

② 温仲和（一八四九～一九〇四），字慕柳，号柳介，广东嘉应州松口人。丘逢甲同科进士，曾任翰林院检讨，晚年主编《光绪嘉应州志》，著有《求在我斋集》等。

③ 参见《丘逢甲集》第三十二页。

达，五大在边，瀛海终非无事之时，天下正急需人之日”，① 与其留在京城同那些贪官污吏、蝇营狗苟之徒为伍，倒不如回到故乡去服务桑梓、教化青年，为开发民智做些有益的事情。“桃李门前春又深”，即表明了他此时的人生价值取向。于是在获准告归后，他七月便离京，取道潞河，出津门，经大沽，越黄海，顺便游览了沪滨的静安寺等古迹，沿东海岸泛舟南下。一路风平浪静，见到江南的碧水青山，丘逢甲的心情重又豁然开朗，犹如飞出了笼的鸟儿，不禁放声欢唱起来：

过尽吴山过越山，闽山指顾海云间；
双轮一日三千里，不待风潮送客还。②

丘逢甲返抵台湾，先去台南拜谢了唐景崧。唐十分高兴，作诗庆贺他的及第荣归：“一年不见丘才子，今日登门（一作相逢）喜欲狂。沧海鱼龙神变化，秀才文字忆商量。听涛亭上灯如昨，觅句堂前（为唐府内文士诗会处）酒再香。从此诗人须破例，勋名待出水曹郎。”③

丘逢甲已联捷进士，且有“工部主事”名衔，唐景崧要他参与政事，这本是名正言顺的喜事，但丘逢甲却婉言谢绝。在唐邸住了二十多天之后，他还是执意请回彰化省亲，临别作诗一首向唐景崧辞行：

一第归来海外天，程门重立兴悠然；
秀才风味依旧在，犹似春灯问字年。④

辞官归里后，丘逢甲应邀到台中衡文书院、台南崇文书院和嘉义罗山书院担任主讲，年中往来各书院间，南北奔波，不辞劳苦，热心于培育青年、启迪民智的工作。他提倡招收原住民子弟入学，这在当时实属难得。黄遵宪在英国伦敦闻讯，于一八九〇年作《岁暮怀人组诗》，给予褒扬，诗曰：“赤嵌城高海色黄，乍销兵气变文光。他年番社编文苑，初祖开山天破荒。”⑤ 在教学中，丘逢甲根据自己的体验和对世事的观察分析，大胆改革教学内容与教学方法，他不再重视八股括帖之类的东西，只是略课应试文

① 丘逢甲：《〈请缨日记〉序》。
② 丘逢甲：《柏庄诗草》。
③ 丘菽园：《挥麈拾遗》。
④ 据丘秀芷：《剖云行日——丘逢甲传》，台湾出版。
⑤ 黄遵宪：《人境庐诗草》卷六。

艺，把主要精力用于介绍中外史地和当今时事，传播西方新知识新思潮，劝阅报章，引导青年放眼五洲，关心国事和民族前途。他自订了一批书刊，如香港的《德臣报》（中文版）、上海《申报》、《字林西报》和《天津时报》等，并撰文评介国内外大事，警醒国人关注时局，鼓吹革新除弊，谋求富国强兵之路。在丘逢甲的悉心引导教育下，近代台湾涌现出一批有志气有抱负的热血青年，他们后来成为反割台斗争中的一支中坚力量。

赴京会试这段经历，对丘逢甲的思想发展无疑产生了重大影响。他对朝政的昏败、列强的进逼，以及民瘼世态的了解，比以前广泛和具体了。他弃职返台，毅然选择了兴学育才的教育救国之路，这件事本身说明：丘逢甲此时已能够把个人的职业、前途同国家民族的命运联系起来思考，标志着他的爱国主义思想已初步形成；在教育实践中，他摒弃陈腐的八股括帖，引导青年吸收新知识新思潮，以求报效国家民族，这又说明丘逢甲的思想倾向，已开始由洋务派向维新派方面逐步转变。

一八九〇年，得到戚友弟子的资助，丘逢甲买下了台中大埔厝（今潭子、神冈一带）的一座宅院。这宅院面山临水，草木明瑟，景色幽美，中有一株古柏，挺拔葱郁，引人注目，丘逢甲遂为新居取名“柏庄”，奉亲举家迁入，上体亲老成家，下教诸弟成学。唐景崧得知柏庄地处乡间僻野，看出丘逢甲还是无意仕途，曾赋诗表示惋叹：“幕宾丽比瘦莲红，更有门生压海东。新得柏庄疑傲我，山林终恐误英雄。”① 但他不为所动，仍安心于桑梓教育。唐景崧为“柏庄”书额，台南知府唐赞衮书联榜其门：“经传绛帐多来学，屋绕青山好著书”。丘逢甲取《黄庭经》中“闲暇无事心太平”句，节“心太平”三字，请唐赞衮为书斋题额。

丘逢甲在教读之余，喜爱栽花植树。台南、台中一带，三冬无雪，四季常花，在他的庭院里总是一片葱绿，生意盎然。春夏是桃李争芳、兰香扑鼻；秋冬则桂菊相伴，或有腊梅、水仙作陪。每到春和日丽或秋高气爽的好时光，他邀约友好和三弟树甲一起踏青远足，登高揽胜，陶醉于宝岛的河川风物之中，写下了《瀛壖八咏》等赞美台岛旖旎风光的组诗联句，对大自然的造化奇观、佳境胜景，给予生动的描绘。下录几首，从中可见一斑：

---

① 据丘秀芷：《剖云行日——丘逢甲传》。

朝曦潋滟拥东溟，射出毫光万点星；
瀛海扶桑真咫尺，烛龙从此好长眠。

——《东溟晓日》

红毛城外海天浮，万里征帆一望收；
好是月平风定后，有人天际识归舟。

——《安平晚渡》

山意晚生寒，阴岭雪微积；
寻梅晓出城，云间一峰白。

——《瑶峰晴雪》

欲觅渔村路，双溪薄暮天；
西风明灭影，红出荻花边。①

——《双溪渔火》

一八九一年（光绪十七年，辛卯），台湾省会迁往台北，唐景崧升任台湾布政使司，离台南赴台北履新。② 唐在台南时，常在署内澄怀园举行诗文酒会，邀约海东书院山长施士洁主持，其时宦游之士，如福建的王毓菁、郭名昌，江苏的陈凤藻，江西的罗大佑，广东的梁维嵩，以及台湾文士汪春源、林启东、黄宗鼎等，皆常赴会。唐到台北后，又在署内设“牡丹吟社”，参与者多达百数十人。丘逢甲自然也是这两个诗会的重要成员。据说唐母亦能诗，每一题成，或由其主评甲乙。大家公认：论功力，乃施士洁最深；若论才气，则当推丘逢甲。影响所及，台人士竞相为诗，极一时之盛。由此，丘逢甲的诗名誉满全台，“台湾诗学为之一兴”。③ 唐景崧在署内结诗社会友，将文士所作诗文汇刊成册，书名《诗畸》，其中收有丘逢甲所作诗钟、律诗多首。

青年丘逢甲在才识与诗艺方面的成长进步，在《诗畸》中有充分的展现。该书于一八九三年初版于台北，内收社友五十五人的作品。明人张自烈《正字通》云：“井田为正，零田不可耕者为畸。”唐遂以“诗畸”名书。

① 见《丘逢甲集》第四十至四十四页。
② 一八九一年，刘铭传称病告归，邵友濂接任台抚后，省会迁往台北。
③ 连横：《台湾通史》。

书中前八卷为诗钟，后两卷为律诗。诗钟，俗称嵌字对联，即随意抽取平仄二字，分置于七字句中，限时完成。清人徐兆丰《风月谈余录》中说：“构思时以寸香缕上，缀以钱，下承盂，火焚缕断，钱落盂响，虽佳卷亦不录，故名曰诗钟云。”“诗钟”是古人做诗的基本功夫训练之一，其规甚严，唐景崧归纳为八条，不仅限时完成，且按嵌字的不同位置而分别称为凤顶格（第一字），燕颔格（第二字）、鸢肩格（第三字）、蜂腰格（第四字），鹤膝格（第五字），凫胫格（第六字）和龙尾格（第七字），此外还有分咏格，合咏格和笼纱格等。所抽取的平仄二字，词性不同，要求用典贴切……这些对参加者都是严格有益的训练。唐景崧是个诗钟迷，他自言“与闽中诸君子鏖战数日，于车马酒食日不暇给中而从容乐为，其所嗜如此。”诗钟对联的内容不见得有多大价值，其目的是使参加者温习格律、熟用典故、活跃文思。至于律诗，往往是数人同做一题，限韵完成，如《逢旧识妓》，限先、尤、咸韵，五人同题作诗六首，诗中所述并不一定源于作者个人的亲身经历，不能视为分析作者思想品格与生活实践的依据和佐证。

在诗社活动中，丘逢甲勤奋好学，成绩突出，所作诗钟二一五联、律诗五十一首，为他人的两三倍。那时，时局还比较平静，诗中所咏多系小人物、小事件，但从中亦可看出作者对老伶、老妓、逃婢这类下层社会人物的怜悯同情和热爱自然、评史论事的思想见解。

一八九二年，在唐景崧等人主持下，《台湾通志》的编纂工作正式开始，丘逢甲受聘兼任采访师，主要“负责采访乡土故实，于是，补辑纪略，多出自其手笔”。① 近年来，丘逢甲因元配夫人廖氏连生二子皆早夭折，由表兄谢道隆作伐，娶葫芦墩吕家女儿（名隋珠）为如夫人，两年后，生下男孩丘琮。

弃官从教、家居乡间的清朴生活，以及从事《台湾通志》采访师的工作，使丘逢甲有较多机会接触下层，对民间疾苦有了进一步的体察。教读余暇，丘逢甲常漫步山野，走访村寨，看望邻里村民，关注农家的劳作辛苦与清朴生活。在桃符更新、大地回春之际，他与村民同乐，替大家书写吉庆春联，祷祝苍天风调雨顺、赐福人间，他用朴素浅白的语言，记叙农家的习俗

① 陈彰：《丘仓海先生的生平志事与诗文》，台湾出版。

情趣，先后写有《早春即事》、《早春园居》、《种菜》、《农歌》等篇什。今选录四首如下：

爆竹声中岁琯更，照完虚耗待春耕；
农家共上封人祝，户户春联写太平。

种罢春田学种鱼，鱼经珍重等农书；
秧针渐绿鱼苗出，春水桃花二月初。

未逢惊蛰已闻雷，雨足春田接熟梅；
早稻欲花春事晚，饭香先入梦中来。

等闲休负好春光，也送儿童上学堂；
领略农家真事业，孝经先讲庶人章。①

柏庄距原住民同胞聚居的中部山区不远，山胞的生活习俗，丘逢甲幼时即听父兄讲过，今有机会就近亲察探访，增进了对他们的了解。原住民同胞是中华民族大家庭中的一员，世代生活在台湾，与东渡迁台的闽粤移民共同开发宝岛，抗击外敌的入侵，作出过不可磨灭的贡献。可是，在历代封建统治者眼里，他们是“化外之民”，备受歧视。有些驻台官吏，甚至蓄意制造纠纷，挑起矛盾，从中渔利，这势必激起山胞的强烈反抗。上层统治者为缓和矛盾，成立招垦局，设厅办理“番务”。但是，那些奉派来台“理番”、“抚番”的官员，大都趁机肆意搜刮勒索，怂恿械斗，迫使山胞不得已退入中部深山，过着辗转流徙、刀耕火种的凄苦生活。对山胞的这种悲惨境况，丘逢甲极表同情，曾作长诗《老番行》以记之。全诗如下：

中路岸里等社，归化最早，于诸屯中亦最有劳绩。后以侵削地垂尽，多流移入埔里社，安故居者仅矣！今闻设厅来，番业又日蹙，流移将无地，是可哀也；作此以告当道之言抚番者。

牛困山前逢老番，为人结束能人言。自云旧住麻薯屯，
播迁以来今抱孙。二百年前归化早，皇威振迭临台岛。

① 参见《丘逢甲集》第八五页。

鸡羽传书麻答少，鹿皮纳税必丹老。猎罢山中并业农，
长官无役不相从。诸戎犄角微劳著，个雾擒余拴骨宗。
指屈当年设屯始，会称天地狐鸣起。渡海平之福贝子，
海侯相助贼魄褫。惟番向导功狗比，一百二十巴图鲁。
爱番趫捷乐番使，旋预梯航集上都，八旬圣寿效嵩呼。
谁知断发纹身状，曾入先朝王会图。圣恩赐土归来日，
耕凿相传薄纳租。百余年来时事异，奸民黝番占番地。
堂上理番虽有官，且食蛤蜊知许事！况乃屯粮亦虚额，
中饱年年归黠吏。故业萧条眨眼中，社番十户九贫穷。
新居未免谋迁绛，名论真宜驿徙戎。故山苍苍惨将别，
举家移向生番穴。仍占鸟语作耕猎，更验桐花定年节。
铭刻天朝累代恩，未敢杀人持寸铁。偶出山前过故居，
巢痕毕扫增呜咽。山风吹发遽衰秃，若识生平定耄耋。
方拟桃园世世居，谁请凿空张骞说？玉斧应知画界难，
重关山险启泥丸。所欣岩谷残年日，犹得威仪拜汉官。
官威难弭汉民奸，又占山田启讼端。日久深山无甲子，
风生小海有波澜。眼看番地年年窄，覆辙伤心话畴昔。
方今全山毕开辟，更从何处谋安宅？番丁业尽为人役，
空存老朽沟中瘠。况闻抚番待番厚，生番日醉官中酒。
同沐天家浩荡恩，老番更比诸番久。可怜为熟不如生，
衰落余年偏不偶。夜半悲呼山月暗，哀思难向青天剖。
我闻此语为兴嗟，台民今亦伤无家。开山聊藉五丁力，
岂皆荐食为长蛇？山田弓丈则下沙，赋重应比山前差。
长官终有廉来日，故业可复安桑麻。此歌聊向春山咏，
东风开遍番樣花。①

从《老番行》一诗可以看出，丘逢甲对台湾原住民的生活、习俗、历史等都颇为了解，他充分肯定山胞拓殖宝岛的艰辛劳绩，对他们备受歧视、盘剥的凄苦生活和濒临绝境的悲惨情状，满怀深挚的同情，给予具体的描

① 参见《丘逢甲集》第八三页。

述，吁请主持理番的厅府官员，能真正体恤民间疾苦，解救他们于水火之中。可以说，《老番行》是丘逢甲早期诗作中最富人民性的代表作之一，诗人恤民爱民之心以及力促民族和睦友好之情，洋溢于字里行间，读来感人肺腑，这和他倡导招收山胞子弟入学的感情，是完全吻合一致的。

台湾孤悬海外，“天高皇帝远”，来自大陆的官吏，大都把赴台任职视为“肥缺”，混上两三年捞上一笔就走，难得有几个愿为开发宝岛、筹固海防费心尽力的清正人物。各级驻台官吏巧立名目、贪赃枉法、中饱私囊的丑事，较大陆各地尤甚，搜刮手段也更为狡诈多样。对此，台民早就议论纷纷，丘逢甲也时有所闻，曾愤作《去思词》等予以辛辣鞭挞，其中两首这样写道：

子规声里使君归，原草初长马正肥；
剜肉医疮无限泪，春风吹遍万民衣。

千箱百箧运脂膏，饱挂归帆意气高；
岂是郁林无石载，宦囊已足压波涛。①

对那些吸吮民脂民膏的贪官污吏，丘逢甲鄙为“蝇”、“蝎”之流，曾作《虫豸诗五十首》加以讽喻，并“以为阅世龟鉴”书赠三弟树甲共勉。这类诗作或犀利或含蓄，其批判锋芒皆一目了然。如：

蝇：善为骥尾附，能使鸡声乱；
钻营不到处，赖有冰在案。

蜚虫：臭恶不可耐，强来登客床；
故为迟拙相，阴毒更难防。

蝗：所过无完田，千里成赤地；
农夫不敢伤，额间有王字。

蚓：白项疑吴儿，黄泉埒廉士；
心肝尔全无，朝暮歌不已。②

---

① 参见《丘逢甲集》第八九页。
② 参见《丘逢甲集》第一〇三－一一三页。

这些诗作与丘逢甲乙未内渡后写的《虫豸诗》（见《诗抄》卷十一）一脉相承，锋芒直指残民自肥的污浊吏治和腐败的社会现象，反映出他鄙弃官场丑恶的鲜明感情和刚正清朴的思想品格。一八九二年，唐景崧奉命入京觐见，丘逢甲认为这是向朝廷反映台民舆情的好机会，特作诗送行，在"引"中表明意在"志实"，热望恩师能趁此行"为民请命"，奏请朝廷筹保海防，推行廉政，俾使利国安民。诗的后半部分这样写道：

……公行毋迟留，台民方望泽。阳城在门久，敬输谋野获。延英行入对，应念治安策。圣主问苍生，殷勤屡前席。在台请言台，愿公写肝膈。民穷复元气，吏酷除遗螫。余事筹海防，老谋褫夷魄。青阳和始布，白著弊先革。金汤巩天险，膏雨苏地脉。鸿飞待公归，早释忧劳责。送公惟尊酒，报公有竹帛。

这时，清王朝中央统治集团日趋颟顸腐败，唐景崧等作为边疆行政大吏，也难以扭转这种颓势。目睹社会积弊日深，吏治丑闻有增无已，主政者却无良策，丘逢甲自感有一种莫名的惆怅与愁苦时袭心头，在《拨闷》一诗中，他曾写道：

漫将棖触话前尘，拨闷闲抽百感身；
留与穷愁作吟料，天公原不薄诗人。
词客伤心赋罢时，空仓雀鼠替啼饥；
人前无处缄愁苦，说与韩陵片石知。

在《谈兵》一诗中也说：

箐雨峦烟筑将台，穷荒山学五丁开；
空陈充国屯田策，枉用张骞凿空才。
蝼蚁穴中劳挞伐，螳螂车畔费招徕；
年来入告都成例，纸上谈兵又一回。①

诚然，丘逢甲的愁闷与隐忧有着深刻的社会历史原因。他感叹国事多艰、民气不振，他不满社会弊习的深固顽劣，极目所见，绳营狗苟、追名逐利之徒和守旧无能的老朽官僚占据要津，励精图治的新兴力量在哪里？怎样才能富国强兵、免受外敌侵扰？他联捷进士后的九十年代，国际上险恶的政

---

① 参见《丘逢甲集》第八八页。

治风云对古老中国愈趋不利。这时，西方列强加紧了对殖民地、半殖民地国家的掠夺与控制，它们彼此争夺势力范围与原料产地的摩擦与争斗日趋激烈；而政治经济十分腐败落后的中国，正是它们争夺的重点对象。“压城海气昼成阴，洋舶时量港浅深。”① 古老中国的大地上空阴霾密布，神州海岸妖氛四起，中华民族面临生死存亡的严重威胁。蒿目时艰，丘逢甲不禁发出深沉的慨叹：“风月有天难补恨，江山无地可埋愁。”“孤岛十年民力尽，边疆千里将才难。”② 此刻，他愈加怀念民族英雄郑成功，在凭吊台南延平郡王祠时，他先后援笔书写了两副楹联，其中的一幅是：

由秀才封王，主持半壁旧河山，为天下读书人别开生面；

驱外夷出境，开辟千秋新世界，愿中国有志者再鼓雄风。③

在台中葫芦墩妈祖庙内，也有丘逢甲书写的对联：

慈爱在人间，屹鸟蛮花同被泽；

济施满天下，梯山航海尽沾恩。④

这些楹联，再次表达了丘逢甲报效社会民族的志向，说明在日益严重的民族危机和社会矛盾的刺激下，丘逢甲的爱国思想进一步得到发展，并已进入基本成熟的阶段。此时，他虽隐身乡间，专心教读，但渴求报国效时之情志却炽热而强烈，犹如火山爆发前的岩浆在地下积聚、运行、奔突。他自书中堂一副：“且看鹰隼出风尘”，也就是说，他在等待时机，聚积力量，一旦时代和社会需要，就将像雄鹰那样展翅奋飞，去搏击狂风浊浪，为国家民族效命疆场！

---

① 参见《丘逢甲集》第一三三页《台北秋感》。

② 丘逢甲：《柏庄诗草》。

③ 据《台湾名胜楹联》（中国民间文学出版社出版，顾平旦等主编）及《台湾杂谈》（林其泉著，四川人民出版社出版）所载，郑成功庙联为唐景崧、丘逢甲合撰，文字上稍有不同，一作：

“由秀才封王，主持半壁旧河山，为天下读书人顿生颜色；驱外夷出境，开辟千秋新世界，语国中有志者再鼓雄风。”

④ 据傅锡祺（鹤亭）“己卯秋”一九三九年重书“丘逢甲旧撰”联语。民间传抄稿“屹鸟闽花当被泽”，或作“屹鸟蛮花同被泽”。

第二章　血与火的洗礼

——抗日护台的爱国志士（一八九四～一八九五）

正当丘逢甲在台湾积极从事桑梓教育、培植青年士子的时候，一场战火在朝鲜半岛熊熊燃烧起来了。一八九四年七月，中日甲午战争正式爆发，年届三十的丘逢甲接受了他一生中最为严峻的血与火的考验。如果说，在这之前，从事桑梓教育是丘逢甲爱国思想的初步实践，那么，乙未年的抗日护台，则是丘逢甲爱国思想最重大的一次实践。在短短的一年时间里，他创办义军、刺血上书、倡导自主保台、亲率义军抵抗日本侵略者的武装割占，由此而谱写了他生命史上最光彩夺目的一页，成为近代中国历史上值得一书的爱国志士。

一、投笔从戎，创办义军

日本原本和中国、朝鲜、越南一样，是遭受西方列强侵略和欺侮的封建国家。一八六八年，新兴的日本资产阶级，联合一批具有资本主义倾向的地方军阀，发动了一次自上而下的重大改革——“明治维新”，建立了以明治天皇为首的地主、资产阶级联合专政，从此，日本走上了军国主义的道路，积极推行对外侵略扩张政策。

明治天皇在“御笔”信中公开叫嚣，要“以武力开拓万里波涛，布国威于四方”。日本军国主义分子秘密制定了一个征服中国和世界的所谓“大陆政策”，把侵略矛头首先针对中国的台湾和朝鲜，加紧扩军备战。叫嚣“北则割据中国东北之领土，南则掠取中国之台湾”，“永镇皇国之南门”。到十九世纪九十年代初期，日本已建立起一支拥有六万三千名常备兵、战时可达二十三万人（包括十余万的后备队）的陆军，以及排水量达六万余吨的海军舰只，不断举行陆海军的联合演习。一八九三年五月，成立了负责筹划和指挥作战的“战时大本营”，并派出大批间谍特务潜入中国和朝鲜，窃取情报，秘密绘制军用地形图，为发动大规模的侵朝侵华战争作好了多方面的准备。

一八九四年五月，朝鲜爆发了“东学党”领导的农民起义。朝鲜政府无力镇压这场声势浩大的起义，请求清政府出兵援助。日本政府认为有机可乘，一面在国内进行秘密的战争动员；一面照会清政府，诱使中国出兵朝鲜。紧接着日本借口保护侨民，突然派出重兵，抢先占领了从仁川到汉城一带的军事要地。七月二十五日，日本海军在朝鲜牙山口外的丰岛海面偷袭中国的运兵船；同日又出动陆军四千多人，悍然向驻扎在汉城附近牙山的清军发动进攻，由此挑起了对中国的不宣而战。

战争爆发的消息很快传到了台湾，沿海已经戒严，平素就十分关心国事的丘逢甲全神关注着战局的发展变化。凭着多年来对中外形势的观察了解，他深切地预感到台湾将面临的危难，忧心忡忡地对友人说：“天下自此多事矣！日人野心勃勃，久垂涎此地，彼讵能恝然置之乎?”遂首先倡议，集各乡人民加强训练，以备战守。①

鉴于战事紧迫，倭氛日恶，清军在朝鲜前线接连失利，这时，一向疏于海防的清政府才想起了台湾战略地位的重要，于当年七月急忙饬令福建水师提督杨歧珍、广东南澳镇总兵刘永福酌带兵勇渡台，会同台抚邵友濂筹办台防事务；同时命令太仆寺卿林维源（字时甫，号冏卿，台湾淡水人）督办团防事务。林维源系台湾首富，清廷任命他负责督办团防，实指望他筹借军饷而已，并非真要其组织台湾民众防范日本的侵略。林维源奉旨后，仅“报效土勇两营，自备粮饷”；② 怕花费更多的资财，便上奏清廷说：“台湾团防就绪”。因此，委派林维源督办团练，徒俱虚名，毫无成效可言。

这时，清军在前线战败的消息接踵而来，继牙山、丰岛惨败后，平壤丢失、黄海失利，战火很快烧到了鸭绿江边，辽东告急，旅大吃紧……丘逢甲闻讯，如坐针毡，整日寝食不安，在柏庄住所的书房里、庭院中来回踱步。

---

① 江山渊：《丘逢甲传》。

② 据《大清德宗景皇帝实录》。

他料定台岛势必难逃战祸，可是环顾台防，守备十分薄弱，驻军仅数十营，约三四万人，[①] 且多系外省兵勇，七拼八凑，派系严重，互不相统；更兼平日纪律松弛，缺乏训练，除台南刘永福的黑旗军和台中林朝栋的土勇之外，其余实在谈不上有多少战斗力，台湾一旦告急，这些兵勇怕是很难靠得住；至于奉旨督办团练的林维源，则更属敷衍了事……想到这些，丘逢甲心情愈加沉重，猛然间，他抬头看到自己亲笔书写的中堂“且看鹰隼出风尘”，一股热血从心头涌起，他想到自己平生的抱负，此时再不施展，更待何时？于是他下定决心，投笔从戎，以岳飞、文天祥、郑成功等历代民族英雄为榜样，不惜毁家纾难，肩负起保家卫国的重任。

这一年八月间，布政使唐景崧受命帮同台抚邵友濂办理台湾防务。丘逢甲征得恩师唐景崧的同意后，于是年中秋前后，“倾家财以为兵饷”，开始着手招募义勇，举办团练，进行训练。[②] 丘逢甲此举得到父亲丘龙章的全力支持，“一门子弟能干戈者，尽令从戎”。[③] 为举办团练，丘逢甲倾注了自己的全副心血，他不辞劳苦，到处奔走，“晓以大义，动以利害”，发动台湾青壮年踊跃从军。每到一地，便召集乡亲们说：“吾台孤悬海外，去朝廷远，不啻瓯脱，朝廷之爱吾台，曷若吾台民之自爱！官兵又不尽足恃，脱一旦变生不测，朝廷遑复能顾吾台？惟吾台人自为战，家自为守耳。否则祸至无日，祖宗庐墓之地掷诸无何有之乡，吾侪其何以为家耶？”[④] 丘逢甲以诗文饮誉全台，考中进士后，他有官不做，弃职还台，服务桑梓，多年来主讲台中、台南等处书院，门生弟子及诗友遍布各地，无论在士林，还是在一般民众之中，丘逢甲都享有相当高的声望和号召力。如今国难当头，强敌进

---

① 当时台湾驻军情况大致如下：首任台抚刘铭传留下的原淮军四十余营约存二十余营（其余皆被邵友濂裁撤）；月底，杨歧珍带淮勇五营，刘永福带广勇二营（后扩充为八营）渡台；另有台南总兵万国本部四营，台中林朝栋土勇十营，候补道杨汝翼招募的湘勇一五〇〇名。直到十月中旬，唐景崧接替邵友濂署理巡抚后，才又派出亲信攜银二十万两赴粤招募散勇数千人，仓猝成军。估计全台当时约有三四万不同派系的驻军。

② 丘逢甲始办义军的时间历来说法不一，其实丘氏兄弟的诗作中即有记载，丘氏内渡后所作《菊花诗》曰：“去年菊花时，奔走为戎装。枕戈待旦心，力筹保鲲洋。”其三弟树甲也有一首七律称：“当日防秋真画饼，今宵觅句费登坛”，自注云：“客岁随家兄办全台义军，于中秋前后办起。”据此，可知丘逢甲始办义军当在甲午年（1894）中秋前后，约八、九月间。

③ 丘复：《潜斋先生墓志铭》。

④ 江山渊：《丘逢甲传》。

逼，台事危急，丘逢甲又带头捐资举办团练，以“守土拒倭号召乡里”，这种爱国义举正符合广大台湾同胞的内心愿望，所以他登高一呼，立即引起各界民众的强烈反响。诚如江山渊所说：丘逢甲慷慨激昂的演说，“一字一泪，言未已，已哽咽不能成声，听者咸痛哭，愿唯命是听。”① 因此，丘逢甲任事后，台湾的团防工作才大见起色，一时间从者如流，爱国忠勇之士群起响应，很快就组织起一支人数众多的团练队伍。据唐景崧一八九四年十月二十八日（阴历九月三十日）奏称：“臣于闻之初，即商邀在籍工部主事丘逢甲遴选头目，招集健儿，编伍在乡，不支公帑，有事择调，再给粮械。现台湾府所属四县已挑集一万四千人，编为义勇二十六营，造册前来。南北两府，并令丘逢甲一体倡办。该主事留心经济，乡望式符，以之总办全台义勇事宜，可以备战事而固民心，于防务不无裨益。”② 为台湾义军的筹建与组成，丘逢甲倾注了大量心血，他在一八九八年致丘菽园的信中回忆道：“弟自甲申（一八八四年）后，即知孤台难守，故常谓须台人能自为战，而后万一可保。于是极意联络各路人心，台人信之者虽仅十一，而莫不知其有保台心。故奉命督办义军，一呼而十万众应。番酋盗魁，愿转军籍，亦平日空言之微效也。”③ 中日初战，割台之议未起，丘逢甲对中外形势即有此清醒的认识和估计，并未雨绸缪，设计保台方案，其远见卓识，确实难能可贵。

十月中旬，与唐景崧素有矛盾的邵友濂被清廷内调湖南，唐景崧奉命署理台湾巡抚，随即奏准清廷，于十一月间正式委派丘逢甲“招募义勇，以备择调”，并将“团练”改称“义军”。在丘逢甲的积极组织和发动下，各地义军人数与日俱增，“自十月初（阳历十一月）招募迄岁晚，全台报成军者约五六十营。次年春，编入者号百四十营之多”，④ 声势浩大，号称有十万之众。各军以诚、信、靖、壮、捷、敢、良、劲等十六字为符号，一般每字统辖五营，每营三六〇～五〇〇人不等，设一管带。营单位又依据战斗力分为中、前、左、右、后各营，合五营为一作战单位。有时又将各营加编为正副两营，合十营为一作战单位。下面即系丘逢甲亲自手订的诚、信两字义

① 江山渊：《丘逢甲传》。

② 见《清季中、日、韩交涉史料》（六）：《总理衙门收署台湾巡抚唐景崧文》。

③ 《丘逢甲集》第七五九－七六〇页。

④ 思痛子：《台海思痛录》。

军编制表：

中路义军“诚”、“信”二十营一哨编制①

义勇“诚”字：		义勇“信”字：		
正中营：谢道隆 副中营：陈昌岐	一千人	正中营：丘先甲 副中营：廖连璧	一千人	（附一哨王启明二百人）
正前营：丘国霖 副前营：李镇安	一千人	正前营：杨道东 副前营：洪方魁	一千人	
正左营：连炬森 副左营：魏宣明	一千人	正左营：丘玉成 副左营：赖国芳	一千人	
正右营：吕炳山 副右营：陈懋勤	一千人	正右营：丘敏功 副右营：林朝元	一千人	
正后营：陈锡范 副后营：林国清	一千人	正后营：陈秉干 副后营：李广升	一千人	

义军的基本成分是当地的农民，其中又以粤东迁台的“客家人”居多。各营首领，大多为秀才以上出身的爱国知识青年，其中有不少是丘逢甲的门生子弟或亲朋挚友，如吴汤兴、徐骧、姜绍祖、谢道隆、丘国霖等，皆系义军的重要统领。丘逢甲的哥哥丘先甲是“信”字营统领，三弟丘树甲是全台义军营务处帮理，“丘门三杰”，一时在全台义军中传为佳话。

义军重要统领吴汤兴、徐骧等，是粤东镇平迁台的客家后裔，与丘逢甲既是同乡又是师生。关于丘逢甲与他们的密切关系，洪弃父②在他写的《瀛海偕亡记》（一名《台湾战纪》）一书中有如下记述：

“初，汤兴负意气，遇逢甲统义勇营，慷慨自请，闻李鸿章割弃台湾，则愤激作大言。逢甲亦鼓舞之，意气益勃勃。逢甲故粤籍，汤兴亦粤籍，声类相翕。逢甲遂引见唐总统，总统方急时事，逢甲言无不应，

① 该编制表系当年丘逢甲创办义军时亲手撰写，为丘氏后裔发现，手稿原件现存广东蕉岭县丘逢甲陈列室。但对照丘琳所辑《丘逢甲信稿》，“诚”、“信”两字义军，后来实际仅成军各三营。据此可推断，该编制表可能系丘逢甲创办义军之初的成军计划，并未完全实现。

② 洪弃父，名攀桂，学名一枝，又字月樵，乙未改名繻，彰化鹿港人，生员。乙未年曾与丘逢甲同倡抗日保台，失败后潜归鹿港，杜门不出，潜心著作，一九二九年卒。著有《寄鹤斋诗集》，《寄鹤斋诗文集》、《寄鹤斋骈文集》、《八州游记》、《八州游草》、《中东战纪》、《中西战纪》及《瀛海偕亡记》等书，合刊为《洪弃父先生遗书》。

即给汤兴统领关防。汤兴归，则大会乡人盟誓，益作大言励乡氓。乡氓亦粤籍，咸不愿属倭，听其言无不悦，则各搜器械，具糈粮，备应用。汤兴乃作义勇衣，树义旗，置亲兵，列营号，出则拥护而行，其意气壮甚。”“徐骧、姜绍祖二人亦粤籍，亦苗栗县庠生”，“吴汤兴与徐、姜各据一方，事事先期约。”①

义军筹建之初，司令部设在台中丘逢甲的住居柏庄。司令部成立之日，各地义军首领云集柏庄，除会商战略外，还举行了气势雄壮的祭旗仪式，以表达台湾人民同仇敌忾、抗倭守土、誓与侵略者血战到底的坚强意志。由于地域阔散和交通不便的关系，丘逢甲虽然名义上为全台义军统领，但实际上只能亲率中路义军中的一部分，其余大部分义军虽属丘逢甲节制，但基本上是自成一个独立的作战单位，自募兵勇，自筹粮饷，因而各地义军的成军时间以及人数的多寡也不尽相同。到乙未年春，台中一带共招募义军三十七营，②“统领体制在诸将上，与抚军往来文牍悉用照会。营制与湘、淮诸军异，与土勇亦相径庭。营官不领薪水，逢甲月支公费数百金，无事安居，有事候征调。”③ 诚如丘氏所述：“义军者只有军籍，而其人均在田间听调者也。”④ 可见，初期的台湾义军并无严格的组织形式，与清军也保持一定的独立性，唐景崧交给丘逢甲义军的任务也只是“专防中路，兼任筹饷”。⑤

正当丘逢甲在台湾殚精竭虑创办义军、严防日寇侵略的时候，前方清军在李鸿章失败主义的支配下，战事迭连失利，继续全线溃败。一八九四年十月下旬，日军分两路向中国进犯。十月底，安东（今丹东）、九连城、宽甸、海城等战略要地也相继丢失；十一月，大连、旅顺落入敌手。次年二月，威海卫军港陷落，北洋舰队全军覆没……清廷惊恐万状，决定授予李鸿章以“商让土地”的全权，赴日本谈判乞和。中国战败已成定局。

此时，台湾局势愈趋紧张，甲午年冬，日本前文部大臣井上毅则向内阁

---

① 转引自阿英编：《甲午中日战争文学集》。不过该史料把吴汤兴协办义军说成在“闻李鸿章割弃台湾”、唐景崧被推任“台湾民主国总统”之后，似不确。

②⑤ 丘琳辑：《丘逢甲信稿》。原载北京《近代史资料》，今收入《丘逢甲集》第七二五－七四八页，湖南岳麓书社，二〇〇一年出版。

③ 思痛子：《台海思痛录》。

④ 《丘逢甲集》第七六〇页。

总理大臣伊藤博文建议迅速派兵占领台湾。他说：“世人皆知朝鲜主权之必不可争，而不知台湾占领之最可争。……占有台湾者，可能扼黄海、朝鲜海、日本海之航权，而开阖东洋之门户焉。况与冲绳及八重山群岛相联，一臂所伸，以制他人之出入乎？若又此一大岛而落入他人之手耶，我冲绳诸岛亦受鼾睡之妨，利害之相反，不啻霄壤。”并说，“若失此机会，二三年之后，台岛必为他一大国所有矣，不然亦为中立不可争之地矣。”① 一八九五年二月下旬，唐景崧得到消息说：“倭中集议：其相欲攻台南，由恒、凤或后山进兵；其君欲攻北京，由山东进兵。”于是，他急忙“饬各路严加防范”，同时考虑到省垣后路空虚，遂正式命令丘逢甲统带义军，北上防守台北后路，其防区规定北起南崁，南至台北、台中两府之间的后垄一带。②

丘逢甲接到命令后，迅即集结队伍，率部北上，勘察布置防地，以备战守，并将义军司令部设在离南崁街四里许的尖山（一名元帅山）元帅庙内。他写信向唐景崧表明心迹说：“此次将出，家父训以弟兄协心军事，上答君师，下保乡井。警报日迫，有能效力之处，均不敢辞也。”并说：“义军之出，可惜太迟，其间不无人才，皆未练习，勇丁善枪者虽多，将来止能使人自为战，未可云节制之师，此时唯有以宽御众，结以恩义而已。”③

按理说，清军应当是保卫台湾的主要力量，可是，唐景崧却刚愎自用，听不进不同意见，“动辄与僚属龃龉”，致使将帅交恶，严重地削弱了台湾的防御力量。唐景崧署理台湾巡抚后，自守台北，留刘永福黑旗军守台南。刘永福曾亲往台北，主动与唐景崧会商全台防务事宜，他针对驻台清军的弊端，提出“裁去老弱，添补精壮”的中肯意见，并表示愿意留驻台北，协助唐处理军务。唐却“疑刘有异志，颇相猜忌，不肯假以事权”，一口加以回绝。④ 丘逢甲得到消息，甚为焦虑，他知道“景崧虽然号知兵，而防敌御寇远不逮永福。全台形势尽集于台北，台南非其比。台北失，足以牵动台南；台南失，未足以牵动台北。”他担心唐景崧无刘永福相助，台北恐将不

① 转引自郑喜夫编：《民国丘仓海先生逢甲年谱》，台湾出版。

② 据丘琳辑《丘逢甲信稿·上中丞》内称：“防地在中北之交，而到中路有大甲、大安溪之阻。”以往不少论著称丘逢甲义军驻守台中，实不知前后有变化使然。

③ 丘琳辑：《丘逢甲信稿》。

④ 易顺鼎：《魂南记》。

守。而台北一破，台南也势必“孤守无能为矣”。[1] 于是，他激于爱国保台的热情，亲自赶往台北。请谒唐、刘，极力调解两人之间的意见，以阻刘永福南行。可是，尽管他“焦唇敝舌，继之以泣，景崧终坚持不为动，二军遂分”。丘逢甲出而叹曰：“其殆天乎！”[2]随后事态之发展，果不出丘逢甲之所料。

唐景崧不仅刚愎自用，且徒有“知兵”之名。丘逢甲率部到防不久，尚未布置就绪，三月二十五日，日军突然攻占了澎湖，台湾海峡陡然升起了战争的烟云。唐景崧慌忙命令丘逢甲分出两营义军，驻扎澎湖对面的台南布袋咀一带。假如照唐景崧的命令执行，那么义军就须分扎三处：一在南崁，二在后垄，三在台南布袋咀，由北至南，相隔近五百里之遥。丘逢甲反对这一毫无道理的调动，写信通过俞明震[3]向唐景崧转述他的不同意见：“义军初出，其调度、训练均须逢甲一人亲自任之，如相隔太远，亦难得力”，何况“势太不联”，“布子太散，亦非胜着之棋”。[4] 丘逢甲说得很有道理，唐景崧无法批驳，只好收回成命。于是，丘逢甲义军仍然驻扎在台北后路的南崁、后垄一带。

为了布置防地，制定出稳妥可靠的防御作战方案，丘逢甲身先士卒，事事亲自为力，备极辛劳。他说：“人言已难尽信，地图亦未可凭，以言者、绘者不必皆知兵事者也”，“此事如作文认题，须切己体会。”为此，他脱下长衫，穿上短衣，以帕裹首，连日顶风冒雨，舍车徒步，跋涉于山野之间，亲自查勘地形，走访当地村人渔民，以至“积受寒湿，痰饮感发，心绪烦闷”，也在所不顾。由于丘逢甲注意亲赴实地调查勘测，他对防区的各种情况了如指掌，“虽仓卒受命，尚觉布置从容”。[5]

在治军方面，丘逢甲也有其独到之处，鉴于局势紧迫，士卒猝集，来不及训练，加之所率兵勇“皆乡里子弟”，“将领多门下诸生”等实际情况，他采取了“训多于练”、“教以大义”的治军方法，着重树立广大义军将士

---

①② 江山渊：《丘逢甲传》。

③ 俞明震，字同甫，又字恪士，号觚庵，浙江山阴人（一作顺天宛平人）。光绪十年进士，官刑部主事。甲午战起，调台帮办防务，为唐景崧幕中要员。乙未内渡，宦游江南，后赴甘肃任兰州道。著有《觚庵集》。

④⑤ 丘琳辑：《丘逢甲信稿》。

同仇敌忾、卫国保台的信心和决心。他日夜巡视义军各部，深入士卒，问寒问暖，与将士们同甘共苦，以鼓舞士气。他说：“受命仓卒，恐旦夕有警，止能使人自为战”，“书生初出治军，止能办到‘临事而惧’四字……唯逢甲望轻才拙，誓与士卒同甘苦，借结人心，故帕首短后衣，日周旋健儿间，觉羽扇纶巾、名士风流如在天上矣。”① 在丘逢甲这种爱国爱乡精神的感染和激励下，台湾义军广大将士，“其心尚为团结”，“每与细绎高论，尚能心领神会”，而且“营中气习尚少，与百姓亦甚相安”，②始终保持着严明的纪律和高昂的抗敌斗志。

自三月下旬澎湖失陷后，日本军舰不断在沿海游弋、窥探台湾防务情况，形势日趋紧张。丘逢甲预见到战事已迫在眉睫，饬令各营义军保持高度警惕，严防奸细潜入，随时准备抵御日寇的可能入侵，并接连向台北的唐景崧及时报告所在防区的敌情动向：

四月十七日（阴历三月廿三日）：“十九夜有轮船在南崁港口放电灯二钟许，系皆北向南；二十一、二日均有一二轮船自南向北；本日有一轮在黑水洋，有一黑色轮，无旗，驶向红土山约二里许……”

四月十八日（阴历三月廿四日）：“昨夕戌刻，因丘国霖报称：倭轮近岸泊，又探有奸细在渔寮等处，当往查拿等语。当即飞报，想已达览。旋通传各营，一律预备开仗，并饬分哨往援丘国霖，且派本营得力弁勇驰往搜拿奸细。……现在米价腾贵，兵食维艰，又船尚出入。则稽查奸细为难，可否一律禁止之处，统乞察夺。”

四月二十一日（阴历三月廿七日）：“本日据丘国霖报称：已刻有白色三桅轮船在南崁港口黑水洋边停半钟，又驶近红土山约七、八里许停一钟。即往北行，不知何轮……”③

尽管丘逢甲如此竭心尽力，为拱卫省垣后路扎扎实实地做了许多工作，然而并没有得到唐景崧应有的鼓励与支持。对于丘逢甲所请事项，唐往往不予置答，甚至有“连上四书，未蒙复示”的情况。各军待遇，“初谓事同一律”，不分亲疏，但实际上却厚此薄彼：“查张镇所统八营，委营务处三人，禀报亦未奉驳”；又杨道所统三营，其营务处即由院委并给薪水。可是，丘

①②③　丘琳辑：《丘逢甲信稿》。

逢甲以全台义军统领的名义，荐举赞助义军颇为得力的举人余绍赓来营帮理营务处，“奉批无准驳语”；另一协助丘逢甲创办义军“赞助之力为多”之人，虽“前蒙委帮办义勇事宜”，但唐却不批领薪水。对此，丘逢甲甚感为难，他认为：“同一薪水，由营自给与由宪给，则受者之感奋自殊”，故对各路义军统领的“维系之法，非加以宪札不可”。他提醒唐景崧说：“如使全军赞助之人纷纷告退，则逢甲一人难独自办理，丛脞必多”，“亦自立足不住耳”。①

更有甚者，义军武器弹药的供应既无专人负责，也不积极调拨。丘逢甲一再写信向唐景崧呈报：“军中一切应用之件，种种未齐，战事又在旦夕，思之焦虑”，“孤军分扎要地，势难徒手而战”，“军中一切应用之具，十缺三四，领又不能即得，若事事告吾帅，又嫌烦渎，自顾不知所云”。面对这种种为难情形，丘逢甲“思之不能成寐”，不禁感叹说：“贫如禁体作文章，不意今日带兵，还是穷书生本色生涯也。”义军到防好久，唐景崧才拨给“前膛旧炮四尊，其一已断，余均生锈，并不可用”，丘逢甲不得已拒绝接受。经一再请求，到后来，唐景崧虽拨给了少量旧式枪炮，但大都是早该淘汰了的武器，而且弹药也极不全。于是他只好再次去信向唐景崧呼吁：“现在倭轮尚在停泊，已预备开仗。此间屡请快炮未得，所运来红毛炮又极笨，费尽气力始到防营，又尚未领得子药。是开仗所恃惟枪，快枪已不准领，坏又不准换，营中之枪本不敷用，现在枪弹每人仅有百颗，唯有仰恳吾帅速饬运弹来营以备用。”他将“种种为难及焦急情形”上报，得到的却是“令自设法”的批复。他不禁“惭骇交并”，只得再三哀求说：“逢甲千气万力不能得者，往往吾帅一言得之。如俯念孤军分扎要地，势难徒手而战，仍请速饬备齐军械，勿杂坏枪，克期运往后垄……”②由此可见，义军武器弹药质差量缺到了何种程度！至于粮饷、军装等项，义军也极为奇缺。丘逢甲就是在这种极端艰难困苦的情况下，苦心经营，终于在很短的时间内编成了十营义军，其中，他自带五营，为“诚”字三营、“靖”字一营、“捷”字一营；其兄先甲带“信”字三营；另有“良”字二营，由进士陈登元分节。③

---

①②③　丘琳辑：《丘逢甲信稿》。

丘逢甲在台积极布防之日，正值李鸿章在日本马关乞和之时。谈判伊始，丘逢甲就密切注视着和谈动向，当他获悉在三月二十八日中日双方签订的《停战协议》中，竟不把台湾列入停战范围之内时，便敏锐地预感到了台湾有被李鸿章出卖的可能。他断然表示："如当国者真有弃台之意，窃愿举所有义旅，共保危疆！"丘逢甲明知义军防守台北后路任务艰巨、饷械缺乏，但仍不失信心，他致书唐景崧说：日军"若窥台北，基、沪重兵所在，必不敢来，计非南崁，必在后垄。……而此二处皆逢甲弟兄所分防地，如布置早定，自可无虑。"但同时他也委婉地表示了自己对台北清军的担心："但使诸将协心，能与防地共存亡，倭寇虽凶，未必即能全占台省。"① 也就是说，只要台北防线的清军能够守住阵地，不会贻敌以可乘之机，他所统带的台北后路义军尽管力量单薄，也定能坚守到底。

丘逢甲的担心后来不幸成了事实。台北清军虽"风聚云屯"，"兵力不谓不厚"，但派系严重，军纪荡然，腐败不堪言状；加之大敌当前，唐景崧漫无主张，不能知人善任，朝令夕改，调度无方。例如，抗法名将林朝栋本驻扎基隆后路险要狮球岭，因被提督张兆连猜忌，张连向唐景崧进谗，林遂被唐调往台中；沪尾海防要塞守将本为知府朱上泮，唐景崧先易为提督李本清，旋改派提督綦高会，不久又换提督廖得胜，"特两月间，沪尾凡三易将"。② 如此胡乱调动，搞得将领间各存疑虑，离心离德。于是诸军"各自为统，呼应遂以不灵，甚至与居民相寻斗，视法纪如弃髦"。③ 与日军稍一接触，迅即土崩瓦解，致使驻守台北后路的丘逢甲部顿时陷入孤军作战的危险境地，不能不归于失败。

二、刺血上书，反对割台

一八九五年四月十七日（乙未，三月廿三日），李鸿章代表清政府在日

---

① 丘琳辑：《丘逢甲信稿》。

② 姚锡光：《东方兵事纪略·台湾篇》。

③ 思痛子：《台海思痛录》。

本马关（今下关）春帆楼签订了丧权辱国的《中日马关条约》。条约规定：中国不仅要向日本交付二亿两白银的巨额“赔款”，还要把辽东半岛、台湾全岛及所属岛屿、澎湖列岛“永远让于日本”。上述割让之地的中国居民，两年后“尚未迁徙者，均宜视为日本臣民”。同时规定：条约批准互换后，“两国立即各派大员至台湾，限于本约批准后两个月内交接清楚”。①

消息传到国内，举国大哗。这年正值北京会试，康有为、梁启超联合各省在京会试的一千三百多名举人，上书光绪皇帝，要求清政府拒绝批准《马关条约》，迁都再战，变法图强。台湾籍举人尤为激愤，他们声泪俱下，联名上书都察院，强烈抗议清廷“弃地畀仇”，坚决表示“如其生为降虏，不如死为义民”，“台湾军民必能舍生忘死”，誓与日寇血战到底，呼吁清政府切勿割弃台湾。② 上海出版的《申报》，发出了“我君可欺，而我民不可欺；我官可玩，而我民不可玩”的愤怒呼声。许多爱国知识分子还用诗歌等文艺形式，表达他们对清廷卖国丑行的强烈抗议。③ 在全国各阶层人民一致抗议的影响和推动下，清政府中的一些主战派官员也纷纷上书清廷，反对割台让日。一场前所未有的中国人民反侵略、反卖国的爱国运动迅速形成高潮，震荡着神州大地。

条约签订的当天，台湾各地即已通过外国洋行，获悉马关已在签约，并有割台条款，同时风传日本已派出兵轮“即日来台”。消息虽然一时无法证实，但这时正在南崁坐镇布防的丘逢甲却十分重视，立即通知义军各营“一律预备开仗”，同时致书唐景崧说：“如议和者竟有割台之举，默察台地情形，必至内乱。此时无绳尺之可拘，倘有英雄者出，但使封疆大臣中有能隐助以军火，即足集事，饷则不必问矣。”丘逢甲在信中还婉转地规劝唐景崧：“浩劫茫茫，未知天心何属，于此令人思郑延平一流人不置！”④ 希望唐

---

① 见《清季外交史料》卷一〇九。割让辽东半岛触犯了沙俄侵占我国东北领土的野心，因而引出一场俄、德、法“三国干涉还辽”事件，日本侵略者不敢得罪三国，被迫同意中国以三千万两银子“赎回”辽东。

② 据《清光绪朝中日交涉史料》卷三十九。

③ 如邹增祜在《闻和议订约感赋》中写道：“元戎甘割地，上将竟投戈。……向来无一策，富贵只求和。”其他如：“伤心地竟和戎割，太息门因揖盗开”；“台湾省已归日本，颐和园又搭天棚”等诗句联语。见阿英编：《甲午中日战争文学集》。

④ 丘琳辑：《丘逢甲信稿》。

景崧值此国难当头的关键时刻，能以民族英雄郑成功为榜样，挺身而出，卫国护台，建立万世不朽之功业。

“城头城头擂大鼓，苍天苍天泪如雨，倭人竟割台湾去。”① 第二天，割台凶耗得到证实，人们奔走相告，“若午夜暴闻轰雷，惊骇无人色，聚哭于市中，夜以继日，哭声达于四野，风云变色，若无天地”，② 其悲愤程度可想而知。丘逢甲闻讯，怒不可遏，当即刺破手指，血书“抗倭守土”四个大字，以示抗敌保台的决心。随即邀集当地绅民集会抗议，并以“工部主事、统领全台义勇”的衔名，率领全台绅民上书责问清廷：

和议割台，全台震骇。自闻警以来，台民慨输饷械，不顾身家，无负朝廷。列圣深仁厚泽，二百余年，所以养人心正士气，为我皇上今日之用，何忍弃之？全台非澎湖之比，何至不能一战？臣等桑梓之地，义与存亡，愿与抚台誓死守御。设战而不胜，请俟臣等死后再言割地，皇上亦可以上对祖宗，下对百姓。如倭酋来收台湾，台民唯有开仗！谨率全台绅民痛哭上陈等因。乞代奏。③

与此同时，丘逢甲饬令各营义军将士加紧备战，防范奸细，严阵以待，随时准备抗击来犯之敌。

四月十九日（阴历三月廿五日），唐景崧接到总理衙门关于割让台湾的电示。电文中，清政府极力为其割台罪行辩解：“割台系万不得已之举。台湾虽重，比之京师则台湾为轻。倘敌人乘胜直攻大沽，则京师危在旦夕。又台湾孤悬海外，终久不能据守”云云，可谓一派胡言！同时还恬不知耻地声称：“交割台湾，限两月，余限二十日。百姓愿内渡者，听；两年内，不内渡者作日本人，改衣冠。”④ 电文内容传出，台湾同胞愤怒至极，掀起了更大规模的抗议浪潮。台北市民率先鸣锣罢市，大批绅民扶老携幼，涌入巡抚衙门，向唐景崧痛哭泣陈，并电约台中、台南各地绅民共同挽留唐景崧和刘永福等固守台湾。他们宣告：藩库内饷粮不准运走，制造局不准停工，台

---

① 黄遵宪：《台湾行》。

② 江山渊：《徐骧传》。

③ 《清季外交史料》卷一〇九、一一〇、一〇一。转引自王芸生：《六十年来中国与日本》（三）。

④ 俞明震：《台湾八日记》。

湾各项税收应全部留供抗日之用。全台义勇个个义愤填膺，奋袖出臂，摩拳擦掌，誓与日本侵略者决一死战！

唐景崧在台事危急、前任台抚邵友濂内调的情况下，临危受命，接任署理台湾巡抚，为筹划台防、反对日本侵略起了一定的作用。可是他毕竟志大才疏，在这紧要关头，不仅不善于因势利导，把台湾军民高昂的抗敌情绪引向正确的轨道，甚至无法驾驭部属，稳定局势。结果，叛乱首先在台北清军中发生。发动叛乱的祸首叫李文奎，此人原系直隶保定的一名游匪，从淮军渡台，先充任抚辕亲兵，后任中军什长，因违犯军令，曾两次被其上司、中军副将方良元责革，遂怀恨在心，暗中勾结党羽，伺机报复。

四月二十二日（阴历三月廿八日）午后，唐景崧的女婿余某内渡，李文奎邀集党羽十余人，公然在光天化日之下，半道持刀抢劫余某的行装，并胆敢追杀勇丁直趋抚署辕门。方良元得报，急忙出面呵斥李文奎，李竟乘方不备，挥刀将方砍毙。这时，隐藏在中军内部的李文奎党羽乘机鸣枪造反，企图闯进抚署杀害唐景崧，幸亏提督杨岐珍闻讯，及时率兵赶到，才将乱党驱散，但无辜百姓却因此而死伤不少。

事变平息后，唐景崧不但没有严惩罪魁祸首李文奎，反以“安抚”为名，将其提升为营官加以重用。这时，正在南崁的丘逢甲得到消息，“深以为忧”，他专程赶往台北，力劝唐景崧“严肃纪律，雷厉风行，杀一儆百”。① 但唐景崧自以为处置高明，对丘逢甲的正确意见不予采纳。唐景崧这种不分是非的错误处置酿成了严重后果，此后，“军士遂欺景崧之无能，浸骄不可制，至是益紊乱无纪律矣！”②

丘逢甲到台北后，和唐景崧、俞明震等官绅们一起，共同筹划保台方案。恰逢这个时候，传来俄、德、法三国列强出面干涉还辽的消息，这使他们产生了很大的幻想。他们认为，当前首要而最紧迫的问题，是力争删除割台条款。于是采取了以下两个主要步骤：一是试图争取列强出面干涉，迫使日本放弃割占台湾；二是要求清政府收回割台成命。

早于四月十七日条约签订的当天，唐景崧即已电奏清廷，提出与英、俄等国结盟，“请各国从公剖断”的保台建议。他说：“必不得已，查外国近

①② 江山渊：《丘逢甲传》。

来或联二三国为同盟密约，我可急挽英、俄为同盟，许其保辽、保台，即以赔倭之款与英、俄；或请各国从公剖断，不可专从李鸿章办法。”①

四月二十七日（阴历四月初三日），唐景崧致电总理衙门，进一步提出将台湾密界各国为租界的主张，大意是：台湾多煤，基隆、宜兰金矿且多，拟照烟台、上海例，以全台界各国为租界，各征地段开矿，中国收其税，彼此利益均沾，全台收益繁盛，各国亦必互禁侵扰。②

这时，正值王之春出使欧洲，路过巴黎，唐景崧又相约张之洞分别去电给王之春，请他设法与法国政府密商保台事宜，并以台湾为质。与此同时，丘逢甲等人也上书清廷，恳求清廷“请诸国公议，派兵轮相助”。此前，台北绅民就曾环请英国驻台北领事设法，“拟以台湾归英国保护，将煤、金两矿并茶、脑、磺各税酬之，恳其转达驻京英国公使。”③

唐景崧、丘逢甲等台湾官绅“病急乱投医”，幻想英、法等国列强能够“拔刀相助”，出面护台，其动机固然不能一概否定，但这种办法假如实现，台湾纵然不落入日本强盗的魔掌，也必然成为英、法等国的殖民地。但是，由于外国列强之间矛盾重重，互相牵制，尽管他们很想乘人之危，实现多年来梦寐以求的攫取我国宝岛台湾的野心，但始终没有敢贸然出面进行干涉。因此，台湾官绅们希冀列强援救保台的幻想终于落空。

在恳求列强干涉保台的同时，唐景崧、丘逢甲等人还再三泣奏清廷，企图说服清政府能回心转意，收回割台成命。

四月二十八日（阴历四月初四日），丘逢甲啮指血书，代表全台绅民向清廷痛陈曰：

> 万民誓不从日，割亦死，拒亦死，宁先死于乱民手，不愿死于倭人手。现闻各国阻缓换约，皇太后、皇上及众廷臣倘不乘此时将割地一条删除，则是安心弃我台民，台民已矣，朝廷失人心，何以治天

---

① 《台湾唐维卿中丞电奏稿》。

② 《清季外交史料》卷一〇九、一一〇、一〇一。转引自王芸生：《六十年来中国与日本》（三）。

③ 转引自郑喜夫编：《民国丘仓海先生逢甲年谱》，台湾出版。

下？……①

同一日，都察院代递台湾籍户部主事叶题雁、翰林院庶吉士李清琦、举人汪春源、罗秀惠、黄宗鼎等人的呈文，表示“全台赤子誓不与倭人俱生”，“与其生为降虏，不如死为义民”，“但求朝廷勿弃以予敌，则台地军民必能舍死忘生，为国家效命”。与此相配合，唐景崧则以“民变”为辞，反复电奏清廷，提请清政府考虑到割台将引起的严重后果。

早于四月二十日（阴历三月廿六日），条约签订的第三天，唐景崧就曾电奏曰：“土勇数十营，誓愿与战；撤时断不肯缴军装。日人登岸，民必歼之。崧力不能禁，请设法告日：不可遽遣人来，来或被戕，官不任咎；此时官自难保，焉能保人。……民急思乱，何事不为！并恐劫他国洋行、杀洋人、毁教堂，广开衅端，此后一日有一日之变矣！”②

李文奎叛乱事发当日，唐景崧立奏清廷：“弃台大众叹嗟，乱民已起。本日午刻，省城抢劫，砍毙抚标中军方良元，枪毙平民十余人。现距交割之期尚远，且未撤营，乱已如此；撤营后，必至全台糜烂，官员恐难保全。”③

四月二十八日（阴历四月初四日），丘逢甲啮血上书的同一日，唐景崧同时上奏曰：“台民不愿归日，尤虑乱起。朝廷一弃此地，即无王法，不能以尚未交接解之；文武各官不能俟日人至而后离任。官既离任，民得自逞；不独良民涂炭，各官亦断难自全。盐为养命之源，无法管理，万民立困；此一事，即万难处。”④

在不到一个月的时间里，丘逢甲先后三次啮血上书，领衔率领全台绅民要求清廷废约再战，而唐景崧、俞明震等在台官吏，也连连电陈吁恳，哀告清廷收回割台成命。这一片泣奏之声，连光绪帝师翁同和也为之动容，他在日记中写道：

> “得台湾门人俞明震、丘逢甲电，字字血泪，使我无面目立于人世矣！”⑤

唐景崧、丘逢甲等人的泣奏也确曾一度打动过具有爱国之心的青年皇帝

---

① 《清季外交史料》卷一〇九、一一〇、一〇一。转引自王芸生：《六十年来中国与日本》（三）。

②③④ 《台湾唐维卿中丞电奏稿》。

⑤ 《翁文忠公日记》册三十四。

光绪。四月二十八日，在接到唐景崧的电奏之后，他曾下旨曰：“本日又据唐景崧电称绅民呈递血书，……台民誓不从日，百方呼吁，将来交接，万难措手。着李鸿章再行熟察情形，……详筹挽回万一之法，迅速电覆。”①

可是，光绪毕竟软弱无权，不能左右政局。两天后，李鸿章回奏：“若令鸿为改约另议，适其决裂兴兵；为大局计，不敢孟浪！”②，公然把光绪皇帝的“圣旨”给顶了回去，主战而吃了败仗的光绪皇帝从此再也不敢吭声了。

反割台斗争的怒涛一浪高过一浪，李鸿章生怕再这样拖延下去会发生变故，动摇他在清政府中的权势和地位。恰在这时，他又接到驻英、法公使——他的亲信龚照瑗的密报，说是张之洞指使王之春正在巴黎和法国政府密商保台之事，这使得李鸿章益加感到事机紧迫，遂急忙和美国人科士达③密谋策划，并以科士达代表李鸿章，到京出席军机处会议，用欺骗和恐吓手段，催迫清廷从速批准《马关条约》。五月二日（阴历四月初八），光绪皇帝被迫“用宝”，批准了《马关条约》；五月八日（阴历四月十四日），李鸿章急令伍廷芳在烟台与日本交换经两国政府批准的条约文本，《马关条约》遂正式生效。

这样，唐景崧、丘逢甲等台湾官绅们希望清廷收回割台成命的幻想，也终于破灭！台湾人民的反割台斗争由此而进入了新的阶段。

三、力倡自主，义不臣倭

烟台换约之后，割台已无可挽回，台湾官绅们的种种努力遂告失败。换约消息传来，丘逢甲悲愤交加，禁不住失声痛哭，对众人说：“余早知有今日矣！虽然，台湾者吾台人之所自有，何得任人之私相授受？清廷虽弃我，我岂可复自弃耶！”面对着这种“无天可吁，无主可依”的千古奇变，丘逢甲寝食俱废，悲愤之余，他反复地思索着今后的对策。连日来，他邀集林朝

①② 《清季外交史料》卷一〇九、一一〇、一〇一。转引自王芸生：《六十年来中国与日本》（三）。

③ 科士达（一八三六～一九一七），又译为“福士达”，美国人，曾任美国务卿。马关谈判中，由美驻华公使田贝推荐，被清政府聘为李鸿章的法律与外交顾问。

栋、陈季同①等官绅们商量办法，设想着各种可行的保台方案。这时候，曾任驻外公使馆参赞多年的陈季同，提出了“民政独立、遥奉正朔、拒敌人”的主张，② 众官绅听后都颇受启发，认为此策可行，表示赞成。因为根据万国公法：“民不服某国，可自立民主”，何况“全台生民百数十万，地方二千余里，自立有余”。③ 暂时脱离清廷而自立，既可对内加强号召，对外争取援助，又不致给日寇以口实，使清廷为难。当然，在座的每一个人心里都很明白：这样做就意味着要违抗朝旨，毕竟事关重大，非同小可。为慎重起见，大家还是一再权衡利害，未敢贸然从事，草率定议。不过，局势紧迫，瞬息万变，日寇进攻在即，已容不得他们过多的犹豫徘徊了。

可是，这个时候唐景崧还不肯放弃对列强和清政府的幻想，仍在一味作无效努力。烟台换约的第二天，他还致电总理衙门，“恳请总署密诘法使，迅速派员来台晤商，迟恐民变，无从挽救。再，以法独保台，不如请各国公保为善。”第三天，他再次电奏清廷：“法有阻台之说，不知确否？……中、日已和好，可否将台民不服情形，请旨饬下总署邀同各国公使与日本商一安民之策？此等惨状，各国当亦见怜。”云云。④

与此同时，唐景崧还接连给他的“恩师”张之洞去电，请张代为设法。然而唐景崧的苦苦哀求，换来的却是清廷的一盆冰水。五月十一日（阴历四月十七日），清政府复电说：

> 时势所迫，勉从其议。其大要约有两端：一则战不可恃，二则进迫京师，利害攸关，视台尤重。一则台无接济，一拂其情，势必全力并攻，徒损生灵，终归沦陷。……贵署抚体察实在情形，不可因一时义愤而激……⑤

总之，还是那几句陈词滥调：中国终归是打不赢日本的，切不可因一时

---

① 陈季同，字敬如，福建闽侯人。曾任清廷驻德、法、比、奥、丹、荷诸国参赞、代理驻法公使，通晓英、德、罗马、拉丁数种文字，熟谙国际事务，尤精法国政治及拿破仑法典。一八九五年春，台事紧急，唐景崧邀其赴台，任副将，是唐幕中智囊人物之一。

② 陈衍：《闽侯县志·陈季同传》。

③ 转引自陈汉光：《台湾抗日史》，台湾出版。

④ 《清季外交史料》卷一〇九、一一〇、一〇一。转引自王芸生：《六十年来中国与日本》（三）。

⑤ 思痛子：《台海思痛录》。

之义愤，以台湾一隅而危及京师大局。值得注意的是：在这份电报中，清政府实际上已向唐景崧作了暗示：台湾一旦开仗，清廷将不允许大陆予以增援和接济。可耻的清政府后来果然是这样做的。

唐景崧接到上述电报后，抄示台民，立即激起台湾同胞的强烈愤慨。他们撰写了痛责卖国贼李鸿章、孙毓汶、徐用仪三人的檄文，① 在全台各地张贴散发，并出资分别寄送大陆出版的《申报》、《沪报》、《新闻报》等报馆，请各报用大字刊登于报首，予以声讨。檄文中说："我台民与李鸿章、孙毓汶、徐用仪不共戴天"，无论在何处遇到，"登时悉数歼除"，"以为天下万世无廉耻卖国固位者得罪天地祖宗之警戒！"②

连日来，台民汹汹，群情激愤，丘逢甲等人也加紧进行自主保台的酝酿准备工作，一再劝说唐景崧出面主持自主抗倭大计，但唐景崧仍然犹豫未决。五月十三日（阴历四月十九日），德国领事派人向唐探询洽商保台事宜，这下又唤起了唐景崧对列强的幻想。他立即电奏清廷，请求"饬驻德使臣，向德外部商阻割台，并由总署向德使筹商。且言请法不请德，恐德难以为情，似非邦交所宜：唯添请德国，于大局似有益无损。"可是，次日即收到张之洞来电，告知唐景崧曰："顷闻法使告总署：护台罢议，并请撤王使等语。"③ 法国政府已明确态度，拒绝出面保台，并等于将王之春赶出了法国。唐景崧阅完电报，如同被当头打了一记闷棍，这才稍稍清醒了一些，勉强同意了丘逢甲等人的恳求。于是，五月十五日（阴历四月廿一日），以丘逢甲为首的台北绅民们在筹防局集议，然后公集抚署递呈，请唐景崧暂摄台湾政事，同时以全台绅民的名义，电禀总理衙门及各省大吏，公开宣布自主保台。电文如下：

> 敬禀者：台湾属倭，万姓不服，迭请唐抚院代奏台民下情，而事难挽回，如赤子之失父母，悲惨曷极！伏查台湾为朝廷弃地，百姓无依，唯有死守，据为岛国，遥戴皇灵，为南洋屏蔽。唯须有人统率，众议坚留唐抚台仍理台事，并请刘镇永福镇守台南。一面恳请各国查照割地绅

---

① 孙毓汶、徐用仪时任清廷军机大臣，主张割让台湾，批准《马关条约》。

② 转引自陈汉光：《台湾抗日史》，台湾出版。

③ 转引自郑喜夫编：《民国丘仓海先生逢甲年谱》，台湾出版。

民不服公法，从公剖断，台湾应作何处置，再送唐抚入京、刘镇回任。台民此举，无非恋戴皇清，图固守以待转机。情形万紧，伏乞代奏。全台绅民泣叩。①

从该电文内容可以明白看出：以丘逢甲为首的台湾绅民虽公开声言要脱离清廷而自立，但其恋戴祖国之情，却溢于言表，且目的在于“图固守以待转机”。次日，唐景崧亦电奏曰：

台民知法不足恃，愿死守危区，为南洋屏蔽，坚留景崧、刘永福。经反复开导，再三力拒，无如众议甚坚，臣等虽欲求死而不得。至台能守与否，亦唯尽人力，以待转机。此乃台民不服属倭，权能自主，其拒倭与中国无涉。②

清廷接到全台绅民及唐景崧的电禀后，感到事关重大。当即电谕在天津的李鸿章，“台湾难交情形，已可概见”，并再次命其“熟筹办法”。两天之后，李鸿章复奏清廷说：接伊藤来电，日本新任台湾总督桦山资纪已于五月十七日起程赴台，且“词意甚为决绝”。接着，他进而恐吓清廷：“此事恐开衅端，并连累他处，务祈慎重筹办，大局之幸。”③

清廷本已成惊弓之鸟，经李鸿章这一吓，果然十分奏效，从此再不敢存一丝挽回之想，死心塌地割弃台湾了。于是，为“免致怀疑借口”，清政府一面“着李鸿章饬令李经方迅速往台与日使妥为商办，勿稍担延贻误”；一面又电告唐景崧，“着即开缺，来京陛见。所有文武大小官员，着即陆续内渡”，以表示“中国并无不愿交割之意”。④

事情已经到了这步田地，台湾官绅们终于完全绝望了。五月二十一日（阴历四月廿七日），丘逢甲、陈季同、林朝栋、陈儒林⑤等再次集议，一致认为事机紧迫，不能再继续拖延，正如丘逢甲在一八九八年向丘菽园忆述的：“迫为自主，此犹夷然，明知末着，而势不能不拼而出此者。”⑥ 于是自立民主之策乃最后确定。大家共议：推唐景崧为总统，定国名为“台湾民主国”，并具体讨论了建国工作的各项事宜，分头布置，联络筹办。

---

①②③④　见王芸生著：《六十年来中国与日本》（三）。

⑤　陈儒林，字泮渔，号藻堂，台湾淡水厅大龙峒（今台北市大同区）人。光绪五年恩贡，乙未内渡后任寿宁教谕，亦曾任内阁中书教谕。

⑥　《丘逢甲集》第七五八页。

一八九五年五月二十五日（光绪廿一年乙未五月初二），是“台湾民主国”诞生的日子，也是台湾同胞被清政府可耻出卖后，奋力挣扎，以期扭转乾坤的一天。面对着狂风恶浪与暗礁险滩，四百万台湾同胞无所畏惧，怀着对祖国的赤诚之心和对侵略者的切齿仇恨，歃血誓师。他们不计成败利钝，决心以实际行动来抵制丧权辱国的《马关条约》，并准备同胆敢入侵的日本侵略者决一死战！

台湾民主国虽然是在强敌进逼的情况下仓猝诞生，但成立仪式却十分庄严隆重。五月初二日这天上午，台北万民空巷，人们纷纷涌上街头，奔走相告，扶老携幼，喜气洋洋，热烈庆贺新生抗日政权的诞生。丘逢甲率林朝栋、陈儒林等绅士群众数千人，以鼓乐为前导，一路群情激昂，浩浩荡荡地来到巡抚衙门，向首任台湾民主国总统唐景崧恭献国旗、国玺和总统印章。国玺系金质，上刻：“民主国之宝印”；总统印章亦系金质，上刻：“台湾民主国总统之印”；国旗为蓝地黄虎旗，高八尺、长一丈。为了设计这面国旗，充分而准确地表达出四百万台湾同胞不甘臣服倭寇、永远向往伟大祖国的赤子之心，连日来，绅民们绞尽脑汁，颇费了一番心血，几易其稿，才最终确定了设计图案：它参照清朝的青龙旗，龙在天上，虎在地下，以示尊卑之分；“虎首内向，尾高首下”，① 以示臣服于清朝。这时，唐景崧身穿清朝袍服，手捻朝珠，神情严肃地从抚署中缓缓走了出来，接见了以丘逢甲为首的绅民代表，他首先望阙行三跪九叩大礼，表示向清廷谢罪，然后才北向受任总统职。此时此刻，唐景崧万感丛集，他想到自己科举及第，万里请缨，出生入死，宦海半生，好容易才从一个区区吏部主事升任署理巡抚，正当前程似锦之际，却偏偏赶上这甲午风云、千古奇变，虽殚思竭虑，反复辩争，却一无所成，如今欲内渡而不能，图固守则前途未卜、凶多吉少，实在是左右为难、如履薄冰，一生功名，大有付之东流之虞！……想到这里，唐景崧不胜悲痛，竟控制不住自己的感情，当着众多绅民之面放声大哭起来，连事先想好了的几句就职演说，也没能顾得上讲，便由丘逢甲等人匆匆扶入后堂去了。

唐景崧就任总统后，宣布改年号为“永清”。在当时，人们还不可能有

---

① 姚锡光：《东方兵事纪略 · 台湾篇》。

把“国家”与“皇朝”分开的科学概念，“中国”和“清朝”、“大清国”在人们的心目中实际是同义词，因此，“永清”既可理解为“台湾永远隶属于清朝”，也可以解释为“台湾永远隶属于中国”。同设计蓝地黄虎旗的意图一样，取“永清”这个年号，鲜明地表达了台湾同胞眷恋祖国之情。

按照预定计划，推举刘永福为大将军、丘逢甲为义军统领。[①] 台湾民主国还宣布改巡抚衙门为总统府，总统府下设三个机构：改布政使司为内务衙门，以刑部主事俞明震主之，对外称内务大臣，其关防文曰“台湾承宣布政总理内务衙门关防”；改筹防局为外务衙门，以前驻法参赞、副将陈季同主之，对外称外务大臣，其关防文曰“台湾总理各国事务衙门关防”；改全台营务处为军务衙门，以礼部主事李秉瑞主之，对外称军务大臣，其关防文曰“台湾军务衙门关防”。上述诸大臣对内不称“大臣”而称“督办”，所有应办事宜，即着该衙门悉心核议，呈请抚台核夺。其余地方民事，仍由道、府、厅、县照旧办理。抚台于外洋各国称“台湾民主国大总统”，而于本省文武属员仍照衔相称。[②] 由此可见，台湾民主国的官制，主要是迫于形势的需要，“或改一下衙门的名称，或对外变一下官员的职称，并不意味着原先的封建衙门发生了根本性质的变化”。[③]

与此同时，还决定任命游说使一员，由道员姚文栋担任，前往北京向清廷报告台湾民主国建立的情形和宗旨，以期取得清廷的谅解和支持。另外，又确定设上、下两议院，公推林维源为议长（林坚辞未就，以认捐银一百

---

① 关于丘逢甲在“台湾民主国”的任职，历来众说纷纭，计有：团练使、内务卿、大将军、副总统，以及副总统兼大将军、义军统领诸说。戚其章撰有《丘逢甲在台任职考辨》一文，辨之甚详，可信，今从戚说。戚文刊于《汕头大学学报》一九八五年第一期。又，今广东蕉岭县淡定村丘逢甲故居存有“华表”一柱，上镌“四品京堂、工部主事、台湾民主国副总统、广东省咨议局议长丘逢甲立”等字样。据年过九旬的丘氏侄孙丘晨波回忆：此华表系丘逢甲去世后不久，由其弟丘瑞甲、丘兆甲出面建立，本竖于丘氏族祖墓坟之侧，他们用已故兄长名义立“表”，有借此光宗耀祖之意。但丘任“副总统”之说，并非空穴来风。乙未内渡后，丘逢甲曾向父、弟忆及：台湾绅民议立“民主国”，拥唐景崧任“总统”之时，唐推荐丘逢甲出任副职，是为了有利于台湾绅民协力抗日，亦便于唐“相机自处”，但议立副职之事须由新成立的民主国议会决议公示，当时情势危急，人心惶惶，议员难产，议长林维源坚辞不就，故丘逢甲出任“副职”之事，仅系口传，未见法定文书记录在案。但台民固知此议，一九一五年，江山渊撰《丘逢甲传》时即称丘为“副总统”，丘弟立“表”所称与江传之记述相符。

② 据胡传：《台湾日记与禀启》，转引自戚其章：《关于台湾民主国的评价问题》。

③ 戚其章：《关于台湾民主国的评价问题》。

万两而罢），本拟上、下议院共计推选议员八十四名（上院二十四名，下院六十名），但当场推选出来的，仅有陈云林（拔贡）、洪文光（稟生）、白其祥（街董）和许冀公等数人。于是，台湾民主国宣告正式成立，炮台升黄虎旗，鸣礼炮十一响志贺；各国驻台洋商、兵舰亦都鸣炮、升旗，以示庆贺。①

台湾民主国成立后，向中外发布了一系列重要通电和文告，把台湾“自立为国”的经过、目的和对清廷以及其他各国的态度等等，都说得清清楚楚。这些通电和文告，无疑为我们今天研究和认识台湾民主国，提供了弥足珍贵的史料，其要点分别摘录如下：

（一）以台湾绅民的名义发给清政府的十六字电报：“台湾绅民，义不臣倭，愿为岛国，永戴圣清。”②

（二）唐景崧给清廷的电奏：“臣景崧钦准开缺，应即起程进京陛见。唯臣先行，民断不容，各官亦无一保全；只可臣暂留此，先令各官陆续内渡，臣当相机自处。台民前望转机，未敢妄动，今已绝望，公议自立为民主之国……伏思倭人不日到台，台民必拒；若炮台仍用龙旗开仗，恐为倭借口，牵涉中国。不得已允暂视事，将旗发给各炮台暂换，印暂收存，专为交涉各国之用。一俟布告各国，并商结外援，嗣后台湾总统，均由民举。遵奉正朔，遥作屏藩。”③

（三）唐景崧给各省大吏的通电：“日本索割台湾，台民不服，屡经电奏不允割让，未能挽回，台民忠义，誓不服倭。……不得已允暂主总统，由民公举，仍奉正朔，遥作屏藩，商结外援，以图善后，事起仓卒，迫不自由，已电奏并布告各国。能否持久，尚难预料，唯望悯而助之。”④

（四）唐景崧以“总统”名义晓谕全台的文告：“照得日本欺凌中国，大肆要求；此次马关议款，于赔偿兵费之外，复索台湾一岛，台民忠义，不肯俯首事仇，屡次恳求代奏免割，总统亦奏多次。而中国欲昭大信，未允改约，全台士民不胜悲愤。当此无天可吁，无主可依，台民公议，自立为民主

① 转引自郑喜夫编：《民国丘仓海先生逢甲年谱》，台湾出版。

② 据王炳耀：《甲午中日战辑》（三）。

③④ 见王芸生著：《六十年来中国与日本》（三）。

之国。……唯是台湾疆土，荷大清经营缔造二百余年，今须自立为国，感念列圣旧恩，仍应恭奉正朔，遥作屏藩，气脉相通，无异中土。”①

（五）以台湾绅民的名义布告中外：“日本要索台湾，竟有割台之款。……今已无天可吁，无人肯援，台民唯有自主，推拥贤者，权摄台政。事平之后，当再请命中朝，作何办理。倘日本具有天良，不忍相强，台民亦愿全和局，与以利益。唯台湾土地政令非他人所能干预，设以干戈从事，台民唯集万众御之。愿人人战死而失台，决不愿拱手而让台！……如各国仗义公断，能以台湾归还中国，台民亦愿以所有利益报之。”②

除此之外，“台湾民主国”还发行过《独虎图》邮票及官银票、股份票等。③

从上述台湾民主国由酝酿到成立的经过情形，及其成立后所发布的一系列通电、文告内容和有关措施，充分反映了以丘逢甲等为代表的台湾同胞无比炽热的爱国爱乡感情和不甘臣服日本侵略者的坚强意志。他们在“无天可吁，无主可依，无人肯援”的十分艰难困苦的险恶情势下，决心不计成败，为捍卫祖国领土的完整统一和中华民族的尊严而决一死战！

四、抗日事败，挥泪内渡

台湾民主国成立后，台湾军民士气大振，严阵以待，决心以自己的血肉之躯抵抗日寇的武装割占。然而，事实证明，被丘逢甲等台绅们拥上总统宝座，付以重任，寄予厚望的唐景崧，并不是真正值得信赖的领袖人物。值此台岛危急之秋，虽然他很想施展一下自己的抱负，抗日保台，建功立业，以传下千古不朽的美名。但是，他也很明白：违抗朝旨，毕竟风险太大，无异于拿自己的前程作赌注。因此，这时候唐景崧陷入了极度矛盾的心理状态之中，处处留有余地。他表面上敷衍台民，答应留台抗日，骨子里却没有抵抗到底的信心和决心。早在民主国成立之前，他在给清廷的电奏中就一再表

①② 见王芸生著：《六十年来中国与日本》（三）。

③ 据黄昭堂：《台湾民主国研究》，东京大学出版会，日文版。

明："臣虽知不可为，而届时为民挽回，不能自主"（四月二十八日电奏）；"台能守与否，亦唯尽人力，以待转机"（五月十六日密奏）；民主国成立的当天，他更向清廷暗中表白己不得不暂时留台、不能"进京陛见"的"苦衷"，表示"当相机自处……俟事稍定，臣能脱身，即奔赴宫门，席藁请罪。"在给各省大吏的通电中也说：台湾民主国"能否持久，尚难预料。"

果然，台湾民主国成立的当天，唐景崧就下令所有文武官弁限于五月二十七日（阴历五月初四）以前内渡，留者倍薪，去者听之，逾时始求去者以军法论处。本来，清廷虽早于五月二十日即有"内渡"之令，但大多数官吏尚未成行，唐景崧的"内渡"命令一下，立即掀起了一股内渡逃跑之风。这就势必在政治上造成权力真空，各级地方行政机构立即陷入无人负责的半瘫痪状态，严重地影响了各地军民的抗敌情绪和备战工作的顺利进行。

各级地方官吏相继内渡后，台湾民主国赶忙采取了相应的补救措施，先后任命了一批新的地方官吏以填补空缺，重新形成了台湾抗敌政权的新体制。

当时，台湾防务情况大致如下：沿岸虽无海军协防，仅有海岸炮台十四座，但陆军为数不能算少，据说有百营之众，以每营三百五十人计，总兵力当在三万五千人，再加上各地团练义军，估计不下七八万众。兵力配备：唐景崧自守台北，张兆连守基隆一带，綦高会守沪尾一带，刘永福黑旗军守台南一带，袁锡中守埤南一带。① 武装弹药方面：其时火药库计储炮药及土药约四万余磅（一说四百余万磅，疑误），毛瑟枪弹二百八十余万颗。步兵多用单、连发毛瑟枪及抬枪等，炮队多用德制克式炮；炮台则多用英制安式炮，其次为旧式前装炮。②粮饷方面：当时全台岁入正、杂各项计银三百七十余万两。藩库尚存银四十余万两（一作六十万两）。③ 这些人力物力虽不能说充足，更谈不上雄厚，但若能很好地组织和使用，应该说是足以有效地抵抗日本侵略者的进攻的，起码也不致失败得这样快和这样惨。然而，事实证明，丘逢甲等台绅们过于相信唐景崧了。由于唐景崧的软弱无能，指挥失当，调度无方，致使全台精华之区的台北，率先失陷，危急时刻，他又一走

①② 转引自陈汉光著：《台湾抗日史》，台湾出版。

③ 姚锡光：《东方兵事纪略·台湾篇》。

了之，终于酿成了无法挽回的严重后果。

历史现象是如此的错综复杂、千奇百怪，高尚与无耻、伟大与丑恶往往同时并存、交织在一起，鲜明地展现在人们的面前。

正当台湾同胞酝酿成立台湾民主国，同仇敌忾，厉兵秣马，誓死捍卫祖国神圣领土台湾、抗击日寇武装侵略的时候，清廷派出的“割台专使”李经方，却正在干着无耻的卖国勾当。六月一日（阴历五月初九），李经方抵达淡水，慑于台湾人民反割台斗争的愤怒呼声和强大威力，他未敢登岸，随即在日本军舰的护卫下转赴基隆口外的三貂澳洋面。次日，李经方与桦山资纪在日舰“西京丸”上会晤，草草订立了交接台湾的文据，其开列交接清单如下：

（一）台湾全岛、澎湖列岛之各海口及各府县所有的堡垒、军器、工厂及属公物件；

（二）台湾至福建海线应如何办理之处，俟两国政府随后商定。①

就这样，清政府把祖国的神圣领土台湾、澎湖及其所属四百万骨肉同胞一股脑儿交割出卖了！可是，具有光荣爱国斗争传统的台湾人民决不答应。于是，一场气吞山河、英勇悲壮的武装反割台斗争就此拉开了战幕！

早于五月二十九日（阴历五月初六日），台湾民主国宣告成立的第五天，日本侵略军即已开始发动进攻。这天下午，日军先以一部分军舰佯攻基隆西南的金包里，陆军主将北白川宫能久亲王率领的主力近卫师团第二联队，则在三貂角的澳底（今台北贡寮）、盐寮一带登陆。澳底港深，可泊巨轮，原本驻有杨歧珍防营，杨率军内渡后，仅有总兵曾照喜统带的两营土勇驻守。曾军皆系新募，“成军甫三日，遇敌不敢战”，② 日军轻而易举地登陆成功。澳底至基隆约五十华里，天险三貂岭为必经之路，唐景崧命吴国华率所部广勇七百人前往扼守，吴延至次日才率四百人出发。唐复令营官包干臣随后增援，包干臣素来畏敌喜功，“逢甲知之稔，阻景崧不可用，景崧不听。”③

---

① 见王芸生著：《六十年来中国与日本》（三）。
② 俞明震：《台湾八日记》。
③ 江山渊：《丘逢甲传》。

日军占据澳底后，冒雨向三貂岭推进，竟无一兵一卒把守，遂不战而占领三貂岭天险，随即向基隆后路要地瑞芳逼进，途中恰与吴国华军遭遇。吴军奋力冲杀，日军颇有伤亡。可是，这时前来“增援”的包干臣却为与吴国华争功而两军在阵前发生火并，随后竟都置敌军于不顾，而相继退去。

六月一日，俞明震亲往前线督师，提督张兆连、陈得胜等军与日寇在瑞芳激战数日。据日方记载：“敌人的抵抗意外顽强，或仅仅以数十名前来逆袭，或单独潜伏房屋、竹丛中，待我通过后加以狙击……我方死伤较多。”①后因陈得胜不幸战死，张兆连身负重伤，余军败退，日军才占领瑞芳，逼近基隆。

六月三日上午，日军向基隆要塞发起总攻。守军奋力抵抗，激战四小时，终因力量悬殊而告失陷。

基隆陷落后，通往台北的军事险要仅剩狮球岭和八堵两处，形势陡然危急。俞明震急返台北，苦请唐景崧亲往八堵督师，死守狮球岭。若能如此，战局或许尚有转机。可是，平素高谈阔论以“儒将”自诩的唐景崧，早已失去中法战争时期的进取精神，他畏葸怕战，不敢前往，仅派出中军副将黄义德率护卫营往扎八堵，同时急电远在台中的林朝栋率军北援。

狮球岭本属道员林朝栋所部十营土勇的防地。林系抗法名将，一八八四年，他跟随刘铭传在此地据守，大败法军，立下战功，“所部将士皆前随征之人，地势险要甚悉”，②“且训练有法，颇负时望。”③如果这时仍由林朝栋所部据守狮球岭，即便最终无法固守，起码也可给日军的猖狂攻势以沉重打击，并可为固守台北、稳定人心争取时间。可是，只因其所率土勇与唐景崧的亲信广勇发生摩擦，唐景崧便听信谗言，先已将林朝栋远调台中。这时，林朝栋在台中得到唐景崧的告急电，急忙“拔队援台北”，④但已鞭长莫及，行至后垄，闻台北已经失陷，唐已内渡，遂收兵回返台中。不久，他发饷遣散部众，内渡漳州。林朝栋身为统兵道员，在台北失陷之际，未能力挽狂澜，不战自退，尔后又弃军自渡，其行为固不足取，但从中也可看出唐

① 见《中日战争》（六）：《台湾抗战日方资料》。

②④ 吴德功：《让台记》。

③ 俞明震：《台湾八日记》。

景崧不能知人善任、团结各军将士所带来的严重后果。

再说中军副将黄义德，此人平日即为人狡诈，非爱国敢战之才，却颇得唐景崧宠信。他受命前往八堵后，尚未与日军接仗，即匆匆率军返回台北，谎称“狮球岭已失，大雨不能扎营，且敌悬六十万金购总统头，故乘火车急驰回城，防内乱”云云。① 这时，丘逢甲尚在台北，他当面怒斥黄义德贪生怕死的可耻行径。唐景崧也明知黄畏敌欺罔，但却默然而“莫敢诘其实”。② 结果，日军未放一枪即占据了天险狮球岭。六月四日，黄义德中军又以索饷为名闹市，致使台北秩序大乱。“逢甲请斩义德以谢台民，并严惩一二乱兵为首者，以厉其余，景崧不敢从。”丘逢甲叹曰：“祸患之来，迫于眉睫，尚不能整饬军纪，徒畏葸游移，坐令其哗变，天下事尚可为乎！”③ 到这时，丘逢甲才看出唐景崧实乃无能之辈，台北已危在旦夕，他赶忙返回南崁元帅庙，部署义军，准备迎战。

丘逢甲走后，俞明震考虑到台北外围险要尽失，无法固守，力劝唐景崧退守新竹，与林朝栋、刘永福等军会合，以图再举，但唐景崧不予采纳。当夜，前敌溃兵涌进台北，秩序益加混乱，李文奎佯称请唐景崧出战，率溃兵闯入抚衙抢劫，并纵火焚房。混乱中，唐景崧慌忙化装出逃，匿于德国洋行，随后潜至沪尾，六月六日（阴历五月十四日），乘坐德国轮船“鸭打号”逃往厦门，完成了他的“相机自处”。同日，汉奸辜显荣和美国《纽约先驱报》记者德威伯逊等先后前往日营，欢迎日军进驻台北。本来日军攻占基隆后，听说台北有防兵万人，未敢轻进，得到杂货商辜显荣向日军密报，知台北巡抚逃走，基隆至台北间的铁路、桥梁、电线未受损，且无兵勇巡查④，于七日不战而进占台北，比预定计划提前了二十天时间。从五月二十九日澳底登陆至六月七日占领台北，日军仅用了九天的时间，损失最大的是，攻占基隆后，火药库被潜伏在里边的一名中国士兵引爆，当场炸死炸伤日军二百余人，这位不知姓名的爱国士兵当场被捕，英勇就义。

事实说明，日军之所以能如此轻而易举地占领基隆、台北，并非由于日

---

①　俞明震：《台湾八日记》。

②③　江山渊：《丘逢甲传》。

④　见《丘逢甲集》附录，第九四七页。

军的英勇善战，而是由于唐景崧的软弱无能、刚愎自用。在关键时刻，他不肯采纳俞明震、丘逢甲等人的正确主张，以致有险不守、坐失战机、军纪荡然、不战自乱，使台北地区的抗日力量和广大军民的高昂士气得不到合理的使用和正常的发挥。台北沦陷后，大量饷械军火物资落入敌手，散兵游勇四窜淫掠，从而更增添了台中、台南地区保境安民、抗击日本侵略军的困难。

消息传到南崁军中，丘逢甲悲愤欲绝，他大哭不止，痛斥其“恩师”唐景崧曰：“吾台其去矣！误我台民，一至此极！景崧之肉其足食乎！”①

日军既占台北，旋即乘胜沿铁路南犯。恰在这时，南崁义军的友邻部队、驻扎台北后路的总兵余得胜，竟率所部五营人马无耻投敌。② 丘逢甲不顾自己势孤力单，毅然率义军“伏于途而击之，顾日军势张甚”，③众寡难敌，势不能支，遂不得不饮恨率军退往台中武峦山一带，④ 并随即设义军司令部于大埔厝柏庄，继续筹划南北义军抗战事宜，协调指挥吴汤兴、徐骧、丘国霖等各路义军前敌作战。⑤

六月十一日（阴历五月十九日）丘逢甲义军主要将领之一吴汤兴，在苗栗邀集新竹、苗栗二县绅民，祭旗誓师，图谋北上，收复台北。当日，姜绍祖、徐骧、丘国霖、吴镇洸、胡阿锦诸路义军及驻防新竹的清军提督简茂林两营，原林朝栋部属谢天德等营皆前来誓师，共推吴汤兴为首，“设大鼓、筑高架挂之，旗帜整齐，军容甚壮”。⑥ 吴汤兴列营祭旗，望北而誓曰：“是吾等效命之秋也！”⑦ 众皆感奋，愿为抗敌而效命。因为吴汤兴所统义军皆来自新竹、苗栗二县，故称“新苗军”。新苗军的誓师北上，开始了台湾人民武装抗日保台的新阶段。

新苗军开抵新竹，探知日军已经南侵，遂屯驻离新竹城北二十五华里的大湖口（今湖口）。其时，日寇分东西两路齐头并进，东路沿山路而行，经大科嵌（今大溪）至龙潭坡（今龙潭）；西路顺大道而行，经桃仔园（今桃

---

①③ 江山渊：《丘逢甲传》。

② 见香风外史：《征台颠末》，据戚其章：《甲午战争后保卫台湾之战》。

④ 丘逢甲曾有诗记此事云：“当时痛哭割台湾，未肯金牌奉诏还；仓葛哀呼竟何补？全军难保武峦山。”武峦山，在台中。见《岭云海日楼诗抄》卷七。

⑤ 据丘念台：《我的奋斗史》。

⑥ 转引自郑喜夫编：《民国丘仓海先生逢甲年谱》，台湾出版。

⑦ 连横：《台湾通史》。

园）、中坜、杨梅坜（今杨梅）至大湖口。吴汤兴探悉，也将新苗军分作两路迎战：一路由徐骧统领，迎击东路日军；一路由吴汤兴自统，抗阻西路来敌。

六月十三日（一说六月十七日），东路徐骧所率义军进至龙潭坡，适与日军相遇，展开激战。当地三角涌、三峡庄人民群起参战，配合义军“四面包裹，杀声连天，日本大佐樱井氏一队六十名覆没，余军不支，悉走山林间”。[①] 次日，西路吴汤兴所率义军也在杨梅坜与日寇侦探小队相遇，双方激战一时许，日军败退，三十名运送弹药的日军，只剩两名逃回。吴军暂退回大湖口扎营。这时，丘国霖所部七百人也赶到大湖口，与吴汤兴会合。六月十七日，吴军自大湖口再次出战，预伏于大道两旁，“西路日军适至，相遇，各开炮火。日军恃众，唯发排枪，弹如雨下，鲜命中。吴军多山民，善狙击，弹无虚发，日军仆者相续，遂大败退。”[②]这一仗日军伤亡惨重，被义军击毙数十人，日军急调炮兵增援，用猛烈炮火轰击大湖口，义军才被迫后撤。据日方战史记载：大湖口之战中，义军所表现的英勇无畏精神，与台北方面官军之混乱溃败情状，有云泥之别。

新苗军的战绩，极大地鼓舞了台中地区各县群众的抗日士气，同时也使一些地方官吏改变了观望态度，开始筹备战守。大湖口之战后不久，台湾、彰化、云林、苗栗四县官绅在台湾知府黎景嵩的主持下，召开会议，决定设筹防局，筹集款项，招募土、客勇共七千人，编成“新楚军”十四营，以湖北人副将杨载云为统领，开赴前线与新苗军配合作战；并准拨苗栗县钱粮为义军粮饷，发给军装，台中义军因此而士气大振。

可是，这时驻守新竹的提督简茂林以及新竹知县王国瑞却经不起日军进攻的严峻考验，率军内渡，日寇不战而得新竹县城，进占新竹的日军才不过一千多人，立即陷入新苗军和新楚军的层层包围之中，失去了与台北日军主力的联络。新竹日军派出一个五人小队试图与台北取得联系，为义军捕杀；台北日军司令部派往新竹的队伍也为义军中途阻截，损失惨重。这时，如果黎景嵩能联合台南的刘永福黑旗军，集中台湾、台南两府的抗日力量，并请具有丰富经验的刘永福全面主持军事，则收复新竹指日可待，战局尚有转

①② 洪弃父：《台湾战纪》。

机。然而，黎景嵩却过高地估计了自己的力量，更不愿与刘永福分功，致使收复新竹之战功败垂成。

七月十日（阴历闰五月十八日）凌晨四时，进攻新竹的战斗打响，新苗军和新楚军按预定计划分东、西、南三路同时攻城，但因日军早有戒备，各军在敌人的优势炮火轰击下，虽前仆后继，奋勇冲杀，仍久攻不克。其后，双方为争夺城东二华里的十八尖山展开了空前猛烈的激战，“日军凭山发枪，我军先后奋迅争上，夺其山，自山上发抬枪，弹丸及城中。日军则发大炮，我军伏避炮，十八尖山复为日军据。我军或从山后东径击其腰，日军复退下山。一上一下，如是者数次。”① 激烈的争夺战一直持续到晚间八时，新苗军和新楚军弹药告罄，无法再战，不得不撤退。是役，姜绍祖被日军俘获，但日军并不认识姜，这时姜绍祖的部下有一义勇被俘后自称是姜绍祖而英勇就义，姜才设法得以逃脱，后在彰化八卦山战斗中壮烈殉国。

收复新竹之战失利后，新苗军因苗栗知县李烇克扣粮饷而与李发生纠纷，未能抓住战机再次采取收复新竹的统一军事行动，致使困守新竹的日军得以喘息，固守待援。

台中丘部义军的英勇抵抗，迫使日军司令部放弃了在安平登陆、南北夹攻的原定计划，转而集中优势兵力由北至南进行陆路攻掠。② 沿途各地义军如大科嵌的江国辉、三角涌的苏力、龙潭坡的黄娘盛等，各率部袭击南侵日军，他们以土铳、长枪、大刀为武器，利用熟悉的地形，出没无常，打得日寇晕头转向，胆战心惊。在大科嵌，坊城支队八百九十余人被围六日，粮尽弹竭，伤亡惨重；在大安寮，山本骑兵小队除三名生还外，其余全部被歼。日军惊呼：“扫荡者反被扫荡！”“台北、新竹间，人民就是士兵，其数不得而知，破坏铁路，割断电线，皆他们所为，见我兵寡则来袭，见我兵众则远遁入森林中。”③ “不论何时，只要我军一打败，附近村民便立刻变成我们的敌人。每个人，甚至年轻妇女都拿起武器来，一面呼喊着，一面投入战斗。我们的对手非常顽强，一点也不怕死。”④ 面对台中人民的顽强抵抗，日本

① 洪弃父：《台湾战纪》。

② 据喜安幸夫：《台湾岛抗日秘史》及稻垣其外：《北白川宫传记》。

③ 东洋堂：《风俗画报》临时增刊：《台湾征讨图绘》（二），转引自陈碧笙：《台湾地方史》。

④ 竹越与三郎：《台湾统治志》，转引自陈碧笙：《台湾地方史》。

近卫师团长北白川宫能久亲王在日军《训令》中这样写道：

北部台湾的中国残兵，虽已完全扫荡净尽，但从台北至新竹的铁路线南方，大姑陷（即大科崁）河西岸一带，尚充满着不服我皇化的敌兵。他们对我优势的军队即以所谓“箪食壶浆出迎”，巧装良民；对小部队即予奇袭。……因为，大姑陷附近的土民，属于台湾岛中最狞恶（应读作“最富于反抗”）的客家种族，殊非平常手段所能济事。但是，倘若因此即任其跳梁，不但对将来全岛的施政会引起莫大的弊害，对眼前即将南进的师团兵站亦难免屡受危险威胁。①

当时的《东京日日报》所登载的有关战报也说：

大姑陷、三角涌、中坜地方的土民属所谓的客家种族，从来为台湾第一的狞猛人种，因此，他们反抗我皇师，极尽顽梗跳梁，并非无因，士兵本来是当地的愚民，因而每战必顽强抵抗，这点是和中国的佣兵不同的。②

上述史料说明，丘逢甲所部台中各路义军的顽强阻击，有效地挫败了侵台日军妄图迅速南进的狂妄计划，同时也为刘永福固守台南赢得了一段极其宝贵的时间。由于日军损失惨重，进展迟缓，迫使他们不得不一再向国内求援。直到七月中旬以后，日本派出台湾副总督、陆军中将高岛鞆之助和第二师团长乃木希典，统兵二万增援台湾，台湾战场上的军事形势才发生转变。此后，侵台日军仰仗其优势兵力和精良的武器装备，转守为攻，大举反扑，各路义军虽顽强抵抗，重创敌军，但饷械奇缺，孤军奋战，终究无法扭转战局。内渡后，丘逢甲本人在回顾这段义军抗战的史实时，曾这样写道：

方事之殷也，唐北刘南，民部守中，则敝统也。时则王灵已去，人心大动，抚内未定，而敌已北来。唐督战不全负也。饷械本绌，而均屯北；已而淮部首变，北军乃溃，饷械一空，而敌遂据北矣。中部驰援，半道遇敌。旬月之战，虽不大挫，而终莫支，则军火缺也……③

经过近一个月激烈战斗的丘逢甲义军，伤亡惨重，不少重要将领相继阵

①② 见《中日战争》（六）：《台湾抗战日方资料》。

③ 丘逢甲：《致丘菽园》，作于一八九八年四月二十九日，刊于七月十六日新加坡《天南新报》，原题为《台湾丘仲阏工部自潮州寓书本馆主人》，见《丘逢甲集》第七五九页，湖南岳麓书社出版，二〇〇一年。

亡，饷竭弹尽，各部星散，柏庄司令部亦被日军纵火焚毁。这时，丘逢甲的旧友、营务处帮办吕赓虞（汝玉）经不起考验，叛变投敌，[①] 并散布丘逢甲“挟十万饷银潜逃”的流言，以图掩饰其降敌劣迹。谣言传开后，所部多逃亡，军心涣散，号令不行，而“日军复以台湾自主事为仓海所首倡，嫉之甚，严索之。”[②] 丘逢甲进退维谷，知事已不可为，不得不带领少数亲信躲藏于深箐穷谷之间，与日寇相周旋。当时，他设想去台南与刘永福会合，图谋再举，但“道中梗，不能行。而台北已陷诸城邑，闻台南义声，咸跃跃思奋，仓海复与之约，定期起兵图恢复，为日军所侦知，防备周密，无隙可乘。”[③]既而丘逢甲欲率众入山死守，与台共存亡，随从皆泣阻，“以为徒死何益?”这时，“诚”字营统领、好友谢道隆力劝说：“台虽亡，能强祖国则可复土雪耻，不如内渡也。”[④] 丘逢甲的父亲丘龙章听说有人提出内渡大陆的主张，初颇不以为然，他赞同丘逢甲入山固守的意见，并要他“切勿顾虑家人的安全”，同时又在枕头箱里，暗藏了鸦片烟膏，“准备于必要时自杀殉国”，[⑤] 及至向他反复说明：“返回大陆，是为的图谋恢复台湾的长久打算，并非从此终止抵抗”，这才使他宽下心来，并转而出面相劝丘逢甲内渡。[⑥]丘逢甲仰天叹曰：“死，易事也，吾将效曹沫复鲁仇焉!”[⑦] 遂决定内渡祖国大陆。

于是，丘逢甲通知各地义军自由抗战或内渡，“不限部勒”。随后，他奉父母及亲信部将谢道隆等一行约三四十人装扮成婚嫁队伍，于乙未年六月初四日（一八九五年七月二十五日）晚，急行至台中大雅乡上枫村张晓峰家。张是谢道隆的门生，世代经商行医，其时由丘氏父母做主，把刚满十六岁的逢甲三妹丘玉许配给张，共筹内渡的妥善办法。六月初五日，搭乘张家“源发”商号提供的木帆船，自台中涂葛堀港启航，行经大肚山时，遭土匪“红炮”秋猛一伙劫掠，幸由张家协助，方得内渡祖国大陆。其时已是七月

---

① 丘逢甲有诗云：“人情易翻覆，交旧成鬼蜮”，即记其事。见《岭云海日楼诗抄》卷二：《重送颂臣》。

②③ 江山渊：《丘逢甲传》。

④ 丘琮：《仓海先生丘公逢甲年谱》。

⑤⑥ 据丘念台：《我的奋斗史》。

⑦ 据丘秀芷：《剖云行日——丘逢甲传》，台湾出版。

末梢（阴历六月上旬，是年有闰五月），距唐景崧六月六日（五月十四日）内渡已近两个月的时间。临行之际，丘逢甲遥望家乡宝岛，想到它即将沦为异域，虑及乡亲父老同胞正惨遭日寇铁蹄的践踏，心如刀绞，怒火中烧，禁不住潸然泪下，他满怀悲愤，自命“海东遗民”，挥笔写下了《离台诗》六首，[①] 痛斥李鸿章之流的卖国罪行，表达他恋念家乡父老的深情和渴求台湾回归祖国的强烈愿望。其中两首这样写道：

宰相有权能割地，孤臣无力可回天；
扁舟去作鸱夷子，回首河山意黯然。

卷土重来未可知，江山亦要伟人持；
成名竖子知多少，海上谁来建义旗？[②]

滚滚的东海狂涛，载着丘逢甲一行渐渐远离了这硝烟弥漫的多难宝岛，消逝在茫茫的西天边际，然而，丘逢甲的一颗赤子之心并没有离去，它永远留在那里，和四百万被出卖的台湾同胞的心脏一起跳动，时刻关注着他们的生活与斗争！

---

① 关于丘逢甲乙未内渡的时间、地点和写作《离台诗》六首的背景与经过，台湾学者张明正先生曾作详细的考证。丘氏内渡的启航点，世人多指为台中梧栖港，实为涂葛堀港，此港在一九〇五年出版的《台湾全岛图略》中，标明位于大肚溪出口之北侧，是当时台中最大贸易商埠之一。一九一二年因受山洪暴发和海潮倒灌的夹击而被淹毁。丘氏一行于乙未年六月初四日夜急行至台中大雅乡上枫村，叩开张家“学海轩”私塾的大门，彻夜难眠，积愤难遣，索笺未得，便在《增补全图足本本草备要》一书的后页空白处，仓猝题写《离台诗》六首，诗稿交妹夫张晓峰收藏。张明正先生在抗战胜利后还见到过丘诗原稿。张氏考证文章题为《丘逢甲进士内渡与烧红炮考》，原载台中逢甲大学编印的《丘逢甲与台湾历史文化学术研讨会论文集》（一九九六年），收入广东人民出版社出版的《丘逢甲研究》（一九九七年）。

② 诗中，“宰相”系指李鸿章；“鸥夷子”：即范蠡，他辅佐越王勾践灭吴国，封“上将军”，后乘船渡海而去，自称“鸱夷子皮”。

第三章　锐意新学，培育英才

——进步的教育活动家（一八九六～一九〇五）

一、内渡之初

一八九五年八月初（清光绪廿一年乙未六月中旬），经过数日的海上颠簸，丘逢甲一行三四十人平安抵达福建泉州。连续几个月的繁剧忧劳，本已使他身心憔悴，上岸后，丘逢甲触景生情，想到家国破碎、骨肉分离、壮志未酬，劳顿之余，气急攻心，竟连日呕血数升，卧床不起，不得不滞留泉州，延医调治。这时，日本侵台头子桦山资纪派了一名海军少将跟踪而来，① 求见游说丘逢甲。这位说客先是假惺惺地对丘逢甲的爱国义举表示“敬意”，随后便提出诸如金钱、地位之类的种种“保障”和优待条件，企图拉拢丘逢甲率领部众回台定居。日寇此举，显然试图利用丘逢甲在台湾的声望，破坏和瓦解台湾同胞正在进行的抗日运动，以利于巩固他们在台湾的殖民统治。丘逢甲看穿了日寇的险恶用心，当即严词拒绝，“就连替日本做说客的人，也给训了一顿”。②

半个月以后，丘逢甲病势转愈。这时，三弟树甲、四弟瑞甲及家小也另途安抵泉州，全家先后会齐，遂离泉州，动身返粤，乘船经厦门转汕头，其时，一些义军部属也相继来汕，大家相见，不觉怆然泪下，悲喜交加。他们旋即乘船离汕，溯韩江而上，在一个夕阳西下的傍晚，一行近百口人抵达潮州。踏上故乡的土地，目睹眼前的山山水水，丘逢甲思绪重重，感慨万千，一种痛疚、愤懑、思念、哀愁而又迷惘的复杂感受袭上心头。他伫立在船尾

① 据丘念台：《我的奋斗史》。丘秀芷：《剖云行日——丘逢甲传》作“海军大佐”。

② 据丘念台：《我的奋斗史》。

舵楼上，耳听江水的阵阵呜咽，远望被云山阻隔的故土台湾，不禁思潮滚滚，口占一诗曰：

抱江城郭夕阳红，百口初还五岭东。
关吏钓鳌疑海客，舟人驱鳄话文公。
九秋急警传风鹤，万里愁痕过雪鸿。
独倚柁楼无限恨，故山回首乱云中。

丘逢甲在台创办义军、倡导抗日自主的义举，早已闻名海内，因此，丘逢甲一行的回归，受到粤东父老的热烈欢迎。一些潮州绅商张罗着为他买下北门外的一座宅院，请他们居住；嘉应会馆和镇平会馆也都热心集资为丘逢甲置业安家。但丘逢甲的父亲丘龙章一向不愿多受人惠，更虑及子孙受沿海商埠奢靡风习的影响，遂婉言谢绝了父老乡亲们的盛意，命丘逢甲暂寓镇平会馆，自己则携家小先回镇平祖籍。①

丘逢甲在潮州小住几日，见到了阔别多年的同年好友温仲和。丘、温两人于一八八九年（光绪十五年己丑）春在京城会试时初次相识，他们一同考取进士，结伴漫游京师，建立了真挚的友谊。尔后，丘逢甲弃职返台教读，温仲和则先在翰林院供职，后来也去职返粤，担任了潮州金山书院的主讲。七年来，人世沧桑，天各一方，如今在潮州重逢。两人格外高兴，丘逢甲曾有诗记叙此事，说：“七载春明别，重逢五岭东。共惊须鬓改，暂喜笑言同。”

这时已是八月下旬，秋意渐浓，正值南国晚稻扬花的时节，丘逢甲乘船离潮，动身返归镇平祖籍。舟入梅州境后，萧萧秋雨自天而降，但见巍峨挺拔的阴那山、铜鼓嶂在茫茫雨雾中时隐时现，仰望云空，行行秋雁鸣叫着冒雨飞向南海过冬，逆水而上的篷船越滩绕礁，缓缓行进，舵工的桨篙声和秋雨击打船篷的嘀嗒声汇成一片，天空阴晦得不见一丝阳光。此情此景，又使丘逢甲心头平添了一层莫名的哀愁：

凄绝天涯雁叫群，秋江一棹入斜曛。
阴那山色云中现，篷辣滩声雨里闻。
隔岭树疑孤塔露，得风帆带乱峰奔。

---

① 据曾养甫：《丘逢甲事略》及丘秀芷：《剖云行日——丘逢甲传》。

平生去国怀乡感，只合江头醉十分。

几天后，船到梅州松口，丘逢甲一行舍舟登岸，改走陆路，九月中上旬（阴历秋分前夕），终于回到了祖籍镇平印山村。①

印山村居民大多是丘逢甲的同宗亲属。当年，丘逢甲的曾祖丘仕俊就是从这里东迁台湾出外谋生的。光阴荏苒，不觉已历四代、年逾百载，故居的小木长成了参天大树。如今，丘逢甲一家老少渡海归来，同宗兄弟伯叔莫不欢喜异常。可是，丘仕俊东渡时留下的几间老屋，早已是“半废为圃芜不治，故钉遗瓦存者仅”了，丘龙章携家小到达时，已不得不暂借邻村同宗房舍挤住，丘树甲曾为此作诗云：“主人半亩聊分住，归客全家食且贫。”及至丘逢甲与部属抵村、人口骤然增加，借住的房屋更不敷用，丘逢甲只得另想办法，带着妻室儿女和部分随从寄寓在镇平县城东四里许的东山村乌石山房。后来，黄遵宪得知丘逢甲一家内渡后的这种困顿境况，深表同情，曾赋诗一首寄赠，以示慰勉：

沧海归来鬓欲残，此身商榷到蒲团。
哀弦怕听家山破，醇酒还愁来日难。
绕树乌寻谁屋好，衔雏燕喜旧巢安。
朝朝曳杖看山去，看到斜阳莫倚栏。②

借屋居住终非长久之计，丘逢甲和父亲、兄弟们商量，决定另择新址筑庐定居。同宗父老建议他们到离印山村以西六七里外的庐山造屋安住。

庐山山麓坐落着一个环境十分幽美的小山村，俗名“探地村”，这里离镇平县城约二十华里。出县城先向北行七八里，便见重峦叠嶂、树木森森。折向西北山冈，沿着一条狭长的石板小道蜿蜒而入，峰回路转，大约走上个把小时的光景，顿觉豁然开朗，眼前显现出一块方圆不过一、二平方公里的山间小盆地，这就是“探地村”。据当地老人回忆，因镇平城西北一带山峦重叠，素多匪患，官府派人入山坐探，常居此地，故名“探地”。探地村四周群山环抱：西面是主峰庐山，又名“松光峰”，卓立云表，苍然秀色；东望军山，又名“君山”，宋末丘创兆率领勤王之师便打此山经过；南傍犹如

① 即今广东省蕉岭县文福乡白湖村。

② 见黄遵宪：《人境庐诗草》卷十。

腾空嘶鸣的天马山；北侧为玉华、金简诸峰。四山松竹交翠，山顶云雾缭绕，郁郁苍苍，蔚为壮观。盆地中间，一条清溪潺潺流过。溪边，一株已历三百余年的桂花树，高大挺拔，浓荫亩许，“亭亭如车盖”。村落中聚居着丘、刘、陈、郭等姓约二三十户人家，他们除了耕种门前屋后的几亩薄田之外，农闲时节，就靠上山樵采垦殖来维持生计。这里常年山青水秀，四时鸟语花香，民风淳朴而又远离城镇喧闹，恍若世外桃源、人间仙境。

丘逢甲曾赋诗道：

群山忽豁见山门，幽绝溪山是此村。
鸡犬云中仙气在，衣冠田舍古风存。
桂生前代成尊宿，松占高峰长子孙。
不必桃花千万树，已教人作武陵源。

是年初冬，他们买下了庐山脚下的一片古姓废墟，决定在这里营造新屋。

在父老乡亲们的热心帮助下，次年春，庐山新居开始营建（“丙申之春吾庐实经始，买山更在光绪乙未之初冬”），同年夏草创，丘氏一家乔迁新居。丘逢甲觉得“探地”村名太俗，且与自己此时的“淡泊明志”、力求内定的心境不符，遂谐音改村名为“淡定”（“山村易名曰淡定，刘子妙解为之词”）。这座山居共建有三四十间平房，它仿照客家人喜欢聚族而居的“围龙屋”式样设计营建。上堂中供祖宗牌位，两厢为卧室或书房，后面半圆形的房屋则是厨房、杂间。正门门口有一块亩许大的池塘。丘逢甲给新居取名为“心太平草庐”，名其堂曰“培远堂”，他自书门联云：“培成国器，远大家声”。又云：“培栽后进，远继先芬”。上厅中堂对联曰：“地势据赣闽粤之交，山水清雄，环百里自成小聚；族居自宋元明以降，渊源宏远，从二十世再数初迁”，点明了新居所在地理环境和家族渡台返粤的历史变迁。并撰楹联，概括淡定山居的自然景观和他选择此地筑庐定居的本意初衷：

西枕庐峰，东朝玉笔，山水本多情，耕、读、渔、樵俱适意；
南腾天马，北渡仙桥，林泉皆胜境，用、藏、出、处尽随心。

后又请潮州知府李士彬和编修吴道镕（玉臣）为其两侧书房题额：右为“念台精舍”，左为“岭云海日楼”；并以“蛰庵”、“潜斋”分额丘氏父子会客之小客厅。丘逢甲常常谆谆告诫子侄们说：“台湾同胞四百万，尚奴于倭，吾家兄弟子侄当永念仇耻，勿忘恢复。”①

内渡之初，丘逢甲的心境是颇为愁苦而矛盾的。他蛰居山乡，更村名为“淡定”，取庐名曰“心太平”，其实，这正表明他的内心深处，既不恬淡，也不平静。其时，丘家处境异常困难：合部属及家小近百口，用费浩繁，买山造屋后，余资无几，坐吃山空，经济拮据。但这些都在其次，更令他气愤的是，义军叛将吕赓虞捏造的所谓丘氏“卷饷潜逃”的流言谤语，这时也传到了粤东山乡，镇平县的一些土豪劣绅企图借机胁诈，他们朋比为奸，联名诬告丘逢甲，说他守台抗日是“违旨作乱”，应予“严拿惩办”云云。一时间，“进士造反”之说哄传乡里。不久，又获悉义军故部吴汤兴、徐骧、姜绍祖、丘国霖等均已在台壮烈殉国。噩耗传来，丘逢甲悲痛不已，他具文湖广总督张之洞，请他转奏朝廷，予以抚恤表彰，却被张置若罔闻……所有这些，都使丘逢甲倍感世态炎凉和人情冷暖之可憎。

尽管如此，丘逢甲父子一直恪守儒家理念与中华传统道德之风范，处处身体力行，注意教育子侄后辈。丘龙章乙未内渡时年逾六十，丘逢甲去汕头、广州从事政教活动，逢寒暑假必回乡省亲，常陪侍老父在山麓行走游览，晚上要求兄弟及晚辈到父亲房舍（潜斋）里聚谈问安。如遇严冬，丘逢甲替老父先暖好被窝。到了年节喜庆日子，培远堂正厅及两侧，挂满族祖及先贤的画像，率全家幼小先跪拜祖先，再拜长辈，长辈则勉励后辈应勤奋上进，善待友邻……据丘逢甲的侄孙丘晨波（应柏）先生忆述，这种洋溢着儒家仁爱思想的家庭文化教育之风，延续了许多年。

在乙未内渡初期，丘逢甲应丘族长老之请，共同议定用下列十六个字作为镇平丘姓裔孙排行字辈的顺序：

耀武振文，英雄应运，
济世安民，环球一统。

从中可以看出丘逢甲热望裔孙尊祖敬宗，尚武崇文，匡时济世，报效国族，共创太平世界的美好愿望。内渡之初，他还写有许多述怀感时之作，抒泄自己胸中的不平和怨愤。如：

“人间成败论英雄，野史荒唐恐未公。”

① 丘琮：《岵怀录》。

“渡江文士成伧父，归国降人谤义师。”

“人情易翻覆，交旧成鬼蜮。”

“湛身难诉遗民苦，殉义谁彰故部贤？”

“归来谁与话酸辛，满目茫茫劫后尘。”

“末俗嚣凌欺客户，长官尊重薄流民。”

这时，丘逢甲更号“仲阏”，一则他排行第二；二则借此隐喻“人事多所阻阏，未能萌甲而出”的心境。① 为了排遣胸中的积愤和愁闷，乙、丙年间，在亲友们的陪同下，丘逢甲游览了长潭、镇山楼、仙人桥、兴福寺等镇平县境的许多名胜古迹。历尽人间沧桑和世事颠顿的丘逢甲，如今置身于这远离尘嚣的野寺空谷、青山绿水之间，胸中的郁闷与愁思顿觉消除了不少，内心深处油然萌生了一种脱离尘世、欲遁空门、逃禅结仙的消极念头，希图寻求人与自然的和谐，从中获得精神的解脱与心灵的宁静。游览镇平八景②之一的“仙桥飞渡”归来，他触景生情，赋诗一首曰：

海上归来意怆然，石梁重自认秦鞭。

一庵斜日坠红叶，万嶂秋空开碧莲。

家近洞天宜入道，人经浩劫欲逃禅。

松楸古墓枌榆社，早结仙家未了缘。

正由于丘逢甲内渡之初有这种厌世脱俗的想法，他才选中了地处深山、环境清幽的淡定村作为全家的定居之所，想效法陶渊明，隐居山乡，了此余生。这时写的《山居诗》五首，真实地表露了他乙、丙年间的这种心境：

我本山水人，深知山水意。卜居山水间，山水发灵秘。

维水不厌清，毋为浊流累。维山不厌深，毋为俗士至。

梦中古桃源，思之辄心醉。奇遭此佳境，一往快夙志。

抚琴入泉韵，布席落岚翠。静言养生理，中岁慰憔悴。

平生坠世网，每忆魂犹悸。固宜古贤人，栖迟乐衡泌。

---

① 据丘菽园：《挥麈拾遗》。

② 镇平八景为：金城雄镇、玉匣穿流、桃溪春色、长潭夜月、天马腾空、文峰插汉、花浩晴岚、仙桥飞渡。它们分布于八处幽雅胜地，自出天然，各具特色，引人入胜。

然而，这种“欲觅山林寄此身”的归隐念头，并没有长久地支配丘逢甲的思想言行。他生在台湾、长在台湾，对台湾故里乡亲素有深挚难割的感情，虽远离了瞬息万变的抗日烽火战场，但内心仍时时挂念着台湾人民的抗日斗争：

往事何堪说，征衫血泪斑。
龙归天外雨，鳌没海中山。
银烛鏖诗罢，牙旗校猎还。
不知成异域，夜夜梦台湾。

更何况他自幼就立下了报效国家民族的大志，如今国恨未雪、家仇未报、壮志未酬，他内心无论如何也不能真正平静恬淡，每与友人言及往事，“唯翘首仰天，连发叹声。”① 岭南的山川风习，本与台岛无大差异，当他沐浴在明月清晖或目睹秋雁南飞之时，便不由得勾起去国怀乡的幽幽情思，倍感飘零离乱之痛。逢年过节或春回大地之际，丘逢甲胸中的万斛春愁更是难以排遣，请看如下诗作：

春愁难遣强看山，往事惊心泪欲潸。
四百万人同一哭，去年今日割台湾！

——《春愁》

天涯雁断少书还，梦入虚无缥缈间。
兵火余生心易碎，愁人未老鬓先斑。
没蕃亲故沧沧海，归汉郎官遁故山。
已分生离同死别，不堪挥涕说台湾。

——《天涯》

这种忧国怀乡的浓重愁思，竟使得诗人视觉迷幻，白昼恍如阴天，他想起自己投笔从戎、泣血请缨的历历往事，夜难成寐、泪水斑斑：

愁云极目昼成阴，飞鸟犹知恋故林。
破碎河山收战气，飘零身世损春心。
封侯未遂空投笔，结客无成枉散金。
梦里陈书仍痛哭，纵横残泪枕痕深。

——《愁云》

① 据丘菽园：《挥麈拾遗》。

丘逢甲自恨补天无术，他假借责怨上苍和神仙来发泄自己对西后专权和朝政不纲的强烈愤懑：“谁实操天权，得毋失厥纲?”“天鸡不能雄，牝鸡代为鸣。”“诸仙果神通，坐视果何意?”（《杂诗三首》）正是这种深沉的忧国怀乡之情和自幼立下的报国效时之志，使丘逢甲认识到：“中年学道时偏早”，“一庵待死伴枯禅”，是没有任何实际意义的，自己肩上还担负着“复土雪耻”的历史重任，切不可颓唐、沮丧。他在《村居书感次崧甫韵》一诗中说：

乾坤苍莽正风尘，力挽狂澜仗要人。
岂有桃源堪避世？不妨蔬水且安贫。
天阊辽阻愁呵壁，时局艰危痛厝薪。
只恐南阳难隐卧，中原戎马待纶巾。

由于食指浩繁、谋生不易，内渡后第二年，丘逢甲的家兄丘先甲及挚友谢道隆和跟随他多年的族人丘春第等，都不得不相继离开镇平返回台湾。他们的回归，不免勾起了丘逢甲的阵阵心酸。尤其是和他相处多年、患难与共的好友谢道隆（颂臣）的离去，引起他极大的悲伤，数日内，他连作《送颂臣之台湾》、《古别离行送颂臣》、《重送颂臣》等篇什，为朋友送行。诗中，丘逢甲满怀信心地向台湾父老乡亲反复表达自己“复土雪耻”的决心（“十年如未死，卷土定重来”），同时也语重心长地向他们提出了诚挚深切的期望（“为言乡父老，须记汉官仪”）。

可以说，内渡之初，丘逢甲一度期求归隐山林、逃禅结仙，只不过是他报国无门、壮志难酬、爱国热情被压抑、扭曲的一种反映。其实，他身隐而心不隐，身居“名山”而心在尘世。为了探望亲朋故旧，并与省垣社会名流取得联系，寻求他们的理解和支持，一八九六年五月下旬，在淡定山居落成之后，丘逢甲动身前往省城广州。途中，他先后在梅州、潮州、汕头、香港等地作了短暂的逗留。

在潮、梅等地，丘逢甲凭吊了当地为纪念文天祥、韩愈、刘元城、马发等著名历史人物而修建的一些名胜古迹，如梅州的铁汉楼、凌风楼，潮州的金山、韩文公祠等，[①] 写下了十多篇怀古诗。在这些诗作中，丘逢甲表达了对历代先贤的仰慕和钦敬之情，同时结合自己的身世际遇，借古喻今，抒发了他忧国忧民的爱国情怀。如《凌风楼怀古》：

依旧危城隐雾中，丽谯残榜署凌风。
逃亡君相成行国，破碎河山失故宫。
地似西台宜痛哭，客归南峤怆孤忠。
欲移卦竹栽千本，遍洒天涯血泪红。

在梅州，丘逢甲还愉快地会晤了阔别八年之久的当地名流梁国瑞；[②] 在潮州，又意外地见到了好友王晓沧等人。[③]

途经香港，丘逢甲目睹这块沦为英国殖民地已有半个世纪的海岛，感情上受到极大的刺激，曾赋诗曰：

海色不可极，西风吹鬓丝。
中朝正全盛，此地已居夷。
异服鱼龙杂，高巢燕雀危。
平生陆沉感，独自发哀噫。

他联想到台岛的沦陷，祖国的危难，禁不住发出了“热血苦难消”的深沉感叹。

丘逢甲平生第一次到广州，在这里大约逗留了近三个月的光景，他饱览了省垣众多的名胜古迹，如越王台、镇海楼、九眼井、鲍姑祠等，自然也少不了去观赏著名的珠江风景。然而，抚今追昔，他心情愈发痛苦和哀愁，眼

---

① 铁汉楼，遗址在今梅州市内，民国时被毁。宋元符元年，御史刘元城（安世）遭权奸迫害，贬居梅州。元城刚直不阿，不以险阻动心，设“梅城书院”招徒讲学，开拓梅州文教，苏轼誉之为“铁汉”。明时，邑人特建“铁汉楼”纪念之，现梅州市仍有“元城路”。

凌风楼，在今梅州市内。宋末文天祥率抗元之师路经梅州，作《过梅州诗》：“楼角凌风回，孤城隐雾深。万事随转烛，秋光近青岭。”明潮州知府郭子章建楼以纪念文天祥，摘句为楼名。清改建为“培风书院”（今梅州人民医院职工宿舍）。

金山，在潮州市城北，有马发墓。马发，广东潮州人，南宋恭帝德祐时，为摧锋寨正将，署州事。元兵迫潮州城，守令俱逃，发独慰劳将士，坚守不屈，战败后，全家服药殉国。

韩文公祠，潮州父老为纪念韩愈所建，在今潮州市郊韩山上，已修葺一新。

② 梁国瑞，号辑五，梅州人，官光禄寺。一八八九年，丘逢甲赴京会试时与之相识。

③ 王晓沧，名恩翔，梅州鹧鸪凹人，清拔贡生。一八八六年，丘逢甲首次赴闽乡试时与之相识。

前所见，是“满目江山海气阴”，“珠江风月漾胡尘”，值此列强环伺、国势衰危之际，达官显贵们却依然是“江头日日呼画船，珠歌翠舞年复年”，“醉死梦生恣行乐”，全然不顾国家的安危、人民的死活。这种腐败颓靡的世事情状，使丘逢甲感到怅惘和失望，不由得暗自叹息：“金汤空抱筹边略，觞咏难消吊古愁”，禁不住凄然“自洒英雄泪”，发出了“独抚乾坤发长啸”的悲愤呼声。

滞留广州期间，丘逢甲还先后拜访了广东巡抚许仙屏、翰林院编修刘葆贞、菊坡书院山长梁诗五等粤省大吏和社会名流，① 并得到了他们的同情和信赖。

这里，简介一下丘逢甲与许仙屏的交往。

许仙屏，名振炜（一作祎），江西奉新人，同治二年进士，授翰林院编修，曾任江宁布政使、东河河道总督等职，赈济徐淮灾民、清除河工积弊，颇有成绩。光绪廿一年（一八九五年），调任广东巡抚，主张废止厘金、节用民力，为人正直，官声较好。因此，丘逢甲到广州后，特往抚署求见，而许仙屏对于丘逢甲的诗才和乙未抗日护台义举也早就十分敬佩。于是，两人一见如故，相遇甚得。当许得知丘逢甲的困难处境后，深表同情，这时，恰好镇平劣绅联名控告丘逢甲“违旨作乱”，要求官府“严办”的状纸呈递到了抚署，许仙屏阅毕，愤然挥毫，将这份诉状判为“挟私诬害”，予以严厉驳斥；并邀约刑部侍郎廖寿恒（一八八九年丘赴京会试时，廖任是科总裁），联名上奏朝廷，陈述丘逢甲抗日护台的良苦用心和义烈举动，请求朝廷予以褒扬录用。可是，不久之后，朝廷批复的“谕旨”，却是“归籍海阳”。②

丘逢甲本不愿为官，因此，对于朝廷不予录用并不在意，但这一冷冰冰的批复，却意味着朝廷对他在台湾的抗日自主之举至今仍耿耿于怀，很不满

---

① 刘葆贞，名可毅，清光绪十八年壬辰科会元。

梁诗五（一八四三～一九一一），名居实，又字仲遂，梅州白土堡人，光绪十五年恩科举人。诗文出众，曾主讲广州应元、菊坡等书院。后任广州羊城书院山长，任教各地书院凡十四年，门生甚众。后得旗籍门生钦使杨晟保奏，以参赞随节出洋，先后旅居日本、德国、比利时凡八年，曾兼任驻日本长崎领事，具有维新思想，力促丘逢甲创办“岭东同文学堂”，后结为儿女亲家。

② 海阳，汉揭阳县地，晋置海阳县，因南滨大海，故称“海阳”，明、清皆为广东潮州府治。民国废府，改海阳为潮安，现为潮州市，今市东尚有海阳故城。

意，这使丘逢甲的情绪受到极大的打击。从此，他“雄心消尽闲情在，四海无家独卖文”。是年秋天，他怀着满腔的积愤与忧怨，含泪离开广州，重返粤东山村。临行，许仙屏依依送别，并应丘逢甲的请求，为其淡定新居题写了“心太平草庐”匾额，同时手书“扫除万事付诸命，卓荦高才独见君”楹联一副相赠。这副楹联和匾额，至今仍完好地保存在广东蕉岭县淡定村丘逢甲故居。

广州归来，丘逢甲开始了他的又一重要的人生旅程。

二、讲学潮汕

由省垣返回淡定山居不久，是年（一八九六年丙申）冬，① 丘逢甲遵照朝廷旨意，辞别双亲，带着妻室儿女，离开山城镇平来到南海之滨的潮州，在西门鱼市巷租赁了一座宅院安顿下来。潮州濒临南海，是当时广东繁华的对外商埠之一，经济文化较为发达，素有“海滨邹鲁”之称。历史上，这里涌现过不少名人雅士，外来的名贤在开拓、推动潮汕文化发展方面，也起过不可磨灭的作用。例如，唐代著名文学家、哲学家韩愈治潮仅八个月，他关心民瘼，为民除害，努力开启民智，传播中原先进文化的业绩，为潮汕人民世代称颂。他们把流经潮州城的河流称为“韩江”，城东的笔架山改称“韩山”，并在山上修建了韩文公祠，以纪念他的功德。而到了近代，对推动潮汕文化发展作出过重大贡献、并为潮汕人民所感念的，则首推丘逢甲了。在清末民初编撰的《潮州府志》中，有关丘氏在潮汕办学的记述文字就有多处。

初来潮州时，丘逢甲闲居无事，心情郁闷。这时，唯有金山书院主讲的老友温仲和常在教学之余来鱼市巷探望，这给丘逢甲予很大的精神安慰。“患难识真朋”，处在逆境中的丘逢甲，对温仲和从内心深处十分感激。尔

① 据丘逢甲《将之南洋留别亲友》一诗云：“五载金城客闭门”，丘自注曰：“五载金城，由丙申至庚子五年间居潮州”，可知。见《诗抄》卷七。一般论著皆称丘氏于丁酉（一八九七年）始寓居潮州，实误。

后，他们两人过从日密，相互引为知己，庚子年又同在潮汕地区积极创办新学，成绩斐然，高名并峙。一九〇四年（光绪三十年甲辰），温仲和在家乡梅州松口病逝，丘逢甲甚为悲痛，亲往吊唁，为其撰写《墓志铭》，并作《温慕柳先生像赞》一文，深切怀念他们之间的深挚情谊。文曰：

同科者数以千计，同甲者数以百计，唯君与予，论交最挚。人海京师，为相见始；桑海归来，为相知始。人皆予诮，君独予慰。浮沉十年，韩山韩水。过固相规，善亦相誉。予自命尹，君自命惠；惟予知君为狷者，唯君知予为狂士。狂狷趣殊，道实相济。……自君之亡，郁郁谁语？茫茫四海，谁复知己？冥冥九天，相见梦寝……

从这篇《像赞》，可以看出丘、温两人交往之深，感情之挚。

光阴似箭，转眼已过丁酉年（一八九七年）的春节。这年春天，经温仲和推荐，潮州知府李士彬亲自出面，延聘丘逢甲担任潮州韩山书院的主讲。①

从事教育、培植青年，本是丘逢甲的夙愿和专长。早在乙未以前，他就曾在台执教多年，颇有建树，只是由于甲午战争的爆发，台湾的危难，才迫使丘逢甲不得不中断了他的教书生涯，肩负起倡导自主保台的重任。内渡后，强烈的爱国感情促使他不甘就此终老林泉。在痛定思痛之后，他愈加感到兴办教育、启发民智、培育英才，实乃富国强兵、挽救危亡、实现“复土雪耻”愿望的根本途径。据丘琮回忆，丘逢甲曾对他说：

台湾自刘铭传任巡抚，铁路、电线等新政，渐次兴举，故士绅思想较新。民主国自筹备而成立，而败亡，虽为时不久，然宪法、议院，邮政、币制，均具。其政制有足多者，惜人民仍乏教育，不知国族关系。当时民主国迭申大义请援于闽粤商民、沿海督抚，迄无应者，即岛中绅民，闻朝旨已许割让，倭军又海陆并陷，亦渐多不愿输饷械不愿作牺牲者。使当时民智已如光、宣之际，则倭之吞台，宁能如是之易！②

正是割台失土这种切肤之痛和深刻的教训，使丘逢甲欣然接受了知府李士彬的聘请，来到韩山书院任教。从此，他重操旧业，“锐意于兴学启民

① 李士彬，字伯质，湖北蕲黄人，后迁英山，著有《石我园集》。

② 丘琮：《怙怀录》。

智”，开始了他教育救国的艰苦历程。这是丘逢甲爱国思想在新的历史时期的继续实践和深入发展。

甲午战后，伴随着资产阶级政治维新运动的蓬勃兴起，在我国教育领域中，新、旧两种不同的教育思想尖锐对立，斗争异常激烈。学校与科举之争、新学与旧学之争、西学与中学之争，是当时资产阶级改良派与地主阶级顽固派斗争的重要内容。潮汕地区远离省城，维新之风一时尚未吹拂到这里，封建顽固守旧势力仍占绝对优势。韩山书院是当时潮、嘉、惠三州的最高学府，学生大多是世家子弟，更是顽固守旧势力的一统天下。在这所旧式书院中，教师授课的内容依然是历代沿袭下来的老八股、老教条，学生也只知埋头于应付科举考试，一心猎取功名、光宗耀祖，全然不顾国家民族的前途命运。这种状况显然是和丘逢甲的维新救国思想格格不入的。为了打破这种墨守成规、死气沉沉的局面，丘逢甲参照自己当年在台湾讲学时的经验，毅然改革了教学内容。他预计科举必废，断然摒弃八股、试帖等陈腐无用之学，[①] 着重讲授时务策论、诗古文辞以及其他有用之学，努力向青年学生灌输维新思潮。

丘逢甲自幼博学多才，兼学中西文化，学业功底深厚，亲历乙未抗日护台斗争的洗礼后，有着更丰富的人生阅历和深邃的见解，因而在讲学中能深入浅出，切中时弊，云常人之所不能云，给人以耳目一新之感，使听者受到许多教益启迪，故任教不久，就深受青年学生的爱戴，“一时仰之如泰山、北斗”。[②]

一八九七年这一年，丘逢甲只写了近五十首诗，他以书院为家，足迹未出郡治之外，为教化青年倾注了自己的一腔热血。其时他作有《韩山书院新栽小松》诗四首，反映了他当时的心境与期望：

郁郁贞蕤夜拂霜，十年预计比人长。
要从韩木凋零后，留取清荫覆讲堂。

---

① 所谓“八股”，系指科考中“代圣贤立言”的文章，全文除首尾外，分八段，每个段落都有两段相比偶的文字，题目均出自《四书》、《五经》，作者用孔子、孟子的口气说话，不能有自己的独立见解。所谓“试帖”，是一种诗体，大抵以古人诗句命题，有严格的格式，多是一种缺乏思想内容的文字游戏。

② 王松：《台阳诗话》（下卷），转引自郑喜夫编：《民国丘仓海先生逢甲年谱》。

不惜阶前尺地宽，孤根未稳护持难。
何须定作三公梦，且养贞心共岁寒。

森森高节自分明，莫学胥涛作愤声。
大厦将倾支不易，栋梁材好惜迟生。

出林鳞鬣尚参差，已觉干霄势崛奇。
只恐庭阶留不得，万山风雨化龙时。

这四首诗，倾吐了他“十年树木，百年树人”、“亟思培本荣枝”的强烈愿望，抒发了他要拯救多灾多难、“大厦将倾”的祖国的远大抱负；同时也说明他已预感到自己所从事的教育改革必将遭到顽固守旧势力的反对，处境将更为艰难（“孤根未稳护持难”，“只恐庭阶留不得”）。果然，没过多久，书院的当权者和社会上的封建顽固势力便勾结起来，拼命攻击丘逢甲在韩山书院的讲学是什么“离经叛道”，宣传“异端邪说”，进而串通一气，一再向知府李士彬施加压力，企图强迫丘逢甲放弃自己的主张和做法，依然按照书院旧制去“教化学生”。丘逢甲断然拒绝。这年年终，他愤而辞去韩山书院的教职，并赋诗抒怀，表达他蔑视守旧势力、卓然不群、傲睨丑类的铮铮铁骨，诗曰：“……群阴蒙复容高傲，百卉凋零等扫除。莫怪闭门今不出，幽香深处读奇书。”

在韩山书院期间，繁忙的教学之余，丘逢甲曾抽空去拜谒纪念韩愈等人的祠宇、碑亭，对他们的贤才令德极表仰慕。他登临韩山，伫立在韩文公祠前，极目远眺，但见滔滔江水从韩山脚下缓缓流过，奔向茫茫沧海，顿觉胸怀开阔，感怀古人业绩，不禁手撰一联：

文字古何灵，试看半夜风雷，公能驱鳄出沧海；
江山今未改，凭吊千秋祠宇，我欲骑麟下大荒。[①]

在金山酒楼，丘逢甲也曾写有一副脍炙人口的楹联：

凭栏望韩夫子祠，如此江山，已让前贤留姓氏；
把酒吊马将军墓，奈何天地，竟将残局付英雄。

① 见丘冬友辑：《丘仓海先生文集》及吴天任：《黄遵宪传稿》。

次年春，丘逢甲被潮阳知县礼聘到该县东山书院担任主讲。尽管他在韩山书院任教时，被当地顽固守旧势力“目为异端”，横遭诽谤和排挤，但他转赴潮阳东山书院后，并没有丝毫退缩，“仍未变其讲学立教之旨”,① 继续坚持用维新救国思想和有用之学启发教育青年，受到青年学生欢迎，封建顽固派一时也无可奈何。

丘逢甲在潮汕讲学期间，国内政治形势进一步恶化，帝国主义掀起了瓜分中国的狂潮，德、俄、法、英相继强占了胶州湾、旅大、广州湾和九龙半岛等地，拼命争夺铁路的投资权和修筑权，划分势力范围，多方进行经济侵略和宗教文化渗透。一向关心国事的丘逢甲身处南海之滨，密切注视着事态的发展，关注着国家的命运和民族的前途。面对清廷丧权辱国的一幕幕惨痛事实，他忧心如焚，先后写下了许多忧国忧民的爱国诗篇。德国强占胶州湾的消息传来，丘逢甲悲愤地说：“袄庙屡闻生愤火，蓬山又见起边尘。”得悉刚刚吞并了我国神圣领土台湾的日本又强行把福建划为它的势力范围，他怒斥：“有人图写闽山去，着色争夸势力圈。”

然而，最令丘逢甲感到忧虑和不安的，是沙皇俄国对我国东北边疆的入侵。一八九六年六月，沙俄利用沙皇尼古拉二世举行加冕典礼的机会，打着所谓“共同防日”的幌子，诱骗清政府派往俄国的贺冕专使李鸿章和俄举行秘密谈判，在俄京彼得堡签订了一个卖国的《中俄密约》。通过这一条约，沙俄攫取了在我国东北修筑中东铁路和驻军的特权，从而把其侵略势力伸入到我国的整个东北地区，并进而强占旅大，把东北划为其势力范围。面对这一严峻形势，丘逢甲不由得记起了林文忠公（林则徐）当年警醒国人的一句话：“终为中国患者，其俄罗斯乎!”他忧心忡忡地写道：

一曲升平泪万行，风尘戎马厄潜郎。
民愁竞造黄天说，岁熟如逢赤地荒。
七贵五侯金穴富，白山黑水铁车忙。
老生苦记文忠语，多恐中原见鹫章。

在《题康步崖中翰咏出塞集》中，丘逢甲也表达了同样的思想：

---

① 丘琮：《仓海先生丘公逢甲年谱》。

九边烽火迫金台，客唱新添塞上哀。

更筑长城防不得，鹫章南下老羌来。

“白山黑水铁车忙”，系指沙俄在我国东北地区强筑中东铁路，“鹫章”，是沙俄国徽上的雕鸟图案；而“老羌”，作者自注是塞外人对俄人的称谓。沙俄的疆界与我国相连最广，其侵华阴谋由来已久，它侵占东北，染指新疆，丘逢甲深以为忧，“更筑长城防不得”，“多恐中原见鹫章”，确是警醒国人的卓识之见。

列强的步步进逼，进一步加深了民族危机，而腐朽的清政府却依然不求稍有振作，致使吏治日暗，国事日非。对此，丘逢甲感到十分愤懑和失望。一八九八年春，丘逢甲在给侨居新加坡著名学者丘菽园的《菽园赘谈》一书作序时，抓住一个“赘”字，大做文章，全面地评述当今朝政的种种弊端，借以发泄他对现实的强烈不满。这篇序中写道：

当今天下而谈“赘”，则又何者非“赘”！三公九卿，翊天子治天下者也；今知政者，仅权要数人，其它虽和战大事，若罔闻焉，则大臣“赘”。礼部不知礼，太常不知乐，兵部不知兵，工部不知工，户部不知天下几户也，则朝臣“赘”；布政不知政，制军、抚军不知军，则疆臣“赘”；知府、知州、知县，不知府州县中之民生苦乐、户口盈虚也，则守土之吏皆“赘”。且朝聘，巨典也，天威咫尺，降拜无闻，则朝仪“赘”——属国咸亡，无“赘”词矣！中土，吾土也，而公地焉，租界焉，捕房焉，船坞焉，矿地焉；山藏江堑，不敢自閟，环起要挟，予取予携，盖恫喝所加，无求而不得也，则主权“赘”。平等立约，与国所同也。独至吾国不能从同；如商如民，吾旅彼土，彼能治之，彼旅吾土，吾不能治也。虽吾商民，苟托彼旅，而吾亦不能治。条焉约焉，届时而修，只益彼而吾愈损，则约章“赘”。征税，吾自有之权也。而若或限焉，且非客卿，若即不能集事，则关政“赘”。讲制造者，历年成世，若人若物，仍事借材。言式，则我旧而人新；言用，则人利而我钝。糜以巨款，而但益虚费也，假以雄治，是旧额之糜。新募之器，固未得整齐以理也。乃以陆职，而只资盘踞也，则船政“赘”。陆师步伐，犹拾人唾，而不克自将用长；海军甲船炮艇，不以游历保商民，而以迎送奉大吏。南军北军，畸而不联，仓猝遇战，陆溃而海亦败，或树降幡焉。用是，重为天下僇笑，则兵政亦“赘”。天下无教之国亡；有教而不能以学尊其教，虽不亡，亦幸存。夫学焉，固不可无师也。乃今主教之官，终年局闭，尸师位者，非耄则庸。侁侁学子，其为学也，胥钞焉耳；其试所学也，亦胥钞焉耳；且舍是，若皆不可谓为学。于是，吾学若为愚种之具，吾教若为弱国之媒，则学校尤“赘”。是故，今日不谈“赘”则已，今日而谈“赘”，固天下有心人所同痛哭流涕长太息而不能已者也！欲治众“赘”，道在自强；欲图自强，道在求实。中外之事变固日亟矣！准古酌今，议政于朝，论道于学，贵无游谈焉，无虚谈焉。①

这篇序文痛快淋漓，十分鲜明突出地表露了丘逢甲要求清廷改弦更张、自强求实的革新思想。

但是，综观丘逢甲这时的思想行动，他对清廷尚未失去信心。虽然他极端不满慈禧的专权，可是对于甲午主战的青年皇帝载湉却抱有很大幻想。一八九八年（戊戌）元旦这一天，恰逢日蚀，“申初初亏，酉初复圆，京师蚀八分三十四秒，广东蚀四分一十五秒。”丘逢甲触景生情，借题发挥，连作《戊戌元旦试笔》和《日蚀诗》两首，寄托自己的情怀。《试笔》诗曰：

麟笔书春后，将铭绝世功。
驰书谕殊域，草檄下群雄。
沧海波全定，神州日再中。
东西朔南暨，齐颂黑头公。

这显然是在祷祝光绪皇帝能早日亲政，发奋为雄，重振朝纲（古人称少壮而居高位者为“黑头公”）。而《日蚀诗》则借日蚀的自然景观，指桑骂槐，痛斥慈禧及其奸党的丑行（“帝车窃据弄斗柄，妖党朋煽联天狼”，“任蚀不治讹天盲”），表达自己亟盼红日高悬、金辉普照、国泰民安的美好愿望（“要须中国圣人出，前驱麒麟后凤凰。大九州成大一统，万法并灭宗素王。四天下皆共一日，永无薄蚀无灾伤。”），同时也表示自己愿意报效国家民族、尽忠皇上的拳拳之心（“下方有臣心向日，捧日愿大无能偿。”）。

丘逢甲的“祷祝”终于得到了“报偿”，正是在这一年的六月十一日

① 见《丘逢甲集》第七六四－七六五页。

（阴历四月廿三日），光绪皇帝在康梁维新派的影响推动下，“明定国是”，正式宣布实行变法，近代史上轰动一时的“百日维新”开始了。在一百零三天的时间里，光绪皇帝不顾“祖宗家法”，颁布了一百一十多起改革上谕：废八股改试策论、汰冗员、裁绿营、广言路、奖励发明创造、设农工商总局、举办银行、邮政、编制国家预算、允许私人办报、实行新式教育等等，内容可谓包罗万象，涉及政治、军事、经济、文化等各个方面，除旧布新，轰轰烈烈。在文化教育方面，除诏令要办好“京师大学堂”（北京大学前身）以外，还要求改各省会大书院为高等学堂，郡城和州、县书院为中、小学堂，兼习中西学科，意在革新腐朽的教育制度和教学内容，尽快培养出一批“通经济变人才”，以适应变法维新的政治需要。

这些变法措施在当时无疑具有进步意义，不过总的来说，还只能算是枝枝节节的点滴改良，但还是遭到了以慈禧太后为首的封建顽固派的极端仇视和拼死反对。他们从中央到地方，上下沟通，狼狈为奸，共同与新政为敌，破坏变法。这一年的九月二十一日，慈禧终于发动政变，囚禁光绪于瀛台，杀害谭嗣同等“六君子”于菜市口。康、梁亡命海外，慈禧再度临朝“训政”。一时间，“缇骑遍地，海内沸腾”，新政诏令一概废除，所有新党人物被罢黜一空。一场轰轰烈烈的改革运动，转瞬之间，便告偃旗息鼓，烟消云散。

对于光绪推动变法，丘逢甲曾经欢欣鼓舞，寄予很大的希望。百日维新期间，他专门撰写了《经武十书》，内容“皆言练军之事，方将以为新政之助”，甚至还打算担任此责。① 不料这场运动尚未波及到南国的边远城镇潮汕地区，即告夭折了。“戊戌六君子”殉难的消息传来，丘逢甲深感震惊、悲痛和失望，在题为《疾风甚雨，海山苍茫，遂有斯作》的诗里，丘逢甲运用曲笔，借景抒怀，愤怒抨击慈禧的专横凶残与倒行逆施。诗曰：

大阴黑入日华消，鳌足难安八极摇。
震地瓦声飞汉屋，雨空鞭血断秦桥。
蚊云覆海潮神泣，麟火烧天飓母骄。
满目鸿流方澒洞，童山无树与悬瓢。

① 据丘逢甲信稿：《致丘菽园》，见《丘逢甲集》。

诗中借“飓母”喻指专权跋扈的西后。据丘菽园回忆：“戊戌政变而后，京师新闻时多骇人闻听，仙根主讲东山，心焉忧之。尝题予《风月琴樽图》、《星洲看云图》七言长古两篇以见意”，又作“《感事》五律二十首。数质海外，因从附编《星洲上书记》之后，署名曰某曰某者，当时仙根雅不欲人知为己作也。迄今两年，所料多应，响之疑之至是愈以服其远见。杜少陵诗中有史，庶几近矣。”①

丘逢甲戊戌年间所作的《感事诗》二十首，具有重要价值，世人多未见其全貌。丘氏《岭云海日楼诗钞》未予入录，台湾流传的只是少数传抄稿，直到近年笔者得到新加坡学者张克宏博士的协助，才看到完整的刊稿。丘菽园将《感事》五律二十首作为“政变诗”，附编于《星洲上书记》之后，在《跋》中点明了写作的背景：“去年八月之变，权奸当道，圣主幽囚，维新诸君子死者死，逐者逐，逃者逃，为我中国四万万人最痛心之事。而同志之士不禁发为悲歌，以抒写其感慨，其为屈灵均之《离骚》耶！其为杜子美之血泪耶！昔人有云：读李密之《陈情表》而不下泪者，其人必不孝。蒙为之续一语曰：读此诗而不下泪者，其人必不忠！”

丘逢甲的戊戌《感事》诗二十首，确实具有深刻的感人力量，今录几首于后：

莫向帝乡问，南阳多近亲。未能成革政，相厄有尸臣。
庙算归权戚，宫符付椓人。空教天下士，痛哭念维新。

万里尧城望，天涯忆圣君。皇纲先纽解，国势近瓜分。
当道严钩党，无人议合群。臣民四万万，王在更谁勤？

厚薄分南北，胡元祚易微。本朝无异视，四海久同归。
庙略因谁变？民心失所依。一言邦可丧，但计满人肥。

空益朱车卫，难回铁路权。蛮云遮楚粤，汉月冷幽燕。
愿请修宫价，先添横海船。已无夷夏界，何处说防边？

① 丘菽园：《挥麈拾遗》。

长白无能守，何颜对祖宗？和戎仍宰相，仰屋自司农。

道路嗟群虎，风云待蛰龙。愿呼忠义士，传檄保尧封。

在《感事》五律二十首诗作中，丘逢甲盛赞维新志士献身革新政治、图强救国的高风亮节，抨击西后的专权卖国和清廷的种族压迫，给中华民族造成的严重灾难，对祖国面临列强虎视、惨遭瓜分的衰危局势表达了深沉的忧愤与焦虑，诚如《跋》中所云："有精卫冤，有杜鹃血，有鲛人泪，有巫猿哀，呜咽苍凉，伤心千古。"

此外，在《题风月琴樽图为菽园作》及《题菽园看云图》（即《题风月琴樽图》及《星洲看云图》）等篇什中，丘逢甲也都借题发挥，讽喻时政（"君弦忽新臣弦旧，宫声顿哑数穷九。舍风不御月不捉，悲歌扣弦速呼酒。此时之风雌不雄，月生月死天梦梦。眼看海水忽四立，黑风驱月西回东。"）。他饱含激情地赞颂谭嗣同等人的凌云正气，认为大丈夫就是要像"戊戌六君子"那样，"男儿生当缴大风、射妖月"，"不然吟风弄月亦可嗤!"他公开赞赏"博浪椎秦"的义士，首次以"仓海君"自命，表露了自己反对封建暴力专制的思想意向（"风月常新遍留印，席天幕地知许事。谁欤图者酸道人，谁欤歌者仓海君。"）。

的确，丘逢甲的爱憎一向鲜明而强烈，一方面，他十分痛恨西后的专横残暴和清廷的腐败卖国，毫不留情地予以抨击；另一方面，他对于一切从事正义事业的人们，却总是寄予深切的同情和支持。在潮汕讲学期间，他和镇平家乡反洋教斗争领袖陈庭凤，尤其是和著名维新派人士黄遵宪之间的密切交往，足以说明这一点。

陈庭凤，字鹤云，号紫瀛，镇平新铺福岭村人，清光绪十五年（一八八九年）己丑科举人，地方帮会首领。他胸怀开阔、嫉恶如仇，对外国教会势力的入侵、清廷的卖国媚外举措强烈不满。一八九二年，教民陈荣兴在法国天主教传教士简载文的唆使下，私卖新铺福岭村义冢墓地给教会修建教堂。陈庭凤闻讯，邀集村中父老合议，竭力抵制。简载文蛮横无理，不顾村民反对，坚持在福岭村修筑教堂。一八九四年，唆使陈荣兴赶平地基，漏夜施工，不几日，墙高数尺，激起了当地群众的极大愤慨。在陈庭凤的组织发动下，几百名村民赶到现场，一齐动手，将新筑围墙悉数拆毁。简载文怀恨在心，报请惠、潮、嘉道署派员查办。延至一八九六年，正在潮州执教的丘逢甲、温仲和仗义执言，出面向道台陈情，“皆言陈庭凤素性正直高洁，决非匪徒”，[①] 此案才不了了之。但简载文不甘失败，伺机诬陷报复，遂散布流言，说陈庭凤图谋“聚众反叛”。在各种蜚语纷袭、处境十分不利的情况下，陈庭凤亲往淡定山村拜访丘逢甲，请求指教。丘逢甲热情地接待了他，和他亲切交谈，并赋诗一首相赠，对陈庭凤的处境深表同情，同时劝慰他善自“珍重”，等待时机。诗曰：

只手回西日，都城志未申。
相逢休涕泪，吾道惜风尘。
松菊娱今是，山林閟古春。
祝君无别语，珍重待时身。

陈庭凤听从了丘逢甲的劝勉，暂时避居平远县亲戚家中。

到一八九八年春夏，新任镇平县令朱怀新挟私报复，和简载文勾结在一起，狼狈为奸，再次捏造陈庭凤“聚众谋反”的莫须有罪名。报准潮州府署派员查办，派兵镇压福岭村反洋教的民众，并将陈庭凤举人名目开革，通缉在案。陈庭凤被迫流落南洋；支持陈庭凤、参与过这起反洋教斗争的百姓三十多人被逮捕，许多房舍被拆毁焚烧。丘逢甲闻讯，十分气愤，作《闻镇平事书感》一首，对陈的遭遇深表同情，并谴责地方官吏颠倒是非、为虎作伥的卑劣行径。诗云：

黄蒿城古半颓云，白昼狐狸竟作群。
山国何人真用武，士曹此狱太深文。
屡闻赤舌烧空火，岂有苍头特起军？
凄绝子昂吟感遇，桂华消歇不堪论。

后来，陈庭凤在马来西亚客居多年，在南洋各埠奔走呼号，先是参与康梁保皇会谋划的庚子武装“勤王”运动，为拟筹组的两广勤王军“九将”之一，名列自立军富有山堂正龙头，[②] 庚子“勤王”失败后，又追随孙中山先生，积极参加民主革命运动，一九一一年病逝于婆罗洲。一九一二年，孙

---

① 赖雨桐：《陈庭凤与蕉岭教案》，见《蕉岭修志通讯》创刊号。
② 见《自立军史料集·岳州镇呈报匪情咨》，岳麓书社一九八三年版，第一二八页。

中山就任南京临时政府大总统时，追授陈庭凤“首名正等开国先烈”的称号。①

至于丘逢甲和黄遵宪之间的交往与友谊，则更是真挚感人。

一八九八年的深秋，因参与变法维新运动而受到株连的黄遵宪被清廷“革职放归”，带病由上海乘船南返，途经潮汕回抵梅州故里。黄遵宪路过潮州时，一来因病魔缠身，行色匆匆；二来或许自觉“戴罪归里”不便牵累他人，未能与丘逢甲见面。丘逢甲得到消息，十分同情老朋友的处境，专程赶往梅州探望。早在己丑年（一八八九年），丘、黄两人在京城初次相交，留下了美好的记忆，别后转瞬已有十载。十年来，风云变幻，各自都经历了人生旅途中极不平凡的岁月，如今又都双双落难，先后返归岭东。因此，相见后，真是悲喜交加、感慨万千！

连日来，黄遵宪刚刚康复的身体似乎由于老友的来访而格外精神了许多。他们竟夜长谈，畅叙离情，纵谈对时局的看法。通过黄遵宪的介绍，丘逢甲对一年来京、沪、湘等地所发生的重大事件和变故，有了更详尽的了解和深刻的认识，内心的忧愤和哀愁又增添了几分。次年春，黄遵宪买下住居“人境庐”旁边的几间废屋，修建了一座小小的“无壁楼”。丘逢甲应黄遵宪之邀，为该楼题写了一副楹联，联曰：“陆沉欲借舟权住，天问翻无壁受呵”。② 这副对联可谓语简意深，它巧妙地借用了当年屈原遭楚怀王放逐的典故，隐喻黄遵宪等维新爱国志士横遭慈禧奸党迫害的现实，表达了丘逢甲对祖国前途的深重忧虑和对以慈禧为首的顽固派的强烈愤慨！黄遵宪对丘逢甲题赠的这副楹联十分喜爱，特引用该联足成七律一首，诗云：

半世浮槎梦里过，归来无处觅行窝。
陆沉欲借舟权住，天问翻无壁受呵。
偶引雏孙望新月，且容时辈量汪波。
弯弯几曲清溪水，可有人寻到钓蓑？③

这首诗的后半段，诗人有意冲淡了丘联的愤激情绪，显然是由于考虑到当时的政治气候，不得不以恬适出之。

---

① 赖雨桐：《陈庭凤与蕉岭教案》。

②③ 转引自黄遵宪：《人境庐诗草》卷九。

自从这次会面之后，丘、黄两人交谊更笃，经常书信往来，每逢丘逢甲从潮汕回镇平乡居探亲，总要顺路到“人境庐”造访。他们一起切磋诗文，交换对时局的看法，一同外出揽胜探幽，放怀山水，赋诗唱和，并互相慰勉支持，在岭东地区积极倡办新学，为开发岭东民智、普及桑梓教育做了许多有益的工作。类似的遭遇、共同的思想、相投的志趣和政治抱负，把他们紧紧地联结在一起。据统计，在他们两人的诗集《岭云海日楼诗抄》和《人境庐诗草》中，丘、黄之间互相唱和的诗篇近五十首，可以想见他们往来之密切、频繁。丘逢甲对黄遵宪十分敬重。一八九九年他在给丘菽园的一封信中说：公度“才气开展，办事极有条理，为近时开新中不可多得之人。”① 尤其推崇他的诗歌创作，认为岭东诗人，“当以黄公度首屈”。② 一九○○年冬，丘逢甲为黄遵宪的《人境庐诗草》作跋，其中一段这样写道：“茫茫诗海，手辟新洲，此诗世界之哥伦布也；变旧诗国为新诗国，惨淡经营，不酬其志不已，是为诗人中嘉富洱；合众旧诗国为一大新诗国，纵横捭阖，卒告成功，是为诗人中俾思麦。”丘逢甲把黄遵宪比作诗界之“哥伦布”、“嘉富洱”和“俾思麦”，高度评价了黄遵宪在晚清“诗界革命”中的重大贡献和杰出地位。而黄遵宪也十分赞赏丘逢甲的诗才，认为丘诗已达“大家分位”的境界。③一九○二年，他在给梁启超的信中，称赞丘逢甲说：“此君诗真天下健者！”④ 并将丘逢甲采用民歌形式所写的一些“十七字诗”，推荐给梁启超在日本创办的《新小说报》上发表。⑤

一九○五年春，黄遵宪溘然病逝，丘逢甲十分悲痛，特致送挽联一副悼祭，联曰：

论文章经济，均足千秋，从今凭吊孤城，落日登楼，讵竟骑鲸哀铁汉；
合公义私情，来伸一恸，剩我眷怀祖国，临风洒泪，更同钩党哭林宗。⑥

这副挽联，高度评价了黄遵宪一生的业绩，寄托了他对挚友的无限哀思。据丘逢甲的另一诗友潘兰史（飞声）说，丘逢甲曾打算为黄遵宪作传，

---

①③ 据丘逢甲信稿：《致丘菽园》，见《丘逢甲集》。
② 据丘逢甲信稿：《致潘兰史》，见《丘逢甲集》。
④ 据钱仲联：《黄公度先生年谱》。
⑤ 据杨天石：《黄遵宪》。
⑥ 见丘冬友辑：《丘仓海先生文集》及吴天任：《黄遵宪传稿》。

可惜未果。①

细读丘逢甲《岭云海日楼诗抄》中戊戌年的诗作，有两点值得我们注意：（一）春季所作诗篇语多慷慨、激越，充满企望和幻想；而秋冬所作篇什则多忧愤、孤寂和悲怆之声。很显然，这是和当年政治气候的剧变密切相关的。（二）没有一首诗是写于夏天的。原因何在？在丘逢甲的诗友王晓沧写的《金城唱和集》序文中，给我们透露了这样一个十分重要的信息：

> 仲阏来，持菽园书，索余与仲阏唱和诸作，因谋抄寄菽园。计余来潮，在戊戌之秋，凡四阅月，两人得诗几二百首，其不愿示人者则化灰和泪吞之。综两人诗犹得百五六十首，不忍泯没，姑名之曰：《金城唱和集》云尔……②

我们知道，“戊戌之秋，凡四阅月”，正是慈禧发动政变、残酷迫害维新派人士的时候，丘、王两人“不愿示人者”，当属针砭时政、发泄胸中积愤的篇什。政变后所作，为避免引起不必要的麻烦，尚且“化灰和泪吞之”。何况夏季正值“百日维新”期间，丘逢甲作诗定是兴奋热烈、无所顾忌，“化灰和泪吞之”，足以说明丘氏对自己这一时期的诗作是何等珍视，字字饱含了诗人的血泪、希望与痛苦。事实上，历经抗日保台斗争的丘逢甲内渡后的确一向十分抑郁和谨慎，不愿将自己的“喻譬诗”轻易示人，一八九九年（己亥）秋冬，他在给丘菽园的信中就曾这样说过：

> 弟本不愿作诗人，然今则竟不能（不）姑作诗人，承兄过爱其诗，故不能藏拙，竟敢和盘托出……。喻譬诗多伤时，不宜编入集中极是，细检直言时事者尤多，望为删定，留作百年后诗史可乎？③

可见，戊戌年间，丘逢甲必有许多伤时之作，惜多未见刊布。前述《感事》诗二十首，即系其中的一部分，其余，现已无从寻觅。

百日维新的惨败虽然使丘逢甲深感震惊和失望，但他毕竟是从患难和挫折中走过来的人，并没有因此而颓唐和气馁，在《忆旧述今》这首述怀诗

---

① 据潘兰史：《在山泉诗话》，转引自郑喜夫编：《民国丘仓海先生逢甲年谱》。

② 《金城唱和集》，系丘逢甲与王晓沧于一八九八年秋冬在潮州时唱和诗篇的合集，刊刻于一八九九年（已亥）秋。

③ 据丘逢甲信稿：《致丘菽园》。

中，丘逢甲写道：“热血填胸郁不凉，骑麟披发走南荒。未酬戎马书生志，依旧吾庐榜自强。”并自注曰：“‘自强不息’，为予旧斋额，今拟重书以自励。”①

就这样，丘逢甲怀着兴奋、期待的心情迎接了戊戌年的元旦，却在痛苦、悲愤和惆怅愁闷相交替的复杂心绪中度过了动荡的一八九八年。

三、创办“岭东同文学堂”

戊戌年的“百日维新”犹如昙花一现，历史已经判定：自上而下的改良道路在半封建半殖民地的旧中国是走不通的，中国要想独立富强，唯有彻底推翻腐朽卖国的清王朝。然而，这个时候，丘逢甲和其他同时代的许多爱国者一样，还不可能这样快就认识到这一点。

一八九九年（己亥）春夏，丘逢甲继续在潮阳东山书院任教，同时又受聘兼任澄海景韩书院主讲。

这一年的春天，潮汕地区的雨水格外多，立春过后，阴雨连绵，愁云满天，乍暖还寒。在欢度新春佳节的喜庆日子里，潮州城中，白昼人头攒动、熙熙攘攘；入夜火树银花、烛光映天。然而，此时此刻，在丘逢甲的胸中，愁思却有增无已，内心深处一股浓重的惆怅之情难以排遣。四顾家国茫茫，出路何在？他苦苦地思索：

骤暖还寒昨夜风，江城东望晓溟蒙。
不知春色在何处，三十二峰烟雨中。

在极度抑郁哀愁之中，丘逢甲羁怀无端，他或借咏奇花以遣怀（如作《牡丹诗》二十首）；或邀约友人外出揽胜访古，借古人之酒杯，浇胸中之块垒，凭吊忠魂，以激励自己的报国之志，写下了大量的怀古感今诗篇，其中，又以追念文天祥的诗作居多。

南宋末年，民族英雄文天祥为抵抗元蒙贵族的入侵，投笔从戎，毁家纾

① 见丘逢甲：《诗抄》卷四。另据一八九九年丘逢甲信稿：《与马介堂军门》：“所乞书‘自强不息’斋额，得暇祈挥椽笔，以慰远望。”可知丘逢甲确曾请马军门为其题写“自强不息”斋额。

难，率领“勤王之师”转战东南沿海各省。后来，由于汉奸出卖，不幸在广东海丰县北的五坡岭兵败被俘。在元大都（今北京）敌人的囚笼里，文天祥大义凛然，威武不屈，表现出崇高的民族气节。他的诗句：“人生自古谁无死，留取丹心照汗青”，成了中华民族的千古绝唱。当年，文天祥曾率领义师进驻潮阳，留下许多历史遗迹，在丘逢甲讲学的东山书院附近，就建有一座专门纪念文天祥的“大忠祠”（又曰“丞相祠”）。丘逢甲曾自称：“平生心醉文丞相”，对文天祥的高风亮节、英雄业绩一向十分尊崇，课余时间经常去拜谒“大忠祠”。他联想到自己前半生的经历与遭遇和文天祥是如此的相似，更忧及朝廷的腐败、国家的危亡，常常禁不住落下辛酸的眼泪。他不断地激励自己，要以文天祥为榜样，在逆境中奋斗，为国为民竭忠尽智。这一年的六月九日（阴历五月初二日），是文天祥诞生六六三周年的纪念日，丘逢甲邀约名流夏同和、马隽卿、庄学忠、马如龙等人，[①] 于东山大忠祠举行隆重的祝寿活动。丘逢甲在祝诗中写道：“同堂祝公者，愿公为之师。同持忠义心，以为治平基。运会值大同，一统兼华夷。岁岁此祝公，清芬生鼎彝。”

祝寿活动结束后，丘逢甲在东山书院的门生郑某等人，组织了一个纪念文天祥的民间文学团体，起名“寿忠社”，请丘逢甲为该社撰文，“以序其所以寿公之意”。丘逢甲欣然命笔，作《东山寿忠社缘起》一文。在这篇《缘起》中，丘逢甲既颂扬了文天祥的丰功伟绩，也表达了自己积极进取的生死观和荣辱观，以及他对青年一代所寄予的殷切期望。文中曰：

> ……凡人本寿皆百二十岁，然往往不能至，上者至百岁，中者八九十，下者六七十，即称为寿人。其生时，子孙制彩、亲宾称觞以祝之。然苟无德业功烈，则虽富贵煊赫、当时震人耳目，而身死之后寂然无称，与草亡木卒无异。况其为蹈凡循庸、声坐阒寂，虽生之日，犹死之年者乎？故虽有孝子慈孙，追远不忘，春秋家祭之外，为亡于礼者之礼，如南中之俗所谓冥寿者，然固不可以常且久。唯圣贤之徒，忠义之

---

① 夏同和，字季平，号用卿，又自号狮山山人，贵州贵阳人，光绪二十四年状元，官殿撰，著名书法家。其时，丘、夏两人交往甚笃，《诗抄》中辑有丘氏与之唱和诗若干首。丘氏故居“淡定村”村碑及“马来西极，龙卧南阳”楹联，即于是年由夏题赠。马如龙，字荦飞，举人。

士，力任斯道之重而不辞，躬拯天下之危而不顾；当其有生之年，艰虞困辱、百折罔恤，而侪伍庸俗、酣豢富贵之人，或且非笑之、訾毁之，以为人生几何，是亦徒自苦耳。然其道积久而弥光，其名易世而弥盛，千秋万岁之后，其足迹所至，犹令人凭吊而兴起，相与社而稷之、尸而祝之，则天有日月、地有山川之日，谓皆其寿日可也，虽日日寿之可也，不必定以生日称寿也。而后世私淑之徒，方且不忘其生日而寿之，以寄其景仰无已之思。若文公之至东山，则亦极世所谓艰虞困辱之日矣，亦安知数百年之后，乃有于此山祠之者，数百年之后，更有于此祠寿之者乎？此足见圣贤之可为，而忠义之感人者深也！诸生苟知此意，以求所为自寿其身与名者，则斯社也，即与公寿永永无极可也；社中之人，皆与公寿同永永无极可也。此则愿有志之士相与勉之，而不可为侪伍庸俗、酣豢富贵人语之者也。①

尔后，丘逢甲又倡议重修“大忠祠”，并请夏同和重新书写了文天祥《沁园春》词，以为纪念。②

这一时期，丘逢甲如此热衷于凭吊忠魂、纪念先贤，不仅仅是为了激励自己去勇敢地面对坎坷的人生，显然还有其深意，他曾对友人说：“此时唯有表扬忠节，以作士气，以挽人心，为我辈应为得为之事！”③

是年，从台湾内渡归来的文人名士诸如许南英、陈省三、王松等人，以及一些义军故旧相继与丘逢甲取得了联系。其时，许南英出任广东三水知县，陈省三就任广东劝业道（后任广州知府），都谋得了一官半职。广东巡抚许仙屏等也出面劝丘逢甲出任仕途，但丘逢甲婉言谢绝了他们的一片好意，对友人说：“才人从古不宜官，置汝髯参短薄间”，“一官便具奴才性，谁是英雄出此圈？”他认为现在是“残局空支撑”，“公何今卿为？”认定从事办学、启迪民智，更有实际意义。

---

① 《丘逢甲集》第七八〇页。

② 南宋末年，文天祥屯军广东潮阳，往谒东山“双忠祠”，作有名篇《谒东山双忠庙·沁园春》一词，词曰：“为子死孝，为臣死忠，死又何妨？自光岳气分，士无全节，君臣义缺，谁负刚肠？骂贼张巡，爱君许远，留取声名万古香。后来者，无二公之操，百炼成钢。嗟哉人生翕欻云亡，好烈烈轰轰做一场。使当时卖国，甘心降虏，受人唾骂，安得流芳？古庙幽沉，遗容俨雅，枯木寒鸦几夕阳？邮亭下，有奸雄过此，仔细思量。”

③ 据丘复：《念庐诗集》注（手抄本）。

百日维新失败后，清廷明令恢复八股旧制，封建顽固势力更加猖獗，新学受到了严重的摧残和打击。但是，丘逢甲却毫不畏缩，公开与清廷大唱反调，他抨击八股取士断不能“解国忧”，“书院旧制，新知识灌输有所未尽”,① 认为欲强中国，“非开民智、育人才”不可，力主重视“精神教育”，继续呼吁废除八股、改革陈腐的教育制度。到了一八九九年秋冬，丘逢甲干脆脱离了旧式书院，在潮汕地区独立创办起新式学堂，开始了他教育救国的新尝试。

关于丘逢甲创办新式学堂的来龙去脉，大致情况是这样的：

甲午战后，列强进一步加紧了对中国的争夺，日本为了和英、俄等国势力抗衡，大造所谓“同文同种”、“中日联盟”、“中日亲善，共御强俄”的舆论，企图拉拢中国为其所用。戊戌维新期间，康梁等人即与日本政界某些头面人物密切交往，幻想取得他们对变法运动的支持和帮助。百日维新失败后，维新派并没有放弃这种幻想。其时，日本国内的一些人士，以“联络声气、资助文明”为名，组织了一个名叫“东亚同文会”的团体，该会《纲领》规定：“（一）保全东亚时局；（二）启发民智养成人才；（三）振兴国论以期实行”。其《章程》则宣称：“清、韩、日三国交久矣，文化相通，风教相同”，势如唇齿，情如兄弟，在列国乘隙东侵之际，应“忘衔弃嫌”、“外御其侮”、“守信共利”、“益固邦交”云云。②

在“东亚同文会”中，固然不乏貌似亲善的侵略分子，如该会会长近卫笃磨就曾公开叫嚣：“中国内部事业，必仍归同文同种的日本人之手。”他们从事所谓“中日亲善”活动，显然是虚伪的、别有用心的。但是，在“东亚同文会”中，也确有一些真正同情和支持中国进步事业的友好人士，他们不愿看到自己“同文同种”的近邻遭到西方列强的瓜分蹂躏，希望中国革除弊政，走上繁荣富强的道路，并派人西渡，积极协助中国维新派在各地开办日文学堂（又名“东文学堂”）。“东亚同文会”的宗旨与中国维新派人士企图效法日本、改造中国的良好愿望是吻合的，因此，他们与该会成员建立了密切联系。这时，有一个名叫杨守愚的广东澄海人，监生出身，具

---

① 丘复：《仓海先生墓志铭》。

② 《东亚同文会章程》，见《知新报》第九十三册，一八九九年七月十八日出版。

有维新思想，在广州和“东亚同文会”广东分会的会长高桥谦会见，促膝深谈后，决定返回潮州，邀集潮、嘉人士磋商，创办“东文学堂”。杨守愚深悉丘逢甲为“血性男子，又复深通中西文学，兼谙潮、嘉之语，届时欲聘为中文教习”，① 并想请丘逢甲和温仲和两人合力倡导，促成此事。但杨守愚唯恐丘逢甲因日本割台一事仍耿耿于怀，不肯合作，临行，转托丘在广州的好友梁居实出面致书劝驾。于是，这一年的十月间，梁居实接连写了两封长信，极力劝说丘逢甲赞成此举，出面主持。梁在信中说：

“窃尝思之：国者积人而成者也，人不亡则国不亡。人何以能不亡？智而已矣。民智开，则人才出，则国虽亡终不亡。然则，为今之计，亦开民智、造人才而已矣；欲开民智、造人才，即设报、兴学、译书而已。”②

“东洋同洲同种，其国势亦超出奥、意之上，而介在德、法之间；欲择邻交，首宜联络；欲资联络，必通其语言文字。故近年北京，粤东同文馆皆添设东文一门。况学习西文，须在幼年，东文则年长者亦可学，欲通西文，必须七、八年，东文则不过一、二年而可通。又况西书之要旨，大抵皆经东人译出，是东文者，实借以通西文之快捷方式也。……今之有心人，动辄以灭种、灭国、灭教为忧，何异杞人乎？其实，种不灭则国不灭，国不灭则教不灭；特不可不急为智种强种之计耳。种智则强，强则不灭。欲求智种，今之学堂其首务矣。”③

梁居实的这些见解，给丘逢甲以很大的启发，使他觉悟到，要想通晓西方文明，效法日本，维新救国，就必须尽快培养出大批谙熟日语的专门人才。恰逢这个时候，温仲和“在金山讲席，小顽固党以其喜言新学，已挤之去”；而丘逢甲自己虽“东山一席尚在絷维”，④ 但几年来也饱受守旧势力的挤迫，因而使他痛切地感到，要想摆脱旧教育制度的束缚，以欧美新法教化青年，就非有自己的阵地不可。于是，同年冬，丘逢甲接受了梁居实的

①② 梁居实：《与丘仲阏论潮嘉设东文学堂书》，见《梁诗五先生遗稿集》，台湾出版。
③ 同上书，《再与丘仲阏论潮嘉设东文学堂书》。
④ 丘逢甲信稿：《致丘菽园》，见《丘逢甲集》。

建议，毅然辞去了东山、景韩两书院的教职，并征得三弟树甲的同意（这几年，丘树甲“往来潮、嘉间，兼事农商”，多少有了些积蓄），在杨守愚、何士果等人的大力协助支持下，[①] 开始着手创办新式学堂——“岭东同文学堂”。[②] 地点初拟汕头，后确定在潮州开办，校址设于慰忠祠。[③]

白手起家兴办民办学堂，困难殊多，为了使“岭东同文学堂”早日创办成功，丘逢甲倾注了自己的全副心血，从筹措经费、聘请教师、制定章程到选择校址、购置器物、布置校舍等等，他都不辞辛劳，“一一亲自为力”。当地顽固守旧势力闻讯，更从中作梗，极力阻挠破坏，但丘逢甲义无反顾，坚持斗争，劲头十足。从这一时期他写给梁居实和丘菽园的信中，可以看出其中的一些梗概：

“九月间，守愚赍到尊札，即为草定章程，乃弟往潮阳一月，而事尚无端绪，则以守愚之势在潮亦孤。待十月杪，弟由潮阳返郡，而士果亦来，始为立决定义。至先生第二次信来时，章程已刊发。前书所以久未覆者，缘所办事尚未能成，无以报命，此时真所谓‘为政不在多言’，顾力行何如耳。初拟在汕头开办，缘同人皆以为宜在郡城，已租定慰忠祠，地尚宏敞，学生来报名者已有二十人矣！慕柳去潮，吾道益孤，我瞻四方，蹙蹙靡所骋，唯有竖起脊梁，守定宗旨为之而已。”[④]

“近日在潮倡设岭东同文学堂，已有成议，其序及章程，此间已发刊，兹将稿寄上，希登贵报，以慰海外同志之望。内地阻压两力均大，不能如海外办事之自由。呼应不灵，阻抑百出，虽有胆气者（也）为之束手，保商局之不能切实办事者以此。若今所议设之同文学堂，则以同志数人为主，不经由官绅；若办成，似比保商局收效为速，计筹款集，明春即可开设也。”[⑤]

---

① 何士果，广东大埔人，留日学生，其父何如璋曾任驻日公使。一八九九年十二月九日（己亥十一月初七），丘逢甲写信给丘菽园说：“岭东同文学堂明春可开……，此事最出力者为澄海杨守愚上舍，大埔何士果大令次之。”

② 据丘逢甲信稿：《致梁诗五》及《致丘菽园》。丘琮：《仓海先生丘公逢甲年谱》作“东文学堂”；《潮州志·教育志》作“同文书院”，均误。

③④ 丘逢甲信稿：《致梁诗五》。

⑤ 丘逢甲信稿：《致丘菽园》。

“岭东同文学堂明春可开，兹寄上章程一本，……此间得此或能稍开风气，……若能推广吾教，应为之事尚多也。”①

就这样，丘逢甲在紧张、忙碌中，送走了一八九九年，迎来了一九〇〇年（庚子）的春天。

一九〇〇年一月（己亥年十二月），在筹办岭东同文学堂期间，丘逢甲还应康有为之邀抽空去了一趟港澳。那时，港澳地区是流亡海外的各派政治力量聚集的地方，兴中会的骨干分子陈少白、郑士良等人奉孙中山之命，在香港设立机关，联络会党，促成兴中会、哥老会、三合会三会组成了一大团体——兴汉会，公推孙中山为总会长，准备在国内发动大规模的反清武装起义。与此同时，戊戌维新失败后逃往海外成立保皇会的康有为也潜回香港，唐才常等也云集此地，积极策划“武装勤王”运动。康有为到港后即函邀丘逢甲来港议事。康信全文如下：

仙根仁兄先生执事：闻盛名高义久矣。苍葛之呼，震动宇宙，事虽不成，义暴天下。当时仆在京师，侧慕之私，甚愿执鞭焉。后在桂林与唐薇帅往来，具审执事大才，益增想望。窃不自量，以为吾岭海磅礴，有吾两人，如孟德言，所谓使君与操也。中国危亡黄种将绝，仆诚哀愤。屡次上书，我皇上神武贤明，决意变法，过蒙知遇，毗赞维新，百日新政，全球悚动，诚四千年来未有之圣主，而中国不可得之机会也。事功未就，乃为淫后及贼臣所幽废，推翻新政，屠戮忠良，党狱之惨，天下哀之。仆承密诏，筹救无术，罪当万死。天幸哀怜，委曲全之。琐尾间关，乞师外国，狐裘蒙茸，叔伯靡同。包胥之痛哭徒然，子卿之牧羊已矣。然回头禹城，北望瀛台，挥泪誓心，鞠躬尽瘁，流涕而道国难，泣血而动种人。顷薄海内外，大略雄方，必有夙夜燕私，伏枕拭泪，念圣上之幽废，哀神州之陆沈。比者台澎旧侣，潮惠新知，以公号召，必当共济。仆顷还港，相去咫尺，甚望执事命驾来游，俾瞻丰采，获聆高论。王室如毁，想能哀从。瞻望韩山，不胜侧企。敬问起居，不尽鹤立之诚。②

① 丘逢甲信稿：《致丘菽园》。

② 蒋贵麟编：《万木草堂遗稿·外编》（下），成文出版社一九七八年版，第五九九－六〇〇页。转引自《丘逢甲集》附录第九五六页。

康信内容主要点有三：（一）盛赞丘逢甲在一八九五年的抗日保台活动；（二）康自比曹操，把丘比作刘备，足见对丘期盼之切；（三）邀丘逢甲来港共商国是。丘逢甲到港后，会见了康有为、唐才常、陈庭凤等，还特意一起合摄了持刀并立小照①。由此可以推断，康有为邀约丘逢甲赴港应是密谋保皇会庚子"武装勤王"事，并显然得到丘的赞同与支持。

丘逢甲欣然应邀赴港，并与康有为一拍即合，愿意助其武装勤王，自有其必然性。己亥年（一八九九年）冬，丘逢甲曾致信丘菽园说："来示言迁都、练军、改律、设捕诸节，极是幸论。弟乙未在台第三次电奏即有请迁都之说，尊论谓宜迁湖北，极是。练陆军为今首务……设巡捕则公度在湘保卫局章程颇详。监狱新章，亦改律之先声。总之，不变法，则此等今日皆属托之空言者也。"可见，丘逢甲此时仍醉心于变法、改良，与康梁保皇派心心相印。在港澳逗留期间，丘逢甲曾作诗两首，分别赠送给澳门保皇会的负责人何廷光（字穗田）和康有为的弟子欧榘甲。诗中，丘逢甲影射慈禧太后谋害光绪，表达了他对欧榘甲等保皇会人士武装勤王的热切期待②。

其一：海上我来寻大侠，如君何让古朱家。
北胡南越英雄在，落日萧萧广柳车。

——《澳门赠何义士》

其二：噫嘻乎嗟哉！魔风夜扇大海水，妖岛西飞金两翅，飞啄群龙龙半死。神龙不死何时起，金仙铅泪流不止。此劫茫茫古无似，不数汉家燕啄矢。谁为铸剑歼厥妖，当代吾思欧冶子。

——《欧冶子歌》

---

① 此事，丘琮：《仓海先生丘公逢甲年谱》作庚子春，实误。据查，庚子春，康在新加坡，唐在上海策划自立军起义事，均不在港。而据康有为《唐烈士才常墓志铭》："己亥十二月二十一日，吾居港……"；又据唐才质《唐才常烈士年谱》：己亥十二月初五，公以经费无着，乃谋至香港筹款。可知康、唐两人一九〇〇年一月（己亥十二月）在港。另，丘琮《年谱》称，梁启超也曾与康、唐、丘、陈诸人在港一起合摄持刀并立小照，疑有误。据《梁启超年谱长编》，梁早于一八九九年十二月下旬（己亥冬十一月）即已离日赴檀香山，并无赴港之行。

② 据曾养甫：《丘逢甲事略》说，丘逢甲滞港期间，与唐才常纵谈时局，曾曰："清廷猜忌汉人素深，南海遽进以维新变法，既不知量，何况又思保皇；孙某所倡排满革命，名义甚正，然欲用会党防营以革命，亦不足恃……"云云，但笔者以为，从现今掌握到的史料来看，曾氏此说之可靠性有待斟酌。

在港期间，丘逢甲还首次见到了和他早有诗书往来的潘兰史。① 对于潘兰史的诗画，丘逢甲一向十分推崇，尤其对他自绘的《独立图》更是赞赏不已，曾赋诗题赠曰：

举国睡中呼不起，先生高处画能传。
黄人尚昧合群理，诗界差存自主权。
胸有千秋哀古月，眼穷九点哭齐烟。
与君同此苍茫况，隔海相望更惘然！

如今，过去仅有诗书往来的两位老友得以在港相会，一起畅叙友情、切磋诗画，真有说不完的高兴（“乾坤何地许扬眉？海上逢君泪满衣。”）。临别之际，他们相约明春（庚子春）再度在港相会（其时，丘逢甲已有南洋之行的计划，故诗中有“扁舟春雪预相期”之句）。

这次赴港，丘逢甲还作有多首记游九龙、澳门的诗篇借以抒怀。

九龙半岛向为中国领土，与大陆紧紧相连。一年前，这里还属于广东新安县（今深圳市）管辖，可是，英国为了扩大它在香港的侵略据点，强迫清政府于一八九八年六月九日签订了一个《展拓香港界址专条》，把位于深圳河以南、九龙半岛界限街以北及附近一百多个大小岛屿（即所谓“新界”）“租借”给了英国，为期九十九年。当时，消息传到潮汕，丘逢甲就十分悲愤，这次身历其境，目睹祖国大好河山变为异域，益加痛恨侵略者的强盗行径和清廷的昏庸无能，遂作《九龙有感》一诗以记之：

群峰迭翠倚楼间，一角颓云夕照殷。
忽忆去年春色里，九龙还是汉家山。

澳门古称“濠镜”，属广东香山县（今珠海市）管辖。一五五三年（明嘉靖三十二年），葡萄牙殖民者假托商船遭遇风暴，货物被打湿，用欺骗和贿赂手段，买通海道副使汪柏，准许他们在澳门借住和晾晒货物。尔后，朱明王朝竟听从大臣林富的奏请，把它租给了葡萄牙（年租金仅五百两）。到了一八八七年（清光绪十三年），葡萄牙在英国侵略者的支持帮助下，强迫

① 潘兰史，字飞声，号剑公，又号独立山人，广东番禺人，清孝廉，为清末民初著名诗人，亦善作画。曾任德国柏林大学汉学教授，主持过香港《华报》、《实报》笔政。晚年参加柳亚子等组织的南社，为南社“四剑”之一。著有《说剑堂集》。

清政府签订了一个所谓《中葡通商条约》，取得了“永租”澳门的权利。从此，就连那一点点象征性的“租金”也不再交纳了。中国的神圣领土澳门完全成了洋人的天下，教堂林立，青楼、赌馆随处可见，中华民族优秀文化传统和淳朴风尚丧失殆尽，殖民者为了盗财窃宝，居然无耻到遍掘中国先人的坟冢。目睹此情此景，丘逢甲十分痛愤，感慨万端，连作《澳门杂诗》十五首抒怀，其中几首这样写道：

五百年中局屡新，两朝柔远畅皇仁。自颁一纸蠲租诏，
坐看江山换主人。（葡萄牙人居澳门，自前明及本朝，皆纳地租。）

遮天妙手蹙舆图，误尽苍生一字租。前代名臣先铸错，
莫将割地怨庸奴。（以澳门租葡人，由林富奏请，林固前明名臣。）

天主堂高十字支，筑从新教未行时。嵌空万石玲珑甚，
独少流传景教碑。（天主堂自前明即建新教，即西人所谓修教。）

谁报凶酋发冢冤？宝刀饮血月黄昏。要携十斛葡萄酒，
来酹秋原壮士魂。（葡酋昔有遍发唐人墓者，为某壮士所手刃。）

银牌高署市门东，百万居然一掷中。谁向风尘劳物色？
博徒从古有英雄。（澳中赌馆最盛，门皆署银牌以招客。）

正当丘逢甲四处奔波，在潮州积极筹办“岭东同文学堂”的时候，经观察沈絜斋的推荐，粤省当局委派他前往南洋查访侨情，谋“联合南洋各埠闽粤商民之举”。① 丘逢甲考虑到：利用此行，正可以在南洋华侨中募集一笔办学经费，又可以见到和自己多年保持着频繁诗书往来却从未谋面的挚友丘菽园，还可饱览久已向往的南洋热带风光，了解异国风情、增长见识，一举数得，何乐而不为之？于是，他很乐意地接受了这趟差遣。关于这次南游的背景及其心情，丘逢甲一九〇〇年初春写给沈观察的一封信中这样说：

由台来粤，蛰伏五载，无有能知其为人者，荷公以国士见待，感何可言！某虽京朝末官，放弃海曲，而忠愤耿耿，未尝不日思为朝廷稍尽

---

① 丘逢甲信稿：《致沈观察》。沈观察，名守廉，字絜斋，浙江海盐人，曾任广东惠、潮、嘉兵备道，与丘交往甚笃。

心力。联合南洋各埠闽粤商民之举，谋之数年，岛中豪杰，略能得其要领。今岁联合之机已动，彼中人士屡书恳往主持，所以迟迟不行者，正恐人以新党目之耳。承公以文牍宠其行，他日使各埠商民，能以财力上报国家，某亦薄有建树，皆公赐矣！①

临行，丘逢甲委托好友温仲和、姚梓芳替他继续主持“岭东同文学堂”的筹办事宜，并嘱其先行“招生开讲”，② 聘日本学者熊泽纯之助为教授，向青年学生灌输东西方文明和维新学术。

“一水茫茫络五洲，此行心已遍全球。”一九〇〇年三月初（庚子年阴历二月），丘逢甲怀着十分愉快的心情，辞别了亲友，偕同王晓沧等人，从潮州出发，到汕头后，有许南英（韫伯）等人送行。尔后，转乘海轮前往南洋，经香港，过七洲洋（今南海），三月十五日到西贡。稍事休息后，经高棉，于三月下旬抵达新加坡。一路均有记游诗作。

途径香港时，丘逢甲会见了日本志士平山周、近藤五郎（本名原祯）等人。其时，平山、近藤等人奉孙中山先生之命，正在香港活动，积极协助陈少白、郑士良、史坚如等人，准备发动兴中会的第二次武装起义——惠州起义。丘逢甲与平山、近藤诸人畅饮于香港酒楼，席间，丘逢甲赋诗一首赠别，题为《与平山、近藤二君及同志诸子饮香江酒楼，兼寄大限伯相、犬养春官日本东京》，诗曰：

谁挟强亚策，同洲大有人。
愿呼兄弟国，同抑虎狼秦。
慷慨高山泪，纵横大海尘。
支那少年在，旦晚要维新。

诗中，丘逢甲自注：“日本有高山正之，其人维新先进也。”该诗后来发表在一九〇〇年三月三十一日的《清议报》上。③

丘逢甲在诗题中提到的“大限伯相”即大限重信“犬养春官”即犬养

① 丘逢甲信稿：《致沈观察》。

② 丘琮：《仓海先生丘公逢甲年谱》。

③ 关于该诗写作时间，丘铸昌：《从一首佚诗看丘逢甲与日本人士的关系》一文，考订为“庚子之夏”，说“是庚子年的阴历六月初”，实误。另，该文将“近藤”考订为“近藤廉平”，亦误。（见《华中师院学报》一九八五年第四期）

毅，他们两人皆为日本政界头面人物，分别出任过日本内阁首相和文相。其时，他们以在野身份，对流亡日本的康、孙两派均取友好态度，并曾一度为两派联合拉线搭桥，意在通过笼络中国有影响的先进人物，推行其“中日亲善”的政治主张，以影响将来中国的政策。犬养毅为东亚同文会的重要分子（评议员），而平山周则是日籍兴中会会员，他们与丘逢甲早有交往。

丘逢甲与大隈、犬养等日本政界上层人物的交往，是通过在潮州岭东同文学堂任教的日籍教授熊泽纯之助介绍的。丘逢甲虽然赞成效法日本，赞成“中日亲善，共御强俄”，但这并不意味着他容忍日本的侵华罪行。关于这方面的情况，在丘念台的自传《我的奋斗史》中是这样记叙的：

> 我的父亲在潮州主持东文学堂（即“岭东同文学堂”）期间，认识了两位日本的中坚人物，因为聘有日籍教授讲课，而且从学术观点去研习日本的维新。这一作法，没有得到本国政府的重视，而日本上层人物却甚注意。由于日籍教授的介绍，我的父亲成为犬养毅的文友。从此书信往来，交谊友爱弥笃。他称誉我的父亲为郑成功以后台湾的第一人，可以说是推崇太过了。后来，犬养氏又写信介绍平山周到汕头来会晤我的父亲，于是，又多交了一位日本朋友。……犬养毅、平山周两氏，常常和我父亲通信，或酬唱诗文，或讨论中日问题，大都是寄望两国人士，体认同文同种的密切关系，必须携手合作，共求发展，作为亚洲的安定力量。我的父亲对于这一点，也和他俩抱有同样的期许。但是，有时却毫不忌讳地指出日本胁迫割让台湾的蛮横不智。这些来往信件，是我于民国二十三年回到蕉岭整理父亲遗著之时发现的。

丘念台的这段话，有助于我们理解丘逢甲在香港酒楼所作的诗篇。

丘逢甲抵达新加坡后，受到当地侨团领袖、著名学者丘菽园及各界侨胞的热烈欢迎。丘菽园，名炜萲，又名蔚萱，祖籍福建海澄。光绪二十二年（一八九六年）举人（解元），因感愤于朝廷的腐败，绝意仕途，赴南洋，久寓新加坡，创办《天南新报》，鼓吹变法维新、改造中国。丘家为南洋巨商，菽园乃“挥金结客”，与康有为、黄遵宪、容闳①等人交往甚密，曾出

① 容闳（一八二八～一九一二），字纯甫，广东香山人，我国最早的留美学生和留学生运动开拓者，早期著名维新思想家，毕生为中国的独立富强而奋斗，晚年支持孙中山先生的革命事业，著有《西学东渐记》等书。

巨资支持唐才常的自立军勤王运动，有“南洋孟尝君”称誉。丘菽园对丘逢甲乙未倡导抗日护台的义烈举动和出色的诗才十分钦佩，自一八九七年（丁酉年）起，即与丘逢甲有频繁的诗书往来，尽管由于海天阻隔，两人一直没有机会见面，然而他们志趣相投，互相仰慕，早已心心相印，引为知交。① 如今，丘逢甲远涉重洋来到新加坡，丘菽园欣喜莫名，一连数日，设宴为丘逢甲洗尘，盛情款待。席间，通过丘菽园的介绍，丘逢甲结识了不少当地华侨中的社会名流，了解到我国侨民在南洋各埠的许多情况。

其时，康有为和保皇派另一重要人物容闳，为自立军勤王事奔走正在新加坡停留，少不得也由丘菽园设宴做东，邀约丘逢甲与康、容等人会面，赋诗唱和，共商“勤王”大计。丘逢甲与康、容等人在新加坡会面，有现存康诗两首为证：一为《容纯甫观察、邱仙根总统、王晓沧广文来访星坡，与林文庆议员并集南华楼，林君赠我西文诗，即席答之，并索邱、王二子和作》；二为《庚子正月二日避地星坡，菽园为东道主。二月二十六迁出他宅，于架上乃读菽园所著赘谈，全录余（公车上书），而加跋语，过承存叹，沧桑易感，亡人多伤，得三绝句，示菽园并邱仙根》。但从现存丘诗中并未见有康、丘两人在新加坡的唱和诗，这或许因后来政局变化以及康、丘两人最终政治上分道扬镳而丘逢甲有意隐之。然而，丘逢甲在新加坡与丘菽园、林文庆、容闳等保皇会重要人物的唱和诗中，却很清楚地看出他当时积极支持保皇会武装勤王的政治态度。

风云万里郁神州，人醉天南第一楼；
唱遍南朝新乐府，最难天子是无愁。

---

① 不过，两丘的深挚交往，后来却长期中断。一九〇〇年秋，唐才常庚子“勤王”之举失败后，西后对南洋的反后保皇活动十分恼怒，通过新加坡政府钳制丘菽园。在清政府的强大压力下，丘菽园竟然失节，接受招安，辞去《天南新报》的职务，发表与康有为决裂的《论康有为》一文，以捐万两赈款换得“加四品衔”的顶戴，从此不再参与社会政治活动。丘逢甲由此与丘菽园割席，分道扬镳，断绝一切诗文书信来往。但他遵循“君子交绝，不出恶声”的古训，知道挚友丘菽园是迫于强大压力而被招安，并没有出卖知己同志以邀功。而丘菽园对往事则常处于懊悔之中，逢甲去世后，他撰有《挥麈拾遗》，全面忆述了两人的深挚交往，并特地引用丘逢甲诗作《阮生行》作结，曰：“此诗余酷爱诵之，每遇酒阑客散，江月欲坠，探喉反响，涕泪盈襟，亦不知其何故。”可见丘菽园的遗憾无奈之情。

解佩江皋竟遗予，琴心久已薄相如；
出关待草勤王檄，懒对芙蓉赋子虚。

力收墨雨卷欧风，余事当筵顾曲工；
谁遣拿破仑再出，从来岛上有英雄。

——《饮新加坡觞咏楼次菽园韵》
四首之二、三、四

君名文庆字文庆，应慕汾阳郭子仪。
若论收京扶圣主，终需横海出雄师。
公卿当代多余气，豪杰中原望义旗。
欲起病龙作霖雨，天涯我特访神医。

——《赠林文庆》

此外，在《天南第一楼放歌》中，丘逢甲写道："亚洲一片云头恶，群花摧折雌风虐。护花幡立海东南，裼裘公子方行乐。"

在上引诗篇中，丘逢甲借用历史典故和艺术化的隐喻手法，痛斥慈禧（雌风）迫害忠良（摧折群花），期待"横海出雄师"，"中原望义旗"，"拿破仑再出"，早日"收京扶圣主"，甚至表示愿意亲自起草"勤王檄"，其迫切心情，可谓跃然纸上，表露无遗。

丘逢甲对容闳一向十分钦敬，此番新加坡之行能与容闳谋面十分高兴。他专程前往容闳的下榻处拜访，并赋诗一首为其壮行。诗中，丘逢甲称容闳是广东"奇人"，中国的"爹亚"，亚洲的"先达"，盛赞他"艰危天下局，慷慨老成谋"，年逾七十犹为国为民劳碌奔波，精神实在令人感佩，并祝愿他此行能获得成功（"异域扶公义，神州复主权。柬之原未老，终仗力回天。"）。

丘逢甲的义声、诗名早已在南洋各埠爱国华侨中广为传扬，各地侨胞得知丘逢甲的到来，纷纷邀请他前往观光访问、发表演说。丘逢甲也不辞辛苦，有邀必至，先后到过印度尼西亚的坤甸、马来亚的吉隆坡、马六甲、槟榔屿、芙蓉等地。每到一处，出席集会，衍教讲学，忙得不亦乐乎！丘逢甲博学多才，思路敏捷，执教多年，擅长演说，言词生动，声若洪钟，兼之他通晓潮、嘉、穗及闽南各地方言，侨胞们听起来津津有味，倍感亲切。丘菽园创办的《天南新报》专题报道了丘逢甲在南洋各地的活动和这一时期创作的诗文，引起广泛关注和强烈的共鸣。丘逢甲在庚子四月二十九日赴大吡叻闲真书院的演说，刊登于一九○○年六月四日的《天南新报》，同年九月二十四日澳门出版的《知新报》予全文转载。在这篇演说辞中，丘逢甲剖析了国势衰危的情势："诸君！诸君！我中国今日瓜分之祸，正在眉睫矣！我国人之为奴仆、为牛马之期不远矣！"指出"中国之弱，患在无才"，"无学，亡国，有学国即可强"。他大声疾呼，"故今日人人须知自危，须知自奋；欲求自立，须知不联合之不可，须知不开通之不可。"广设学堂，兴教育才，开通民智，乃当今要务，呼吁侨商富贾"为富好义"，捐资办学。与此同时，还撰写了《劝星洲闽粤乡人合建孔子庙及大学堂启》、《吧罗创建孔庙学堂缘起》等文章，反复申明教育救国的宗旨，并将《开设岭东同文学堂禀稿及续议章程》，刊载于同年三月二十三日的《天南新报》上，说明创办新学已上禀督抚，"才质可造而家贫不能出修金者，可酌减收费，'学已有成'者可咨送京师大学堂及国外继续深造"。对庚子南洋之行的活动，丘逢甲尽心尽力，效果显著，在《自题南洋行教图》一诗中，记叙了他在闲真书院发表演讲时的感人情景：

莽莽群山海气青，华风远被到南溟。
万人围坐齐倾耳，椰子林中说圣经。
（四月朔日在闲真别墅衍说，闻者以为得未曾有。）

南洋各埠侨校很多，受我国传统封建教育思想的影响也很大。丘逢甲了解到这种情况后，便利用向侨胞讲演的机会，以自己的切身体会力陈国内科举制度的严重弊端，大声疾呼改革陈腐落后的教学内容和教学方法，对南洋各地的华侨教育界以很大的启发，促进了他们的教育改革。①

丘逢甲十分关心华侨的进步，时至今日，在印度尼西亚坤甸的华侨和土著居民中，还流传着有关"逢甲箸"的动人故事。事情是这样的：印度尼西亚坤甸一带是华侨聚居的地方，丘逢甲来到这里后，发现许多华侨模仿当地土著居民的陋习，用手抓饭吃，心里很不是滋味。于是，他便利用在坤甸

① 据林仙健：《丘逢甲振兴中华教育思想初探》（未刊稿）。

"志华书院"三次演讲的机会，两次举出这件事为例，号召华侨要前进，不要倒退，应该将祖国人民用筷子吃饭这种良好的习惯传给侨居地民众，而不要丢了自己进步的东西，去盲目地接受侨居地民众诸如用手抓饭吃这样的落后习俗。丘逢甲的演讲引起了很大的震动，此后，坤甸一带的华侨又重新使用筷子吃饭，并制作了不少筷子送给当地民众，教会他们使用。所以，直到今天，坤甸还有人把筷子叫做"逢甲箸"。据说，在雅加达博物馆和罗芳伯纪念厅里，至今还保存有丘逢甲这几次演讲的资料和其他有关记载。[①] 这件事情虽小，但从中可以窥见丘逢甲是多么热切地关怀侨胞，而侨胞又是如何诚挚地感念丘逢甲。

丘逢甲在南洋各地的考察、讲学活动，历时三个多月，获得极大的成功，不仅会见了老朋友，结识了许多新朋友，调查了解到南洋各地侨胞生活、侨校教育以及其他各方面的许多情况，圆满地完成了粤省当局交给他的任务，而且每到一地，爱国侨胞都纷纷慷慨解囊，募集到近十万元的办学经费。六月中旬（阴历五月中旬），丘逢甲乘坐海轮，满载着南洋广大侨胞的深情厚谊和对保皇会武装勤王的热烈期盼，起程返国。

七月上旬，丘逢甲怀着十分愉快的心情回到汕头，可是万万没有想到，等待他的却是一个非常不幸的消息——原来，这一年夏初，潮汕一带忽然发生鼠疫，蔓延迅速，猝不及防，凡被传染到的，救治不及，三数天内便会死亡。搞得人人自危，谈"鼠"色变，整个潮州城一时陷于恶病恐怖的威胁之中。丘逢甲的两个孩子——长子琰（养子）、四儿球，也染上了这可怕的时疫，几天工夫，便都先后被病魔夺去了幼小的生命。这时，丘逢甲尚远在南洋，妻子吕氏遭此家庭变故，手足无措，只知抚抱着爱子的尸体失声痛哭。当丘逢甲兴冲冲地从南洋返国时，家小先已由三弟树甲做主，断然迁回镇平淡定山村了。得知这一不幸消息，丘逢甲哀伤不已，沉痛地写道："频年痛哭为哀时，谁料今朝更哭儿"，"欲呼群力新中国，已失人间两少年"。他迅即乘舟北上，及抵淡定山村，又惊悉三弟树甲也因染病刚刚去世。家庭连遭不幸，丘逢甲痛不欲生，尤其是三弟树甲，年仅二十八岁，与他同为陈氏所生，兄弟两人自幼朝夕相处，相伴而读，十三四岁时分别考中秀才，同

① 据林仙健：《丘逢甲振兴中华教育思想初探》（未刊稿）。

受士林瞩目，受教于海东书院。成年后更是形影不离，屡屡共商大计，乙未抗日护台时，树甲任义军营务处帮理，是丘逢甲的得力助手。正当“方同筹划宇宙分内事，将飞敛翼聊徜徉”的时候，病魔却夺去了他年轻的生命，丢下了寡妻和幼子，这使丘逢甲尤感悲切，直到一九〇八年（戊申），他写了一篇长长的祭文——《题崧甫弟遗像》，才算把郁结心头多年的手足深情抒泄出来。

自经历这次变故后，丘逢甲不论到何处任事，都不再携带家眷，逢年过节或寒暑假才返回镇平山居，与家人团聚。

庚子年的下半年，丘逢甲没有再去潮汕，他留居淡定山村，四处游山揽胜，先后游览了镇平县境蓝坊乡的清凉洞，油坑乡的燕子岩，梅县的阴那山、王寿山，福建武平岩前的均庆寺等名胜古迹，写下了不少记游诗篇。从表面上看，此时丘逢甲蛰居山乡，似乎单纯是想借此平息失去亲人的过分哀伤，但若从当时更大的政治背景上来判断，显然还有其更深层次的原因。

如前所述，在康有为的策动下，丘逢甲确曾参与了保皇会的“武装勤王”密谋。史料证明，七月上旬丘逢甲自南洋返国后，按照原定计划，本应着手筹组勤王军，准备发动起义。

庚子年三月十日（一九〇〇年四月九日），梁启超在致乃兄君力信函中谈及各地“勤王”运动筹备情况时说：“现时刚（即梁子刚——引者）团已开练，紫云（即陈庭凤——引者）、翼亭（即陈翼亭——引者）在南关大开门面，丘仙根进士（即丘逢甲——引者）倡率屋闸，而佛臣（即唐才常——引者）在上海联络长江一带豪杰，条理具备，所欠者饷与械耳”。① 显然，丘已被保皇会列为武装勤王军的重要力量之一。

同年夏，康有为在写给徐勤、欧榘甲的书信中也多次提到丘逢甲（仙根）。例如，在六月二日致徐勤（时任澳门保皇会负责人）等的信中写道：“仙既归统（并与版合成一军），可尽人才办西事，亦可自成一军也（余事问仙略知）”。六月五日康又致信徐勤说：“西力膨胀，既拟移全力注之。万一羽异未出，可先动不？可与仙盈计之。闻仙须返家（按：应指丘从南洋返乡——引者）二十日，即六月乃出，计羽异此时亦可矣。”信中所云“西

① 丁文江等编：《梁启超年谱长编》，上海人民出版社一九八三年版，第二一五页。

事”，系指广西勤王军起事，“仙”即丘逢甲。同月稍后，康有为给徐勤的另一封信中又说：“英若明失和，则吾明举兵。宣檄亦可，可与熟英例者商定，此事宜分别告诸路。若非明失和，则用莲珊名，或各路自出名可也。今并将所作檄文付去，专为布告外人保护而设（此是旧日所为，仙愿出名者，今少易）。”同月二十日，康有为又致书欧榘甲，令其利用“北乱李行”（按：指八国联军侵华，李鸿章奉调北上）的有利形势，“与诸子竭力图粤事”，并嘱其“若仍用前议，则汝偕翼行可也。仙可催出。”此外，康在一九〇〇年给保皇会拟定的“电报密码本”人名条中，赫然有“274 仙根”字样。①

又据日本外务省档案载，一九〇〇年五月二十三日，驻新加坡日本领事向日外务省报告：康有为与丘逢甲商定，派人把流浪台湾的前义军散众招集成军，经福建入广东，参加勤王起义，同时也有一并向日本驻台总督求告武器的打算。而且还说所择赴台人选日内即将动身。②

另，一九〇七年嘉应劣绅黄遵楷等密告丘逢甲“聚众造反”的案文中也说：“庚子楚南事起，康有为命欧榘甲汇银三千两为川资，（丘）亟欲往图之，以温仲和大史谏从缓，复闻败而止”。③

可见，丘逢甲不仅曾参与密谋武装勤王，而且还答应列名于两广勤王军起兵檄文之中，并准备起兵响应。

然而，世事难料，人算不如天算，庚子年（一九〇〇年）的下半年，国内政局发生了急剧变化：

六月中旬，英、法、俄、美、日、德、意、奥八个帝国主义国家，组成八国联军，借口镇压义和团运动，悍然对中国发动武装入侵。八月中旬，八国联军攻陷北京，西太后挟持光绪帝仓皇逃往西安。

八月二十一日（阴历七月二十七日），唐才常等人在汉口被捕，二十三日惨遭杀害。康梁保皇党人苦心经营的自立军“武装勤王”运动，尚未正式发动，便告流产。

面对如此局面，原本谋事向来谨慎的丘逢甲，对于两广武装勤王之事，

①② 转引自赵春晨：《丘逢甲参与庚子两广武装“勤王”密谋考》。

③ 明清档案馆藏：《广东举人黄遵楷等揭告在籍工部主事丘逢甲与革命党人通声气禀》。

自然也就听从了温仲和的劝谏，未敢轻举枉动，继而“复闻败而止”、胎死腹中了。

是月，沙俄派遣十七万侵略军公然入侵我国东北，抢先动手武力瓜分中国。

十月二十二日（阴历闰八月二十九日），兴中会在广东惠州发动的第二次反清武装起义宣告失败，郑士良等避居香港。

其时，丘逢甲虽蛰居山乡，但他始终密切关注着国内发生的这一连串重大事件，心绪难以平静。当八国联军攻占北京、两宫西逃以及唐才常等人在汉口被捕、惨遭杀害的消息传来时，他痛心疾首、寝食难安，专程赶往梅州“人境庐”造访，与老朋友黄遵宪交换对时局的看法，并连作唱和诗共三十八首（其中丘二十二首，黄十六首），猛烈抨击西太后祸国殃民，表达了他们对国家民族前途的深切忧虑。丘逢甲沉痛地写道：“满目狮章更鹫章，沉沉龙气不飞扬。秋风石马昭陵恸，夜雨金牛蜀道长。”对列强的野蛮入侵、两宫的“西狩”，表示了深沉的悲痛。当然，由于时代和阶级的局限，在这些诗篇中，也流露出他们对义和团运动的错误认识。丘逢甲认为，西太后利用义和团排外，是得了“竭井难医”的“狂国病”，“枉崇圣母无生法，难遣神兵御列强”，其结果只能是危害社稷、涂炭生灵。诗中还呼吁“早教帘撤圣神皇”，要求慈禧归政，使光绪皇帝能大展宏图、挽救中华。可见，这个时候丘逢甲虽对清廷不满，但对光绪仍抱有很大幻想。

冬去春来，蛰居山村已逾半载的丘逢甲离开了镇平，再赴潮汕，继续从事新式学堂的创办工作。这时，丘逢甲等人考虑到汕头是岭东门户，对外商埠，经济繁荣，来往人多，易以荟萃人才，在这里创办新式学堂影响更大，地点更为适中，遂决定把同文学堂由潮州迁往汕头。经丘逢甲亲自奔波，校址选定在汕头外马路（现为汕头市外马路第三小学），旧址是原汕头绅商一八八八年集资兴建的“同庆善堂”（后因经费缺乏，“善堂”停办）。这里濒临海滨，环境幽雅，是一座庭院式的平房，房屋“高爽通达”，丘逢甲等人来这里看过后，十分满意，遂出资租赁下来办学。

在丘逢甲的主持下，经过艰苦的努力，是年（一九〇一年）春，“岭东同文学堂”在汕头正式开办上课。丘逢甲自任监督（校长），温仲和任总教习兼任中文教习，何士果、温丹铭分掌教务，刘家驹任数理教习，罗仙俦任教员，继续聘请日本学者熊泽纯之助担任日文教习。该学堂的创办，是当时潮汕地区新、旧两种教育思想剧烈斗争的产物，同时也是丘逢甲教育救国思想在新的历史条件下的重大实践。

最为鲜明和集中地反映丘逢甲这一时期教育救国思想的，是一八九九年十月，由丘逢甲亲自撰写的《创设岭东同文学堂序》。① 该《序》劈头便开宗明义，阐明启发民智和革新教育内容对国家强弱的重大关系。他说："国何以强？其民之智强之也；国何以弱？其民之愚弱之也；民之智愚乌乎判？视其学之有用无用判之也。"随后他指出，西方列强，东方日本，正是"以学强其国"，"以有用之学傲我"，而我国却"乃群然习为无用之学"，"鄙弃西学不屑道，或仅习其皮毛，于是遂驯致于贫弱而几危亡。"

接着，丘逢甲猛烈抨击科举制度给中国带来的严重恶果："其上自王公大臣，而下至百执事，叩以六洲之名，茫勿知；询以经世之条，瞠勿答。遇交涉则畏首畏尾，值兵争则百战百败。其负文学重名而自命通才者，亦不过求之训诂词章，以为能事已毕。语以贫弱，则曰吾学不言富强；语以危亡，则曰是有天道。通国之人心若此，士习若此，无惑乎！"

丘逢甲针对那些"沾沾科举业者"抱有"国家侥幸可以图存，科举在所不废，吾所学犹足恃耳。即有不测，国家受其祸，而民间无与，况得中国者不能不用中国之人，吾科举业固无恙耳"的糊涂侥幸心理，列举了英、法、俄、德等国强盗近年来在中国"租借"地内所犯下的累累罪行，然后诘问他们："租地且然，若瓜分之后，俨视为彼属地，不知更将何若？吾辈设身以处，其何以堪？试问一旦瓜分，祸在国家乎？抑在民间乎？试问此时八股、试帖、卷、折之士，其犹可橐笔取青紫乎？训诂词章之士，其犹可以名山一席占千秋乎？英据印度百年，印人无在第六等以上者；法据越南，地与吾省接壤，今试问其国人，有在于法廷者乎？吾愿吾国之人深长思之也！"

他警醒国人："方今国势积弱，外人予取予求，视为唾手可得，二万里

---

① 该文草稿原名为《创设岭东同文学堂缘起》，后经丘修改，定名为《创设岭东同文学堂序》，发表于一八九九年十二月三日《知新报》第一〇七册上。一九〇〇年三月二十三日，新加坡《天南新报》刊出丘氏撰写的《开设岭东同文学堂禀稿及续议章程》，对序文作了补充。

之广，无地不可为胶旅港龙之续，即无人不在杀掳淫掠焚烧驱迫之中，后顾茫茫，危机岌岌，凶刑酷状，日悬目前。我躯壳将为人纳枪炮之丛，我血肉将为人擦刀刃之具，我子孙将为人奴隶，我妻女将为人姬妾，我祖宗坟墓将为人发掘，我经营财产将为人占据……及今不振刷精神，破釜沉舟，力图其立，顾尚日奔走于无用之学，借口于国家之荣途不外于此，几幸于西人之刀锯尚不我及。譬如大厦火已四起，坐其间者，不思设法救扑，尚抚摩室中无足轻重之物，以为火尚未着吾身，姑且待之；岂知待火已着身时，虽悔亦无可追矣！”

末了，他公开申明“岭东同文学堂”的办学宗旨：“我潮同志深慨中国之弱由于不学也，因思强中国必以兴起人才为先；兴起人才必以广开学堂为本，爰忘绵薄，广呼同类，拟创设岭东同文学堂，举我邦人士与海内有志之徒而陶淑之。”并号召全国所有“魁儒巨子、忧时惧祸之志士”，能接踵而起，掀起一个全国规模的教育救国热潮。字里行间，浸透着丘逢甲忧国忧民的赤子之情。

关于教学内容，该《序》规定：“本学堂以中学为体，西学辅之。”所谓“中学为体”，据丘逢甲指示温仲和制定的《岭东同文学堂章程》规定：文学“宜读朱子语类……，以激发人之志气，读之然后知读书作人之法”；史学“宜先读史记、汉书、后汉书、三国志，参以通鉴、御批通鉴辑览、纪事本末，以知古今治乱兴衰之迹。参以三通、续三通、各代会要，以知古今兴废沿革之由。”另外，还开设许多新课程，计有格致、化学、生理卫生、算学等从西方引进的自然科学。其中尤重算学，因“算学所用最广，天文、地理、历律、兵法、制器、一切测量之法、绘图之法，莫根于算。”①此外，又特设“兵式体操”课，聘请留学英美的毕业生及日本“东亚同文会”的退伍军官为教习。丘逢甲亲自出面，向惠、潮、嘉道秦炳直请拨借枪支弹药，供学生实习射击。每练兵操，丘逢甲亲临督课，以期增强学生体质和实际本领，准备将来担当重任。这些新设课程内容，都是在旧式书院不可能学到的。在丘逢甲看来，“诗无今古真为贵，学有中西汇乃通”，只有把中学与西学结合起来，学以致用，才能造就出真正于国于民有用的人才，

---

① 见温仲和：《求在我斋集》。

“夫今日之祸，不特灭国，抑且灭种。种何以不灭？则以教存故。教何以存？则恃学存。今日之学何在？曰以中学为体，西学为用；中学为纲，西学为目。”

“中体西用”本是洋务派从事洋务活动的纲领，丘逢甲接过这个口号，加以提倡，但实际上已更新了它原有的内涵，赋予它新的意义。联系他的办学宗旨和教育内容，就不难发现：丘逢甲所说的“中学为体”，其实质是强调“经世致用”、“古为今用”，继承和发扬祖国优秀的文化传统；他所说的“西学为用”，则是学习和吸收外国的先进思想和科学技术（“学其有用之学，非学其教也。”），也就是“洋为中用”，总的目标是服务于“强国”、“救国”这一根本主旨。但是，由于时代和阶级的局限，丘逢甲对西学的本质还不可能有深刻的认识，同时他受封建主义思想的影响也很深，没有也不可能完全摆脱中国传统的教育思想和道德规范的束缚，因此，在《序》中，丘逢甲宣称：“本学堂以昌明孔子之教为主义，读经读史，学习文艺，均有课程”，又说，“中国之学，统集大成于孔子，孔学者，有用之学也”，并把自己提倡的“中学为体，西学为用”，说成是符合孔孟之道的：“以我孔子为圣之时，苟生今日，其必以此言为然也。”尽管如此，《序》毕竟反映了丘逢甲与传统的腐朽没落的封建旧文化之间的尖锐矛盾，反映了当时新学与旧学、西学与中学、学校与科举之间的剧烈斗争，因而具有进步意义。

为了尽快吸收西方先进知识，丘逢甲特别强调学习外语。尤其重视日语。《序》中精辟地写道：“西学条目繁，时乎已迫，求其速，不能不先借径乎东文。”因为“西文非十年不能通，非由幼年入学，不能有成。东文则一年即可成就，中年以上之人皆可学习。西人有用之书，东人皆已译之，能读东文，即不啻能读西文也。”

在教学方法上，丘逢甲也努力实行改革。为了做到因材施教和活跃学术气氛，培养学生独立思考和分析问题的能力，《序》中规定：“本学堂分班教授，而学生外另设一班，曰讲习班。凡未为学生而愿与本堂切磋者均可先行挂号，时到堂中，研究一切。”平时，丘逢甲就要求教育者不但要“博学”，更要“心明”：明白教育的内容，了解教育的对象。他认为，只有这样，才能达到教育的目的，不断提高教育效率。盲目施教，只能导致学生的学习走向歧路，他进而提出，每次所教内容的多寡，应视学生的情况而定，深浅应当适度，有些内容还应“反反复复”，让学生“真明白内容”。① 由此看来，丘逢甲要求教育者的“心明”，包括了以下四个方面的内容：一是对教学内容“心明”；二是对根据内容而采取的教学方法“心明”；三是对自己的教育对象的程度和接受能力“心明”；再有就是对自己的教育效果“心明”。在当时，丘逢甲能够提出这样进步的观点，确是难能可贵，这也是他长期进行教育改革实践、不断摸索总结出来的经验之谈。

另外，丘逢甲教导学生：（一）要明确学习目的是为了报效国家民族，经世致用，“况当兹国危民困，我望汝辈树捍卫国家民族之勋业耳，不望汝辈只作博士也。”亦不可学作“隐士”，但图自了。②（二）学习要循序渐进，由浅入深，“不可用脑过度”。③他生动地打比方说：正如“口吃顿饭实是笑话”④一样，一个人要想一下子就学到很多知识是不可能的，只能是“平步登楼，量力渐进”。⑤《同文学堂章程》规定：“在堂诸生多在二十五岁以下者，所出之题，皆浅而解者”，学习“当编定功课，每日何时读何书，日日不辍。”⑥（三）要多疑善问，勤于思考。丘逢甲主张让学生成为学习中的“独人”，他说：一个有才能的学子，应该是肯动脑筋，成为“同窗中的独人”，努力钻研问题，有自己的独立思考和独特的见地，在“众学同议之外”，有“与众有异的主张”，“切莫人云亦云”，成为被人养在笼子里的“鹦哥”（一种能学人说话的鸟）。⑦《同文学堂章程》还规定：“每日课程但随所看之书有不能尽解者，可相质问”，“诸生遇有各门疑义，准其问于师长……可笔问，有问者自书一纸呈上，听候批答。”⑧（四）要努力培养学习兴趣。丘逢甲极力反对违背自己的意志去学习。他说，“违心而读，成效甚少”，必须千方百计地调动起自己的学习兴趣，只有这样，才能学得主动，理解和领会才会深刻。⑨

丘逢甲在其教育实践中所提倡和采用的上述教学方法，在一定程度上反映了教育的客观规律性，至今仍有宝贵的启发和借鉴作用。

丘逢甲还十分重视所招学生的思想品德，《序》中规定“来学生徒以志

---

①⑤⑦⑨ 据林仙健：《丘逢甲振兴中华教育思想初探》（未刊稿）。
②③④ 丘琮：《怙怀录》。
⑥⑧ 见温仲和：《求在我斋集》。

趣远大者为上，如性情浮滑，立心卑贱者，概不收纳。到堂后如有不遵教规、酗酒、嗜烟，告诫不听者，即行辞退。”同时，为了使家境贫寒的有志青年能够入学深造，又规定：“本学堂为广开风气起见，修金格外从廉”，“不分畛域，以广造就”。

由此可见，丘逢甲创办“岭东同文学堂”，意在培养救国救民的有用人才，在百年前，在科举旧制尚未废弃的时代，丘逢甲就能够提出并努力实践如此进步的教育思想，确实值得肯定和赞扬。

岭东同文学堂开办后，由于它的教学内容和教学方法都大异于旧式书院，以崭新的面貌出现在汕头，故而很快闻名粤东，有志青年纷纷慕名投考。丘逢甲等人的心血没有白费，几年之间，岭东同文学堂培养出了相当数量的爱国热血青年，这些青年和旧式书院培养出来的书呆子截然不同，他们不仅具有更为广博的文化知识，而且思想活跃、关心国事，积极投身于爱国运动。例如，一九〇三年，由章太炎、蔡元培等发起组织的“上海爱国学社”,① 鼓吹革命，风气甚盛，岭东同文学堂的学生“争相起应”，革命文字见诸国文课卷。② 又如，一九〇五年，为反对美国迫害华工，全国掀起空前规模的以抵制美货为中心的反美爱国运动，“岭东同文学堂”的学生在汕头率先响应，抵制购买美货。嗣后，又联合汕头绅商成立“废美条约后援会”。这场斗争持续了一年多时间，在全国影响甚大。③ 不少青年由爱国而走上革命道路，成为孙中山领导的革命事业的骨干力量，“十余年来，岭东民气蓬勃发展，国民军起，凡光复郡县，莫不有岭东人参与其间，皆此校倡导之力。”④ 其影响之大，可见一斑。黄花岗起义的领导人之一，曾任辛亥革命广东北伐军总司令的姚雨平先生，在自己的回忆录中这样写道：“迄一九〇五年（乙巳）正月，我就读于汕头岭东同文学堂（为丘逢甲、温仲和、何如璋等所创办）。从此，对国内外大势更有所认识，认为要进行革命，必须要

---

① 上海爱国学社，一九〇二年十一月十六日成立于上海泥城桥福源里，蔡元培任总理（校长），吴稚晖为学监，章太炎、黄炎培、蒋智由、蒋维乔等任义务教员，又另设爱国女校于登贤里，积极鼓吹革命。

② 曾养甫：《丘逢甲事略》。

③ 据蔡荣武：《潮汕山水长在，仓海业绩永存》（见《汕头文史》第二辑）。

④ 丘复《仓海先生墓志铭》。

有革命武装，乃决弃文就武，即于是年秋赴广州，考入黄埔陆军中学。”①

丘逢甲在潮汕地区不仅积极创办新学，用新思想、新知识启发教育青年，同时还极力劝勉有条件的青年学生赴东西洋留学，他甚至亲自出面做学生亲属的工作，资助青年出国留学。据丘逢甲《丙午日记》载：“八月十六日（庚戌），晴，早写南洋吧城万隆埠海合龙记信，盖式周欲往日本游学，嘱求其兄君田亲家资助也。”又据明清档案馆藏《广东举人黄遵楷等揭告在籍工部主事丘逢甲等与革命党人通声气禀》披载：“去年三月，丘曾遣其亲信子弟三人渡东留学，经费悉代筹之。”丘逢甲认为，“各国教育设施迥非吾国所能企及”，他对学生们说：“日本，吾国仇也，然日本之所以能侮我者，由学术胜耳。欲复仇而不求其学，何济？”② 于是，在丘逢甲的积极倡导鼓励下，“当时岭东留学日本者，达数十人”。③，许多青年到日本后受到民主革命思潮的影响和熏陶，纷纷走上反清革命道路。一九〇五年八月，中国革命同盟会在日本东京成立，岭东同文学堂出身的留日学生大多参加了同盟会，其中，何天炯、何天翰、刘维焘等人还被推举为同盟会的重要干部，成为孙中山先生的得力助手。④

上述史实说明，丘逢甲以他炽热的爱国热情和坚毅的工作精神，在潮汕地区积极兴办新式教育，培养造就了一批救国人才，结出了丰硕的果实，客观上为孙中山领导的资产阶级民主革命运动的兴起和发展，准备了一定的条件。

---

① 姚雨平：《新军起义前后及辛亥三月二十九日之役的回忆》。文中，“何如璋”疑为“何士果”（即何如璋之子）之误。

② 曾养甫：《丘逢甲事略》。

③ 丘琮：《仓海先生丘公逢甲年谱》。

④ 何天炯，字晓柳，广东兴宁人，同盟会成立时被举为司法部判事（另一判事为张继），旋任广东同盟会会长，黄花岗起义中表现十分英勇。武昌首义后赶赴汉阳赞黄兴戎幕，南京临时政府成立后，被孙中山委派为驻日代表。留日期间，与丘逢甲有频繁书信來往（据丘氏《丙午日记》）。刘维焘，同盟会成立时，由孙中山指任为会计部干部。另据丘念台《我的奋斗史》记述：一九〇五年加入同盟会、曾任国民党政府主席的林森，“青年时代曾到台湾担任通译职务，后来辞职回国遇到我先父，谈起他的际遇和志向，先父曾经给予种种鼓励，并赠送他到上海的旅费，从此就和同盟会革命志士交往，逐渐跑上发展之路了。”

四、回乡创办族学和师范学校

一九〇一年一月，经过义和团运动和八国联军猛烈冲击的清王朝，为了维持其摇摇欲坠的封建专制统治，欺骗人民群众，逃避人民革命的危机，在西安发布“变法”上谕，开始实行所谓“新政”。

教育改革是“新政”的主要内容之一。从一九〇二年起，清廷宣布废止八股，改试策论和四书、五经等。与此同时，又通令各省、府、州、县兴办学堂。直到一九〇六年，正式宣布废弃科举旧制，并设立了全国教育行政管理机关——学部，短短的几年时间里，中国的教育制度发生了巨大的变革。

但是，清廷对这种“改革”毕竟是很不情愿的，它并没有也不想采取强有力的措施去推动改革的顺利进行，而几千年来的封建传统教育思想和习惯势力又根深柢固，不肯轻易退出历史舞台。因此，这一时期，在中国教育领域里，新旧斗争依然异常剧烈，从事新式教育殊非易事，障碍重重，尤其是在一九〇六年科举旧制正式废弃之前，情况更是如此。一九〇二年十月九日（阴历九月初八日），在梁居实写给丘逢甲的一封信中，便可看出当时创办新式学堂是多么的困难。梁居实说：

当己亥年间，岭东学堂未开之前，弟曾上两书，论公立学堂为当今至要至急之务，劝阁下出而主持其事，其时尚以官禁为一疑。今何幸喜下明诏，通行各省，遍开学堂，此非四百兆人同声感颂者乎？然科举不废，致士子意向不专，其不可解者一也。不开师范学堂，致无教习可延，其不可解者二也。不设寻常小学堂（中国人所谓蒙学，即日本之寻常小学），致无学生可招，其不可解者三也。不编教科书，致无书可读，其不可解者四也。不定课程，致无法可守，其不可解者五也。不废书院、寺观，致无款可筹，其不可解者六也。不行强迫教育，致上下观望，或遵或否，不能普遍，其不可解者七也。七不可解之外，尤以不定宗旨，为无教育之精神。故自经奉诏，一载于兹，扰扰纷纷，迄无端绪。即以省城论，合官、绅所设，不过五、六，无不贻嗤柄、滋事端，且首善为全国所仰望之区，而瓦窑村之新基，购而不能筑焉！神庙之旧址，修而不能容，甚至拟一章程鳃鳃焉惧人之挑剔谣诼，笔迟延而不敢下者数月……。由此而推，则兴学育才之政策，其非有意实施可知。窃料将来，或大参旧学，或竟撤去学堂，又甚则复八股、诗、赋、小楷，是皆不敢知。①

由此可以推想：丘逢甲创办“岭东同文学堂”，并能取得如此引人注目的成绩，是需要付出多么大的代价和努力，是需要何等的勇气和魄力！

信中，梁居实盛赞丘逢甲说：“岭东学堂，仰仗大力维持，得旗鼓重整，堡垒一新，感佩！感佩！其中办法、课程，经阁下与慕柳互相磋磨，必臻美善。”同时，他也十分理解丘逢甲的困难处境和心情，在信中不断予以鼓励和劝勉：

弟所悬念不置者唯款项耳！今计得款，实有若干？自前年出洋募捐后，有无续捐？常年用款，共需若干？潮、嘉洋商满布南岛，岂无复有热心教育、眷怀大局如戴欣园、张榕轩其人乎？何以至今不闻也？……独是强迫之权，官有之而绅无之。有其权则能行，无其权则不能行。此绅之所以不能不依赖官，而官又常不愿为绅之所倚赖，此其可气短而灰心者也。虽然，我辈勿望尽一分之心即获一分之益，并勿望尽今日之心即获今日之益，抱定宗旨，坚心而持之，毅力而行之，勿顾毁誉，勿计成败，久而久之，至国是既定，民智渐开，其必有功德圆满之一日，断可知也。

……然此等事当视为赴海者应有之波澜，登山者应有之屈折，不必以是撄其心而挠其志气，但于为所当为之事，各尽其义务，而责无旁贷，亦时无姑待。前书所谓“掉头勿顾”者是也。

一九〇二年秋天，丘逢甲除自任岭东同文学堂监督外，又兼任学堂管理，事无巨细，均亲自过问处理。当地顽固守旧势力十分仇视，一再借端捣乱破坏，必欲搞垮岭东同文学堂而后快。一九〇三年春，清廷诏令各省，准许各学堂提拨地方公款办学，至此，岭东同文学堂的经费问题才算得到解决。可是这更引起顽固势力的切齿忌恨，是年秋，一批劣绅竟无中生有，诬控岭东同文学堂会计“贪污公款”。“醉翁之意不在酒”，他们这样做，是妄

---

① 梁居实：《致仲阏书》，见《梁诗五先生遗稿集》，台湾出版。

图以此牵累丘逢甲，酿成大狱，达到整垮同文学堂的目的。幸亏新任两广总督岑春煊没有听信一面之词，经他派员详查，“得其真相，重惩劣绅，讼案乃息。”① 但从这起事件中，也可以想见当时新旧两派斗争的剧烈程度了。

一九〇三年的冬天，丘逢甲考虑到潮汕地区毕竟远离粤省政治文化中心，又兼当地守旧势力猖獗，难以施展抱负，遂辞去岭东同文学堂监督一职，赴广州接洽奔走，谋向省垣发展新式教育。

丘逢甲在省城滞留了几个月，一时尚无端绪。一九〇四年四月间，他决定返回故乡镇平。其时，黄遵宪对丘逢甲这几年在潮汕地区创办新学的举动十分赞赏，自己也不顾年老体衰，邀集嘉应地区一些有识之士，成立起一个“嘉应兴学会议所”，由他亲自担任所长，大力倡导兴办新学，并在梅州创设了“务本中西学堂”和“东山初级师范学堂”。当时，发展新式小学教育亟待解决的是师资严重缺乏的问题。丘逢甲受黄遵宪的启发，返回镇平以后，也开始着手兴办师范学校，把自己的主要精力转向培养师资人才方面，并在此基础上，大力发展族学。由此，丘逢甲的教育救国活动又注入了新的内容。

一九〇四年的夏天，他在镇平县城的“桂岭书院”旧址，② 创办了一所专门培训小学师资的学校，取名为“镇平初级师范传习所”。为创办这所师范学校，丘逢甲不辞劳苦，早出晚归，常常奔波于县城与淡定村之间，与各方联络接洽，亲自草订章程，筹集资金，聘请教师，克服了各种困难，当年便筹备就绪，招收学生正式开学上课。

在创办“镇平初级师范传习所”的同时，丘逢甲不顾劳累，还在文福乡设立“自强社课”，亲自辅导族中青少年学习文化。他废寝忘食，常常“鸡鸣不寐，不一载，而社中子弟在县科各考均崭然露头角。”③

---

① 曾养甫：《丘逢甲事略》。岑春煊，原名春泽，字云阶，广西西林人，光绪举人。一八九八年任广东布政使，旋调甘肃布政使，一九〇〇年率兵护送两宫至西安有功，升任陕西巡抚。次年调山西巡抚，后升任四川总督，一九〇三年四月调署两广总督。

② 桂岭书院，位于镇平城北的一座小山坡上，这座小山名曰“蕉岭”，又曰“桂岭”，因曾遍植蕉、桂而得名，书院也由此而名。该书院始建于清康熙二十五年，为当时全县最高学府。后几经兴废，光绪年间作过一次重修。该书院二楼一底，建筑面积一千多平方米，环境静僻幽雅。一九八三年广东省拨款六万元，修葺一新，现为蕉岭中学图书馆。

③ 丘琮：《怙怀录》。

是年冬天，丘逢甲又转而着手筹办族学。他倡用乡间各宗族的族田收入，分别在镇平城东的东山和文福乡员山创办了两座族学堂。为纪念镇平丘氏始祖丘创兆，他特意把这两座族学堂命名为“创兆学堂”，并亲自手书楹联曰：“创新学界，兆大人文”。这幅楹联展示出了他当时办学的信心和魄力。次年春，东山、员山两族学堂正式开学。利用乡间族田收入兴办族学，在粤东地区，丘逢甲是首创者。用这种方式办学，大大减轻了贫苦农家子弟入学的经济负担，有助于尽快发展农村小学新式教育，这在当时的历史条件下，不能不说是一种高明的办法。此后，粤东、闽西等各地纷纷效法，成效显著。

员山创兆学堂虽属族学堂，但规模相当可观。丘逢甲的父亲丘龙章“躬任督率，诸子皆为义务教员”。① 该校校址设在距淡定村约八华里外的鹤湖村。这里地势较为平坦，水田很多，是一个交通集中点，周围有十数个村落，总人口约八千余人。这所学堂“依照当时的‘钦定’学制，属于两等小学，即初等四年，高等二年。校内设备相当完善，除了各班教室之外，还有花圃、操场以及宿舍等”，“村中私塾是无法和它比较的”。② 各村入学的学生，近者大多走读，远者则可寄宿。学生一律经过考试，依程度高低编入不同的班级学习。据这所学堂高等小学的首届毕业生丘琮回忆说：

> 高等小学的课程方面，国文以经学、古文、历史、地理为主，数学课本采用康熙年代所编的《数理精蕴》，另有博物、理化等科。教员大部分是秀才出身，授课十分认真，经常举行测验，迫得大家非得努力用功不可。其中比较轻松的课程，就是上体育课，有时进行集体游戏，有时携带木枪操练。这些新鲜的玩意，对于来自乡间私塾的同学们，具有很大的吸引力；同时，也给予我们一种新的感觉：过去读旧书的人，只是求取功名，显耀闾里；现在读新书，不但研究实用知识，而且参加军事训练，将来一定成为文武双全的人。到那时候，便可大展才能，献身于建设国家的崇高工作了。③

可见，丘逢甲创办的这所员山创兆学堂，在当时来说，无论是教学设

---

① 丘复：《潜斋先生墓志铭》。

②③ 据丘念台：《我的奋斗史》。

备、教学内容还是教学方法，都是相当先进的，远胜于一般的私塾。两广总督岑春煊对丘逢甲创办族学的举动大为赞赏，亲自手书匾额，“以‘举族文明’旌之”。①

一年之后，新开办的“镇平县立中学堂”招生（其时，“初级师范传习所”的学生经过近二年的培训已顺利毕业，经与当地官府洽商，丘逢甲遂将该传习所改办县立中学堂），录取名额仅一百名，而投考者却多达四百人。考试揭晓，来自员山创兆高小的十五名考生（他们实际距毕业还差一年），竟全部被录取入学，② 这又说明：丘逢甲创办的员山创兆学堂，其教育质量在该县确是首屈一指的。

从一九〇五年始，丘逢甲还派宗人子弟前往江西寻乌、福建上杭、武平，邻县的嘉应、兴宁、长乐（今五华）、平远等地为同族及异族办学。丘逢甲自己还亲往上述各县劝办新学。师范传习所的学生毕业后，丘逢甲又将他们派往各地办学。于是，乙、丙之后，在丘逢甲、黄遵宪等人的积极倡导和支持下，岭东地区办学风气大盛，新办学校如雨后春笋，几年之间达近百所，出现了前所未有的喜人景象。在这期间，丘逢甲又在员山创兆学堂附设“师范传习所”，以取代原来的“镇平县初级师范传习所”，继续培养师资人才，支持各地办学。其时，兴宁县贤达人士肖惠长等，在兴宁创办了一所“兴民小学”，为站稳脚跟，扩大影响，希望众望所归、有丰富办学经验的丘逢甲能出任该校第一任校长，遂派人专程致意，丘逢甲欣然应允，这给兴宁进步学界以极大的支持和鼓舞。同时，镇平县林姓人士也兴办起一所族学堂，取名“五全小学”，丘逢甲十分高兴，并欣然应允为核校题写楹联，联曰：“五洲归学统，全族进文明”，以资鼓励。

诚然，丘逢甲在乡创办族学也并非一帆风顺，同样遭到当地顽固守旧势力的仇视和反对。直至一九〇七年春，一批劣绅还联名上告清廷，密控丘逢甲为“革命党魁”，其中“创办族学”便是他们给丘逢甲罗织的重要“罪证”之一。这份状纸上说：

……乙巳春，（丘逢甲）于镇平私立两创兆学堂。去年在闽省辖境

① 据郑喜夫编：《民国丘仓海先生逢甲年谱》。

② 据丘念台：《我的奋斗史》。

之武平、上杭又设两创兆。在嘉应、平远与镇平毗连之境亦设两创兆。时有“创之有罪，兆实不详”蜚语。统计丘族，上下各属数百里，户口万家，壮丁万人，以丘逢甲之志，借学联络，选作亲军，冀图大业而已。尤可骇者，集数百银圆设两等小学，遽雕刻“举族文明”匾额簇拥于邑城内宗祠之上，欺世盗名，莫此为甚！①

但是，丘逢甲义无反顾，排除一切干扰和阻力，继续致力于自己认定的教育救国事业，奋斗不息。他目睹岭东地区教育日益发展，自己的办学苦心结出累累硕果，心情异常振奋和快慰，一再赋诗抒怀，其中几首这样写道：

十年不负种花心，万玉千珠花气深。
锄罢月明吾事毕，看栽成树树成林。

五华闻说讲堂开，不负南行衍教来。
释菜本宜先圣庙，驱车忆上越王台。

山多赤土无林学，溪壅黄沙易水灾。
今日树人兼树木，早兴地利起人才。②

时至今日，韩江上游的兴梅地区，虽然地处偏僻山区，交通不便，但文化教育事业却是全国比较发达的地区之一，这和当年丘逢甲、黄遵宪诸先辈的大力倡导、苦心经营是分不开的。

应当着重指出，庚、辛之后，丘逢甲是在新的历史条件下和新的思想基础上从事他的“教育救国”实践活动的，因此，他在这一时期的教育活动，也呈现出前所未有的若干新特点。

一九〇〇年爆发的义和团反帝爱国运动，沉重地打击了帝国主义，遏止了帝国主义瓜分中国的阴谋，他们转而实行所谓“保全主义”政策，继续扶植清王朝作为他们统治中国人民的工具，变有形之瓜分为无形之瓜分。而清王朝对帝国主义允许它继续充当走狗则感激涕零，声称要“量中华之物力，结与国之欢心。”一九〇一年九月《辛丑条约》的签订，标志着清廷业

① 明清档案馆藏：《广东举人黄遵楷等揭告在籍工部主事丘逢甲等与革命党人通声气禀》。
② 上引丘诗均见《丘逢甲集》第五三八页。

已彻底投靠帝国主义，成为货真价实的“洋人的朝廷”，由此，民族危机进一步加深。

对于清王朝的倒行逆施、昏聩无耻，丘逢甲十分愤慨。在一九〇一年作的《述哀答伯瑶》这首长诗中，丘逢甲以其罕见的痛快淋漓的笔触，予以辛辣的讽刺和鞭挞。诗中写道：“四千年中中国史，咄咄怪事宁有此”，“伺人怒喜为怒喜，不知国仇况国耻。素衣豆粥哀痛诏，可惜人心呼不起！”在丘逢甲看来，慈禧把持下的清王朝已是腐败透顶、人心丧尽。大概正是在这个时候，有消息说英国传教士李提摩太上书清廷，建议慈禧还政光绪。丘逢甲闻讯，十分感慨，他赋诗两首，题为：《闻李提摩太有请亲政之议，愧而书此》。诗曰：

诏书未敢信维新，惆怅吾皇政未亲。
空有臣民四万万，尊皇翻属异邦人。

恩深长信大臣知，永奉东朝更不疑。
流泪它年看青史，撤帘原不在韩琦。①

这两首诗反映了丘逢甲对慈禧玩弄的假“维新”、伪“新政”所持的怀疑态度，及其对局势发展、国家前途的深切忧虑。当然，也表明了丘逢甲这时的保皇思想仍很严重，他认为，不还政光绪，清廷的“维新”就是不可信的。

汕头是最早向外国资本主义开放的五个通商口岸之一，丘逢甲在潮汕地区生活多年，对列强残酷剥削、掠夺中国有切肤之痛。在《汕头海关歌》这首长达七十四句、五百多字的长诗中，丘逢甲倾诉了胸中忧国哀时的积愫。他历数了汕头海关大权旁落（“新关主者伊何人？短衣戴笠胡羊鼻！”）、洋货充斥中国市场、民族工商业备受摧残（“日日洋轮出入口，红头旧船十九废。土货税重洋货轻，此法已难相抵制。”），以及帝国主义掠卖华工等种种惨状，愤怒谴责了清政府的丧权辱国，腐败无能。

面对列强进逼、朝政益浊的现实，丘逢甲开始意识到：只凭少数志士仁人的奋斗，已无补时艰，要想避免当亡国奴，唯有唤醒国人，团结一心，共

① 见《丘逢甲集》第四三〇页。

同对敌。在一首题为《晨起书所见》的诗中，丘逢甲借“群雀合力驱鸦”的小故事，生动形象地表达了他渴求民族团结、共御外侮的可贵见解：

晨阴晒庭树，有雀攀高枝。
老鸦尔何来？欲攫充朝饥。
雀惊飞且噪，乞救声何悲！
一雀噪未已，百雀噪而随。
雀亦有侠肠，不忍同类危。
群雀御独鸦，力小心则齐。
竟令远引避，不敢复来窥。
唯独力无大，唯群力无小。
嗟哉不能群，人而不如鸟！

此外，在《汕头海关歌》（“先王古训言先醒，可能呼起通国睡”）、《东山感春诗》（“偏呼黄帝诸孙起，莫作华胥国里人”）等许多篇什中，都表达了丘逢甲唤醒民众、团结御侮的思想。这是他反帝爱国思想的一个新发展和可喜进步。

值得我们注意的还有，在丘逢甲这一时期的诗作中，进化论的思想较前有了更明显的表露。如在《重送王晓沧次前韵》中说：“竞争世界论天演，此去闽中大有人。唤起群龙听梵唱，诸天同转法王轮。”这种认识使他激发起天道轮回、世道变迁的思想火花，从内心深处萌生出向往自由、民主的新社会的思想幼芽。如在《次韵答维卿师》中，他写道：“独立苍茫发遐想，自由钟起国民魂。”他渴望中华民族的振兴，并决心为之奋斗，如在《送谢四东归》中，他写道：“亚洲大陆局日新，时势径待英雄造”，“相期亚陆风云再相见，骑鲸东海来挽神州沉。”

一九〇三年三月，旅居广州的唐景崧病逝。身后萧条，几不成殓，赖粤中官绅旧友捐助方得安葬。丘逢甲闻讯，曾撰一联悼之：

在中国是大冒险家，任成败论英雄，公自千秋冠新史；
念平生有真知己感，觉生死成契阔，我从三月哭春风。①

① 载《香港华字日报》，一九〇三年五月八日，转引自桑兵：《庚子勤王与晚清政局》，北京大学出版社二〇〇四年四月版，第二二八页。

由此挽联可知，尽管乙未年抗日保台斗争中唐措置失当、仓皇内渡，丘氏对唐颇有积怨，但并未忘却师生情谊。丘认为台湾绅民在情势危急中的自主自立之举，乃破天荒之“冒险”决断，在中国历史进程中将有一席之地，其影响不容否定。

丘逢甲向往自由民主、反对封建专制的思想芽蘖，还可从他一九〇一年秋冬间写的一篇铭文中看出，该文题为《清敕封文林郎上杭县学生丘郎山先生墓志铭》，文中说：

> ……嗟乎！自秦汉专制之法行至今，其所谓官者，以无限之权偃然民上，于士无所谓礼也，于民无所谓教也，束缚之而已；既愚其民，复忌士之不愚，故于法尤以摧折士气为事。为士者亦务相竞为俗学以自愚，不复知有圣贤之义，临小小利害，辄动色相戒，虽君父之难，或弃不顾，不以为非；其稍能自立而思有为者，且群诽而众咻之，必败其成而后已。士愚如此，何论乎民，其惑邪说而日为无理之争也，亦固其所。故昔之所谓文明先进国者，乃今鄙为半开之国。贤者处此，上屈于专制之政，下挠于半开之俗，夫何能为？然卒不以自馁而自沮者，何也？义之所在，非利害所能动也。……①

在丘逢甲看来，封建专制制度愚民忌士，钳制言论，扼杀自由，致使士民均处于愚昧状态，而贤者无所作为，造成了极大的危害。由此可知，丘逢甲向往西方的思想言论自由，并认为这是唤醒民众、振奋民气之所必需，从而表露了他反对封建君主专制，反对唯君命是从，主张伸民权，给自立有为之士予充分发挥治国才能的思想意向。

上述种种迹象表明：庚、辛之后，尽管丘逢甲并没有能跳出改良派的窠臼，他所醉心的救国方案依然是兴学育才、启发民智，但是，从思想深处的变化趋向来看，他和康梁保皇派已经有了相当距离。随着时间的推移，这种变化日趋明显，一九〇三年以后，丘逢甲渐有同情排满革命的表现，他对于青年学生中的进步活动和公开发表的革命言论均加默许。例如，前述一九〇三年岭东同文学堂学生响应上海爱国学社鼓吹革命风潮、革命文字见诸国文课卷一事，丘逢甲不但不加任何干涉和反对，反而为之辩护说：“此天赋人

① 收入丘复所撰《愿丰楼杂记》卷三，现载《丘逢甲集》第八二八页。

民思想、言论之自由权。”① 因此，他培养出来的青年学生大都思想活跃、关心国事，有相当数量的人后来走上了反清革命的道路，成为民主革命志士；而这些革命青年又反转过来以他们的革命思想给丘逢甲以感染和启迪，促使他进一步摆脱康梁保皇派的思想影响而向革命派方面日渐靠拢。其中，最典型的例子莫过于丘逢甲与谢逸桥的师生关系。

谢逸桥，名元骥，梅县松口堡人，温仲和的亲戚，出身于南洋华侨富商之家。祖父谢益卿，早年在马来亚的槟榔屿靠经商发家。后来他伯父继承父业，家资更为扩大，积累起百万资产，成为马来亚著名的巨商之一。谢逸桥的父亲没有出洋，留在梅县老家读书和负责奉养老人。

谢逸桥虽出身于富有家庭，但自幼关心国事，对列强的入侵和朝廷的腐败十分痛恨，无意科举仕途，蔑视神佛偶像，素负大志，常在人前流露出要“澄清天下”的思想，声言要追随孙中山从事反清革命。因而，当地顽固守旧派视他为“狂生”，许多人都对他避而远之。

一九〇四年，经温仲和的介绍，丘逢甲认识了谢逸桥，接触交谈之后，丘逢甲对谢逸桥甚为赞许，不但不认为他是什么“狂生”；相反，倒觉得他有独到见解和远大志向，是个不可多得的先进青年，并禁不住内心的喜悦，赋诗一首相赠。诗曰：

人言谢生颠，吾未敢从众。与言世界事，谈言动微中。
即令能颠亦复奇，终胜老生了无用。神州大陆殊可哀，
纷纷老朽无人才。眼中突兀少年在，令我郁郁心颜开。
即今时事须放手，安得人尽颠如雷。谢生言论自由耳，
已令世人骇欲死，丈夫何止用口舌，治世界事从今始。
时哉时哉不可失，东南风吹大海水。②

此后，他们以师生相待。谢逸桥在丘逢甲的支持鼓励下，偕三弟谢良牧一起东渡日本求学，并在日本认识了孙中山先生，成为孙先生的忠实信徒和从事革命活动的得力助手。一九〇五年八月，同盟会在日本东京成立时，谢逸桥被推派为同盟会岭东主盟人。次年一月，谢逸桥由日本返回粤东家乡联

① 曾养甫：《丘逢甲事略》。

② 见《诗抄》卷九，《丘逢甲集》第五三〇页。

络革命，行装甫卸，即与丘逢甲等人取得联系，丘虽未加盟，但对谢逸桥所云同盟会反清革命宗旨却颇表同情。①

从谢逸桥这样的“惊世骇俗”的革命青年身上，丘逢甲看到了国家民族的希望和新时代的曙光，思想认识开始发生变化，逐渐同情排满革命。

庚、辛之后，丘逢甲正是在这样一个新的历史背景和思想基础之上，从事他的“教育救国”实践活动的。

从一八九七年春～一九〇六年夏，丘逢甲奔波劳碌、坚忍不拔，在岭东地区积极从事教育救国工作。综观丘逢甲十年间的教育实践，有以下若干特点：

（一）丘逢甲从事教育活动，始终是围绕着“救国”、“强国”和“复土雪耻”这一主旨而进行的，带有鲜明的时代色彩和强烈的政治目的，充分体现了他炽热的爱国主义精神。

（二）丘逢甲的教育实践，从时间段限上来看，可以划分为戊戌前后和庚、辛以后这两个阶段。戊戌前后，丘逢甲的教育活动，是当时正在全国兴起的资产阶级改良派维新教育的一个组成部分。当时，封建旧文化和资产阶级新文化的斗争异常剧烈，顽固守旧势力十分猖獗，丘逢甲挺身而出，为废除封建旧八股而大声疾呼，为创办新学而奔走呼号，并身体力行，坚持用维新思潮和“有用之学”启发教育青年，以他鲜明的政治态度勇敢地与封建旧文化和顽固守旧势力作不妥协的斗争，从一个侧面支持和多少推动了康梁维新变法运动的发展，从而表明他是一个坚定的改良主义教育家。而庚、辛之后，伴随着民族危机的进一步加深和资产阶级民主革命潮流的兴起，丘逢甲的爱国思想也随之向前发展，逐渐同情排满革命。在这种情况下，丘逢甲的教育实践和他所创办的新式学堂，就不仅为民主革命潮流的兴起在一定范围内和一定程度上，起到了扫清思想障碍的积极作用；而且，在客观上成为培养、哺育民主革命志士的温床。辛亥革命时期，岭东地区的许多革命志士，都曾拜丘为师或受教于丘逢甲所创办的新式学堂，其本身便是明证。在近代中国教育史上，丘逢甲不愧为一个有影响、有贡献的爱国进步的教育活动家。

---

① 据温翀远：《同盟会在梅州的活动和梅城光复经过》，见《辛亥革命回忆录》（广东）。

（三）诚然，丘逢甲的教育实践也有其时代和阶级的局限性。他提倡西学，但他对西学的本质并没有清楚和深刻的理解；他勇敢地和封建旧文化进行了不疲倦的斗争，主张革新和进步，但又不能忘情于封建的旧礼教和旧道德，没有也不可能彻底摆脱封建旧文化对他的影响和束缚；在他的整个教育实践过程中，“尊孔”的色彩始终比较浓厚。他宣扬孔教，甚至幻想用孔教来抵制帝国主义的侵略。一八九九年秋冬，丘逢甲在一篇《寿序》中这样写道：

> 岂知国体之强弱，每视士气之盛衰为衡。日本蕞尔国耳，其自强也，基于攘夷，成于尊王，皆其国志士读儒书有侠气者相与倡之。吾中国堂堂儒教大国也，“尊王攘夷”，儒说也，奈何通国皆儒竟甘俯首降心为无气丈夫乎？……今日之事，孰有大于尊王、急于攘夷者乎！①

在丘逢甲看来，日本其所以强，就在于发扬了儒教“尊王攘夷”的精神。中国欲自强，也必须弘扬儒教，“尊王攘夷”。这种见解，一方面说明丘逢甲当时政治上的保皇立场，同时也反映了他教育思想保守性和局限性的一面。但这种时代和阶级的局限毕竟是次要的，在当时的历史条件下，也是不可避免而不应当苛求于丘逢甲的。

① 丘逢甲未刊文稿：《家幡然先生七十一寿序》。转引自丘复：《愿丰楼杂记》卷三（手抄本）。

第四章　政教兼预，倾向革命

——顺应时代潮流的民主革命派朋友（一九〇六～一九一二）

由于丘逢甲在粤东潮、嘉地区从事兴教育才的工作长达十年之久（一八九七——一九〇六），成绩卓著，声名远播，一九〇六年（丙午）夏天，被两广总督岑春煊礼聘出任两广学务公所议绅和惠、潮、嘉视学员。① 同年冬，被公举为广东总教育会会长，后又兼任广州府中学堂监督、两广方言学堂监督等职。一九〇九年，当选为广东省咨议局副议长，并受聘为两广总督公署议绅等，成为在粤省社会政治及文化教育等方面均发挥重要作用和影响的省中大绅，开始了他“政教兼预”的人生最后一段旅程。其思想政治立场也由赞助康梁维新保皇逐步向同情、支持资产阶级民主革命的方面转变，成为一个与时俱进的社会活动家、教育家和民主革命派的朋友。

一、由支持改良到倾向革命

丘逢甲由粤东山城来到南国重镇省城广州任职，深感责任重大。他律己律人都十分严格，并未携带家眷，每逢寒暑假才回乡省亲。丘逢甲这样做自有其深意，据丘琮回忆说：

……我常常想到省城读书的问题，父亲坦率地告诉我说：“带你上省城升学，不是困难的事，只是担心周遭朋友奉承你，骄纵你，加上繁华都市的不良习染，那你将要变成纨绔子弟了！”接着又讲述两个历史

① 据丘逢甲：《丙午日记》及丘复：《念庐居士岁记》（未刊稿）。不少论者称丘被聘为“两广学务处视学”或“两广学务公所参议”等，均不确。

故事来勉励我。他很轻松地说："中学毕业以前，必须在家乡就学，闲来无事，不妨协助农务，接受劳动生活的磨炼，才能了解人生的艰难！"他举例说："三国名士诸葛亮曾经躬耕南阳，汉朝丞相公孙弘则做过微贱的牧猪奴，他们之所以能够成功立业，不外是体识了'吃得苦中苦，方为人上人'的道理，而且深切了解民间生活的甘苦。你要立志求进取，就应该从这些平凡的生活经验中去学习，去锻炼。"父亲的一席话，使我听得心悦诚服，虽然没有达成升学省城的愿望，但是尊长爱护我和培养我的真诚及苦心，我已深切理解了。①

那时，丘琮及树甲之子丘琨等才十二三岁，生活在远离城镇、犹如桃源仙境般的淡定山村，天长日久，又加上诵读了不少吟咏山水的唐诗佳句，小小年纪便萌生了向往清逸恬淡的隐士生活的念头，并在他们的诗文习作中流露出来。丘逢甲觉察后，谆谆告诫他们说："隐士乃独善其身者耳，不足为法"，"大丈夫当建立功名，为国为民牺牲，不可但图自了也。""少年人宜志行奋励，不可颓唐。"每逢返乡省亲，丘逢甲总要带上一大批书报杂志，要子侄们认真阅读，引导他们关心国事，并另编一些新课，以弥补山村教读之不足。他常对子侄们说："读书不可用脑过度，况当国危民困，我望汝辈树捍卫国家民族之勋业耳，并不望汝辈只作博士也。"② 从丘逢甲对自己子侄们的教诲中，可以看出他当时的思想意向及其对青年一代所寄以的殷切期望。

为了培养出真正能"捍卫国家民族"的有用人才，丘逢甲对青年学生一向要求十分严格。他有丰富的治校经验，管教学生有方。据载，早在丘逢甲担任岭东同文学堂监督时，就"堂规甚严，学生作息均按时鸣钟吹号，不稍逾越。"③ 到省城任职后，更以"整肃严明"著称。他作广府中学堂监督，"学部徐视学，评为广东第一，谓是以兵法管教者。"④一年暑假，丘逢甲由省城返乡，"道经镇平中学驻宿，闻学生喧嚣，即召集严切训诲，校风为之肃然。"⑤他管教学生一向严格，但并非一味采取压制手段，总以思想启

① 丘念台：《我的奋斗史》。
②④⑤ 丘琮：《岵怀录》。
③ 曾养甫：《丘逢甲事略》。

发教育为主，据他的学生李次温回忆说："当时乡先辈教导后进多务压抑而使就范"，唯丘先生"务提起后进意志，使之自重自奋，乐而向上。"① 正因如此，丘逢甲的门生弟子，日后成才者甚多，没有辜负他的一片苦心。

到省城任职之后，丘逢甲的社交圈子较前扩大了许多，各界名流政要也慕名邀访，多有交往。上至粤省大吏如总督岑春煊（云阶）、布政使王人文（豹君）、学使朱古薇（祖谋）、总文案张鸣岐（坚白）、广州知府陈望曾（省三）等，下至文化教育界名流如法政学堂监督夏用卿（同和）、两广工业学堂监督陈伯澜、两广学务公所的刘士骥（鸣博，又作铭伯）、覃孝方（寿堃）、观察王铁珊、三水县知县许南英（蕴白），以及南来北往的各省文人雅士如陈宝琛（伯潜）、汤寿潜（蛰仙）、易顺鼎（实甫）等，这些人均和丘逢甲有密切交往。他们经常在一起酬唱揽胜，谈古论今。鉴于丘逢甲抗日护台的义声远播，在粤东兴学育才又颇有建树，因而省垣督吏及士林文友均对丘逢甲十分尊重和信任，待他礼遇优加。其时，科举旧制刚刚废除，广东和全国各地一样，各府、州、县都普遍掀起了兴办新学的热潮，随之也就出现了许多争执纠纷，诸如在兴建校舍、筹措经费、任聘人员等方面，往往发生分歧，可谓"争讼迭起，风潮鼎沸"。这类纠纷名曰"学案"，搞得当局手忙脚乱，顾此失彼，常常要征询丘逢甲的处理意见。而丘逢甲对这类棘手事务也从不推脱，为发展教育事业，他不辞辛劳，力任艰巨，遇事"剖情析理，持正建言"，② 总能应付自如，使事情得以妥善解决，因而深得当局的信赖和学界同仁的赞许与推崇。这一年的十一月十八日（阴历十月初三），广东总教育会成立，众望所归的丘逢甲被投票公举为该会会长。③ 丘逢甲虽在省垣任事，但对潮、嘉地区的有关办学事宜仍十分关心，如岭东同文学堂函询中学堂开办之法，兴宁、平远学界请教兴学育才的措施等，丘逢甲收到函件都一一函覆，尽力帮助。④

丘逢甲当选为广东总教育会会长后不久，收到清政府学部下发的教育计

---

① 丘琮：《怙怀录》。

② 据郑喜夫编：《民国丘仓海先生逢甲年谱》。

③ 据丘逢甲：《丙午日记》，"十月初三日，丙寅，晴……本日，广东总教育会投票公举为正会长。"丘琮《年谱》作一九〇八年事，并作"广东教育总会"，均误。

④ 据丘逢甲：《丙午日记》及丘复：《念庐居士岁记》（未刊稿）。

划草案，他细加审视，逐条剖议，汇呈上报，刊稿题为《广东学务公所议绅工部主事丘逢甲覆陈教育计划草案条议》（以下简称“条议”）①，全文共三千多字，作者依据自己在潮汕地区丰富的教育实践，对当时中国教育的现状，革新的计划、步骤等进行了深入的剖析，见解独到，至今仍有参考价值，是研究近代中国教育史值得重视的重要文献之一。

这份《条议》要点如下：

一、“师范为教育之母”。兴教育才，首推师范先行。丘氏认为，“不得以未受师范者滥充小学教员”。兴教育才，不限于传统的授业、解惑，首在于培育为国为民的有用之材。教员身为人师，亦为世范。县设师范传习所，道府办好师范，省城办优级师范，借鉴日本经验与做法，设立师范院，推行通信（函授）教育，“编写讲义，解疑析惑，以供众览”，弥补师资之不足，使偏远山乡或未经传习毕业者，亦可牖启新知“是无异各府州县皆设有无数师范也”。国民教育由此得以较快普及。

二、“振兴职业教育”。丘氏认为“实业为立国之本”，“物质文明愈进步，实科竞争则愈激烈，先有职业之经营，而后有生存之凭借，世界潮流之所趋，令人不得于业务繁忙之中而独耽安逸，所谓生存竞争之教育也”。各省可设工业补习学堂，为本省大宗工业培育人才；“设艺徒学堂，仿造最销售之粗贱工艺，以兴贫民之职业；俟高等工艺学堂成立，再将艺徒学堂附设于此”。丝茶大宗出口，可成立研究所，以求不断改进，提升出口品质，农林园艺各业，皆可循此仿照办理，此系“为我国谋扩充实业之第一着手，亦为我国独扼利权之第一大利”，各省府州县“急宜推广，以收实效”。

兴教育才的事业，关系民族的生存与国家的命运，这是我们今天的共识，丘逢甲先生早在一百多年前就提出“生存竞争教育”的观念，主张教育与生产劳动相结合，建设各类别多层级的职业教育体系，既有利于贫民就业，也为研发高端出口商品积累科技实力，创造财富，增强国力。

丘逢甲的许多建议，使我们联想到今天普遍受到重视的函授教育（空中教育、电大教育），终生学习型的职业教育，层次不同的中等与高等职业

① 刊稿载于清光绪三十三年十一月的《政治官报·杂录类》第六一七－六二〇页，由台湾学者杨护源先生提供。

技术教育。由此可知，他为教育救国、强国，复兴中华，不断开拓视野，广纳新知，确实是卓识过人的教育家。至于其他建议，如设立专门的法政学堂，培训行政司法人才，各省优级师范，“必宜永设，万无改办普通高等学堂之理”，都是可贵的见解。

到广州任职的头几年，丘逢甲的社交圈子虽有扩大，但多系来粤宦游的衮衮诸公和文人雅士。那时，康梁维新保皇之说在士大夫中仍有相当市场，丘逢甲虽然蒙眬地预感到了古老中华即将发生深刻变革，但是，世局究竟如何发展？主持历史变革、推动时代前进的新的社会力量究竟在哪里？他一时还看不清楚，而诗文酬唱的教界文友更不能给他以满意的解答。因此，尽管丘逢甲的社会地位已有很大提高，但他并不满足于这种境况；相反地，他自感光阴蹉跎，无所建树，徒有忧国匡时之心，却难有施展报效国家民族之机。在《放歌与陈伯贞》一诗中，即抒发了他这个时候的苦闷心情：

南飞乌鹊栖无枝，老骥伏枥悲鸣时。
明明如月不可掇，江头横槊来赋诗。
大江东去流战血，明月依然作古色。
可怜暮年烈士心，夜半高歌唾壶缺。
文王周公安在哉！古人已去今人来。
三分未定天下局，一将正少当时才。
我爱陈琳工草檄，居然解愈头风疾。
世间力足生杀人，武士之刀文士笔。
且须饮酒休谈兵，英雄儿女同多情。
二乔已向吴宫老，铜雀年年空月明。

此外，在《越台书感》、《题王寿山先生人心尽如此图》等篇什中，丘逢甲也表达了类似的思想感情。不过，这种苦闷和迷惘并没有冲淡他对台湾故土乡亲的深情思念，每当他忆起当年护台卫国、反受朝廷冷落呵斥、内渡后又备受困顿怨谤、义军将士捐躯沙场、请恤不报等情景或往事，郁结在心头的悲愤之情即喷涌而出。一九〇六年写的《梦中》一诗，正表达了他对往事的痛楚与愤懑：

绣旗犹飐落花风，不信楼台是梦中。
十二阑干摇海绿，八千子弟化春红。

奔驰日月无停轨，组织河山未就功。
车下懒龙呼不起，钧天罢奏太匆匆。

这时，一批曾参加乙未保台斗争后内渡大陆的台湾诗人如王松、许南英及易顺鼎等，与丘逢甲有较多交往。王松，号寄尘，台湾新竹人，内渡后自命“沧海遗民”，为了寄托浓重的思乡之情，激励乡亲父老恪守中华文化传统，经过多年的努力，他把台湾的各家诗话以及寺院咏联搜集整理成册，并加评介，取名为《台阳诗话》。丘逢甲获悉这部台湾诗话集付梓问世，十分欣喜，特作《题沧海遗民台阳诗话》致贺。诗中，丘逢甲盛赞台湾人民英勇抗敌的爱国精神足以惊天地、泣鬼神，永远彪炳史册（“乱云残岛开诗境，落日荒原泣鬼燐”）；同时认为那些表彰人民忠肝义胆的诗歌创作，必定能够起到激励民众、为光复故国山河、迎来明媚春光而发挥巨大的鼓舞作用（“请将风雅传忠义，斑管重回故国春”）。

许南英（一八五五～一九一七），号蕴白或作允白，现代著名作家许地山之父，自称“窥园主人”、“留发头陀”、“春江冷宦”等。一八八五年去福州参加乡试后旋赴北京应考，“已入彀，因对策伤时被放。”[①] 一八八九年，许、丘二人到京会试，许氏“仍以言论伤时被放”，曾作《被放出都》七律一首以自慰。一八九〇年清廷设“恩科”，许南英再次入京会试，方中第十八名进士，钦点“主事”后，也和当年丘逢甲一样，弃官返台。后在台“帮助政府办理垦土化番的事业”，不久受聘于台湾通志局，参与省志的编撰工作。一八九四年甲午战起，台事危急，丘逢甲任全台义军统领，许南英则出任台南筹防局统领。抗日事败内渡，许携子侄隐居汕头，旋即远赴南洋，以躲避日本人的追索。清末曾出任广东徐闻、阳春、阳江、三水等县的知事（即县长）。民国初年，应邀出任福建漳州“革命政府民事局长”。

许南英和丘逢甲两人的经历、思想和志趣可谓颇为相近，他们都亲历过乙未抗日保台的火热斗争，内渡后，又都经历了由同情康梁变法维新到倾向、支持民主革命的思想转变，因而内渡后，两人过从甚密，酬唱不断。一九〇八年，许南英赴京，丘逢甲特作《送蕴白之京》二首七绝送行，慨叹“廿载风尘两鬓丝，眼中世局太离奇”，对老友清廉自守、经济拮据的境况

① 见《窥园先生自定年谱》。

深表同情和慰勉。一九〇九年，丘逢甲已预感到中华大地即将发生巨变，特给在三水县知事任上的老友写了一首七绝，以隐语征询许南英对时局的看法，暗示老友要认清大局，静观待变。该诗题为《寄蕴白三水》，诗曰：

半晴半雨酿春和，春水溶溶绿始波；
三十六江楼上望，不知春在哪江多？

这首七绝与丘逢甲同年所作的《春江》一诗（见下文），可谓有“异曲同工”之妙！

诚然，怀旧并不能消除对现实的惆怅。一九〇六年中秋前后，丘逢甲与友人连续游览了广州城郊的许多名胜古迹，如白云山的能仁寺、白云寺、景泰寺、郑仙岩、濂泉寺等。[①] 这些古迹因年久失修，大都残破不堪，有的已经倒塌，成了一片废墟。目睹这种萧条破败的凄凉景象，丘逢甲内心勾起了对祖国山河破碎的无限悲戚和对民族前途的深重忧思。他连作《秋怀》七律诗八首，九月又五迭前韵，共作四十八首，纵古论今，其势如大江东下，把长期郁积在胸中的报国无门的愁思和对民族前途的希冀，淋漓尽致地抒泄出来。尽管他自感光阴蹉跎，岁月流逝，来日无多，慨叹人心涣散，天时人事难尽人意，但他思念台湾乡亲、渴望强国复土和向往光明的壮志情怀，却丝毫未减，只不过表露得更含蓄、更深沉些罢了。今选录三首如下：

昆仑山势走中华，赴海南如落万鸦。
缩地有人工幻术，通天何处觅灵槎？
沉冤鸟口空衔石，酣梦人心久散沙。
弹指光阴秋又老，长绳难系夕阳斜。

天时人事互推迁，窥井明看火不燃。
上地徘徊来怪鸟，故家沦落有穷蝉。
梧桐未老心先死，牛马无能鼻任牵。
欲诉闲愁寄明月，不知天上是何年？

年年乡梦阻归鞍，恨不随风化羽翰。

① 据丘逢甲：《丙午日记》及丘复：《念庐居士岁记》（未刊稿）。

卷土重来心未已，移山自信事非难。
雨余玳瑁潮初落，月下珊瑚岛渐宽。
地老天荒留此誓，义旗东指战云寒。

丘逢甲时常告诫自己：驱仇复土的壮志未酬，强国兴邦之业未定，绝不能就此颓唐沮丧。一九〇六年秋，广府中学堂教习廖伯鲁作《百字令》和《满江红》词各一首，丘逢甲读毕，感触良多，遂依韵各和一首，其词笔力遒劲，气势雄浑，与《秋怀》诗的悲切沉郁大为不同。如《百字令》：

峤南人物，问当今，谁是曲江风度？万劫不磨雄直气，空剩屈陈词赋。秦戍哀云，越台吊月，愁听秋虫诉。南宗未坠，菩提何碍无树？历历弹指光阴，论橙品荔，乡味将人误。潦倒英雄成末路，饱领凉情热趣。倒海浇天，剖云行日，梦里留奇句。功名尘土，浩歌还谱朱鹭。

在这首词中，丘逢甲感叹，环顾岭南，像唐代张九龄（韶州曲江人）敢于直言国事，用人不循资格的忠良人物，现在已难以找到了，历尽磨难的爱国者报国无门，只能像屈大均（一六三〇～一六九六）、陈恭尹（一六三一～一七〇〇）那样靠诗文词赋来励志抒怀，他自叹如同“末路英雄”，“饱领凉情热趣”，世道是如此的不公，官场是这般的污浊，但绝不能“独善其身”，虚度光阴，而要激流勇进，准备“倒海浇天，剖云行日”，探索出一条新路。他深知未来的道路是漫长而曲折的，只有经过顽强努力，才有希望达到目的。这一时期，丘逢甲的不少诗作都借端托寓，寄寓念台思亲、坚定前行、向往未来的情感与志向，如：

道是南风竟北风，敢将蹭蹬怨天公。
男儿要展回天策，都在千盘百折中。

——《韩江有感》

儿女英雄海上缘，东风吹散化春烟。
相逢欲洒青衫泪，已割蓬莱十四年。

——《席上作》

为问安之抑胜之，祇今此事几人知？
穷荒草木皆生意，满目春风上大旗。

——《寄亦璞罗定军次》

广州毗邻港澳，是中国的南大门，它不仅是列强力图染指、清廷严加控制的南国重镇，也是以孙中山为代表的革命党人和以康梁为首的保皇派积极活动的地方，是各种社会思潮十分活跃、形形色色政治势力激烈角逐的场所。庚、辛以后，以孙中山为代表的革命派对康梁的保皇谬论就进行过严肃的批判斗争。一九〇五年同盟会成立后，随着民主革命潮流的不断高涨，康梁保皇派更加放肆地攻击革命派、诋毁同盟会的革命纲领。因此，为了彻底清除保皇派的流毒与影响，把革命迅速推向前进，从这一年秋冬开始，革命派向康梁保皇派发动了空前规模的全面大论战。

这场论战持续了两年多的时间，到一九〇七年冬，以梁启超创办的《新民丛报》自动停刊、保皇派的全面溃败而告结束。通过这场论战，大力宣传了民主革命纲领，辨明了革命道理，使大批知识分子从迷惘状态中清醒过来，转向革命派，从而推动了民主革命潮流的进一步高涨。

广东地区出洋谋生的华侨素来很多，广大农村中许多关心国事、不满现状的爱国青年受到新思潮的吸引，也纷纷来到省城或游学国外，如饥似渴地寻找救国救民的真理，愈来愈多的青年接受了孙中山的政治主张，投身于民主革命运动。这些投身革命的青年，景仰丘逢甲抗日保台的事迹与声望，钦慕他的品格与才学，了解他同情革命的态度，其中，有不少人在少年时代还曾受教于丘逢甲创办的新式学堂，所以，来到广州后，都纷纷拜见丘逢甲，并得到他的提携和爱护。据老同盟会员温翀远先生回忆："我们当年从粤东来到广州，必先拜谒仙根先生。丘是客家人，领导过抗日保台斗争，身为工部主事，却同情革命，尽管他不是同盟会员，但大家都信赖他，尊敬他，正如解放前开明人士掩护共产党地下党员一样，仙根先生做了许多有益于革命的事情。"① 丘逢甲的《丙午日记》，可以证实温翀远先生这段回忆是可信的，仅从一九〇六年十月这短短的一个月的日记中便可看到，他会见青年学生或与留日学生书信来往就不下七八起之多。如：

十月三日，"庚辰，阴……日本东京游学生何天炯（注：同盟会司法部判事）来信。"

十月四日，"辛巳，晴。是早，寒甚，得留学日本何天炯书。"

十月十六日，"癸巳，晴……早，伯文、伯强言：二十六日汉口船

① 据作者于1980年采访辛亥革命老人温翀远先生所记。

失火，幸逃出，行李皆烬。二人拟往日本游学者。”

十月二十五日，“壬寅，晴……本日来乞保送考警察者数人：松口李伯文、大埔丘温元、海阳林宝干、嘉应丘一人。”

十月二十九日，“丙午，晴。投考警察者纷纷来见求保。兴宁往日本游学五人来见，皆兴民学堂生也。”

丘逢甲和如此众多的先进青年保持经常、密切的联系，这势必对他的思想产生重大影响。

在和保皇派进行激烈论战的同时，同盟会还加紧在国内不断组织发动反清武装起义，以实际行动推翻保皇派竭力维护的清王朝。

一九〇六年秋冬间，孙中山等人制订了著名的《革命方略》，明确提出了资产阶级革命党人武装反清、夺取政权、建立民主共和国的基本方针，要求“义师所指，覆彼政府，还我主权。”同年冬，策动“萍、浏、醴起义”，震动全国；次年，又在广东饶平黄冈、惠州七女湖、钦州防城和广西镇南关连续发动起义；一九〇八年，又有广东钦州马笃山、云南河口起义，以及一九一〇年广州新军起义和一九一一年四月的广州黄花岗起义。此外，其他革命团体如徐锡麟、秋瑾领导的光复会，熊成基领导的岳王会，也分别于一九〇七年和一九〇八年在安徽、浙江等地发动反清武装起义。上述起义虽然都因种种原因先后失败，但革命党人前仆后继、视死如归的革命精神却警醒和教育了广大民众，沉重地打击了腐朽卖国的清王朝。应当指出，这些起义大都发生于两广地区，并有不少丘逢甲的门生参加，有的甚至是起义的重要策划者和指挥者。

丘逢甲一向关心国事，注意研读报章，同社会各界人士有广泛的接触交往，到广州任职后，又置身于这样一个风云激荡的时代和政治斗争的漩涡之中，因而对社会思潮的更替和人心向背的变化，较之在潮嘉地区办学时期有了更深刻的体察与认识；虽然他曾与康梁保皇党人交好，与粤省大吏过从甚密，但丘逢甲的个人经历毕竟和他们不同，既没有得到过朝廷的重用而需要感恩，更没有领受过当今皇上的知遇而需要图报；相反，在丘逢甲心目中，唯有朝廷割弃故土台湾的切肤之痛和遭受呵斥、冷落的怨恨之感，因而，在朝政日暗、报国无门的情况下，较为容易接受革命思潮的影响而促成思想认识发生变化。一九〇六年冬末，他趁返乡省亲之机，去嘉应务本学堂视事，该校吴监督和黄监学向他询及时事前途，丘逢甲明确表示自己的看法说："至保皇之说，非不稳健，但时机已过，人心已去清室，康有为等无能为矣！"并断言："清室不出十载必亡，但非革命军攻陷北京，而为各省独立使之自倒。"① 这次谈话表明，这个时候的丘逢甲已把政治目光投向了新兴的社会力量，对康梁的维新保皇事业已颇表怀疑。一九〇六年以后，随着民主革命潮流的不断高涨，丘逢甲的爱国思想进一步向前发展，大约在一九〇九年前后，他的基本思想政治立场已发生重大变化，由一个积极支持改良的维新立宪派，转变成为倾向、赞助革命的民主革命派的朋友。

丘逢甲思想政治倾向的变化，可以从他与革命党人的交往和他这一时期的诗作中得到印证。

据丘琮回忆说："保皇党人与同盟会的干部和我父亲都有往来，不过，戊戌前后和保皇党人接触较多，而戊申前后则与同盟会发生深切关系了。"② 事实也确是如此。

辛亥革命时期的革命党人邹鲁（一八八五～一九五四），字海滨，广东大埔人，出身贫寒，幼失怙恃，早年曾就读于潮州韩山书院，一九〇五年加入同盟会，次年秋冬赴广州求学，投考师范学堂未成。还在家乡时，他就对丘逢甲抗日护台事迹十分钦敬，来到省城后便慕名求见。丘逢甲热情接待了这位素不相识的青年，一席谈话之后，觉得这个年轻人志趣高远，谈吐不凡，顿生喜爱之情，突然改换话题问邹鲁："你是世家子弟吗？"邹鲁照实回答："不是。"丘逢甲又问："你是富家子弟吗？"邹又答："也不是"。再问："那么你有富贵的亲戚吗？"邹答："也没有。"丘逢甲听罢，若有所思，低头沉吟片刻后喃喃自语道："一个贫寒子弟，能有如此汪洋浩大的气度，实在难得！"接着抬起头来亲切地望着邹鲁说："好！从今日起，你就是我的学生了！"③ 不用说，丘逢甲所赞赏的"汪洋浩大的气度"，当是青年邹鲁的反清革命思想和报效国家民族的志向。

一九〇七年，邹鲁进入广州法政学堂学习，暗中从事革命活动，经常和丘逢甲来往，并从各方面得到丘的启发和帮助。一九〇八年，丘逢甲作

①② 丘琮：《怙怀录》。

③ 邹鲁：《回顾录》。

《秋兴次张六士韵》诗一首，命邹鲁相和，邹鲁遵师命和之，诗的结句引用了汉高祖刘邦起兵芒砀、进据天下的典故，曰："英雄心血人间事，芒砀当年岂有云。"丘逢甲阅毕，知邹鲁胸有大志而甚是喜慰，但又恐其反清革命情绪过于外露而日后遭遇不测，便告诫邹鲁说："此'彼可取而代之也'之气，须善藏之。"从此，邹鲁接受教训，对自己的言行便格外谨慎检点了。①以后，在邹鲁从事革命活动的过程中，丘逢甲又利用自己职务上的方便和特殊的社会地位，一再安插、重用邹鲁，并多次在邹鲁遭遇危险的情况下，不顾身家性命，挺身而出，保护邹鲁脱险，使邹鲁感恩不尽，终生难忘。这些都是后话。

辛亥革命时期的烈士罗福星（一八八四～一九一四），字东亚，又名国权，广东镇平人。他生于印度尼西亚，回国后受启蒙教育，再赴巴达维亚（雅加达），就读于中华学校，开始接受兴中会革命思想的影响和熏陶。一九〇三年随祖父去台湾苗栗谋生，因不堪忍受日本殖民者的压迫，数年后迁回原籍镇平。途经厦门时加入同盟会，后在广州与黄兴、赵声、胡汉民、林时爽等著名革命党人结为至交，开始在家乡以教员身份从事革命活动。丘逢甲对这位来自家乡的革命青年十分推许，委以重任。罗福星对丘逢甲也极为敬慕，据他自叙："乙巳年（一九〇五年）秋返回故乡，执教于村中学校者二年，奉当时广东学务部长丘逢甲君之命，赴爪哇视察学务，达到目的后返回广东。"② 罗福星这次南行，表面上是在爪哇、新加坡等地视察侨校教务，"实则推展革命"，并于一九〇八年一月在河内首次会见孙中山，面陈抗日复台大计，表示愿效前驱，深得孙中山的赞许。一九一二年，罗福星秘密赴台组织同盟会支部，在台中、苗栗一带积极活动，团结反日力量，约期发动武装起义，不幸事泄被捕，于一九一四年三月惨遭日本帝国主义者杀害。

再有前述广东革命军政府北伐军总司令姚雨平（一八八二～一九七四），原名宇龙，广东平远人，岭东同文学堂学生，一九〇五年秋考入广州陆军中学堂，暗中参加革命活动，一九〇七年因革命嫌疑被责令退学，不久加入同盟会。一九〇八年冬，他与葛谦、严国丰等人在广州巡防营中秘密组

---

① 邹鲁：《回顾录》。

② 见《辛亥革命资料类编》第二九五页。

织革命小团体“保亚会”，策动起义，事泄未果，葛、严二人被害。清吏派兵围捕革命党人，“保亚会”形同解体。其时，同盟会策动的多次武装起义连遭失败，新军标统、同盟会员赵声又涉嫌革命而被两广总督张人骏削去兵权，被迫弃职归家，革命暂时转入低潮，姚雨平等革命党人情绪焦躁沮丧，丘逢甲获悉，特赋诗一首，题为《春江》，对姚雨平谆谆劝诫。诗曰：

春水绿生波，春江打桨过。
阴晴浑未定，莫便脱渔蓑。

诗中，丘逢甲运用暗喻手法，把方兴未艾的民主革命潮流比作“春水绿生波”，劝勉姚雨平等革命青年不要因一时的挫折失败而丧失信心或轻举妄动。他认为，目前革命时机尚未成熟（“阴晴浑未定”），宜暂取隐蔽策略，以保存力量，等待有利时机（“莫便脱渔蓑”），才能最终获得成功。这首隐喻诗，巧妙地表达了丘逢甲对当时革命形势的见解以及他对革命党人的同情、支持态度，是理解丘逢甲这一时期思想政治立场的重要资料。

戊申前后，丘逢甲与革命党人的接触日益频繁和广泛，除上述诸人以外，他还和当时同盟会岭东机关报——汕头《中华新报》中的革命党人叶楚伧、梁千仞，和隐蔽在广东新军中的革命将领赵声、饶景华等以及当时活跃在广东地区的其他许多著名革命党人如朱执信、陈炯明、林修明、温翀远、林震、古应芬、高剑父、高奇峰等人，均有密切交往，丘逢甲并把自己的次女丘淡许配给革命青年林震。① 据载，当时丘逢甲所作诗文，多投寄《中华新报》刊布，“每寒暑假由省里过汕，必至该报社与叶、梁等人诗酒唱和”。② 在《岭云海日楼诗抄》中，即收有丘逢甲和他们唱和的诗篇若干首（如卷十三，《题楚伧汾湖吊楚图》二首、《与楚伧、千仞闻歌作》等）。

高剑父、高奇峰兄弟，广东番禺人，现代著名的“岭南派”画家，高剑父曾担任过同盟会广东分会会长。丘逢甲与二高过从甚密，十分赞赏他们绘画的高超艺术技巧，更喜爱其深刻的政治寓意，特礼聘他们担任学校的图画教师。在一首题为《二高行，赠剑父、奇峰兄弟》的诗中，丘逢甲写道：

---

① 林震，广东平远人，丘逢甲门生，辛亥革命广东北伐军第二师师长，收复江北有功。丘逢甲将次女淡许配给他，但尚未成婚即殇。另，丘逢甲与饶景华亦为姻亲，丘将自己另一女许配给了饶之子。

② 曾养甫：《丘逢甲事略》。

“岭南今日论画手，二高杰出高于时。渡海归来笔尤变，丹青着手生瑰奇……我方主教罗以礼，翩然作我图画师……昨闻大高忽画虎，群雄草泽争惊猜。画虎高于真虎价，千金一纸生风雷。我闻狮尤猛于虎，大高画狮勿画虎。中国睡狮今已醒，一吼当为五洲主。”诗中，丘逢甲不仅高度评价了二高的绘画艺术，更借机表达了自己对民众日益觉醒、祖国独立富强有望的欣喜心情。高奇峰曾画龙、虎图各一幅赠丘逢甲，据说，此画曾存于淡定村陈姓手中。

丘逢甲与广东新军中革命将领赵声、饶景华等也“深相结纳”，来往频繁。一九一〇年秋，丘逢甲偕同饶等人前往番禺波罗（今属广州市郊）南海神庙参谒，赋诗唱和。南海神庙，本系唐韩愈当年贬谪岭南时修建，因年久失修，庙已倾圮，丘逢甲倡议重建碑亭。亭成，特作《重修南海神庙韩碑亭记》以记之，文中，丘逢甲自谓其对新军将佐“直以军神视之”,① 对他们寄予厚望。丘逢甲如此推许他们，他们也十分尊崇和信任丘逢甲。一九一〇年十一月，赵声等人在广州发动新军起义，事前党人商定，起义成功后，推举丘逢甲为临时民政长官，以陈炯明为副。② 丘逢甲与革命党人关系之深，由此可见一斑。

丘逢甲思想政治倾向的转变，显然和他与众多的革命青年密切交往有关，到一九一〇年前后，三民主义学说腾播于全国，他十分高兴地对友人说：“是吾志也，吾欲行民主于台湾，不幸而不成，今倘能成于内地，余能及身见之，九死而无所恨也。”③ 对孙中山领导的革命事业表示由衷的赞许。

丘逢甲思想政治倾向的转变，除表现在上述与革命党人的密切关系外，还可以从他这一时期的诗歌创作中得到很好的印证。翻开《岭云海日楼诗抄》，人们不难发现，庚戌前后，丘逢甲的诗风发生了重大变化，以往那种悲戚、苍凉、怀旧之作日渐减少，更多的是抨击、揭露现实，描绘祖国壮丽河山、催人奋进、展望光明前景的篇什，洋溢着积极进取的思想情怀。从题材内容看，有不少作品较为深刻地触及到社会阶级矛盾，政治思想观点鲜明尖锐，从而“对同盟会的活动作了‘桴鼓之应’”。④

---

① 《丘逢甲集》第八八五页。

② 据张醁村：《庚戌新军起义前后的回忆》。

③ 江山渊：《丘逢甲传》。

④ 李云汉：《国民革命与台湾光复的历史渊源》，台湾出版。

一九〇七年，那拉氏七十二岁生日，湖广总督张之洞献媚邀宠，特备重礼差专人送京致贺，以博取西后欢心。丘逢甲闻讯，愤作《书事》一首，予以辛辣讽刺：

七尺珊瑚绿玉盆，宝花璀璨照天门。
洞庭新进龙君贡，压倒汪洋北海鲲。

一九〇九年一月二日，报载当年出卖维新志士的袁世凯被摄政王载澧以“现患足疾，步履维艰，难胜职任”为由，“着即开缺，回籍养疴”，被迫归隐河南彰德，丘逢甲得讯，亦赋诗予以讥刺：

不见高欢六镇兵，一身去国羽毛轻。
平生大志浑无着，落日荒荒夹马营。

辛丑条约签订后，由于帝国主义侵略的进一步加剧和封建统治阶级的更加腐朽，给中国人民造成了空前的灾难，面对国危民困的严重形势，丘逢甲深感忧虑。一九〇八年夏，广东布政使王人文（豹君）调川擢藩，行前，粤省官绅于越秀山镇海楼设宴为其饯行，丘逢甲即席领头赋诗，以“愁”字韵连作七律二十四首，抒发了他忧滇思藏、“哀粤中之穷”、同情劳苦大众的思想感情，再次表达了他亟盼祖国独立富强、西南边陲早得巩固的强烈愿望。其中两首这样写道：

吴楚青山满柁楼，江帆风利不曾收。
邮程蜀水先巴水，边警梁州近益州。
南徼旌旗开武帝，东都弓矢锡文侯。
碧鸡金马终无恙，休向乡关起暮愁。
——第三首：《来诗有忧滇意，三迭前韵》

全阙银宫玉作楼，飞升功效几时收？
花开果落三千岁，棘地荆天四百州。
今日如求救时相，古人原重富民侯。
剧怜已竭东南力，难解司农仰屋愁。
——第八首：《八迭韵有感于今之言理财者，
赋以示王，非专为蜀言也》

在连作二十四首七律之后，丘逢甲仍觉意犹未尽，随后又写了一千多字的《诗序》。序中，丘逢甲精辟地分析了内外形势，认为川蜀地广、人稠、物丰，如能治川、富川、强川，当为国家民族之幸。他强调指出：目前“英人方与俄争，谋由西藏而入川，取高屋建瓴之势而未已也；又与法人争，谋由云南而入川。其阴图鸷策画之于十年或数十年之前，而蓄势于数千里之外。商埠焉、教堂焉、矿山焉、车航路焉，日经月营，续续无已，而皆所以潜济其兵谋。今则，机浸熟、势浸迫矣，其祸之发，先藏滇而后川，而亦不止于川”，其最终目的，在于由滇、藏入川后进而控制整个中国。因而他吁请当局：对于列强的险恶用心应保持高度的警惕，务必大力巩固西南边防，只有这样，才能“折其机，阻其势，弭其祸”。序中，丘逢甲一再表示：希望王豹君能为富川、强川而“规画久远”、“立身植德”，为国家民族作出贡献。①

同年夏，岭南一带连日大雨，珠江三大支流——东、北、西江，水势暴涨，人民生命财产遭到严重损失，灾民四处流离乞讨。耳闻目睹这种惨状，丘逢甲内心十分痛楚，特作《述灾》一诗，记叙了水灾给人民带来的灾难（“灾民露天宿，屡徙常倚担；生者鹄面立，死者鱼腹殓”），他寝食难安，愧疚自己无力解救人民的苦难（“平生愧为稷，饥溺常在念；彷徨起中夕，侧目江云暗”），更痛恨造成这种苦难的腐败王朝，禁不住发出了“天心夙仁爱，忍使民昏垫。无家百万人，仰视宁无憾?”的责问。

与《述灾》形成鲜明对照的是《万牲园》一诗。其时，骄奢淫逸的清王朝最高统治者，置国库空虚和人民的死活于不顾，以重金搜求天下奇禽异兽，在京师营建所谓“万牲国”（即今北京“动物园”前身），日支浩繁，以供玩赏。丘逢甲获悉，十分愤慨，遂赋诗予以抨击：

> 中国所有毕罗致，中国所无求海外。力为禽兽造世界，神禹所驱今复聚。毛虫羽虫大和会，除却凤麟无不至。嗟哉伙颐万其类，无良无猛，无蠢无灵，胥目曰牲，园吏按册皆可呼其名。食粟者粟，食肉者肉；尔虽不能言，无不得所欲。文禽武兽前后补，京朝之官半寒苦。人言员外郎，不及园中虎。况尔穷民满天下，安能上与槛猿笼鹤伍？古来灵囿何足言，天荒地老有此园。长安夜半西风起，啼呼如在山林间。

① 《镇海楼王豹君方伯赴蜀诗序》。见《丘逢甲集》第八五五页。

在诗人笔下，清王朝统治下的中国有如禽兽肆虐横行的世界，一边是灾民遍野、路有饿殍；另一边是统治者挥金如土、耽于淫乐，这两个世界是何等地鲜明对立啊！这世道是何等地不公平啊！在丘逢甲看来，清政府的大小官吏多是吮吸民脂民膏、“心肝全无”的无耻之徒，在《虫豸诗》中，丘逢甲把他们比作“虱”、“蚊”、“蝇”、“蛆”、“蜂”、“蝎”、“蚓”、“蛙”之流，予以无情的鞭挞和讽刺。请看以下三首：

虱：黑白亦何常？出身本不洁。
臭香任跖回，但能嘬膏血。

蝎：尔族本在北，与官同至南。
未能相见喜，防尔尾间钳。

蚓：尔鸣亦云善，尔操亦可嘉。
心肝尔全无，老作两头蛇。

国难深重，吏治日浊，朝政日非，天灾人祸接踵而来，“济良所，济几何？……济良所，奈何许！”丘逢甲感到，清廷统治已是千疮百孔、病入膏肓，点滴改良已无补于世，放眼神州大地，“处处闻饥复闻乱，年年忧雨更忧晴”，人们纷纷铤而走险，“犯上作乱”，其根本原因何在？“天下不太平，必自人心始”。在一首题为《戊申广州五月五日作》的诗中，丘逢甲表述了自己对这一问题的看法：

……年来民穷盗益多，群盗如毛不可栉，小犹乡落事攻剽，大且据城谋篡窃。此方告平彼旋起，一岁之间四五发。东南已无干净土，半壁江山半腥血。民言官苛迫民变，官言革命党为孽。彼哉革命党曷言，下言政酷上种别。假大复仇作桀楬，横纵海外灌海内，已似洪流不可绝……

清王朝把急剧动荡的世态民情、城乡人民风起云涌的反抗斗争归咎于革命党人的恶意煽动，而丘逢甲则认为是“官逼民反”（“民言官苛迫民变”，“下言政酷上种别”），也就是说，是吏治的苛虐、清王朝的种族压迫政策，才是导致“民变”蜂起、“兵变”频仍的真正根源。丘逢甲的这种认识，显然已和康梁改良派有本质的不同。

其时，全国各地普遍掀起的抗捐、抗税、抗租、反洋教和饥民的抢米风潮等自发的反抗斗争与革命党人组织发动的反清武装起义互相呼应，互相配合，正汇合成一股强大的革命洪流，任凭什么力量也阻遏不了。面对这种“山雨欲来风满楼”的国内政局，丘逢甲强烈地预感到这是中国社会发生深刻变革的前奏，欣喜赋诗曰：“中国睡狮今已醒，一吼当为五洲主”，“春风吹起懒龙梦，一夜雨声千里春。”他确信：中华民族自强自立于世界民族之林的新时代即将到来！

处于风雨飘摇之中的清王朝统治集团，为避免人民革命的危机，继一九〇一年至一九〇五年间的“自救运动”（即“新政”）失败之后，又变换新的花样，从一九〇六年始，乞怜于所谓“预备立宪”骗局，企图以此笼络人心，抵制革命，苟延残喘。

一九〇五年底，清廷派载泽等五大臣出洋“考察宪政”；次年九月正式发布《预备仿行宪政上谕》；一九〇八年又公布了《钦定宪法大纲》，规定“预备立宪”以九年为期，九年后，正式定宪法、开国会；一九〇九年十月，遵照清廷旨意，各省又成立咨议局，预备将来过渡到地方议会。

对清廷这一连串的“立宪”骗局，革命党人以发动一次又一次的反清武装起义予以回答，坚持用革命暴力推翻清王朝。但海内外的立宪保皇派人士则欣喜若狂：“预备仿行宪政”的上谕刚刚公布，流亡海外的康有为便手舞足蹈地欢呼：“伟哉，此举！”并立即将“保皇会”改名为“国民宪政会”，准备回国推动立宪；梁启超则在日本组织“政闻社”，拥护清政府“预备立宪”，继而又将“政闻社”从东京迁往上海，派人回国，准备大干一场；而以张謇、汤寿潜等为代表的国内立宪派，也纷纷在各省组织起立宪政团，希望能实现他们的政治理想。

丘逢甲对于清政府的“预备立宪”也曾抱有幻想。一九〇七年，广东立宪团体——“广东地方自治研究社”成立，丘逢甲是最早参社的社员之一；一九〇九年十月广东咨议局成立时，丘逢甲又以其社会声望被推举为副议长，并于这一年的年底和议员陈炯明等三人一起去上海，出席了由江苏咨议局议长张謇召集的十六省咨议局代表大会。① 两江总督还致函丘逢甲，请

① 吴相湘：《陈炯明“造反出身”》，见台湾《传记文学》第三二卷第二期。

其出任南洋劝业会广东协赞会的协理。① 但是，丘逢甲毕竟和那些狂热的立宪派人士不同，他正是从清廷玩弄的这出政治把戏中，愈来愈看清了清王朝的真实面目，促使他进一步向革命派靠拢。一九〇九年秋天，也就是广东咨议局成立、丘逢甲被推举为副议长的前后，他连作《秋怀》诗八首，表示自己对政局的看法，其中第四首这样写道：

满目洪荒治已迟，谁教天展九年期？
元黄大化无今古，风雨神山有合离。
四海毕消蛟蜃气，九天同拜虎龙姿。
书生自作华胥梦，千载何妨此一时。

这首诗的政治意向很清楚：在丘逢甲看来，革命洪流浩浩荡荡，顺之者昌，逆之者亡，清廷气数已尽，“九年预备立宪”于事无补，无论它变换什么花招，也无法挽回其灭顶之灾，一个崭新的政权必将出现在古老的中华大地，因此他盼望能抓住这千载难逢的好机会，实现自己多年来“革新图强、复土雪耻”的理想。

一九一〇年春，正当张謇、汤化龙等立宪派头面人物利用咨议局的名义，组织“国会请愿同志会”，发动声势浩大的“立宪请愿运动”，到北京向清廷呈递《联名请愿书》，乞求清政府“缩短‘预备立宪’期限”的时候，丘逢甲却给唐景崧的弟弟——刚刚当上学部尚书的唐景崇（字春卿）写了下面一封信，痛斥清廷借“立宪新政”之名，“横征苛抽”、“穷剥极敲”，使人民大大加重了负担，吏治之腐败黑暗较前尤甚。信中说：

……今夫言新政（指“预备立宪”——引者）者，以为新政固所以利民，然起视民间，其利未知何如，其害固已痛心疾首。盖行政不能无款，而新政之款尤多，则不能不出于横征苛抽，无论在事者之借新政为中饱也。即涓滴归公，而穷剥极敲，民间已骨立待毙。年来繁富之省，皆成贫瘠，而贫瘠者可知，足寒伤心，民怨伤国，其所以致此，固不能独谓咎由办学，而办学亦其一也。官制已新，冗员必汰，而起视所谓新政衙门，冗员尤甚于旧。一公所也，分为数科，科有专责矣，而每科之员，能治其科之事者十仅二、三，或并无之。向之谋差缺之不易得

① 见《中华新报》宣统元年十月十日，据贺跃夫《关于丘逢甲在广东的若干史实考析》。

者，今皆以新政衙门为快捷方式，马曹不知几马，庖人不能治庖，坐耗大仓，朋为雀鼠……。①

虽然在信的末尾，丘逢甲说："海内最先倡言立宪，此身亦居其一，今日尚望冀其成，亦必不至与新政为仇。"但综观全文，这封书信实际上和前引《秋怀》诗一样，鲜明地反映出这个时候的丘逢甲已经和维新立宪派有了本质的区别，他对所谓"立宪新政"已不抱幻想，对腐朽的清王朝已完全绝望，标志着他的基本思想政治倾向已发生重大变化，在他人生旅途的最后几年时间里，其言论行动，已经由原来的赞助维新保皇、支持立宪，转而倾向、支持革命，成为以孙中山先生为首的资产阶级民主革命派的真诚朋友。

关于丘逢甲思想政治倾向的变化，丘逢甲的好友丘复有一段重要的回忆文字，说：

……君（指丘逢甲）之宗旨，其初本近于保皇……。自庚子春游南洋半载，备见保皇党之骗术，且观察南洋趋势，归而大变其思想，以为欲新中国非彻底改造不可。己酉四月（一九〇九年五月），在广州刘鸣博（士骥）与君同事两广学务处多年，至相得也，自广西来（应为"自美洲归来"——引者注），一见君即昌言曰："十年相信保皇党，今始知受其骗而无用！"刘本彼党中人，殆有所觉悟也。君曰："君至今始知无用乎？予于十年前早看破矣！"刘旋为彼党暗杀。君挽联云："圣人不死，大盗不止（孰能止之?）；贪夫殉财，烈士殉名（公得名矣!）；盖指康有为也。"②

如前所述，从庚子南游返国后的言论行动来看，丘逢甲的思想确实有所变化，渐有同情排满革命的表现，不过，丘复说他这时就"大变其思想，以为欲新中国非彻底改造不可"，则未免夸张失实。但丘复这段回忆文字之所以重要，在于它证实了我们的上述判断：一九〇九年前后，丘逢甲的政治态度和思想感情确已和康梁等维新立宪派大相径庭，其基本立场已倾向革命

① 见《丘逢甲集》第八八一页。

② 丘复：《愿丰楼杂记》卷三（未刊稿）。一九九八年十一月二十七日广州《羊城晚报》刊文《墨迹背后藏杀机》（作者穆驭），评介了康有为的两件遗札，文中引述刘士骥后人所录之丘氏挽联为："贪夫殉财，烈士殉名，公得名矣！圣人不死，大盗不止，孰能止之?"

民主派一边。

刘士骥被杀案确是促使丘逢甲与康梁保皇党人决裂、转向民主革命派的重要原因之一。

刘士骥，字铭伯（又作铭博或鸣博），广东龙门县人，广西候补道，为丘逢甲乙未内渡后结交的挚友之一。一九〇二年，刘荐举经济特科，丘逢甲作《题刘铭伯制科策后》致贺，表示“吾辈当为天下计”，“何时对舞共刘琨?”以示互勉。刘出任两广学务处视学员，热心新式教育，粤督岑春煊奏请清廷予以奖励。一九〇六年，闽浙总督及两广总督联名奏派刘往南洋视学，丘逢甲欣喜异常，竟于同年“五月十六日夜梦刘铭伯自南洋回”，一觉醒来后，“得七言绝句一首”，八月初十日，丘在日记中追记了此事，可见丘、刘两人感情至笃。刘士骥与康有为同是癸巳科举人，私交很不错，康梁维新失败逃往海外后，刘对康仍很敬重。此时，保皇党人在海外仍有一定市场，他们得知刘士骥与官场来往密切，便想通过他与官方接洽，集资兴办实业。刘士骥自南洋视学回国后，其兴办实业的计划得到广西巡抚张鸣岐的支持，决定创设振华实业公司，并由刘士骥、欧榘甲等负责去海外华侨中集资。一九〇八年，刘奉命远赴美洲招股，丘逢甲曾作诗送行，祝愿刘“此行遍布尊亲义”，肩负起“唤起黄人思祖国”的责任。刘在美洲招股成效卓著，实收股本达一百万元。但保皇会领袖人物却意欲把振华实业公司视为保皇会的“公产”，以保证其政治活动有稳定的经济来源。刘士骥则不愿在经济上受制于康有为，而与刘同行的保皇会成员欧榘甲、叶恩等人与康有为本就积怨甚多，遂对外披露了保皇会经营商务的内幕及骗取华侨资助的行径，从而使保皇会陷入四面楚歌的境地。保皇会分子怀恨在心。一九〇九年五月十五日，刘士骥从美洲返抵广州，居于城内永安里寓所，五月二十七日傍晚，竟被八名刺客用匕首刺杀于家中。

刘士骥被刺案在广州学界及绅民中引起很大轰动，各地报刊纷纷报道，直指康有为等保皇会首领是刺刘案的主凶，刘士骥的儿子刘作楫后来也通过省咨议局向两广总督呈请通缉刘案凶手及幕后主使人，刊发了《康梁徐谋财害命铁证书》。丘逢甲对好友刘士骥的不幸遭遇甚感悲痛与同情，支持刘子刘作楫的请求，由省咨议局向两广总督提呈了《刘道被刺事呈总督部堂文》，吁请地方当局加紧缉拿刘案的凶犯。刘士骥被康党暗杀后，丘逢甲甚为悲愤，从此，丘逢甲与康梁保皇派不再来往，思想政治立场也逐渐转向支持民主革命。

一九〇九年，三子丘琮已年届十五周岁，丘逢甲特为其定别字“念台”。他郑重地对丘琮说：“你明年十六岁就要成年了，我命你别字叫‘念台’，有两个意义，第一，是希望你不要忘记台湾，一定要继承我的志气收复台湾省，拯救那四百万的同胞脱离奴隶生活，复还祖国；第二，是明末清初具有民族意识坚强的学者，叫刘宗周，他的别号也叫念台，我希望你学他的立志和为人。”① 这件“小事”，可以从一个侧面看出丘逢甲这时的思想意向。

至于丘逢甲晚年是否在组织上加入过同盟会的问题，据丘琮回忆说：“我在镇中（镇平中学堂）加入同盟会，据校里的教员说：我的父亲是韩江方面的盟主，凡是韩江各县加盟的人士，都在誓约上填写‘丘仓海’而不是原名‘丘逢甲’。我在镇中参加同盟会组织时，因为不明白父亲是否隐名出任盟主，要是真的，就不便把父子姓名同列誓约之上，所以我的誓约填写盟主‘孙中山’。”② 但丘琮所云，目前尚无确凿史料可资佐证。

晚年倾向、支持民主革命，这是丘逢甲爱国思想在新的历史条件下质的飞跃，是他一生政治生活中的重大转变，同时也是他生命史上难能可贵的一页。回顾丘逢甲所走过的人生历程，不能不说：丘逢甲之所以能够实现如此重大的转变，迈出这关键而不平常的一大步，这是他毕生奋斗、不知疲倦地寻找救国救民真理、顺应时代潮流不断前进的结果，一句话，是一个真诚的爱国主义者的必然归宿。

当然，毋庸讳言，丘逢甲思想政治倾向的转变是缓慢的、初步的，而且是很不彻底的，他的思想深处始终带有改良派的深刻烙印。当我们考查他晚年的言论和行动时，往往会发现在许多方面是自相矛盾的，他既区别于维新立宪派，也不同于革命民主派。例如，他十分痛恨清王朝的腐败卖国，同

---

① 丘念台：《我的奋斗史》。

② 丘念台：《我的奋斗史》。丘琮《年谱》称丘逢甲为“同盟会岭东盟主”，恐亦以此为据。“校里教员”，系指该校体操教师丘君实（光汉）、林修明等，他们在镇中建立同盟会秘密组织，一九〇八年，丘琮即由丘君实介绍，在镇中加入同盟会。林修明为丘逢甲门生，后由丘介绍进入广州警官学堂任事，从事秘密革命活动，一九一一年四月参加黄花岗起义，不幸殉难。

情、倾向乃至支持革命，爱护革命青年，甚至不惜冒着生命危险掩护革命青年，把祖国独立富强的希望寄托在他们身上。他曾对自己的学生、同盟会员李次温等说："依袁氏官僚，不能成革命事业，革命须汝辈青年自己奋起耳。"① 但是，他又不愿意看到国内发生变乱，致使地方糜烂、百姓遭殃，更担心因此而招致列强的干涉和瓜分。因此，在相当长的一段时间里，他对革命党人以暴力手段推翻清王朝很不理解，持保留甚至反对态度。早于一九〇〇年前后，他就曾说过："内乱吾不与，外患吾不避。"在一九〇八年六月写的《戊申广州五月五日作》一诗中，这种思想表露得格外明显，诗中写道：

……益之民穷变易煽，鱼帛狐篝竟潜结，事败党人辄跳免，东邻西邻相窟穴。可怜唯尔愚民愚，身罹兵诛家立灭。……尤难言者东西邻，公庞群凶噘内啮，鹰瞵狼睒谋我缺。彼谋我者原多途，既山取金路敷铁。更乘内乱肆厥毒，坐恐吾民靡有孑。我今内治方无人，何力能俾外谋折？

同年五月，丘逢甲甚至还作诗悼念在黄冈起义中死于革命党人之手的清军侦探丘孟卿。诗中，丘逢甲虽然也谴责了清军的腐败和滥杀无辜（"未能诛乱首，空复括民膏。抄似瓜连蔓，僵真李代桃。"），但却错误地把黄冈起义称为"黄冈之乱"，称革命军为"盗"，"贼"，而把为清廷卖命被革命军处死的丘孟卿称作"鬼雄"而加以褒扬（"陷贼不屈死"、"青山吊鬼雄"）。② 此后，丘逢甲在对待革命党人武装起义的认识上虽然有所转变，但并不彻底，对破坏性极大的自发民变与有纲领有组织的民主革命斗争的本质区别，认识不清。直到一九一〇年，他还对人说："革命能和平成功最佳，不得已而有破坏屠杀，亦不可过当，盖我国今日大患不在满清，乃在东西列强。若因破坏屠杀而毁伤国脉元气，将易启列强侵略。"③此外，直到他生命的最后几年，他也没有能够与旧官僚和立宪派实行真正彻底的决裂，始终和他们保持着密切的交往，这说明丘逢甲在思想感情上和他们仍有不少共鸣之处，其政治立场还没有完全转变到革命派方面来。同时也正因如此，决定了

①③　丘琮：《怙怀录》。

②　丘逢甲未刊诗稿：《寄悼丘孟卿》四首。

他不能进一步投身到辛亥革命的洪流中去，作出本来可能作出的更多更大的贡献。

二、暗护党人，兴利除弊

丘逢甲思想倾向革命之后，利用自己的社会地位和与广东地方上层人物的特殊关系，为革命做了大量工作。其中之一，就是在他力所能及的范围内，安插、重用了不少革命党人，掩护、支持他们从事革命活动，并在他们遭遇危难的时刻，不顾一切尽力营救，保护了一大批革命党人。

一九〇七年五月黄冈起义失败后，广东当局企图大肆搜捕革命党人，实行严厉镇压，尽管丘逢甲并不赞成革命党人的武装暴动，但当他获悉岭东同文学堂出身的革命青年李思唐、林国英、李次温等多人都参加了这次起义，急忙从中斡旋，以“防止株连，避免事态扩展”为由，对当局极力加以劝阻，致使一批革命党人得以脱逃，免遭遇难。①

在丘逢甲担任两广学务公所议绅，惠、潮、嘉视学员和广东总教育会会长期间，省城广州及各地学堂在民主革命思潮的影响下，不断发生进步学潮，向封建顽固守旧势力进行斗争。这些学潮的发生，往往是由于一些革命党人打入教育系统，以“教员”的合法身份作掩护，团结进步学生，暗中策划、鼓动和组织的结果。对此，丘逢甲不仅不加反对和制止，还常常运用自己的政治声望和职务上的方便，尽力保护进步学生和革命党人免受迫害。

例如，一九〇八年，梅县松口发生学潮，两广总督张人骏企图借机镇压松口革命党人，奏请停办全梅学校。丘逢甲闻讯，亲往张人骏住所，说明松口是有名的华侨之乡，采取严厉措施将影响华侨的利益，势必酿成不良后果，务请三思而行。张人骏接受了丘逢甲的劝告，防止了事态的蔓延发展，使松口革命党人得到保护。第二年，嘉应州牧邹某拘捕了一批进步“学绅”，丘逢甲又“致过家门而不入，席不暇暖，即出省垣奔走”，设法

① 丘琮：《怙怀录》。

营救。①

一九〇九年十月，丘逢甲当选为广东咨议局副议长后，受聘为两广总督公署议绅，社会地位较前又有提高。不久，广州两广方言学堂发生了一起重大学潮，丘逢甲运用自己的政治影响和社会声望，出面保护了一大批进步学生。事情的大致经过是这样的：

这一年秋冬，方言学堂的监督、浙江名宿陈介石被推举为浙江咨议局议长，辞去了方言学堂的职务，由一个名叫隗文云的人继任监督。隗某上任后，将一名任期未满而受学生爱戴的进步教员孟聪先生无理解聘，遭到学生的强烈反对。隗某不仅不听取学生们的意见，反而蛮横地声称："去留教习，本监督自有权衡，学生不得过问!"学生们愤怒至极，同声喝打，自是停课长达三个多月，酿成僵局。其时，丘逢甲尚在广州府中学堂监督任上，声望颇高，方言学堂的学生便与各方联络，一致拥戴丘逢甲继任监督，"乃于三个多月之沉寂气氛中，忽然兔起鹘落，五百名学生在五分钟内，齐集操场，排队而出，径赴两广总督署，吁请维持学业。"当时广州将军增祺兼任两广总督，得悉后立即传见，学生整队而入，申明他们"闹事"的原委，并说明来意。增祺不得不以隗某"办理不善，下令撤职"，并接受学生们的要求，改派丘逢甲继任两广方言学堂监督。事后，两广学务公所开会讨论方言学堂这次学潮的善后处理办法，会上，有人极力主张将各班班长及代表革除或记过，以儆效尤。丘逢甲坚决反对，他说："学生应惩处，则监督不应撤职；监督既撤职，则学生不应惩处!"由于丘逢甲据理力争，结果没有一个进步学生受到处分。②

丘逢甲出长咨议局后，立即延揽革命党人古应芬担任咨议局书记长，邹鲁为书记。③ 及至丘逢甲兼任两广方言学堂监督，又叫邹鲁去当教员，讲授国际公法、经济、财政等科，并由他自行编写教材。此后不久，原在法政学堂任教的同盟会重要分子、著名革命党人朱执信，因涉革命嫌疑而被该校罢退，"因为丘先生喜欢革命党人"，邹鲁又向丘逢甲推荐，把朱执信聘请到

---

① 丘琮：《岵怀录》。

② 郭伯健：《清末广州三学潮》及《方言校志》，见《广州文史资料》（五）。

③ 古应芬，字湘芹，后出任孙中山大元帅府文官长、秘书长等职。邹鲁于一九〇九年夏毕业于法政学堂，到咨议局任书记前，曾在粤商会任教约半年时间。

方言学堂任教。[①] 于是，朱、邹二人便利用在方言学堂任教的便利条件，在丘逢甲的掩护下，对青年学生宣传革命思想，秘密发展同盟会组织。民国成立后曾任广州市市长、广东省政府主席、审计部部长等要职的著名革命党人林云陔，就是此时在方言学堂加入同盟会的。[②] 邹鲁、古应芬，和隐藏在省咨议局议员中的同盟会员陈炯明，还利用咨议局这一合法机关作掩护，从事秘密革命活动。这样，广东咨议局和两广方言学堂，实际上就成为当时广东革命党人秘密活动的两个重要据点。

一九一〇年二月，陈炯明、邹鲁秘密参与了由赵声、倪映典组织发动的广州新军起义，被广东巡警道王秉恩（一作王秉必）查获。一天，王某携带名单，亲到咨议局拜见副议长丘逢甲，企图拘捕陈、邹二人。寒暄过后，王秉恩说明来意。丘逢甲接过名单一看，不待王某开口，便正色道："陈某、邹某是我最信任的，假使他们是革命党，那么我一定也是，如若要按名单捉人的话，请先从我捉起！"王某听后，连忙赔着笑脸说："这不过是手下人报告上来的名单，作不得准，陈某、邹某既是个好人，想必是他们误报的。"说完，怏怏告退而去。这样，陈炯明和邹鲁才幸免于难。[③]

当时，陈炯明、邹鲁等人除利用咨议局作掩护、从事秘密反清革命活动外，还在丘逢甲的支持与配合下，在咨议局内部与封建反动势力进行合法斗争，兴利除弊，揭露清王朝的腐朽统治，起到了团结、教育民众，激发资产阶级民主主义意识和促进民主革命潮流前进的积极作用，其中最典型事例，是一九一〇年曾轰动一时的咨议局"禁赌案"。

清末广东赌风极盛，这是道（光）、咸（丰）以来官方几次开放赌禁，以赌筹饷造成的严重恶果。咸丰十年（一八六〇年）广东绅商请准官厅，公开办理赌"闱姓"，以收入修复贡院。所谓赌"闱姓"，是利用科举考试进行赌博的一种方式，道光末年就已出现于广东，这种赌博以猜中闱场考试被录取的士子姓氏多少为输赢，故称赌"闱姓"。这种赌博方式日益泛滥，造成了严重的社会问题。光绪元年（一八七五年），清廷曾一度下令禁止，但并未真正禁绝，赌商们或转移到澳门，或转入地下，继续开设赌馆。光绪

①③ 邹鲁：《回顾录》。

② 谢瀛洲：《林云陔传略》。

十年开始，清廷明令赌博税抽四成，广东每年上缴的赌博税竟高达三十万两白银。当时，有一个名叫刘学询的广东香山（今中山）人，本是翰林出身的候补道台，他弃官从赌，在澳门和广州两地以包办“闱姓”起家，大发横财，广州和杭州都有他营造的“刘园”，过着穷奢极欲的生活。科举废除后，“闱姓”赌博也随之消失，但继之而起的是“番摊”等其他种种名目繁多的赌博方式。所谓“番摊”，是以落注猜买一、二、三、四为输赢，比原来的赌“闱姓”更为简便，由此赌风大炽。两广总督谭钟麟曾哀叹：在广东的村墟城镇，僻巷穷乡，到处都设有赌馆，不少人拿赌博来谋求吃穿，几乎是“无地不赌，无人不赌”。以至百业萧条，许多良家子弟因染上赌习而倾家荡产，痛苦难言。有的赌徒输光之后竟铤而走险，沦为盗贼，社会秩序日益混乱。可是，一八九九年（光绪二十五年）李鸿章以首相身份总督两广后，不仅不严加取缔，反而变本加厉，以筹措“海防经费”为名，准许公开招商承办聚赌，年饷二百万两，并委派都司李世桂负责承办，致使广东赌风愈演愈烈。到宣统元年（一九〇九年），广东常年赌饷收入达六百六十四万余元，折合白银四百七十八万余两，占光绪三十四年（一九〇八年）全省财政收入二千七百余万两的百分之十七点七。当时较有影响的《半星期报》发表评论说：“广东全省俨成赌国。赌盗之源，天人而知。惟赌饷一日不罢，则赌风一日不绝；赌风一日不绝，则民智不开，实业不振。盖人人有猎彩之希望，而无研究实业之思想。由赌而贫，由贫而盗，势所必然。”①清政府开放赌禁，大大败坏了社会风气，使本就乌烟瘴气的官场吏治更加污浊不堪，人们对刘、李两大赌商恨之入骨，“文有刘学询，武有李世桂”，成了广为流行的谚语。

丘逢甲对于嗜烟（鸦片）及赌博，一向深恶痛绝，早在《柏庄诗草》及《台湾竹枝词》等青年时代的诗作中，就曾给予讥刺。据丘琮回忆说：“先父厌恶鸦片，遇吸者辄劝戒绝。家中来客吸鸦片者，不招待。于赌博亦疾视，除元旦许子弟玩乐外，平时不许观玩。粤人本嗜赌成癖，清吏视作饷源，风气益坏。乡邑子弟常以倾家荡产，并为盗斗之源。先父深痛之。”②

---

① 广东《半星期报》第十九期，戊申七月八日版。

② 丘琮：《怙怀录》。

一九〇〇年一月（己亥年冬），丘逢甲游历澳门，正是李鸿章督粤、聚赌之风盛行之时，丘逢甲耳闻目睹了李鸿章这一祸国殃民的措施，曾作《纪事》诗两首，予以辛辣鞭挞：

阊阖沉沉路不通，封章空自效愚忠。
人间漫诧朝阳凤，已落罗钳罟网中。

何止诛求在市租，上供只道急军需。
相公南下纡筹策，报国居然仗博徒。

一九〇九年冬，丘逢甲出长咨议局后不久，遂和陈炯明、邹鲁等人计议，力主禁赌。当时，直属总督衙门的"会议厅"迫于舆论的压力，提出了《筹禁广东各项赌馆议案》；由广东省咨议局筹办处的议绅与全省劝办警保局的局绅联名发起组织的"议案预备会"，也曾将"本省利弊之最显著者数大端，立为标题，共相讨论"，其中"禁赌"即是所开列的六大"标题"之一。可见禁赌已成大势所趋。但是，在如何禁赌的问题上，部分激进议员和官员之间却存在严重分歧。官方坚持先筹抵饷，然后才禁止赌博，而议员则主张先定期一律禁绝赌馆，然后再通盘筹交财政收入，即把禁赌与筹交抵饷分开办理。陈炯明为此提出一个修正案，要求定期一律禁赌。此提案在咨议局内获得通过。但粤督仍坚持先筹抵饷，拒不接受咨议局的决议案。双方争议多时仍无结果。延至一九一〇年十月，省咨议局第二次年会召开期间，咨议局作出《广东禁赌请电奏定期实行案》，并以停议、辞职迫使粤督据情代奏。

但是，同年十一月九日，广东咨议局在讨论安荣公司是否可以开设铺票赌博一案时，却发生了激烈的争议。安荣公司属议员苏秉枢所有，苏秉枢外号"苏大阔"，曾承包多项赌饷，发了大财。他结交官绅名流，力图谋取社会政治地位，如广东水师提督李准的女儿出嫁时，苏秉枢送一对金痰盂作为礼物。一九〇八年以后，苏屡次捐款赈灾，捐助学费，捞取社会声誉，先后被授以四品京堂候补、头品顶戴等官职衔。就在讨论安荣公司开设铺票赌案前夕，粤督袁树勋还奏请清廷赏以三品京堂候补。正因为有这种政治背景，苏某才有恃无恐，胆敢在粤人一片禁赌声中继续筹划新的赌项，并收买、贿赂议员为其出谋划策。要求一律禁赌的激进议员认为："旧赌未能即除，岂容复增新赌"，但是，苏的支持者，常驻议员刘冕卿却提出："铺票比山票赌博为轻，安荣公司是去重就轻，与次第施禁不相抵触"，并说："今已抵数无着，不能遽禁，于法律上诚不合，于事势上所必然。"因而主张让安荣公司开赌。

丘逢甲坚决主张禁赌，他责问刘冕卿：既然法律上不合，何必为赌商滔滔辩护？议员陈炯明等也附和丘的意见，双方互不相让，争论多时方付之表决。当时出席会议的议员有六十四人，其中有九人在争论激烈时离开了议场，表决前，丘逢甲从争议中估计禁赌案有可能被否决，便示意陈炯明临时动议，说明本案关系重大，不能像平时那样以起立方式表决，而应改用"记名表决法"。接着由议长易学清宣读议事细则，凡赞成禁赌者，在票面上写上自己的名字和"可"字，反对禁赌者亦在票面上写上本人姓名和"否"字，这就是所谓"可决议员"（禁赌议员）与"否决议员"（庇赌议员）的由来。① 赌商议员苏秉枢用钱收买了一批议员，自以为稳操胜券，只求尽快通过，也就同意用"记名投票法"表决。结果，在席议员中，只有二十人赞成禁赌，其余三十五人投票反对。苏秉枢欣喜若狂，散会后，大请其客，庆祝他的"胜利"。

丘逢甲对表决结果十分气愤，频频摇头，说："广东咨议局竟丢脸至此耶!"愤然离开议场。可是苏大阔高兴得太早了！投票时担任咨议局书记的邹鲁，当晚就把咨议局开会的情况和全部投"可"、"否"票议员的名单等整理成文，送交报馆发表，并同时提出辞呈。当时有一位同事担心邹鲁这样做会出乱子，便向丘逢甲报告，想要丘逢甲出面劝阻邹鲁。丘逢甲却对他说："海滨这样做是很对的!"接着书记长古应芬也提出辞呈。议长易学清挽留邹、古两人无效，继而，丘逢甲率全体投"可"票的议员也都提出辞职。这样一来，事情变得严重起来，羊城上空陡然升起了政治风云，整个广州省城舆情激愤，社会各界主持正义的人士，在明伦堂召开大会，声援投"可"票的议员，声讨投"否"票的议员，有人甚至将投"否"票议员的名单贴在城门上示众。在丘逢甲的影响与带动下，四十三名议员联名集体上

---

① 关于丘逢甲在咨议局期间力主禁赌的事迹，后人多有追记或补述，细节互有出入，中山大学贺跃夫博士考之甚详，撰有《关于丘逢甲在广东的若干史实考析》，今从贺说。

书辞职。迫于强大的舆论压力，投“否”票的议员也不得不宣布“集体辞职”，从而酿成庚戌年间广东地方从未有过的社会政治风潮。

这一片“辞职”之声，引起了清廷的震惊，下令要两广总督袁树勋派人负责“查办”。广东按察使、劝业道和巡警道三位大员奉命出马，以请邹鲁赴宴为名，企图劝说邹鲁收回辞呈，私下了结，被邹鲁严词拒绝。袁树勋见事情闹成僵局，无法向朝廷交差，只得请求辞职去任。清廷也深恐事态继续扩大，会引起更大麻烦，遂将袁开缺，改调广西巡抚张鸣歧升任两广总督，并准许投“否”票的议员辞职，而对投“可”票的议员则一律“慰留”，古应芬和邹鲁也仍回书记处任事，这样，持续了数月之久的这场政治风波才算得到了平息。①

张鸣歧到任后，与省咨议局、各司道及在籍士绅几经商议，改以盐斤加价和烟酒增税的办法来弥补赌饷，奏准后于一九一一年三月三十日起，通令广东全省所有“番摊、山票、铺票、白鸽票和其他一些杂赌，一律示禁”。深受赌害的广州人民，奔走相告，纷纷“庆祝巡游，颇为热闹”。此后，“虽然私赌还未完全禁绝，但公开的聚赌，复是偃旗息鼓。”② 当时，广州民间艺人曾将此事编本说唱，予以褒扬，直到今天，丘逢甲等人当年倡导禁赌的历史故事，仍在广东人民中间传为佳话，可见其影响之大。一九一〇年，粤省咨议局内开展的这场禁赌斗争，虽然是属于合法斗争，但由此可如，以丘逢甲为代表的开明士绅和年轻激进议员陈炯明以及邹鲁等人，是广东咨议局内部力主禁赌的核心力量，他们的态度影响了大部分议员，从而保证了咨议局能够在同官方的争执中采取一致行动，迫使清廷和广东当局最终作出妥协与让步。

在咨议局任职期间，丘逢甲还做过其他一些兴利除弊的好事，除上述“禁赌”一案以外，仅在振兴广东教育事业方面所通过的有关议案就多达九宗，其中尤以《振兴女子小学》一案至为重要。在封建专制制度下，“女子无才便是德”，她们备受歧视，完全被剥夺了受教育的权利。直到一九〇三年，以推行所谓“新政”相标榜的清王朝，在其颁布的《奏定章程》（即

---

① 邹鲁：《回顾录》。
② 《广东文史资料》（十六）。

“癸卯学制”）中，仍公然规定排斥女子教育。丘逢甲对此颇为反感，他认为中国妇女人数过半，她们受教育的程度和体质的强弱直接关系到中华民族的未来。陈撷芬女士主办的《女学报》在沪问世时，丘逢甲就曾赋诗祝贺：

唤起同胞一半人，女雄先出唱维新。
要修阴教强黄种，休把平权笑白民。
拾翠尽除闲著作，炜彤兼复古精神。
大江东望文明水，遥祝飞行比电轮。①

在粤东兴学育才期间，丘逢甲得知兴宁女子入学的喜讯，感到十分欣慰，曾作七绝二首纪之，并“预祝英雄出巾帼”。显然，丘逢甲这种提倡男女平权、女子应受教育的进步思想同清廷的封建教育制度是相抵触的。一九〇九年，丘逢甲出长咨议局后，即由他主持通过了由陈炯明提出的《振兴女子小学》议案。这一议案公开提出：“凡府及直隶州均设女子师范一所并附设初等女子小学，某州县不能设立师范者，亦必先设立女子小学以为倡。至已设女子小学一时教员难得者，不必拘定女师，即暂延男师者亦可”，②与清廷大唱反调。这一议案的通过，对促进广东女学的发展和妇女解放运动，起到了一定的作用，在政治上具有反封建的积极意义，与民主革命思潮起了桴鼓之应。

一九一一年四月二十七日（阴历三月二十九日）广州爆发了由黄兴、朱执信等人领导的“黄花岗起义”。起义发动前几个月，黄兴把邹鲁叫到香港，要他在广州设法创办一个报馆，负责这次起义的舆论宣传工作。邹鲁回到广州后遂与陈炯明商量，决定在咨议局内部筹集办报经费，以免妨碍起义经费的捐募，并将报名定为《可报》，意在利用咨议局内投“可”票议员力主禁赌的声望，使人们误以为《可报》乃咨议局主办，这样，既可增加号召力，又可借咨议局招牌作掩护，避免引起当局的疑忌。计议既定，开始筹款，议员们果然慷慨解囊，在很短的时间里，《可报》便得以顺利出版问世。③

---

① 见《诗抄》卷八。
② 见《广东咨议局第一次会议报告书》。
③ 邹鲁：《回顾录》。

但是，由于叛徒的出卖和事先计划欠周等原因，这次起义又告失败，大批革命党人壮烈牺牲；广州全城戒严，到处搜捕革命党人，笼罩着一片恐怖气氛。起义失败当晚，党人退到白云山，夜深后，相率经小北门逃入丘家祠，“攀墙而入者数十人”，丘逢甲当时住在丘家祠，门口挂有“工部主事”的木牌。翌日闭城搜捕革命党人时，丘家祠因系京官寓所，清兵不敢随便入内搜查。其时，在乡下料理完父亲丧事的丘逢甲恰好返回广州，① 他见此情况，对躲藏在自己寓所中的革命党人抚慰说：“尔等投生也，此间较为安全。”② 随后，他赶往两广总督衙门，力劝张鸣歧解除城禁，致使许多革命党人得以安全撤离广州。而巡警道王秉恩复以邹鲁主办《可报》，鼓吹革命为据，诘难威胁丘逢甲，丘逢甲毫不畏惧地回答：“邹鲁是我的学生，假如真的有罪，可先办我！”③ 王秉恩抓不着丘逢甲的什么把柄，也拿他无可奈何。又据邹鲁自己回忆说：起义“失败后第三天，清早起来，我向东一直走去……不久回到咨议局，……我将全部军火炸药妥为密藏，并且把有关文件烧了……过了几天，丘先生由乡间赶到省城，次晨找到了我，立刻说：‘你和竞存（陈炯明的号）参与这次起义的证据，已被清吏搜获。竞存已走，你也应该立即避开为要！’于是我便决定出奔。”④ 事后，丘逢甲得知在这次起义事件中，“留学志士多数殉难，闻之甚惋惜。”⑤

在黄花岗起义爆发前半个多月，广东还发生过一起革命党人温生才刺杀署广州将军孚琦的事件。其时，嘉应劣绅捏名控告汕头《中华新报》为革命党渊薮，与温生才关系尤深，要求严办。张鸣歧素悉丘逢甲与《中华新

---

① 据丘复《潜斋先生墓志铭》载：“宣统三年正月八日（即一九一一年二月六日，丘琮《年谱》作初七日），镇平员山创兆学业潜斋先生是日至校督策诸生甚挚，归而是夕终于家。”其时，恰逢丘逢甲在乡度假，编辑其内渡后诗稿《岭云海日楼诗抄》。至阳历四月中上旬，因粤省当局屡电来召，遂节哀动身返穗视事。不少论著称：“丘逢甲得悉黄花岗起义失败，急忙从乡间赶回省城，不顾个人安危，设法营救。”不确。

② 据陈公愚主编：《蕉阳文献》，该文特别注明：“方言学生丘仰汤，亦住丘家祠，所见所说也。”

③ 据郑喜夫编：《民国丘仓海先生逢甲年谱》。

④ 邹鲁：《回顾录》。另，不少论著均提到丘还曾设法营救过被清方拘捕的姚雨平，但据姚本人自述其获释经过并未提及丘逢甲（见姚雨平：《新军起义前后及辛亥三月二十九日之役的回忆》，《广东辛亥革命史料》）。

⑤ 丘琮：《怙怀录》。

报》来往密切，碍于丘逢甲情面，更担心若深究下去会因此而牵连到自己，故接到控状后，仅密令潮嘉道封禁该报了事，并未拘捕有关人士。亲友们得到消息，都替丘逢甲捏一把汗，有人出面劝告他说："祸至无日矣，甚矣先生之爱友也！虽尽友道，于己何益？假使从学务公所即入岑春煊幕中，勿预闻乡友事，岂患权位不如张鸣岐？"丘逢甲听罢，笑了笑说："余不作是想，倘余不从工部告归，讵不早如岑春煊乎！"①

就这样，丘逢甲不顾个人的利害安危，利用自己的社会地位、政治声望和与粤省大吏的特殊关系，保护了大批遇险的革命党人。

三、漫游罗浮，寄怀家国

一九一〇年（庚戌）秋，丘逢甲忙里偷闲，抽空去粤中揽胜访幽，先后观光了博罗县境的罗浮山、惠州的西湖、南海县的西樵山等名胜古迹，得诗八十余首，结集为《仓海君庚戌罗浮游草》自序刊布。同游者有嘉应李良材、镇平丘冬友等人。其时，同盟会革命党人正酝酿发动大规模的武装起义，国内政局正处于"山雨欲来风满楼"之势，一向关注国家民族前途命运的丘逢甲，何以偏偏在这个时候出游呢？对此，丘琮曾有如下文字记述：

> "己酉、庚戌、辛亥三年，以职位时势关系，多事描写山川，少写情感；而有所写，则判华夷，倡忠义，多揭民族国家精神之作。""所作雅丽飘逸，则具风格。"②

丘琮所记为我们了解丘逢甲这一时期的心境、行止与诗作，提供了有益的线索。此外，在《罗浮游草》自序中，丘逢甲也说自己是"以诗代言"，并声明从此用"仓海君""以署吾诗"，以"别于他人之游"。丘的好友吴道镕（玉臣）在"敬绎序意"的五言诗中，直言"仓海感飞尘，洞天留福地。雄心无住著，且结林峦契。"揭示了丘诗托物言志的深意。③诚然，在

① 曾养甫：《丘逢甲事略》。
② 丘琮：《仓海先生丘公逢甲年谱》。
③ 安徽版《岭云海日楼诗抄》，《罗浮游草》附录。

两军对垒、社会阶级矛盾空前尖锐、风云变幻的特定时期，丘逢甲有意暂时回避一些敏感的社会问题与人际关系，去大自然中寻求精神寄托或抒发自己的情志，这或许不失为一种巧妙的处世方式与斗争艺术。

在《游罗浮》二十首五古中，诗人首先表明自己是“侧身城市间，惘惘怀百忧”，并非纨绔阔少那样去花前月下寻求刺激与满足，而是怀着对国家民族前途命运的“惘惘”忧思，忙里偷闲，到大自然中来寻找寄托、梳理思绪的。接着，诗人描绘了罗浮纵横五百里的诸多名胜风光，对冲虚观、宝积寺、洗药池等都一一赋诗纪之，盛赞罗浮“奇胜甲天下”的壮丽。《游惠州西湖杂诗》计有七绝二十首。它们再现了惠州西湖的湖光山色和人文景观。丘逢甲这些记游诗的特点是情景交融、夹叙夹议，将古今世事及自己的评议融入其中，具有深厚的历史内涵与现实感。例如《游罗浮》二十首，诗人记叙了畅游罗浮四百卅二峰的奇景名胜之后，笔锋一转，就眼前所见，借机揭露洋人染指岭南的阴谋，告诫国人卫护名胜，增强国防的重要性：

……何来碧眼胡，亦蜡游山屐。尔徒惯豪偷，勿此为山贼。妖氛海上来，天戈无能麾。神州若不保，何况一山隅。

在《游西樵山》六首之四的五言古诗中也说：

芙蓉亦花妖，转海毒我民。嗟尔造士居，告诫何谆谆。流毒且百年，禁令今始伸。至今论外祸，此特为之因。昏莽持外交，实出亲贵臣。一言足丧邦，坐使利益均。尔徒媚道心，所志惟金银。奈何不斩虏，飞剑乞洞宾。

在这里，诗人不仅追述了西方列强贩卖鸦片、祸我人民、侵我中华的历史事实，而且讽刺了那些媚敌误国、牟私自肥的权奸显贵，警醒国人要擦亮眼睛，谋求强国卫土的新路。正如覃寿堃在诗序中所说，“先生诇其事，怵然于国防之义，白之当道，请明定限制，并力陈名胜与国土之关系，请饬下守土吏妥为防护”，堪为“罗浮功臣”，“自先生之诗出，举数千年来蒙垢含滓之罗浮，一雪其真相”，[①] 具有永恒的价值。

有史以来，地处岭南的粤中罗浮山，远不如泰山，黄山、衡山、峨嵋等有名气，骚人墨客到罗浮揽胜纪游之作，屈指可数，故有“罗浮睡了”之

① 安徽版《岭云海日楼诗抄》，《罗浮游草》附录。

说。丘逢甲畅游罗浮期间，心胸怡然开阔，预感到世事沧桑将会发生巨变，他在《答梁友玉邻》一诗中写道：

风雨年年自合离，岛夷闻道屡探奇。

人间正斗移山力，不信罗浮睡不知。

庚、辛年间，正是以孙中山为代表的民主革命力量同清王朝封建专制势力进行殊死搏斗的关键年代，各种社会政治势力都卷入了这场深刻的历史变革之中，丘逢甲对此深有感触。他庚戌秋罗浮之游，是否可以说是诗人在社会革命风暴即将到来前夕的沉思与心绪的梳理，他已经预感到世事大变革的时代正在来临。

四、力促广东和平独立

如前所述，早于一九〇七年春，以嘉应州举人黄遵楷为首的一批劣绅便曾写有一份《禀折》，通过民政部尚书转奏清廷，指控丘逢甲为“革命魁党”，要求查办。他们给丘逢甲罗织的主要“罪证”为：（一）“己亥倡办岭东同文学堂，招集生徒，昌言革命”；（二）“庚子楚南事起（即自立军勤王事），康有为命欧榘甲汇银三千两与为川资，亟欲往共图之，以温仲和大史谏从缓，闻败而止”；（三）与“戊戌倡乱于镇平、尚在候缉”的奏革举人陈庭凤“朋比为奸”，甚至招匿在省丘氏书院，凡有机密“悉与谋之”；（四）在乡私立“创兆学堂”，“借学联络，选作亲军，冀图大业”；（五）遣送亲信子弟赴日留学，“与孙（文）书问往来”，“数见寄《民报》于丘”，是“与孙文如一鼻孔出气”等，并附抄《清议报》刊载的丘诗两首（《苦雨行》、《题星州寓公看云图》）为证。① 可能由于缺乏足够的真凭实据，清廷接到黄遵楷等人的这份《禀折》后，并未对丘逢甲采取严厉的处置措施。尔后，丘逢甲屡护革命党人，益遭当局疑忌和注意，广东巡警道王秉恩、布政使胡湘林等明访暗察，派人跟踪盯梢，无所不至，甚至公然以

① 见中国第一历史档案馆藏：《广东举人黄遵楷等揭告在籍工部主事丘逢甲等与革命人通声气禀》，其中附抄《清议报》刊载丘诗两首均见《岭云海日楼诗抄》。

“革命党魁”名目列诸公牍、登诸报章，以示威胁。亲友们都为之惴惴不安，但丘逢甲却处之泰然，置生死于度外，继续致力于认定的正义事业，毫不动摇。一九一一年夏秋间，即将赴粤的新任广州将军凤山接到密报，随即密奏清廷，把丘逢甲列为广东“革命大绅”黑名单榜首，准备到广州就职后，立即严厉捕治。

正当丘逢甲的生命安全遭受严重威胁的时候，一九一一年十月十日，武昌起义爆发了，并很快取得了胜利。武昌起义胜利的喜讯像一声春雷，迅速传遍全国，各省的革命党人欢呼雀跃，奋袖出臂，纷纷行动起来，积极响应革命，一场席卷神州大地的革命风暴正在到来。可是，不知死活的凤山，依然大摇大摆地来广州上任。于是，便发生了轰动一时的革命党人李沛基炸毙凤山的重大事件。

一九一一年十月二十五日，凤山乘船抵达广州。这天早上八点钟左右，广州天字码头四周警戒森严、龙旗飘舞，粤省文武各官纷纷前来迎接凤山登岸。正当凤山威风凛凛地坐着绿呢大轿，由卫队前呼后拥地经过南门外仓前街时，突然从路旁的一家洋布店屋顶上飞下来一颗大炸弹，只听“轰隆”一声震耳欲聋的巨响，顿时火光冲天、硝烟弥漫，两旁的店铺纷纷倒塌，凤山等十余人血肉横飞，当场毙命——本想到广州来“惩办”革命党人的凤山，想不到自己却先被革命党人“惩办”了！丘逢甲等也因此而幸免于难。

武昌首义胜利后，各省纷纷宣告脱离清廷而独立，革命形势迅猛发展，清政府如“过街老鼠，人人喊打”。当时，广东的形势也正在发生急剧变化。因黄花岗起义失败而暂避海外的广东革命党人，这时正云集香港，紧急磋商夺取广东的发难计划。经认真研究后，他们决定：先集中主要力量在外府州县发动起义，然后趁反动当局派兵四出镇压、省城空虚之际，再合取广州。

计划既定，革命党人纷纷潜往全省各地，发动学生、农民、工人、会党和绿林，组织起义武装，同时又联络当地的新军、防营、士绅和民团等，以为臂助。随后，把省城外民军划为东、北、西和韩江共四军，分别由陈炯明、徐维扬、苏慎初、姚雨平负责指挥。从十月下旬开始，各地民军相继发难，攻取各州县。广州革命党人组织的机关部也于十月下旬向各属发出总动员令，要求各地革命党人迅即率领队伍在五日之内赶到省城郊区，会攻广州城。十月底至十一月初，已有多支革命军陆续到达广州四乡，集结隐蔽待命。省城广州业已成为四面楚歌的一座危城，以两广总督张鸣岐为首的粤省大吏诚惶诚恐，急思进退，许多官绅如惊弓之鸟，纷纷携带家眷逃往港澳；而驻守虎门要塞的水师提督李准，更是惴惴不安。原来，因李准镇压黄花岗起义时格外凶残，许多党人死于他的屠刀之下，黄兴等人对其恨之入骨，急欲刺杀他为死难烈士复仇，早在八月十三日即差一点被革命党人的炸弹炸死。这时，心有余悸的李准慑于革命威力，不敢再与党人为敌，想给自己留条后路。鉴于这种情况，胡汉民和在广州主办《平民日报》的同盟会员潘达微、邓慕韩、邓警亚等人，遂决定采用和平手段谋取广州。

值此关键时刻，丘逢甲挺身而出，积极协助革命党人，策动张鸣岐、李准倒向革命。他首先登门劝说李准，要他接受革命党人的投降条件。在丘逢甲的规劝下，李准也感到“民心思汉，大势所趋，非人力所能维持”，于是在“利害相权”之后，“立意反正，投效革命阵营”。① 但又顾虑自己杀戮党人过多，恐不获见容，遂派人秘密赴港与胡汉民等探询“输诚”条件，胡许以“将功折罪”。这样，十月七日，李准接受了一切条件，正式倒向革命。②

在策动李准反正的同时，潘达微、邓慕韩等人也已说服了在籍翰林、广属清乡督办江孔殷倒向革命，并由江出面劝说张鸣岐审时度势，不要继续与革命为敌。但张鸣岐一时拿不定主意，尚在徘徊观望、犹豫不决之中。这时，丘逢甲利用自己与张鸣岐的密切私交，登门拜访，进行“暗中开导”，反复“晓以利害”。他对张鸣岐说：“大局已无可为，若江道一塞，已无出路矣！”在孤掌难鸣、走投无路的困境下，张鸣岐终于被迫同意脱离清廷而独立。为使张鸣岐无法再行反议，这时，邓慕韩又献计：由江孔殷出面，建议咨议局召集各界大会，共同议决独立。江遂立电咨议局副议长丘逢甲（其时，正议长易学清慑于革命声威，早已托病闭门不出）。丘逢甲接电，力赞其议，当即首肯做主，于十一月八日（阴历十月十八日）亲自出面主持了有张鸣岐和满汉及八旗代表参加的咨议局会议，作出了即时“宣布独

---

① 李准：《光复广东始末记》。

② 王俊士：《丘逢甲和广州光复》。

立”的决议，同时推举张鸣岐为都督、龙济光为副都督。次日也即一九一一年十一月九日（阴历十月十九日），广东正式宣告脱离清廷而独立。[①]

就这样，丘逢甲在辛亥革命中激流勇进，配合革命党人，为促成广东和平独立作出了贡献。

广东独立后，各地民军和革命党人纷纷进入广州，声势浩大，张鸣岐虽被举为都督，但他自知难容于众，于是不等都督印信送到，即在宣布独立的当晚，趁夜深人静之时，“微服遁走”，偷偷溜到沙面，坐上英国轮船逃往香港。张鸣岐既逃，副都督龙济光也慑于革命声威，不敢上任。于是各界代表又在咨议局重新开会，推举胡汉民为都督、陈炯明为副都督、黄士龙为参都督，正式组成了广东革命军政府。军政府分部办事：蒋尊簋为军政部长、王宠惠为司法部长、伍廷芳为外交部长，而丘逢甲因力促李准、张鸣岐反正有功，又擅长教育，被推举为军政府教育部长。军政府除设上述各部外，另设有枢密处，不设长，推选朱执信、李君佩、廖仲恺、陈少白、姚雨平、谢良牧等任职。

面对革命取得的胜利，丘逢甲感到由衷的喜悦，广东独立的第二天（十一月十日），他特登广告于报端，宣告他本姓“丘”而不姓“邱”，姓“邱”的偏旁“阝”，是因避孔子讳，为清帝雍正所强加，并号召所有同宗一律恢复“丘”姓。丘逢甲所持理由有二：“其一，姜太公（丘氏远祖）为周初之人，孔子为东周春秋时代之人，无前人避后人之讳之理；其二，避讳为封建意识下之产物，革命告成，无庸仍此旧套也。”[②] 同时又“思去旧更新”，将旧名“逢甲”弃置不复道，而以别号“仓海”为名，[③] 并函知各有关单位自己已更换姓名，[④]以表示和清廷彻底决裂，拥护孙中山先生领导的辛亥革命。他兴奋地对丘复说：“内渡十七年，无若今日快心者！”并出示自己当年在台湾因刺血上书清廷、反对割台让日而留下的指瘢说：“予固未尝一日忘此痛也！”[⑤]

丘逢甲满怀着信心和期待，迎接着新时代的到来！

---

① 参见邓警亚：《辛亥广东独立传信录》。

② 转引自郑喜夫编：《民国丘仓海先生逢甲年谱》。

③④ 丘复：《仓海先生墓志铭》。

⑤ 据郭孝成：《中国革命记事本末》。

五、生命的最后一息

广东军政府虽然成立起来了，但是，这个刚刚建立的新生革命政权还远没有得到巩固，事情千头万绪，矛盾错综复杂，不仅各州县的土、客籍之间常常因宗族关系而发生争斗，互相水火，进驻省垣的大批民军又漫无定制地坐索饷弹，时常发生摩擦滋闹，甚至连军政府内部的主要领导人之间，也常因争权夺利或意见相左而闹得不可开交，都督胡汉民穷于应付，颇感头痛。由于丘逢甲在军政府内德高望重，加上他与省城及地方上的各方人士都有广泛友好的私人交往，因此，“除了本职之外，他还参与各项决策和协调人事的要务”，[①] 日夜奔波操劳，调解种种纠纷，从而避免地方上社会秩序的混乱和军政府内部的分裂，为维持新生政权的安定局面，巩固革命的胜利成果，作出了他独特的贡献。其中，调解陈炯明与黄士龙两人之间的争执纠纷，是典型的一例：

广东独立时，北方形势尚未明朗，清廷控制着北方几省，势力还相当强大，北洋军随时都有可能渡江南下，向南方革命势力反扑。因此，广东军政府成立后，便着手筹建北伐军。一天，胡汉民召集陈炯明、黄士龙等开会商讨北伐事宜。会上，陈炯明力赞胡汉民之议，主张立即挥师北伐，但黄士龙不察全局，认为“北伐似非其时”，坚决反对北伐。于是陈、黄两人便在会上争吵起来。本来，领导人之间有分歧意见并不奇怪，但是由于他们两人过去因军权及其他问题曾经有过龃龉，素有成见隔阂，因而愈吵愈凶，各不相让，最后竟各自拔出手枪来要当众决斗。都督胡汉民苦劝无效，束手无策，急忙把丘逢甲请来调解。[②] 陈炯明是丘逢甲的拜帖弟子，尽管他是军政府的副都督，位高权重，但在老师面前，毕竟不敢放肆；而黄士龙和丘逢甲也早有密切交往，对丘素极敬重，因此在丘逢甲的劝说下，陈、黄两人才算冷静下来，没有闹出更大的乱子。后来，经过军政府的反复讨论和丘逢甲的多方

---

① 丘念台：《我的奋斗史》。

② 据胡汉民：《胡汉民自传》。

调停、斡旋，广东军政府终于统一了认识，组成了北伐军。由丘逢甲的学生姚雨平担任广东北伐军总司令，邹鲁任后勤总监，而丘逢甲自己则在后来出席南京会议期间，对广东北伐军出师江北“调护备至，为之请炮械、请增援，为之向前途各军接洽”等等，做了许多力所能及的后勤联络工作。① 当时，广东北伐军兵精将强、械良饷足，公认为各省北伐军中最精锐者，在征讨清廷的战斗中立下了赫赫战功。如林震师团在固镇、宿州一带击溃了以张勋为统帅的清军主力，把复辟势力驱逐到徐州以北和山东边区，为巩固革命首都南京的安全、稳定革命形势立下了汗马功劳。应该说，广东北伐军的战功，和丘逢甲在其中所作的努力是分不开的。

革命形势的飞速发展，迫切要求尽快组织起统一的中央政府，一九一一年十一月下旬，独立各省推派代表齐集南京，商讨筹组中央政府事宜，并选举临时大总统。丘逢甲被推举为广东方面的三人代表之一（另两名代表为王宠惠和邓宪甫）。据丘念台自传《我的奋斗史》记叙，当时在选派代表的过程中，还有这样一段小插曲：本来，都督胡汉民并无意选派丘逢甲为代表，但这时丘逢甲的同年好友、浙江都督汤寿潜突然给胡汉民打来电报，转请丘逢甲出任浙江省代表。胡汉民看完电文，似觉过意不去，遂转念挽留丘逢甲以广东三名代表之一，出席南京会议。

是年十二月初旬，丘逢甲取道海路，起程北上，随行人员有丘复、丘心荣、林鲁传、李伯存、黄慕松、丘香畴等人。抵达南京后，报到时却出了件怪事：在出席南京会议的各省代表名单中，并无丘逢甲的名字，待报到处核阅过他携带的广东都督府的证件后，才不得不予以登记候查。当时，上海各大报均曾刊布各省代表名单，丘逢甲也确实名列其中，可是直到正式开会时，仍然没有接到出席会议的通知。这时，丘逢甲才意识到：广东方面可能有人想争夺代表地位，嫉忌他，排挤他，这使他对革命前途深怀忧虑。② 但是，丘逢甲一向淡泊名利，对这些并不介意。

南京会议期间，丘逢甲受到各方人士的推重，其中还出过一桩趣事：初抵南京时，南京卫戍总督徐绍桢见丘逢甲名片上署名“丘仓海”，待以恒

① 丘琮：《怙怀录》。

② 丘念台：《我的奋斗史》。

流，态度冷淡，及至询知前名即“丘逢甲”，大为惊异，因徐绍桢早已十分仰慕丘逢甲抗日保台及兴学育才等方面的声望和贡献，遂“重握手示敬，欢好若平生”，① 颇有“相见恨晚”之意。

这时候，为赶在元旦前成立临时中央政府，时间紧迫，经费不足，丘逢甲曾与胡汉民、伍廷芳等人分别奔波于寓居上海的广州、潮州、肇庆、嘉应各属同乡殷商之间，紧急募款，数日之内，募得七十余万银洋，为民国开国盛典的如期举行，解了燃眉之急。② 另据老同盟会员、曾出任广东省副省长的丘哲先生回忆：某次，在沪滨，有人建议孙中山先生“应该和丘逢甲见面，通过他来争取在沪粤东富商，筹集巨款，支持革命”。当时，丘逢甲的门生好友也有人尽力推动他与孙先生晤谈，丘逢甲遂前往孙中山先生寓所。“时孙先生正与其他客人会谈，及丘入，即席欢跃相迎，说：‘丘先生在台，建立共和，无人不知，我与你神交二十年，今日获见，大慰平生。’待之甚恭。两人共谈国事，十分投机。丘出来后，即盛赞孙先生为不可多得的真正革命者，使人非常拜服，当即推动粤籍巨商，帮助孙先生搞革命。”③ 丘哲先生所忆，很可能正是在这个时候。

一九一一年十二月二十九日（阴历十一月初十日），独立十七省代表共四十六人，齐集南京丁家桥原江苏咨议局会场，开会选举中华民国临时大总统。每省一票，孙中山以十六票的绝对多数正式当选为临时大总统。丘逢甲作为广东省三人代表之一，光荣地出席了这次历史性的重要会议，④ 由于当时台湾尚未光复，因此，实际上，丘逢甲又可以说是出席南京会议的唯一台湾省籍代表，意义重大。

一九一二年元月一日（阴历十一月十三日），中华民国宣告成立。是晚十时，孙中山在南京宣誓就任中华民国临时大总统职，发表《临时大总统就职宣言》和《告全国同胞书》，从此，中国历史揭开了新的一页。

---

① 丘复：《仓海先生墓志铭》。

② 据丘琮：《怙怀录》及谢文逊：《辛亥开国的故事》。

③ 丘哲：《我所见闻的孙中山先生二三事》（见《南方日报》一九五六年十一月十二日），但文中云“神交二十年”恐有误。丘哲，又名丘映英，少年时由谢良牧介绍入同盟会，曾任广东省副主席、农工民主党广东省主任委员。

④ 据沈云龙：《孙中山先生与民初政府及其影响》。见台湾《传记文学》，第三十五卷第一期。

南京会议期间，丘逢甲心情十分振奋，他抽空冒雪游历了明孝陵、莫愁湖，登临城内的扫叶楼等名胜古迹。[①] 目睹这一片大好革命形势，国家民族重兴、复土雪耻有望，丘逢甲抚今追昔，展望前景，真是感慨万端，心潮翻滚，他欣然命笔，一连写下了《谒明孝陵》、《雪中游莫愁湖》、《登扫叶楼》等十首诗，热情地讴歌辛亥革命，抒发了他无限欣慰的喜悦之情，其中几首这样写道：

郁郁钟山紫气腾，中华民族此重兴。
江山一统都新定，大纛鸣笳谒孝陵。

如君早解共和义，五百年来国尚存。
万世从今真一系，炎黄华胄主中原。

汉兵到处虏如崩，万马黄河晓蹴冰。
直扫幽燕捣辽沈，昌平再告十三陵。

丘逢甲对随员丘复说：“南京光复，临时政府又在兹地，民国当有三大文字祭告孝陵、延平及洪王也。”[②] 可惜，由于机务倥偬，未能如愿，这十首诗，竟成了丘逢甲的绝笔诗。

由于连年为国事繁剧忧劳奔走、积久成疾，南京会议期间，丘逢甲突患严重肺炎，口吐鲜血，一月下旬，不得不告假南归。[③] 取道海路，经沪南下，途经厦门，他听说福建局势不稳，省议会至今尚未成立，甚为焦虑，遂扶病电劝福建都督孙道仁，促其速行召开省议会，电文大意为：“革命扫除满清秕政，若一切仍旧，安用铁血为？”“民国新造，断非一、二人专制可以成功。”[④]这份电文表明，丘逢甲晚年投身辛亥革命洪流，并非单纯从排满的狭隘民族意识出发，而是为铲除封建帝制，为在中国建立崭新的资产阶级

① 不少论著云丘逢甲随同孙中山先生等拜谒明孝陵，此说不确。孙中山谒明孝陵为二月十五日，其时，丘逢甲已告病南归，卧病镇平山居，因此，丘拜谒明孝陵当在一月中上旬，属个人单独行动。

②④ 丘复：《仓海先生墓志铭》。

③ 关于丘逢甲在南京突发重病一事，另有一种说法：据蒋君章著《仓海先生含愤逝世的补充说明》一文披露说，罗香林先生曾面告作者，“先生病逝实种因于不堪黄兴斥责，气愤而归，不治而终。盖黄兴所领导之黄花岗之役败于李准之手，誓欲手刃之，而先生策动准投诚，遂无法下手。”此说目前尚无其他旁证。

民主共和制度而奋斗。

舟次潮州，丘逢甲接到他被推举为临时参议院参议员的来电，“且以粤督相推举”。其时，京、穗两地“函电交驰”，一再敦请丘逢甲前往赴任。可是，这时丘逢甲的病势已十分沉重，不得不急返镇平山居调养，无法再到南京或广州了。对于粤督一职，他坚辞不受，曾对丘复说：吾“愿居监督政府之地位，即不病亦不任受也。”①

二月上旬，丘逢甲终于返抵镇平淡定山居，起初还在安静治疗之中，但过了五、六天，病情突然恶化，时而清醒，时而昏睡，口发呓语，喃喃不休，但所言尚依稀可辨，“皆民国大局安危之计，并未言及家事”。② 隔了一段时间，他突然又从昏睡中清醒过来，向家人询问大局有何变化，“当他听说清帝退位、南北统一获致协议时，便显现出欣喜之色；听到孙大总统让位于袁世凯，则蹙眉敛容，引以为忧。他微瞌着眼睛喘出一口气说：‘孙先生上了袁世凯的当，从此国家多事矣！袁氏是一个老奸巨猾的人，将来必然不忠于民国。孙先生怎能和他合作呢?’说后，又告沉沉睡去。”③ ——言动已艰、呻吟于病榻、已经奄奄一息的丘逢甲，此刻仍念念不忘国家民族大事，实在令人感佩！

一九一二年二月二十五日（阴历正月初八日），正值新春佳节期间，元宵未到，卧病两个多星期的丘逢甲终于屈服于无情的病魔之前。这一天凌晨三时左右，④ 逢甲勉强说出了最后的两句话：“死了必须南向而葬，我不能忘记台湾啊！”⑤ 随即停止了呼吸，与世长辞了。直到生命的最后一息，他依然思念着故土台湾。其时，丘逢甲年仅四十九岁。

四月二日，丘逢甲的亲属遵照他的遗愿，将其遗体安葬在他的祖居地印

---

① 丘复：《仓海先生墓志铭》。另据沈云龙《孙中山先生与民初政府及其影响》说，丘逢甲病辞南归后，参议员一席由金章代替。

② 丘瑞甲：《先兄仓海行状》。

③ 丘念台：《我的奋斗史》。据丘念台在该书中记载：“辛亥年秋，清廷再度起用袁世凯，原是利用他来对抗南方革命党的，但他一面执行清廷命令，一面派人联络南方各省的旧派人士，作为未来反叛清廷、挟制革命的政治资本。我的父亲曾和袁氏的密使（周候补道）晤谈过，发觉其怀有窃国自尊的诡谋。”可见，丘对袁的野心早有认识。

④ 关于丘逢甲逝世时间，丘复：《墓志铭》作“子时”，丘琮：《年谱》作“丑时”。这里据丘念台（琮）：《我的奋斗史》所记。

⑤ 丘念台：《我的奋斗史》。

山村之原，即丘氏祠堂右侧的山冈上。送葬那天，执绋痛哭者有数千人之多。

丘逢甲病逝的噩耗传出之后，南北为之哀悼，居住在广州等地的台湾同胞尤为悲痛，他们联名敬送挽联，上书：

忆当年祸水滔天，空拼九死余生，只手难支新建国；

痛今日大星坠地，只剩二三遗老，北面同哭故将军。①

这副挽联，情真意切，催人泪下，寄托了广大台湾同胞对丘逢甲这位杰出爱国者的无限哀思！

丘逢甲的过早逝世，无疑是辛亥革命的一个损失，同时，也是我国近代诗坛的一大损失；但他的爱国精神和业绩，却光照人间，永世长存！

---

① 江山渊：《丘逢甲传》。

第五章 “诗界革命之巨子”

——杰出的爱国诗人

丘逢甲不仅是力谋抗日保台的爱国志士和热心兴学育才的教育活动家、倾向和赞助革命的民主革命派的真诚朋友，而且是我国近代杰出的爱国诗人。早在二十世纪初，梁启超就把他同黄遵宪（公度）并提，将丘、黄同誉为近代“诗界革命之巨子”；① 南社中坚柳亚子亦有诗赞曰：

时流竞说黄公度，英气终输仓海君；
战血台澎心未死，寒笳残角海东云。②

清末民初以来许多有影响的学者、专家、诗人，如黄遵宪、丘菽园、吴宓、冒广生、汪辟疆、陈子展、钱仲联等都十分推崇丘逢甲的诗歌创作，认为这是一份值得继承借鉴的思想文化遗产。显然，探讨和研究丘逢甲在诗歌创作上的成就和贡献，也是丘氏研究中应予重视的一项重要工作。

一、丘逢甲诗文的刊布简况

丘逢甲是一位文思敏捷、创作甚丰的诗人，七、八岁起便能吟诗属对，据他自己回忆说：

弱冠以前，童心未化，词源滚滚，不择地而出，或一日赋万言，一夕成诗百首，人咸诧曰才，亦辄自信曰才；既而悔之、始一出于矜慎而伫兴，即就之作遂稀……③

足见其作诗素来迅捷，数量可观。据说丘诗世传多达万首，丘琮估计，

---

① 梁启超：《饮冰室诗话》。

② 柳亚子：《论诗六绝句》。

③ 安徽版《岭云海日楼诗抄》，《选外集补遗》第四四五页。

乙未内渡前，连应试练习诸作在内，“至少当有七千首”，惜因“战乱散佚，搜寻难获”，现在传世的主要是一八九五年秋内渡大陆后的作品。早期写的《柏庄诗草》等，在十九世纪末即有影响，乙未抗日事败，丘氏仓猝内渡，疑为湮没，一九七八年才在台湾发现手稿本，由丘氏后人购得，现存台湾，一九八七年北京中国友谊出版公司出版了单行本。丘氏生前问世的作品，计有：《蛰庵诗存》（手抄本）、《仓海君罗浮游草》、《金城唱和集》（与王晓沧合撰）等问世，一九一一年春，丘氏将内渡后诗作自辑为《岭云海日楼诗稿》，逐年分册，嘱好友丘复校订。① 一九一二年，诗人谢世后，诗稿由其弟丘瑞甲、兆甲及丘复共同编辑，② 定名为《岭云海日楼诗抄》（以下简称《诗抄》），得门生戚友黄慕松、丘汉滨等人资助，于一九一三年初版，一九一九年重版，内收丘氏乙未内渡后诗作一千三百余首；一九三七年，丘瑞甲将旧版厘定，增加约四百首，作为《选外集》补入，由丘逢甲门生、时任中山大学校长的邹鲁作序，三版刊行。一九三四年，全面抗战爆发的前夕，为了“以应时需，而振民志”，丘琮择《诗抄》中“鼓舞民族精神，阐发国家思想者”，计一百五十题、三百篇，辑为《仓海先生丘公逢甲诗选》，附上《志》、《谱》、《怙怀录》等回忆性文字材料，交上海商务印书馆印行。但因该书《跋》中，有抨击当局媚日求和的文字而遭查禁。一九四七年，邹鲁与丘琮就《诗抄》摘编若干并略加补辑，定名为《丘仓海先生念台诗集》由南京独立出版社出版。抗战期间，台湾彰化施梅樵先生于一九四二年也编印了《丘、黄二先生遗稿合刊》。一九八二年，上海古籍出版社将邹鲁作序的旧版《诗抄》标点出版，接着安徽人民出版社在丘氏后人的协助下，以诗人手稿为依据，参考各种旧版，将一九三七年的邹本作了标校和补充，收诗近一千九百首，书末还附有传、谱、序、跋、行状等有关文字，由廖承志先生题签，新版发行。

至于丘逢甲的文稿，丘琮认为“笔力雄健，胎息韩苏”。③ 丘复也认为“大气磅礴，一种豪迈精神流行纸上，固非寻常小家所能望其顶踵也。”但

① 据丘复：《念庐诗话》第二册（未刊手抄本）。
② 据丘琮：《仓海先生丘公逢甲年谱》。
③ 丘琮：《怙怀录》。

丘逢甲“自信诗可必传，唯文不多作，自谓不成家数，多不存稿”，① 故素未注意编存。唯抗战期间，丘冬友等将丘逢甲部分未刊文稿，编为《丘仓海先生文集》，内收各种序、跋、启、诔、记、赞等十五篇，由诗人家乡广东蕉岭县联和印务局刊印。但限于当时条件，这部《文集》讹误甚多，不堪卒读，且印数不多，鲜为人知。至于丘逢甲在乙未年统领全台义军备战时所撰之十九封信稿，经诗人次子丘琳辑校后，送北京《近代史资料》于一九五八年第三期刊出；一九八四年，北京图书馆《文献》杂志第二十辑也选登了丘逢甲己亥、庚子年间的未刊文稿六篇。一九九四年，广州花城出版社刊行了由丘晨波先生主编的《丘逢甲文集》，上编收丘诗六百余首，下编收丘氏函电、书信、序跋、日记等十余万字，为研究丘氏生平思想提供了较为翔实的第一手资料。

直至二〇〇一年，受广东省丘逢甲研究会的委托，黄志平、丘晨波主编的《丘逢甲集》终于问世，钟敬文、戚其章、吴宏聪三位文史专家分别作序，由湖南岳麓书社刊行。该书体现了海峡两岸文史学界的研究成果、汇集了迄今为止已发现的全部丘氏诗文作品，总计收诗歌韵文类作品二千五百五十九首，文一〇二篇，并附录了若干重要史料。《丘逢甲集》以繁体字直行排印，得到全国古籍整理出版规划领导小组的支持，被列为国家古籍整理“十五”规划项目。

二、丘逢甲诗歌的主要题材和基本内容

综观丘逢甲现存的两千多首诗作，其内容健康清新，诗风悲凉激荡，它们描述了十九世纪末、二十世纪初近代中国社会的时代风云，反映了中华民族同帝国主义列强之间的尖锐矛盾，抒发了台湾人民爱国爱乡，致力于谋求祖国统一富强的悲壮情怀，披露了清末吏治的苛虐腐败和社会现实的丑恶黑暗，描绘了伟大祖国的壮丽河山，人民的勤劳质朴……；在中国近代反帝爱国运动史和近代文学史上，无疑应占有一席地位。他的诗作的人民性、爱国

① 丘复:《仓海公寿季祖父》。

思想与艺术成就，理应得到继承和发扬，使之有益于社会主义文化和精神文明的建设。通览丘逢甲的诗歌创作便可发现，日趋鲜明强烈的爱国主义精神是贯串其中的一条主线，其题材和思想内容大致有以下几个方面：

（一）具有鲜明浓烈的“台湾情结”，反复表达怀台、念台，决心雪耻复土和强国复台的悲情壮志，在中国近代诗歌史上占有独特的地位。

作为台湾汉族移民社会转变为定居社会后成长起来的第一代诗人，丘逢甲诗作的主体情感十分鲜明突出，他重在表达对自身命运与生存环境的感知、忧思和关注，显然有别于此前大陆宦游文士的采风述异之作（如孙之衡的《赤崁集》、陈梦林《游台诗》、王凯泰《台湾杂咏》等），强烈的“台湾情结”，贯穿在丘氏的全部诗作之中，咏台、怆台、怀台、念台、复台的深邃情思一以贯之，撼人心弦，催人泪下，这是任何其他怀台诗文作品无法相比的。这也许正是丘诗在中华民族文化史上的印记与价值所在。

丘逢甲诗作中的“台湾情结”，不能简单地认为等同于上世纪七八十年代台湾本土作家所宣扬的“乡土意识”或“台湾意识”。由于近代台湾同胞的历史遭际与中国大陆同胞的历史命运基本相同，两地文化都渊源于华夏文化这个母体，两地同胞不仅使用相同的语言文字，连感知外部世界的心理思维方式和评价社会道德伦理的价值取向都基本相同。这就决定了丘诗中表现的“台湾情结”属于中华民族意识的范畴，反映出海峡两岸人民大众反帝反封建斗争的“共通经验”，如对生存环境与民族前途的“忧患意识”，力主革新图强，卫疆护土的“海防意识”，都是在相同或相近的社会历史条件下萌生成长起来的社会心理意识，两者互相交错、融为一体。

例如，鸦片战后，西方列强根据《天津条约》、《北京条约》所攫取的特权，也在台湾推行半殖民地的海关制度，并进行经济文化渗透，青年丘逢甲对此早有警觉，发出了“道左耶稣最诱民”、“阿芙蓉毒满台天”的感叹。[①] 1874 年，日本侵犯台湾牡丹社，清政府昏聩无能，日本索银五十万两而止。1883 年，中法战起，法国染指我国西南边疆的图谋受挫，遂转攻台湾基隆，封港达半年之久。面对这种外患频仍，台岛前途命运堪忧的形势，

① 参见丘诗《台湾竹枝词》。

青年丘逢甲在甲午战前（一八九二）的《台北秋感》一诗即有反映：

压城海气昼成阴，洋舶时量港浅深。
蛇足谈功诸将略，牛皮借地狡夷心。
开荒有客夸投策，感旧无番议采金。
我正悲歌同宋玉，登临聊学楚人吟。

青年诗人慨叹国力衰微，警醒台人以史为鉴，要高度警惕列强的侵略阴谋，在《拨闷》、《病起书怀》等篇什中，丘逢甲发出了“风月有天难补恨，江山无地可埋愁”，“孤岛十年民力尽，边疆千里将才难”的深沉感叹，丘氏蒿目时艰、忧念国事、关注民生的胸怀、情愫与识见，不正是人们在近代爱国先贤林则徐、黄遵宪等人的诗作中常常感受到的吗？列强觊觎宝岛，侵扰台湾的行径，丘逢甲都视为列强图谋霸占我整个中华大地的先兆或试探。他一向将台岛的安全、发展同祖国大陆的进步富强紧密联系起来进行观察思考，这种深挚悠长的忧国怀乡的浓情积愫和卓识过人的视野胸襟，使丘诗中的“台湾情结”具有更为深广的内涵意蕴，比其他内渡大陆的台籍人士的怀台诗作更为深刻丰富。

一八九五年（乙未）秋内渡后，丘逢甲的生活、思想与社会实践，更为直接和多方面地受到大陆的社会政治环境与时代思潮的刺激与影响，其诗作的思想内涵得到进一步的升华。内渡之初，丘逢甲万感交集，积愤难遣，“百事不能能执笔”，只能通过诗作来抒泄他的悲痛和愤懑。这时，他无论放怀山水，还是回首往事，丧土亡家之痛使他寝食难安，对乡亲故旧的深情眷念，促他日思夜梦，痛断肝肠。翘首东望，云山阻隔，水天茫茫，与台岛相似的岭南山川风习，无不时时勾起他去国离乡的幽愤情思，写下了许多催人泪下的诗句：

春愁难遣强看山，往事惊心泪欲潸；
四百万人同一哭，去年今日割台湾。

——《春愁》

三年此夕月无光，明月多应在故乡；
欲向海天寻月去，五更飞梦渡鲲洋。

——《元夕无月》

万民欢庆的传统节日——元宵之夜，天月无光，诗人由望月而想月，由想月而寻月，梦魂也随之飞过海峡，想同乡亲父老团聚夜话，这种深沉浓烈的乡思春愁，确实震撼人心！他自叹回天无术，咒怨苍天不公，恨不能将无尽的哀思和未酬的壮志，化作“怒涛”、“利剑”，以便能“涌东海”、“没鳌山”，“斩长蛇”、“屠饿蛟”，为收复故国山河而重着戎装，完成未竟的事业。即使是病魔缠身，他也牢记国耻家仇，嘱咐友人：“所须药物是当归，有客天南叹式微；未报国仇心未了，枕戈重与赋无衣。”（《病中赠王桂山》）诗人长期思念故土乡亲，以致积忧成疾，他深知，只要台湾回到祖国怀抱，自己能返回可爱的故乡，与亲友故旧团聚，病体就会康复，精神就会振奋；“丛菊空留他日泪，故园烽火未曾收”。怀乡思亲之痛，有时虽然使他几乎视觉迷幻（《愁云》），但他并不颓唐、沮丧。内渡后，丘逢甲一直记挂着台湾人民的抗敌斗争，义军当年浴血奋战的悲壮情景历历在目，他在《往事》一诗中写道：

往事何堪说，征衫血泪斑。
龙归天外雨，鳌没海中山。
银烛鏖诗罢，牙旗校猎还。
不知成异域，夜夜梦台湾。

在另一首诗中说：

当时痛哭割台湾，未肯金牌奉诏还。
仓葛哀呼竟何补，全军难保武峦山。（方君参某太仆团防军事时，予总统全台各路义军。割台之役太仆仓猝内渡。予独抗议保台，卒乃转战支离，无成而去。武峦山在台中。）①

为了实现“复土雪耻”这一既定的神圣目标，他不仅赋诗自励，而且想方设法和乡亲故旧取得联系，谆谆嘱咐家乡人民永远心向大陆，共谋祖国的统一大业，如《送颂臣之台湾》（八首）之六、七两首：

亲友如相问，吾庐榜“念台”。全输非定局，已溺有燃灰。弃地原非策，呼天倘见哀。十年如未死，卷土定重来。

王气中原在，英雄识所归。为言乡父老，须记汉官仪。故国空禾

① 《丘逢甲集》第四三五页。

黍，残山少蕨薇。渡江论俊物，终属旧乌衣。

丘逢甲深信，“四万八千户，将完玉斧功”（《十四夜月》），破碎山河终一统，只要大家都有愚公移山、精卫填海的精神（“生作愚公死精卫，谓海可塞山能移。”《庐山谣答刘生芷庭》），那么，经过海峡两岸人民坚持不懈的努力，台湾就一定能够回归祖国，一个统一、独立、光明的新中国，必将屹立于世界强国之林（“海外阴晴终有定，人间圆缺古难全。重完破碎山河影，与结光明世界缘。”《羊城中秋》）

丘逢甲这些念台思亲的诗篇，不同于一般游子的思乡之作。爱乡，是他的爱国思想的胚芽，爱国，则是他爱乡感情的升华和发展，积极谋求祖国的统一、富强和进步，则是他爱乡爱国思想的精髓与集中表现。诗人的感情与视野并没有囿于台湾一地，他总是把目光投向整个中华大地（“我亦思乡更忧国，倚栏同看夜潮生。”《月夜与季平饮萧氏台》）正是这种把台湾的前途与整个国家民族的命运紧密联系起来思考的思想情怀，才使他能在故乡沦陷、身世飘零的哀痛中抬起头来，透过祖国上空的阴霾迷雾，从历史和现实中去寻觅民族精神的闪光，并在怀着极大的关切与忧虑、披露满目疮痍的社会现实的同时，积极去探索中华民族的光辉未来。也就是说，由于丘逢甲的思想感情植根于本民族的现实生活的土壤之中，其喜怒哀乐同国家民族的强弱兴衰息息相关，因而他的诗作才能真正传达出台湾人民的心声，抒发出时代的思想感情。诚如俄国革命民主主义批评家别林斯基所说：“任何一个诗人也不能由于他自己和描写他自己而显得伟大，不论是描写他本身的痛苦，或者描写他本身的幸福。任何伟大诗人之所以伟大，是因为他们的痛苦和幸福的根子深深地伸进了社会和历史的土壤里。因为他是社会、时代、人类的器官和代表。”丘逢甲的诗作之所以具有如此巨大的感人力量，其原因正在这里。

（二）揭露帝国主义列强的侵华罪行及由此招致的严重恶果，吁请国人认清形势，救亡图存，这是丘逢甲诗作的另一重要主题。

“年来无地能埋忧，战云黯黯东半球”（《喜雨词》），诗人生活在十九世纪末、二十世纪初这个动荡的历史时期，从一八四〇年的鸦片战争开始，列强把侵略魔掌伸向远东，而台湾首当其冲。中法战后，青年丘逢甲即提醒人们注意：“自从互市来，门庭据非族”、“祸机伏眉睫，患气延心腹”，呼吁警惕西方殖民者觊觎中国的狼子野心。（《台北秋感》、《拨闷》、《闲居杂兴》）

但是，丘逢甲发出的警报并没有也不可能引起统治集团的醒悟与重视。甲午战败，马关签约，帝国主义乘机掀起瓜分中国的狂潮，炎黄子孙沦为亡国奴的危机空前严重，丘逢甲对此有清醒认识。当他得悉辽东、九龙、胶州湾相继被俄、英、德三国强占时，愤作《岁暮杂感》、《九龙有感》、《闻胶州事书感》等诗予以揭露，发出了“汉家长策重和亲，重译传经许大秦。袄庙屡闻生愤火，蓬山又见起边尘。青州酒断愁难遣，黄海舟迟信未真。慷慨出门思吊古，田横岛上更何人？”的深沉感叹。一九〇〇年（庚子），八国联军入侵北京，西后挟光绪仓皇西逃，诗人作《述哀答伯瑶》等诗以泄忧愤。面对“海上纷来九头鸟”、“九州无处不胡尘”的危急形势，丘逢甲寝食难安，盛夏酷暑，他捧着友人馈赠的西瓜，思绪万端，难以举刀（“金刀欲下踌躇甚，多恐神州似此分”《衡仲以西瓜见饷兼约可园赏月》）。丘逢甲认为，列强环伺，祸在眉睫，沙俄在甲午战后出兵东北、占我旅大、染指新疆、强筑中东铁路，对我国威胁尤甚，“戎首实自罗喉倡”，若不抓紧自强力御，后果不堪设想（《岁暮杂感》、《题康步崖中翰咏出塞集》），一再提醒人们要充分认识来自北方的侵略威胁（“老生苦记文忠语，多恐中原见鹫章”，“更筑长城防不得，鹫章南下老羌来”），历史事实证实了诗人的预见，沙俄确是近代瓜分、掠夺中国的罪魁祸首之一。

帝国主义不仅霸占了中国的大片领土，而且通过强迫清政府签订一系列的不平等条约，肆意进行经济文化侵略，既破坏了我国农村自给自足的自然经济，又摧残了新兴民族工商业的幼芽，大量物质财富和人力资源遭到掠夺，以致主权断送，白银外流，国势日衰，黎民百姓苦不堪言。在《汕头海关歌》中，诗人历数了列强任意宰割旧中国，诸如海关大权旁落、民族工商业备受打击等种种惨状，对帝国主义者直接诱骗青壮年如“猪仔”出洋的罪行猛烈抨击，并认为国势积弱、人民受害，乃朝政昏暗所致，诗的后半部这样写道：

……以其岁来以人往，人舱迫窄不能位。岁十万人出此关，偻指归来十无四。十万人中人彘半，载往做工仰喂饲。可怜生死落人手，不信造物人为贵。中朝屡诏言保商，惜无人陈保工议。我工我商皆可怜，强弱岂非随国势……

外国的经济文化侵略与渗透，加速了旧中国半殖民地化的过程，沿海商埠畸形繁荣，淫靡之风日盛，妓院教堂和烟赌馆随处可见，达官贵人“醉生梦死”，恣意行乐，凡此种种颓靡景象，在《澳门杂诗》、《九龙有感》、《香港书感》、《珠江行乐词》、《题絜斋丈鸳湖舟隐图》等篇什中，诗人都汇诸笔端，对于帝国主义势力入侵造成的种种严重后果，一一加以抨击和鞭笞，针对“东南已无干净土，半壁江山半腥血”的世事情态，发出了“思之应下哀时泪”和“热血苦难消”的深沉感叹。可以说，甲午战后列强瓜分中国的所有重大事件，在丘逢甲的诗作中都有反映，代表作如《汕头海关歌〈答伯瑶〉》、《岁暮杂感》、《海军衙门歌》、《述哀答伯瑶》、《闻胶州事书感》、《九龙有感》、《澳门杂诗》等，它们与黄遵宪的同类题材诗篇一样，反映了近代中华民族和帝国主义之间的尖锐矛盾，表达了中国人民对外来侵略的忧愤和抗争，具有诗史的价值，为我们认识近代中国的苦难与耻辱，提供了一份生动的教材。

（三）针砭时弊、暴露清廷的腐败昏聩、抨击权奸显贵的卖国求荣和吏治的苛虐黑暗。

早在青少年时代，丘逢甲对台湾吏治的丑行即时有所闻，曾作《去思词》、《游仙词》、《虫豸诗》等予以揭露，讽刺那些贪赃枉法、肆意诛求的驻台官吏，在装满私囊、去职离台之际，又沽名钓誉，尽力标榜自己是清廉的“循吏”，甚至“自撰清操刻报章”，可谓无耻之尤。乙未内渡后，丘诗的批判锋芒更加锐利，如果说，内渡之初，诗人的笔锋主要是指向以李鸿章为代表的“奸臣”误国，诗意还比较含蓄的话（如卷二《杂诗》、《日蚀诗》等），那么，戊戌之后，特别是庚、辛之后，诗人的批判矛头则直指以慈禧为首的上层统治集团（如《题风月琴尊图为菽园作》、《东山酒楼放歌》、《题菽园看云图》、《牡丹诗》二十首以及与黄遵宪的庚子唱和诗等）。其中，《牡丹诗》二十首作于己亥（一八九九年）春，其二云：

何事天香欲吐难，百花方奉武皇欢。
洛阳一贬名尤重，不媚金轮独牡丹。

诗中，丘逢甲借敢于违忤武后帝旨，拒不吐艳的洛阳牡丹的典故传说，以抨击西后的专横跋扈，歌颂“戊戌六君子”等维新志士“不媚金轮”（以“圣神皇帝”即武后比西后）的傲然正气。诗人挚友丘复在其《念庐诗话》中评论该诗说：“时正戊戌政变后，慈禧复临朝，慷慨敢言，不遭诗祸，幸矣！”丘诗中，类似诗句颇多，他反对西后专权（“马上黄尘犹眯目，早教帘撤圣神皇。”），对那拉氏不惜出卖国家民族利益、苟安求和的投降外交愤怒抨击（“割地奇功酬铁券，周天残焰转金轮。后庭玉树仍歌舞，前席苍生付鬼神”。①《秋兴》）至于权奸污吏以人民的血泪尸骨换取功名利禄的无耻行径，更激起诗人的切齿痛恨。甲午战败，北洋水师全军覆灭，海军衙门被裁撤。到一八九七年（光绪二十三年），清政府又召集北洋水师残部，成立海军部。丘逢甲在潮汕闻讯，极为感慨，愤作《海军衙门歌》，辛辣鞭挞了当权者腐败无能、媚敌求荣、借机营私的卑劣罪行：

我不能工召洋匠，我不能军募洋将。衙门沉沉不可望，若有人兮坐武帐。早知隶也实不力，何事挥金置兵仗？战守无能地能让，百万冤魂海中葬。购船购炮仍纷纷，再拼一掷振海军。故将逃降出新将，得相从者皆风云。风云黯淡海无色，大有他人鼾吾侧。楼船又属今将军，会须重铸六州铁……

针对八国联军入侵北京，义和团运动横遭镇压，清廷屈膝签署《议和大纲》的事件，丘逢甲怀着极其愤慨和无限忧伤的心情，作长诗《述哀答伯瑶》，对清政府腐败颟顸的内政外交政策予以全面猛烈的抨击：

四千年中中国史，咄咄怪事宁有此。与君不见一年耳，去年此时事方始。谓之曰战仍互市，曰和而既攻其使。同一国民民教异，昨日义民今日匪。同一国臣南北异，或而矫旨或抗旨。唯俄德法英日美，其军更联意奥比。以其枪炮御弓矢，民间尚自传胜仗，岂料神兵竟难恃！守城

① 铁券：古时朝廷颁给有功者一种特示优渥宠遇的凭信。按，李鸿章多次签订不平等条约，割让国土给侵略者，反受清廷重用；一九〇一年病死后，还被晋为一等侯，赠太傅，入祀贤良祠。“割地奇功”是一种讽刺之说。周天：唐代武则天自号“金轮圣神皇帝”，改国号为“周”。此处借喻西后幽禁光绪帝，再度垂帘训政，气焰煊赫，但已至没落凋残的时刻。后庭玉树：即《玉树后庭花》舞曲。陈后主在金陵荒于声色，作此曲尽欢，终至亡国。据《旧唐书·音乐志》：“陈将亡也，为《玉树后庭花》……行路闻之，莫不悲泣，所谓亡国之音也。”

何人无张许，收京何人无郭李。[①] 此时中国论人才，但得秦桧亦可喜。拒割地议反赖商，定保皇罪乃杀士。纷纷构党互生死，言新言旧徒为尔。西来日月犹双悬，北去山河枉万里。仪鸾殿卓诸国旗，博物院陈历代玺。留都扈跸方争功，迁都返跸相訾訾。[②] 伺人怒喜为怒喜，不知国仇况国耻。素衣豆粥哀痛诏，[③] 可惜人心呼不起。嗟哉臣民四万万，谁竟一心奉天子？晏坐东南望西北，九庙尚在烟尘里……

“茫茫时局谁能挽，已似扁舟下急湍”（《次王雪澄赠实甫韵》），清王朝统治集团上下勾结，沆瀣一气，愈是濒临崩溃的末日，愈是作垂死挣扎，为了维持骄奢淫逸的腐败生活，清廷竟派大员赴粤主持开赌、收取赌饷，还美其名曰：“筹措海防经费”。对于清廷这类祸国殃民的肮脏措施，丘逢甲作《纪事》、《书事》等予以鞭挞。针对那些贪婪无耻、吮吸民血的“蝎”、“蝇”、“虱”、“蝗”之流和见利忘义、趋势钻营的劣风败习，诗人在深恶痛绝之余，也作《虫豸诗》、《新乐府》等篇什，予以辛辣的讽喻。这类诗作借各色虫豸的生态特征，曲传清末官场社会的世事情态，入木三分而又富于哲理，可谓惟妙惟肖、耐人寻味。

（四）悼古伤今，追念先贤，呼吁上承中华民族的优秀传统，下开革新自救、擢用忠贤之通路，励精图治，使我中华重立于世界民族之林。

丘逢甲一生写有相当数量的怀古诗、咏史诗，对我国历史上具有贤才令德的仁人志士，特别是那些为捍卫民族利益，表现出浩然正气的英雄人物，如岳飞、文天祥、陆游、郑成功，以及“闻鸡起舞”、誓复中原的祖逖，守城不屈、助唐中兴的张巡、许远、郭子仪、李光弼，关心民瘼、对传播中原先进文化作过贡献的韩愈等，丘逢甲都无不表示由衷的崇敬和仰慕，赞颂他们精忠报国、宁死不屈的崇高气节或勤王中兴、统一祖国、传播文化的历史

---

① 张许，即指张巡、许远，安禄山叛唐时，两人率孤军守城十月，城破，不屈而死。郭李即指郭子仪、李光弼，皆助唐中兴名将，两人以平定“安史乱”立功而齐名。

② 訾訾：诋毁、诽谤。跸：帝王出行时止行清道，也指帝王出行的车驾。“留都”两句，指西后出逃时，随行大臣与留京大臣争夸有功，主张迁都与主张归返北京的大臣又相互攻讦。

③ 哀痛诏，一九〇一年二月十四日，清廷以光绪帝名义下“自责之诏”。述及离京西逃情景时，“自责之诏”中有“昌平、宣化间，朕侍皇太后素衣将敝，豆粥难求，困苦饥寒，不如氓庶”之语。

功绩。早期代表作有《读〈宋史岳忠武传〉作》等。内渡后，这位对朝廷弃台让日郁愤不满的诗人，更常借凭吊忠魂、追念文山来寄托自己报国无门、忠良受抑的幽愤情思（如《凌风楼怀古》、《铁汉楼怀古》、《和平里行》、《己亥五月二日东山大忠祠祝文信国公生日》等）。这类怀古之作，并非仅限于发思古之幽情，而是借古伤今，以励节志；一方面从这些历史人物的品格与业绩中汲取智慧与力量，激励自己“复土雪耻”、匡时济世的志向；另一方面，以古为鉴，用以映照现实、披露清廷治下风雨飘摇、民不聊生、四方多难的社会现实，借以振奋民族精神，激发人们去探索救亡兴邦的道路。“平生心醉文丞相，莫向他人借酒杯。”（《与季平柳汀饮东山酒楼》之二）“我生延平同甲子，坠地心妄怀愚忠。”（《以摄影法成淡定村心太平草庐图张六士为题长句次其韵》）丘逢甲把历代英贤奉为自己的楷模，而在咏史怀古的同时，往往笔锋一转，进而抒发自己谋求祖国统一和平的情愫，批判清王朝摧抑人才、苟安求和的内外政策，如《诗抄》卷八《东山谒韩祠毕得子华长句次韵寄答》的后半部分，诗人写道：

……书生今日良可哀，有策难上黄金台。燕赵曾闻古多士，悲歌慷慨安在哉！空谈横磨十万剑，言者自愦旁人咍。汉家不出卫霍才，[1] 西极天马何时来？

如在《和平里行》中也说：

……平生我忝忠义人，浪迹还剩浮沉身。葫芦墩畔思故里，义师散尽哀孤臣。凌风楼头为公吊，振华楼头梦公召。眼前突兀见公书，古道居然颜色照。斗牛下瞰风云扶，愿打千本归临摹。何时和平真慰愿，五洲一统胡尘无。

而一八九八年秋所作的《潮阳东山张许二公祠为文丞相题沁园春词处，旁即丞相祠也，秋日过谒，敬赋二律》，则显得尤其深沉、悲壮。诗曰：

夜半元旌出岭东，文山曾此拜双忠。
百年胡运氛何恶，一旅王师气尚雄。
沧海梦寒天水碧，沁园歌断夕阳红。

---

① 卫霍，卫指卫青，汉武帝时，率部七伐匈奴，官拜大将军。霍指霍去病，汉武帝时，六击匈奴，封冠军侯。霍为人少言，有气敢任，“匈奴未灭，何以家为”，即其名言。

荒郊马冢寻遗碣，秋草萧萧白露中。
石阙苔荒一径深，悲秋怀古此登临。
九州难画华夷限，万死思回天地心。
南客旅愁观海大，东山云气压城阴。
斜阳照起英雄恨，枯木寒鸦泪满襟。

显而易见，在这些怀古、悼古的诗篇中，诗人倾注了自己哀虑时事、忧国忧民的沉痛感情，表达了他渴求发扬历代英贤的爱国精神和为救亡兴邦而建功立业的强烈愿望。

（五）同情人民疾苦，探究社会病根，由赞助变法维新进而同情、讴歌民主革命。

丘逢甲出身于乡村塾师家庭，中进士后弃官归里从教，内渡后又受地方劣绅守旧势力的挤迫，这种生活经历使他对下层社会和黎民百姓的疾苦较易理解（丘逢甲自谓：“湛身难诉遗民苦”，“四海无家独卖文”，“但将文字救饥寒”，看来并非虚饰之词。）早在青年时代，他就写下了“天高敢信能开眼，地瘠何堪再刮皮?”的感人诗句，对台湾农村破产、民不堪受凄苦的现实作了多方面的描绘（如《老番行》、《农歌》）；而在《热风行》中，诗人则记述了天灾、官税给农家造成的深重灾害：热风挟飞蝗、赤地千里、颗粒无收，但收租的官吏却加紧催迫，农民被迫典卖破旧衣物去交租，而城里的老爷绅士们则照样花天酒地，挥金如土（“风吹稻苗焦复焦”，“血渗田间万农泪”，“心痛秋成儿女号，田舍盘飧草根备”。“官租火急不可延，且脱残衫付质肆。寒虫壁上草根尽，城里何人尚歌吹?”）在甲午战前，青年丘逢甲对人民苦难和社会矛盾即有所认识，确是难能可贵。

甲午战后，清廷统治者为支付历次战争失败后的巨额赔款和维持穷奢极欲的生活，巧立名目，强征暴敛，大大加重了人民的负担，更兼水利长年失修，水旱灾害频仍，中国人民陷于空前的水深火热之中。在一九〇八年（戊申）夏所作的《述灾》诗中，充分表露了丘逢甲对劳苦大众的深挚同情：

炎天久不雨，一雨遂泛滥。三江势俱涨，有地皆水占。
平乡水过屋，高市水入店。桑田尽成海，余者山未陷。
无堤能自坚，有稻不得敛。灾民露天宿，屡徙常倚担。

生者鹄面立，死者鱼腹殓。天心夙仁爱，忍使民昏垫。
无家百万人，仰视宁无憾。虽有泛舟粟，救死亦云暂。
来日良大难，安能久遍赡。平生愧禹稷，饿溺常在念。
彷徨起中夕，侧目江云暗。

丘逢甲愧疚自己济世有心、用武无地，无力解救人民的苦难，以致捧起友人送来的香米做的喷香米饭也难以下咽（“颇闻被灾处，草木无根皮。不知饥民况，能再支许时？念此不能餐，北望挥涕洟！”《晓沧惠香米兼以诗贶赋此为谢并送之汀州》）。戊戌年除夕，丘逢甲一家老小团聚辞旧迎新，他赋诗提醒家人说，内渡后的生活，比起“柏庄家宴满堂春”来，是要清素了许多；但是，“莫嫌风味逊从前”，要看到“满城多少贫儿屋，难过钱荒米贵年”。（《除夕示五弟时甫三绝句》）这种同情人民疾苦、主张自奉俭朴的思想感情，在丘诗中随处可见。

丘逢甲诗歌人民性的表现之一，是他对海外华侨的深切同情。诗人知道，这些华工、侨商都是为生计所迫，才不得不漂洋过海、不远万里到异国他乡去艰难谋生的，其地位连猪狗都不如，受尽洋人的歧视和压榨（“羲轩子孙奴隶矣，更复飘流海外作人豕”《新乐府·济良所》）。不少人葬身海外，幸存者辛勤拓殖劳作，但他们的正当权益在侨居地却得不到应有的保障，受人欺压，上告无门（“安知海外百万天朝民，一任刲屠作人豕。谁非黄炎之子孙，九天忍令呼无门。”《少瀛以诗舲自寿诗索和走笔书此》）其原因就在于清政府的腐败无能和古老中国的积弱不振（“我工我商皆可怜，强弱岂非随国势。不然十丈黄龙旗，何尝我国无公使。”《汕头海关歌寄伯瑶》）诗人多次呼吁清政府重视保护我国侨民的正当利益，同时，对那些能够关心和保护侨民利益的官绅，如曾上书李鸿章请废美国禁华民约的黄少瀛、黄钧选，经商起家、曾任菲律宾怡朗领事的叶寿堂，驻外领事、参赞黄遵宪，以及屡赴欧美考察、关心华侨利益的容闳、刘铭伯等人，丘逢甲都曾赋诗表示钦佩和支持。

面对民族的危亡，黎民的苦难，丘逢甲心痛如焚。他自感一介书生，无力改变现状，仰望阴霾四布的天空，夜难成寐，在《春尽夜次韵寄答实甫》中，诗人痛楚地写道：

春灯照夜不成寐，四野荒鸡天未明。

处处闻饥复闻乱，年年忧雨更忧晴。

读书误我成迂叟，呼酒凭谁迫老兵。

六幕沉沉如梦里，晓星残月不胜情。

诗人亲眼看到，农家一年劳作，眼看丰收在即，可是，“鸡犬惊喧官牒下，农忙时节吏催租”（《山村即目》），上层统治者“治河无上策，荒政无完书”（《和晓沧买犊》），致使“饥旱频年菜色多”，这种苛虐的吏治，正是酿成“民变”、“兵变”蜂起的深刻原因。于是，丘逢甲内心深处这种同情劳苦大众的思想感情，经过民主革命潮流的“催化”，便很自然地转变成为对人民革命的同情和支持，“莽莽平原郁旱尘，草痕绿浅不成茵；东风吹起懒龙梦，一夜雨声千里春”（《春感》），他渴望春回大地、万象更新的时代早日到来，以解救受苦受难的同胞。一九〇三年春夏间，《苏报》经办人陈范之女陈撷芬，在上海先后创办《女学报》、《爱国女学堂》及《女苏报》等，宣传男女平等和资产阶级民主思想，丘逢甲闻讯，拍手称快，欣喜作歌致贺：

唤起同胞一半人，女雄先出唱维新。

要修阴教强黄种，休把平权笑白民。

拾翠尽除闲著作，炜彤兼复古精神。

大江东望文明水，遥祝飞行比电轮。

一九〇五年以后，同盟会员谢逸桥、姚雨平等在梅县松口、五华等地中小学创办体育会，对倾向进步的青少年进行军事体育操练，兴办学生军，暗中为武装起义积蓄力量。丘逢甲对此举十分赞许，喜作《送长乐学生入陆军学校》抒怀：

蛮夷大长作尉地，犹有当时武士风。

今日推翻古人局，要看时势造英雄。

若从中国论古学，文武由来本不分。

终使西人遘黄祸，吁天早出学生军。

丘逢甲这些赞颂新事物、新气象的诗作，内容新鲜，文字通俗，易为人们理解和传诵，它们与同盟会党人的宣传鼓动工作，遥相呼应，互相配合，起到了积极作用。也正是从这些革命的新生事物本身，丘逢甲看到了时代的曙光和民族的希望，他的晚年诗作，日渐转而讴歌革命、憧憬未来，一反以往沉郁、悲壮之诗风，充满了乐观向上、积极进取的思想情怀。其中，南京会议期间所作的一组“绝笔诗”，尤为佳构，除前引《谒明孝陵》外，《登扫叶楼》二首和《雪中游莫愁湖》四首亦甚为精彩。例如：

我护百粤军，饮水古建业。
雪耻告百王，扫胡如扫叶。
落叶萧萧满石头，江山佳丽此登楼。
坐领东南控西北，金陵仍作帝王州。

——《登扫叶楼》之一

今日征诛一洒扫，群胡如叶风前堕。
依然龙虎帝王都，我来偶借蒲团坐。
楼外长江江外山，今日江山方我还。
眼前待说弥天法，未许老僧闲闭关。

——《登扫叶楼之二》

长祝龙天护美人，英雄儿女局翻新。
荷花杨柳华严界，再借湖光现色身。

——《雪中游莫愁湖》之四

这些诗作反映出丘逢甲对封建专制王朝的覆灭、民主共和制度的建立，确实表现出由衷的喜悦，这种随历史潮流不断进取的精神和执着追求光明的态度，正是丘逢甲一生的难能可贵之处！

（六）放怀山水，吟咏自然，赞美祖国的壮丽山川和宇宙万物的盎然生趣，也是丘逢甲诗歌的重要题材。

在丘逢甲现存的两千多首诗作中，有不少是他访胜探幽、吟咏山水的篇什，或是应友人之邀而作的题图诗，如《游罗浮》二十首，《惠州西湖杂诗》二十首，《游西樵山》、《题董文敏秋山图》等。这类诗作描绘了岭南和台岛的旖旎风光，再现了大自然的种种造化奇观，诸如：怪石巉岩的峥嵘奇伟、海滨夕照的落日霞飞、腊梅秋菊的俏丽缤纷，乃至茫茫太空的波谲云诡或明月湖山的清晖潋滟等，都尽收诗人笔底。这些诗作有的雄浑壮阔、变幻迷离、比喻生动，如《罗浮异石怪瀑举目即是不止一处也》（“罗浮泉石皆奇绝，到处看山瀑溅衣。石气化云云化水，青天白日玉龙飞。”）有的雅丽飘逸、清新自然，如《宝积寺》（“路转青林石磴悬，佛厨岩腹起苍烟。满庭花影茶笙响，来品罗浮第一泉。”）

丘逢甲的山水诗，并非单纯客观地描摹自然，而是寓情于景，借景抒情，借端托寓，寄托了他爱国爱乡、关注民族兴亡的炽热情怀；有的诗作在吟咏山水之后，笔锋一转，直接抒发他感怀古今、哀虑时事的忧国忧民之情，甚至由写景抒情生发开去，讥评时政，抨击列强，具有“判华夷、倡忠义”、褒扬国家民族精神的鲜明倾向。如《游罗浮》二十首，开篇先写他中秋节前舟溯东江的途中所见，继写他登上峰顶观赏罗浮日出和群峰竞秀的壮丽景象，把历史故事、神话传说和眼前实景溶合在一起，在描写、叙述的基础上，展开议论：“何来碧眼胡，亦蜡游山屐。尔徒惯豪偷，勿此为山贼。”“妖氛海上来，天戈无能麾。神州若不保，何况一山隅。此山可避世，斯言恐吾欺……”

丘逢甲山水诗的思想内容和表现风格的演变，也是他爱国爱乡思想发展深化的一种反映。早期山水诗，如《台湾八咏》等，基本上是单纯地描摹台岛的瑰丽景物，写得生动、具体，活画了大自然的奇观胜景；内渡初的山水诗，对深山空谷的静谧、清幽和野菊秋雁的独秀孤鸣，表现得格外真切感人，与陶潜的山水诗风格相似，流露出他此时怆怀家国之余，试图逃禅归隐、超尘脱世的恬淡心境，如《山居诗》、《野菊》、《山村》、《李花》等。而庚、辛特别是戊、申之后的山水诗，则以雄伟奇丽的居多，且往往夹有叙事议论的因素，如《游西樵山》、《游罗浮》组诗；描写湖光山色的《惠州西湖杂诗》则清丽婉约，具有曲折变幻之妙。这与他此时极端不满清廷统治下的现实，向往光明，渴求变革进步的心境相吻合，也与他此时表面回避政治，实际上又急于表露政见的意图有关。请看下面二首：

块肉消沉海气黄，海门石不共朝亡。
苍苔也有驱胡意，蚀尽题名字一行。

——《题粤中遗迹画·崖门奇石》

十里湖光荡翠烟，近湖人总种湖田。
莫教全割湖云去，留取眠鸥浴鹭天。

——《惠州西湖杂诗》

辛亥首义前夕及赴宁参与筹组临时中央政府期间所作山水诗，又别具一格，它们清新明朗，轻快自然，反映了诗人欢庆“中华民族此重兴”、复土雪耻有望的欣喜之情：

牛山曾约看花来，万树梅花绕将台。
昨夜军书报梅信，弄寒花已五分开。

——《牛山炮台访梅》

湖波如镜荡寒光，曾照金钗十二行。
一片明光新境界，雪中来过郁金堂。

——《雪中游莫愁湖》之一

丘逢甲毕生创作了二百多首咏物诗，它们表现了诗人的高洁品格，抒发了他强烈的爱国之志和浓烈的念台之情。内渡前的咏物诗，诗人常借吟咏虫鸟花卉等动植物，以揭露生活中的假恶丑，表彰真善美的事物。抒发惜才、爱才之情，诚如诗人自白：“平生有雅抱，爱花如爱才。”通过吟咏自然界的各种事物景象，表达诗人对理想人格的追求，对优秀人才的爱护以及对晚清丑恶世态人情的批判，诗风比较冷静客观，笔调较为轻松、诙谐。如《早春园花次第开放，各赏以诗》、《割花叹》、《虫豸诗》等。乙未内渡后的咏物诗，继承了前期“借花聊写意”的风格与主题，但题材范围明显扩大，其念台思乡之情和爱国反帝之志，无不流露充溢于字里行间，而且意境深远，风格悲壮，同样腾跃着英武郁勃之气。诗人咏吟秋雁、野菊、云雨、山川、木棉、日月等各类自然景观，无不寄寓着自己追求光明、思乡复台的心志，饱和着自己的辛酸与悲愤。例如，同是咏菊，在《野菊》、《采菊歌》中，诗人借出自丛榛、孤芳独秀的金菊，来比喻自己时运不济，沦落天涯的遭际，赞美野菊“生成傲骨不依人”的品格，以表达自己“不怕艾萧苦迫压”的情志。《菊枕诗》四首则以喜始，以悲结，以喜衬悲，重在抒写诗人亡国丧家之痛和念台思亲之情。在《题菊花诗卷》和《菊花诗四律》中，丘逢甲歌颂了历代爱国志士、优秀诗人“金甲战秋风”的斗争精神和“宁向枝头死抱香，不曾吹坠北风凉”的坚贞品格，强调报效国家民族，保持“晚节留香”，是所有仁人志士的人生追求。

丘逢甲诗作的思想内容，除上述六类题材之外，还有一部分是同文朋诗友的酬唱，或应达官命妇、族人同宗之请而写的酬酢之作，它们有的格调不高、思想平俗（如《调颂臣》、《为兰史赠席上小妓》），有的宣扬了封建道德伦理观念，为自杀殉夫的妇女作歌纪事（如《蓝溪烈妇篇》、《新池石阙篇》），内渡初的一些诗作流露出回避现实、企图逃禅归隐的消极情绪（如《还山书感》），对义和团反帝爱国运动或对革命党人发动的武装暴动不能正确理解（如《用前韵赋答人境庐主见和之作》、《戊申广州五月五日作》、《寄悼丘孟卿》），部分诗作题材雷同，欠缺诗意。但是，瑕不掩瑜，丘逢甲诗作的内容基本健康清新，诗风悲壮感人，确是近代中国文学宝库中一宗值得重视和研究的宝贵遗产。

三、丘逢甲诗歌的艺术特色

丘逢甲诗歌的艺术成就，清末民初即已引起世人的注意。近代著名爱国诗人黄遵宪在给友人信中，称丘诗“真天下健者”；著名学者、“一代宗师”梁启超也曾给丘诗以极高的评价，他说：

> 欲为诗界之哥伦布、玛赛郎，不可不备三长：第一要新意境；第二要新语句；而又须以古人之风格入之，然后成其为诗。不然，如移木星、金星之动物以实美洲。瑰伟则瑰伟矣，其如不类何。若三者俱备，则可以为二十世纪支那之诗王矣。……时彦中能为诗人之诗而锐意欲造新国者，莫如黄公度。……丘仓海《题无惧居士独立图》云：黄人尚昧合群理，诗界差争自主权，对句可谓三长俱备。①

又说：

> 吾尝推公度、穗卿、观云为近世诗家三杰，此言其理想之深邃闳远也。若以诗人之诗论，则丘仓海（逢甲）其亦天下健者矣。尝记其《己亥秋感》八首之一云：“遗偈争谈黄蘖禅，荒唐说饼更青田。戴鳌岂应迁都兆，逐鹿休讹厄运年。心痛上阳真画地，眼惊太白果经天。只愁谶纬非虚语，落日西风意惘然。”盖以民间流行最俗最不经之语入

① 据丁文江、赵丰田编：《梁启超年谱长编》第一八九页。

诗，而能雅驯温厚乃尔，得不谓诗界革命一巨子耶？……①

众所周知，清末“诗界革命”，是资产阶级改良派的政治思想在文学观念上的反映，是资产阶级改良主义文学活动的一种重要表现形式，改良派在文化和文学方面广泛的启蒙工作和反帝反封建的积极意义，应当给予肯定。“诗界革命”的创作纲领，就是要“以旧风格含新意境”，要求在内容上要反映新的生活和新的理想，表现“古人未有之物，未辟之境”，② 形式上主张语言通俗，格式自由，即所谓“我手写我口，古岂能拘牵”，使诗歌成为宣传维新改良思想、鼓吹救亡图存的武器。清末这场“诗界革命”的旗手和主将当推黄遵宪，而丘逢甲则是这场革命的重要代表人物之一。丘逢甲的大量诗作洋溢着爱国爱乡的激情，浸透着台湾人民和他自己的辛酸血泪，记叙了近代社会生活的巨大变化，反映了要求革新自救、复兴中华的可贵思想和谋求祖国统一富强的强烈愿望。这些新的题材、新的思想和新的风格，对清末鼓吹复古主义、形式主义的正统诗坛来说，无疑是一个强有力的冲击。当代著名学者汪辟疆、陈子展、钱仲联、吴调公先生等也充分肯定丘逢甲在近代“诗界革命”中的地位，认为后期清诗，流派众多，其中“最为重要的则有以黄遵宪、丘逢甲、康有为、梁启超为代表的诗界革命派。”他们“学古而又主张不摹古”，他们“留心世务，蒿目疮痍”，“不仅是凝现实而观照心灵，还为中国的未来而探索”，开拓了新的题材和意境，丘逢甲“万死难回天地心”的苍凉雄劲之笔，发抒了“天涯何处是神州”的“烦躁和郁勃”。③ 钱先生还在其《近百年诗坛点将录》中，十分形象贴切地为近代著名诗人“排座次”，他称陈三立为“诗坛旧头领一员——托塔天王晁盖”，而将黄遵宪、丘逢甲喻之为“诗坛都头领二员”：“天魁星呼保义宋江（黄遵宪）”“天罡星玉麒麟卢俊义（丘逢甲）”。他说：“黄遵宪为晚清诗界革命之魁杰”，而丘逢甲“是亦诗界革命之魁矣……《岭云海日楼诗抄》，其深到之作，魄力雄厚，情思沉挚，人境亦当缩手。”半个多世纪以来，尽管文史界对丘逢甲抗日保台功过是非的评价有过这样那样的分歧，但对他的诗

① 梁启超：《饮冰室诗话》。

② 黄遵宪：《人境庐诗草·自序》。

③ 见钱仲联：《清诗简论》（《光明日报》一九八三年十二月二十七日第三版）及吴调公：《“气候”“与花”——略谈清诗的时代风格》（《光明日报》一九八四年五月二十九日第三版）。

歌创作以及他在晚清“诗界革命”中的地位，则大都给予肯定和赞扬，并公认，“郁勃”、“悲壮”是丘诗的重要风格。

（一）悲壮雄健、沉郁苍凉、英气过人是丘逢甲诗歌的基本风格。

近代中国侨居新加坡的著名诗人学者丘菽园，在其《诗中八友歌》中说：

吾家仙根工悲歌，铁骑突出挥金戈。
短衣日暮南山阿，郁勃谁当醉尉呵。

清末南社中坚、著名诗人柳亚子在《论诗六绝句》中也说过：

时流竞说黄公度，英气终输仓海君；
战血台澎心未死，寒笳残角海东云。

笔者认为，丘诗中的“英气”，主要是指丘氏以天下为己任，执干戈卫社稷。“明知末着”仍百折不回的浩然伟烈之气和毕生忧心国事民瘼，以强国复台为职志却报国无门的郁勃哀愤之情。“风格即人”，这种“英气”的形成与时代和诗人的生活经历、气质、教养都有密切关系。丘逢甲幼负报国大志，青壮年时期亲历了抗日护台的战斗洗礼，备受亡国丧家之痛；内渡后，秉性刚直的诗人又饱领“凉情热趣”之苦，这种独特的生活际遇和心理感受，既淬砺了他的思想意志，也陶熔了他特有的诗歌风格：苍凉沉郁中腾跃英气，悲昂激荡而又明朗自然。正如江山渊所说：“诗本其夙昔所长，数十年来复颠顿于人事世故，家国沧桑之余，皆足以锻炼而淬砺之。其为诗苍凉慷慨，有渔阳参挝之声，又如飞免腰袅、绝足奔放，平日执干戈、卫社稷之气概，皆腾跃纸上。故诗人之名，震动一时。”① 事实确是如此，丘逢甲拳拳家国的感人诗作，既悲且壮，郁勃激越之情强劲炽烈，贯串始终，读后催人泪下，而又给人以精神上的振奋和激励。请看下面二首七绝：

琴剑萧然尚客游，海天容易又经秋。
渡江人物消沉尽，谁识当时第一流？

沦落天涯气自豪，故山东望海云高。

① 江山渊：《丘逢甲传》。

西风一掬哀时泪，流向秋江作怒涛。

一八九五年秋，丘逢甲内渡时初抵汕头，曾作《鮀江秋意》一首，中有“海上瀛洲已怕谭，浩然离思满东南”的诗句。那时，诗人初到粤东，劫后余生，心情是复杂的；一年后，他重游鮀江，东望家山，海天茫茫，回首往事，内心怃然。但这种去国怀乡的离情，郁结着雪耻复土的雄心豪气，诗人不甘偏安一隅，立志要把痛失家山的“哀时泪”，化作滚滚“怒涛”，汇入秋江（即韩江），飞越鲲洋，为收复故国河山而献诚出力。丘诗中这些化悲痛为力量的诗句，音情顿挫、气魄宏大、字字铿锵，可谓意激而言质，洋溢着英武伟烈之气，慷慨淋漓，具有阳刚之美。请看：

风月有天难补恨，江山无地可埋愁。

——《颂臣和旧作……》

五年乡泪愁中制，半夜军声梦里驰。

——《夏夜与季平……》

白日看云同报国，青山为我更题诗。

——《次韵答陈少石》

牙旗猎猎卷东风，旧事真成一梦中。

自有千秋诗史在，任人成败论英雄。

——《题凌孟征天空海阔簃诗抄并答所问台湾事》

其他如《离台诗》六首、《有书时事者为赘其卷端》、《大风雨歌》等许多篇什，都写得激扬奋厉、悲壮酣畅，有震撼人心的艺术力量，柳亚子盛赞丘诗“英气”过人，确是卓识之见。

丘诗悲壮雄迈、豪放激越的艺术风格，有个形成发展的过程，直接受到历代著名诗家的熏陶与影响。丘逢甲自幼熟读诗书，“恒寝馈于李杜苏黄诸家”。[①] 早期的诗作，诗意较为明朗直露，“清水出芙蓉，天然去雕饰”，他反对人工雕琢，主张“重天然”，求“真美”，如《农歌》、《感春即事》，质朴自然。内渡后，他亲历国难家仇之痛，又身受身世飘零坎坷之苦，像经历了“安史之乱”的杜甫那样，随着他对社会矛盾和民族危机认识的加深，丘逢甲那些表现民瘼，评述国事的诗作，便转而具有沉郁顿挫的特点，甚至

① 江山渊：《丘逢甲传》。

刻意学杜，作《拟杜诸将用原韵》、七律《秋兴》、《秋怀》和五言古诗《说潮》等，正如他自己所说：“平生我愧杜工部”（《与高啸桐同客广州》）、“杜陵乐府老更成”（《次韵答伯瑶》）。因此，丘逢甲中年后的诗作更臻成熟，显得沉雄阔大，至为感人。

南宋爱国诗人陆游的思想与诗风显然对丘逢甲也有巨大影响。他曾有诗自况：“吾生于放翁，所遭百不同。同者唯此心，天或哀吾穷。”（《以摄影心泰平草庐图移写纸本》）两位诗人相距六七百年，个人经历虽不相同，但他们的抱负与心境却颇近似，都是生活在祖国山河破碎、民族生死存亡的多难之秋，两人都有力挽狂澜的雄心大志，凝结着请缨无路、报国无门的郁愤情思，忧国忧民之心息息相通。内渡后，丘逢甲也仿效陆游，以“心太平”三字自额草庐（“吾生似放翁，筑室思山陬。”《神龟词》），积愤难遣之余也放怀山水，揽胜吟咏，写下不少讴歌自然、托物言志的篇什（如《游罗浮》组诗、《惠州西湖杂诗》等），这类诗作清丽婉卓，含意隽永，描绘了南国名山胜水的瑰丽风光，别具一格、耐人品味。

诚然，丘诗受陆诗的影响，主要不在清丽婉卓，而在雄直豪放这一面，尤其是歌行体的风格，更为相近。先看陆游的《长歌行》一首：

人生不作安期生①，醉入东海骑长鲸；犹当出作李西平②，手枭逆贼清旧京。金印煌煌未入手，白发种种来无情。成都古寺卧秋晚，落日偏傍僧窗明。岂其马上破贼手，哦诗长作寒螀鸣？兴来买尽市桥酒，大车磊落堆长瓶。哀丝豪竹助剧饮，如巨野受黄河倾。平时一滴不入口，意气顿使千人惊。国仇未报壮士老，匣中宝剑夜有声。何当凯还宴将士，三更雪压飞狐城！③

再看丘逢甲的《东山酒楼放歌》：

丈夫生当为祖豫州，渡江誓报祖国仇，中原不使群胡留。不然当作

---

① 安期生：相传是古代仙人，《史记·封禅书》及《列仙传》说他往来于东海及蓬莱山，食枣、卖药，已逾千岁。

② 李西平：即李晟（七二七～七九三），初为西北边镇裨将，因屡立战功，调往右神策军都将。唐德宗时，率军讨伐藩镇的叛乱，后讨平叛唐称帝的朱泚，收复长安，升节度使、北庭行营副元帅，封西平郡王。

③ 飞狐城：即飞狐口，在今河北涞源县北，古代为河北平原与北方边郡间的咽喉。

李邺侯，① 翩然衣白与帝游，天家骨肉畀无尤。胡为只学谪仙醉，到处吟诗题酒楼？今日何日东山陬，云阴阴兮风飕飕。山中五月如清秋，补禊曲水觞可流。座中主客清且修，黄公后人今状头。裴中令裔新政优，兰陵诸萧才力遒。人师我愧东家丘，儒书无能解国忧，仡仡食古心不休。飞蓬自转落叶下，谁实作俑为车舟？坐令机械生西欧，古制破裂不可收，天地日月驱作球。小儒咋舌大儒叹，径欲问天穷所由。天公方醉了不酬，万事变灭如浮沤，山川虽缺仍金瓯。陇头飞鸟入妖梦，夜半鸣狐思火篝。何如沉醉与天共，乞君大白为我浮。浮之不尽群客醉，何妨呼酌车前驺。自有此山数游者，昌黎文山皆吾俦。彼皆身取千古去，乃畀我任今日愁。海门西望海色幽，眼中一醉无五洲。

陆游借安期生的传说和李西平的史实入诗，抒写抱负；丘逢甲则以渡江击楫、驱胡复土的祖逖为楷模，喻抒自己誓复台岛的豪情积愫。两人都借古喻今，从历史（神话传说）人物身上撷取和自己的思想感情相通或处境相似的部分，借以抒情言志，使事可谓熨贴。放翁自恨请缨无路，“煌煌金印未入手”，无情的白发已“种种”，眼看岁月流逝，来日无多，时不我与的焦灼痛苦之情溢于言表；丘逢甲自愧人师，虽满腹儒书却不能经世致用，像李谪仙那样醉吟题诗，或“仡仡食古心不休”。陆游“剧饮”，是因为“国仇未报壮士老，匣中宝剑夜有声”，手无兵权，被压抑的爱国激情只能借“剧饮”来冲淡排遣；而丘逢甲之所以“沉醉”，同样是空有匡时救世之心，却“无能解国忧”。丘诗的后半部分虽不及陆诗阔大宏邃，但其愤懑之情明显，两诗都显示出“才气豪健、议论开辟”的特色。诗人自谓“诗境居然似放翁，穷愁时节句尤工”（《谢四以蹭蹬诗见示》），又说“雄心消耗稼轩词”，可知丘诗的雄直、豪放确实受到陆游、辛弃疾的影响。

（二）丘诗意象制作方法多姿多彩，诗意蕴藉，耐人寻味。

近年流行的诗论认为，“情趣”、“意象”和“境界”（意境）是诗歌创

① 李邺侯：即唐人李泌（七二二～七八九），幼聪异，工诗文，博涉经史，精究易象，又喜神仙小说。天宝中，学道嵩山而上书论世务，召授翰林，杨国忠忌之，远隐深山。后事代宗、德宗，遇事潜运机谋，位至宰相，功封邺侯。

作的三个要素，意象制作更是诗歌艺术的核心，诗人用一个或几个具体的“形象、意象”表达抽象含蓄的深意，把读者带进特定的境界。作者选择哪些意象，用什么方法来表现这些意象，可谓见仁见智，各有短长。丘逢甲诗作中的意象颇具特色，较常见的表现方法有如下几种：

（1）直接抒情。不少丘诗是直抒胸臆，感情外露的。这与作者的经历大有关系，也与其美学追求有关。丘菽园力倡“诗贵清贵曲”，丘逢甲则认为“真气贯串”更加重要，谓“诗之真者，诗中有人在焉”，“弟诗不可谓工，但不肯作假诗耳”。诗人身处家国剧变的动荡时代，对客观事物的诸多感受强烈浓郁、戎马倥偬，世事瞬变的特定情境也不允许精雕细琢，内在感受与强烈激情喷涌而出，俗谓“愤怒出诗人”、“好诗多是马背上哼出来的”就是这个道理。丘氏《离台诗》六首等即是明例。丘诗指陈时弊、爱憎分明者不少，它们往往融记叙、评议于一炉，政论色彩较浓，如《海军衙门歌》、《述哀答伯瑶》等即属此类。

（2）写景抒情，借端寄寓（借景示情、以景传情）。写景抒情述志是丘氏常用艺术手法之一。《丘逢甲集》出版后不久，我们得到一份丘氏手写诗作的复印件，诗题为“赠潘山人”，下署“丘逢甲”，原诗如下：

五岭苍茫霸气开，海山迢递雁书来。
秋风试马刘王埒，落日呼鹰赵尉台。
各抱古愁观世界，自将青史数人才。
何时共纵登高目，笑指青溟水一杯。

诗题所说的“潘山人”，即南社社员、清末著名诗人、书画家潘兰史（飞声），潘自称“独立山人”，丘曾作《说剑堂集题词为独立山人作》以致意，两人酬唱甚多。诗中提到的“刘王埒”是广州市郊的一处墓地，“尉台”为南越王赵佗所筑，地址在越秀山，今圮。此诗与丘氏一八九九年所作之《朱枚农来访手诗集见赠用集中李子黼（长荣）题词韵》同韵，其时丘在省城任职，他预感到时移世易，借“秋风试马”、“落日呼鹰”的意象，抒发自己锤炼身心以待时报国的情志，其时潘在港、澳居多，丘热望与好友聚首的机缘早日到来。

（3）比喻。比喻是诗家常用艺术手法之一。丘诗《次王雪澄赠实甫韵》三首便是妙用比喻的例子。第一首头二句“未除鳌愤龙愁气，曾伍獐头鼠目官”；第二首说“我宁局促人间世，不慕神仙上界官”；第三首说“人原自贵不因官”，皆有所指，表现了诗人鄙视官场的高洁情志。诗题中所说的王雪澄即王秉恩，时任广东巡警道观察，屡奉命侦捕革命党人，据邹鲁《回顾录》称，王到广东省咨议局拘捕邹鲁、陈炯明时，身任省咨议局副议长的丘逢甲出面力保，邹、陈方得幸免。王雪澄有些诗才，曾与丘唱和，但双方歧见日深，丘诗末句“茫茫时局谁能挽，已似扁舟下急湍”即系运用妙喻，告诫王秉恩要认清时局，清廷大势已去，勿再助纣为虐，应改弦易辙，另谋出路。

（4）象征。象征是一种修辞手法，更是一种表现艺术，能使诗意深长、耐人回味。象征注重暗示，而不是阐释，是意象的联想、而不是限于字面的意义，用象征手法表现的话外之音，象外之意，能引发读者的丰富联想。如前引丘诗《春江》，单个意象似无要义，但几个意象组合起来，升华为特定的意境，特定的收件人（姚雨平），对“莫便脱渔蓑”的意蕴便能心领神会。一九〇七年丘诗《韩江有感》亦是巧用象征手法的一例：

道是南风竟北风，敢将蹭蹬怨天公。
男儿要展回天策，都在千盘百折中。

有的论者指“南风”、“北风”系不同的政治力量，“回天策”即丘氏一八九五年乙未抗日保台之举（参见钱仲联《明清诗精选》），这种解释当无大碍，但未免失之宽泛笼统。笔者以为，此诗实系诗人感怀庚子勤王事败之作。一八九九年（己亥）冬，丘应康有为之邀，赴港密商“勤王”大计时，康对唐才常率自立军起事十分乐观，事实却是误判，唐未及举事，即被湖广总督张之洞侦破，是年 8 月 22 日唐才常等被捕，次日遇害，形势急转直下。诗中首句“道是”，意为有人说，究系何人？即康有为及其党徒，本来以为庚子勤王定可成功，结果却是以西后为首的封建顽固守旧势力占了上风；诗中的“回天策”，当指康唐“勤王”，保全中国自立之权，创造新自立国的重大军政行动。此诗借自然景物与风向气候之变化，象征社会政治形势之突变，寓有征程曲折，投身“回天”事业的热血男儿当激流勇进的深意。

（5）用典。典即典故。在诗中用典或前人成辞成语乃中国传统诗歌创作的艺术手法之一。陈寅恪先生还提出“今典”之说。典故大都积淀了某种特定的意蕴，读者由简练的字面深入，会通古事今情，有助于领悟诗作的丰富内涵。启功先生做过有趣的比喻：用典如同把事物压缩成“信号”，即把复杂的事理及蕴意，经过剪裁、压缩或简化，做成一个小小的“集成电路”，嵌入诗句之中，供读者回味、联想、思索，在有限的文字中传达出丰富的信息，使诗作显得典雅精致，含意深长，如丘诗《十二月十一日书事》(阅报作)：

不见高欢六镇兵，一身去国羽毛轻；
平生大志浑无着，落日荒荒夹马营。

此诗作于一九〇八年（戊申）冬，诗题注明系“阅报作”，以时政要闻入诗，此诗堪称巧用“今典”。报载何事？诗人缘何引发诗兴？原来戊申年光绪、慈禧相继病死，摄政王载沣以袁世凯“现患足疾，步履维艰，难胜职任”为由，“着即开缺”，令他“回籍养疴”，袁被迫归籍河南彰德。丘逢甲阅报得知此事，颇觉快慰，遂赋诗予以讥刺。

高欢，乃北魏权臣，为防御柔然南犯，在京都平城（今山西大同）以北，阴山以南，自西向东设置六军镇戍守，后拥兵自重，先立孝武帝，自任大丞相，复逼帝退位，另立孝静帝，专权达十六年之久。其经历、人品与袁氏有相似之处。“夹马营”在洛阳市东北，为宋太祖赵匡胤出生地，诗中借指河南。当年拥兵专权，投机善变，工于权术的袁世凯被革职后匆匆离京，滚回河南老家“养疴”去了，时移世易，历史无情，诗人嘲讽鄙夷之意溢于言表。此诗“古典”、“今典”并用，诗中所指古今人事，含意蕴蓄，耐人回味。

（三）丘诗体裁丰富多彩，长短兼备，其中七言诗成就尤为突出。

对各类诗歌体裁的运用与把握，丘逢甲比较娴熟。丘菽园评论说：“仙根诗各体皆佳，才气亦大，全集自以七律为上驷。”① 与陆游相似，丘氏亦以七言律诗见长。赵翼评陆诗的话也适用于丘诗：“使事必切、属对必工，无意不搜而不落纤巧，无语不新而不事涂泽，实古来诗家所未见也。”② 如

① 丘菽园：《挥麈拾遗》。
② 赵翼：《瓯北诗话》。

《梦中》一诗：

绣旗犹飐落花风，不信楼台是梦中。
十二栏杆摇海绿，八千子弟化春红。
奔驰日月无停轨，组织河山未就功。
车下懒龙呼不起，钧天罢奏大匆匆！

诗人借项羽率八千子弟渡江西征的故事和赵简子梦见天帝聆听钧天广乐的传说，将历史与现实、实际与梦境糅合在一起，借抒抗日保台事败的悲愤，表达他对捐躯沙场的义军将士的敬悼之情。诗中属词比事都极贴切，对仗工整，可谓音情顿挫，传世佳作。

丘诗中的排律和歌行体则壮阔雄浑，如长河注海，一气呵成，且善于熔抒情、议论、叙事于一炉，纵古论今，自成一格。如《秋怀》八首、《次易实甫观察即席韵》等，接连五迭，达四十八首之多。《镇海楼送王豹君方伯（人文）之蜀次壁间彭刚直韵》，竟有二十四迭韵，诗人借送王豹君擢藩入川之机，抒发了他"忧滇"、"思藏"、"哀粤中之穷"的思想感情。同属"诗界革命"的阵营，但丘逢甲有别于"独辟新界而渊含古声"的谭嗣同，接近擅长叙事的黄遵宪。丘、黄都注意突破传统格律的限制，采用古文家"伸缩离合之法"，力图将严整的韵律与散文化的笔法结合起来，写了不少形式上较为自由活泼的歌行体、新乐府。一般说，丘诗抒情成分较浓，如《七洲洋看月放歌》、《送谢四东归》、《东山酒楼放歌》、《题崧甫弟遗像》、《东山松石歌和郑生》等，它们洒脱奔放，感情的潮水一泻千里。那些重在抒情的长诗，诗人让想象的骏马驰骋于天上人间，通过奇巧的构思和瑰丽生动的形象，把读者带往富有浪漫色彩的神奇境界（如《日蚀诗》、《杂诗》三首、《欧冶子歌》等）。

丘诗中的五、七言绝句，另有一番特色。诗人观察精细，感受敏锐，善于捕捉现实生活中那些富有特征性的图景，以洗练、活泼的笔触，勾画出一幅幅生动明丽的艺术画面，寓情于景，情景交融，传达出自己对各种自然美的独特感受和生活见解。例如，同是岭南深秋景色，在诗人笔下，有的五彩缤纷，格调爽朗，如《秋溪即目》：

绿减蕉阴夜有霜，园柑林柿间丹黄。
扁舟坐爱秋溪晚，七曲屏山半夕阳。

有的本色天籁，浑朴自然，如《山村即目》：

一角西峰夕照中，断云东岭雨濛濛。
林枫欲老柿将熟，秋在万山深处红。

披着盛装的岭南秋景，在诗人笔下，纤而不繁不乱，秾而不腻不滞，充满了生机活力，给人以愉悦和欢快的感受。有的小诗含意蕴蓄，耐人寻味，诗人借描绘特定的自然景观，寄寓一定的生活哲理或对某种社会现象进行讽喻，如《春日杂诗》：

极目春城夕照中，落花飞絮木棉中。
绝无衣被苍生用，空负遮天作异红。

其他如《雨中春望》、《寒入》等，皆意境奇丽清新，给人以艺术的享受和生活的启示。在这些五、七言绝句里，诗人很少用典，重即目所见，或即事抒情，寓沉郁于自然，或化清丽归率真，多姿多彩，令人耳目一新。

（四）受客家民歌和时代新思潮的影响，丘诗语言质朴清新、明白晓畅。

作为一个祖籍粤东，内渡后又在客家人聚居地长期生活的诗人，丘逢甲的诗作和黄遵宪的作品一样，深受岭南诗派和客家民歌的影响。他击赏岭南诗派的雄直清奇（“岭南独得古雄直”），盛赞善向民歌学习的诗人。嘉应州人胡晓岑，名曦，工诗文，性耿介，他僻居山村有年，某富商以二百金请胡作寿序。时胡曦已断炊数日，但仍不顾，丘逢甲闻悉，佩服他的“穷介”之气，称赞他是“奇古之人”。胡晓岑擅写山歌体诗，语言通俗，题材新鲜，丘逢甲认为胡是仅次于黄遵宪的“岭东第二诗人”。① 丘还写有《论山歌》一首，诗曰：

粤调歌成字字珠，曼声长引不模糊。
诗坛多少油腔笔，有此淫思古意无？②

丘逢甲把民众喜闻乐见的山歌置于文人墨客的粗制作品之上，并热情肯定胡曦这样僻居乡间的诗人，足见他对民间创作的重视和喜爱。他自己的不

① 丘逢甲信稿：《致潘兰史》，见《丘逢甲文集》。
② 参见《丘逢甲集》第九三〇页。

少诗作，语言明白晓畅、质朴自然，如《游姜畲题山人壁》：

春山草浅畜宜羊，山半开畲合种姜；
比较生涯姜更好，儿童都唱月光光。

即从俗谚“畜羊、种姜，利息难当”和童谣“月光光，好种姜”脱胎而来，妇孺上口，易于传诵，颇富生活情趣。丘氏有的诗作则吸收了反映新思想、新知识的新名词新术语，如“地球”、“赤道”、“嘉富尔”、“亚当”、“火车”、“电轮”、“民主”、“民权”、“殖民”等。丘逢甲的这些大胆实践，响应了黄遵宪“我手写我口”的文学主张，这无异给清末诗坛吹进了一股清冽的新风，对当时“险奥聱牙”的“同光体”是个有力的冲击。因此，梁启超说丘逢甲“能以民间流行最俗最不经见之语入诗，而能雅驯温厚乃尔”，确实不虚，这是丘逢甲对晚清诗歌发展的一个贡献。

四、丘逢甲的诗论简介

丘逢甲诗作的思想艺术成就，当然首先源于他本人是位具有强烈民族意识和丰富文化素养与生活阅历的爱国者，同时也和他有较明确独到的创作思想有关。他的诗论鲜有专文评论，今将散见在他诗文中的艺术见解，稍作归纳梳理，作一粗浅概括介绍：

（一）主张诗歌创作要万流奔放、广拓题材，不能独尊一家。

他在《论诗次铁庐韵》中写道：

迩来诗界唱革命，谁果独尊吾未逢。
流尽玄黄笔头血，茫茫词海战群龙。

北派南宗各自夸，可能流响脱淫哇？
诗中果有真王在，四海何妨共一家。

丘逢甲认为，诗歌创作应当不名一家，不拘一格，不能独尊一派为“正宗”。对古今名家可学而不可袭，不必泥古畏古，各种风格与流派应当共存并荣，相互学习，取长补短，在竞赛中求取丰富和发展，创作题材应当不断开拓，要“直开前古不到境，笔力横绝东西球”（《说剑堂集题词为独立山人作》）。他主张放眼看世界，反映丰富多彩的社会生活，为革新图强服务，绝不可孤守一隅。他说：“米雨欧风作吟料，岂同隆古事无征。”人类社会已进入二十世纪，远不同于上古时代，世事千姿万态，不断发展变化，岂能闭目塞听，墨守成规，只有“词海战群龙”，万流竞放，广拓题材，才能百花争艳，促进诗歌创作的繁荣与发展。

（二）强调“诗中有我”，博采众长。

丘逢甲在给丘菽园的信中说：

弟本不愿作诗人，然今则竟不能不姑作诗人，承兄过爱其诗，故不能藏拙，竟敢和盘托出。尊论谓诗贵清贵曲，弟再参一语曰贵真。自三百篇以至本朝诗，其可传者，无论家数大小，皆有真气者也。诗之真者，诗中有人在焉。弟诗不可谓工，但不肯作假诗耳。①

丘逢甲认为，诗歌创作，首先要有感而发，有了真挚的思想感受，才会产生创作激情，才能表现出诗人的个性与风格，所作才成其为诗。否则，言不由衷，矫揉造作，或只会“模仿前人佳构，无真气贯串”的东西，是不会传世的。在早期写作的《割花叹》中，丘逢甲曾借水仙母本被人为削割，“真气内损”打比方，表达他反对雕琢刻削、务求本真的美学观点。

如何才能做到“贵真”呢？丘逢甲认为，诗人应当博采众长，成为能融合古今中外的饱学之士，因为从现实生活中得来的诗情、深刻的思想见解，还必须有高超的艺术技巧来表达，而卓越的技巧同诗人渊博的知识、高度的文化素养和敏锐的感受力是分不开的。他曾说过：

诗有定法，亦无定法；有定体，亦无定体；视学为转移而已……。其为诗，神明变化，不离规矩。规矩者，学从所入，亦学从所出者也。凡学者然，诗特一端耳。诗而不学，谓之无诗也；言诗不言学，谓之不知诗可也……余不敢自命知诗，然尝学之矣。②

这段话表明，丘逢甲虽赞成“诗界革命”，反对泥古复古，但也力主勤

---

① 丘逢甲信稿：《致丘菽园》。

② 丘逢甲文稿：《家筠严太守晋昕九十九峰草堂诗集序》，载《丘逢甲集》第七八六页。

奋学习，继承传统，博采众长，以广其知，只有这样，诗作内容才能充实丰富，并娴熟、生动地表现出来。他在《寄答陈梦石即题其东溪吟草》一诗中说得好：

诗无古今真为贵，学有中西汇乃通。
君自运筹并运笔，一时双管下春风。

（三）重视艺术创作的目的性和思想性。

“诗言志”，它不仅能够陶冶情操，激励节志，而且可以“陈风俗，述国政”，这是中国古典诗歌的一个传统。丘逢甲“本不愿作诗人”，但现实的际遇处境却迫使他只能借助诗歌创作来抒怀、述志，把个人丰富坎坷的阅历感受同国家民族的危难、社会世事的污浊结合起来思考，并终生以强国复台为职志。这样，他自然鄙恶吟风弄月、无病呻吟的东西，把诗歌创作视为抒发和实现自己理想抱负的一种手段。他认为，台湾人民可歌可泣的抗敌斗争，给诗歌创作提供了新的题材，拓展了更高的艺术境界，骚人墨客的创作应当是表彰人民爱乡爱国、卫乡卫国的忠肝义胆，反映春回故国的明丽景象，才会有永恒的价值（“乱云残岛开诗境，落日荒原泣鬼燐。”“请将风雅传忠义，斑管重回故国春。”《题沧海遗民台阳诗话》）。在《题裴伯谦大令睫闇诗抄》中，丘逢甲说：“治诗如治民，刚柔合乃美。出入法律中，法律为我使。”“嘉君循良治，并入风骚旨。新诗与美政，异撰乃同揆。卓荦旷代才，况未限所止。”这说明，丘逢甲认为，艺术创作须刚柔相济，遵循内在规律，方能臻于完美境界，且有教化民众、改善政事的作用。诗人负有“传忠义”、“表古迹”、“重回故国春”的社会义务，“不然吟风弄月亦可嗤”（《题风月琴尊图为菽园作》）。这种重视艺术创作的社会功能，强调诗作的思想性、目的性的美学观点，同诗人一贯坚持抗敌保台、强国复台的爱国思想和不甘沉沦、积极进取的人生观是密切相关的。

从现有材料看，丘逢甲的诗论虽不那么系统全面，但他赞成“诗界革命”，提倡题材、风格的多样化，强调诗歌创作要有“真气贯串”，诗人要“中西汇通”，以及服务于社会等艺术见解都是可贵的。这些见解同诗人的许多佳作一样，闪耀着他那个时代的思想光辉，显示了清末“诗界革命”的实绩，推进了近代诗歌发展的新洪流，对维新变法运动和民族民主革命运动，都曾起过有益的影响。清末民初的革命文学团体——南社社员和五四运动、抗日战争时期的不少忧国有识之士，都一致推崇丘逢甲的诗作和爱国精神，致力辑印传播丘诗就是一个很好的证明。

丘逢甲不愧为我国近代一位杰出的爱国诗人，理应在近代文学史上占有一席之地！

结束语

丘逢甲是清末一位著名的爱国志士。他生活在国势日衰、国难危迫的时代，青少年时期就胸怀大志，身居台岛却“以天下为己任”，中进士后弃官从教，为谋求祖国富强之道而努力吸收新的思想营养，呼吁防御外来侵略。甲午战起，他以“抗倭守土”号召乡里，投笔从戎，筹建义军。清廷弃台让日，他刺血上书，怒斥抗争；在外援断绝、强敌压境的艰危情势下，他倡导自主自救，进而亲赴疆场，率部与强敌血战；抗日事败内渡后，他以强国复台为职志，为救亡图存、唤醒民众、振兴中华而奔走呼号，由赞助变法维新进而同情、倾向革命，为暗护革命党人、支持民主革命事业作出了贡献，直至生命的最后一息。在帝国主义疯狂侵略、祖国处于瓜分豆剖的危难时刻，丘逢甲的上述活动，顺应了历史发展的潮流，表现了中华民族不屈不挠的民族精神，维护了中国人民的利益，理应受到后人的纪念和尊重。

丘逢甲是一位进步的教育活动家。他认为“欲强中国，必以兴起人才为先”，早年在台即努力从事桑梓教育，抗日保台事败后，更认识到只有唤醒民众、广开民智、振奋民气，才能挽救国难。为此，他不避时忌、不畏艰难、冲破重重阻力，矢志改革封建教育，锐意新学，积极传播西方民主思潮，介绍自然科学知识，引导青年关心国家民族前途命运，勇敢地和腐朽没落的封建旧文化进行了不调和的斗争。他特别重视师范教育，认为这是广开学校、兴起人才的基础工作，并通过多种形式办学、劝学、不务虚名，重在实效，踏踏实实地为国家民族培养了一批有用人才。丘逢甲这种重视教育与人才，勇于开拓、敢于革新的精神，不仅在当时是难能可贵、颇有见地的，即使在今天，也有一定的参考价值，值得研究和借鉴。

丘逢甲又是我国近代一位杰出的爱国诗人。他丰富的诗歌创作，洋溢着爱国主义的思想激情，内容健康清新，诗风悲壮深沉，震撼了当时沉闷的诗坛，显示了近代“诗界革命”的实绩，对我们认识近代中国社会的特点和历史进程，了解台湾人民抗敌卫国的光荣传统和他们热爱祖国的深挚感情，以及密切台湾与大陆之间的精神文化联系，开展爱国主义教育、建设社会主义精神文明，都是有裨益的。丘诗具有浓烈的“台湾情结”，在中国近代文学史上，占有独特的地位。

诚然，像历史上许多起过进步作用的杰出人物一样，丘逢甲也有其时代与阶级的局限性。他虽然发动和参加了台湾人民反割台、反卖国的正义斗争，但对唐景崧等人却过分信赖和依靠，对人民大众的潜在力量和伟大作用则认识不足，以至在形势急剧逆转之际，悲愤而怅惘；在内渡后一段时间里，把祖国的独立富强的希望寄托在光绪帝的身上，而对孙中山为首的革命党人的认识，也经历了一个逐步发展的过程；他的部分诗作，流露出逃禅归隐的消极情绪，或宣扬了封建道德伦理观念。

但是，正如列宁指出的那样：“判断历史的功绩，不是根据历史活动家没有提供现代所要求的东西，而是根据他们比他们的前辈提供了新的东西。”（《评经济浪漫主义》）爱乡爱国、谋求祖国富强统一的思想与实践始终是贯串丘逢甲毕生的一条主线，他一生最大的优点就是：能够顺应历史发展潮流不断前进，使自己的思想和活动跟上急剧动荡的时代前进的步伐，这种与时俱进的精神是难能可贵的。

总之，丘逢甲是近代中国历史上力谋抗日保台的爱国志士、清末有影响的教育活动家、著名的爱国诗人和资产阶级民主革命派的真诚朋友，他的生平事迹和爱国精神，以及诗歌创作，理应得到科学的公允的评价，以利于继承和发扬中华民族的优秀传统，从而有益于祖国统一和振兴中华的神圣事业。

海峡两岸人民一向都十分尊崇丘逢甲先生。在台湾，台北市新公园（今二二八公园）建有丘逢甲纪念亭并竖有丘逢甲铜像，台中修建有丘逢甲抗日起事纪念园并开办了规模宏大的逢甲大学，台南还有以丘逢甲名字命名的街道、医院等等。台湾学术界向来重视对丘逢甲的研究，台湾学者在评介丘逢甲和搜集、整理有关丘逢甲资料方面做了大量卓有成效的工作，取得了丰硕的成果。如蒋君章先生的《丘逢甲的一生》、郑喜夫先生的《民国丘仓海先生逢甲年谱》、郭兆华先生的《丘逢甲先生的一生》、丘秀芷女士的《剖云行日——丘逢甲传》、杨护源先生的《丘逢甲传》及许多有关丘逢甲研究论文的出版和发表，对于推动海内外的丘逢甲研究，弘扬丘逢甲先生的爱国爱乡精神都起到了重要的作用。逢甲大学校友文教基金会曾开展“纪念丘逢甲先生研究”的征文活动，向海内外各界同胞广泛征集评介丘逢甲生平事迹的文章；一九九六年三月，台中市逢甲大学隆重举行了为期两天的《丘逢甲与台湾历史文化学术研讨会》；一九九九年，逢甲大学又举办了《丘逢甲、丘念台父子及其时代》的学术研讨会。这两次会议，岛内外一批丘逢甲研究方面的专家、学者均应邀赴会，会后都编印了相关的学术论文集。

至于在大陆，丘逢甲先生的爱国事迹同样受到人们的景仰，他的诗作被广泛传诵，丘逢甲研究愈来愈受到文史界的重视。一九八四年十二月，在丘逢甲诞生一二〇周年前夕，广东省社会科学联合会、社会科学院等单位邀请全国各地专家学者，举行了历时七天的丘逢甲学术讨论会，与会者一致赞扬丘逢甲一生的不朽业绩，充分肯定了他在近代中国历史上的贡献和地位。十二月二十六日，广东省和蕉岭县人民政府隆重集会，纪念他的一二〇周年诞辰，相关负责人亲临讲话，高度评价这位爱国志士的功绩，丘逢甲在大陆的后裔丘应枢、丘应榆、丘晨波等人均应邀参加了上述纪念活动。此前，广东省人民政府还拨专款修复了淡定村丘氏故居、坟墓，新建了逢甲学校，整修道路，在蕉岭县城修建了丘逢甲纪念亭和陈列室，展出了丘氏的若干手迹和遗物，以及艺术大师们所作的书画、楹联等。广东汉剧院和蕉岭山歌剧团还分别编演了《丘逢甲》和《孤臣恨》等剧目。对这次隆重的纪念活动，中央和地方的新闻媒体作了充分的宣传报道，各级学术刊物先后发表了一批丘逢甲研究论文，掀起一股宣传丘逢甲、研究丘逢甲的热潮。二〇〇一年，政府拨专款在蕉岭县修建了逢甲大道和逢甲大桥；二〇〇六年，丘逢甲故居被国务院批准为国家级文物保护单位；目前，丘逢甲纪念园（包括陈列馆、纪念广场等）也正在积极筹建之中。近三十年来，大陆丘逢甲研究有了长足的进步，取得了可喜的成绩。到目前为止，文史界已整理出版了丘氏诗文集《岭云海日楼诗抄》（有沪版、皖版两种版本）、《柏庄诗草》、《丘逢甲诗选》、《丘逢甲文集》等；一批研究丘逢甲的学术专著也相继出版问世，如吴宏聪、张磊、李鸿生分别主编的《丘逢甲研究》（两本论文集），徐博东、黄志平的《丘逢甲传》（即本书原版）和《台湾爱国志士丘逢甲》

（《丘逢甲传》缩写本），丘铸昌的《丘逢甲评传》和《丘逢甲交往录》先后出版，这些都显示了大陆文史工作者的辛勤努力与丰硕成果。

一九九四年十二月，广东省社会科学院和梅州市社科联联合主持召开了“纪念丘逢甲诞生一三〇周年”的学术研讨会；二〇〇〇年春，广东省社会科学院与汕头大学联合主持了主题为《丘逢甲与近代中国》的学术研讨会；二〇〇四年冬，广东省政协主办了纪念丘逢甲诞辰一百四十周年的学术研讨会，二〇〇九年十一月，广州中山大学与台中逢甲大学联合举办了纪念丘逢甲诞生一百四十五周年的学术研讨会，侧重探讨丘逢甲思想文化遗产与中华文化优秀传统的传承关系与时代价值，海峡两岸的专家、学者多次欢聚一堂，交流研究心得，有关论文集有的已经出版。大陆文史界在有关方面的大力支持下，成立了“丘逢甲研究会”。二〇〇〇年春，广西教育出版社出版了以丘逢甲为中心人物的长篇历史小说和电视剧文学剧本《台湾风云》（作者阎延文）。二〇〇二年，青年作家徐青先生的电视文学剧本《丘逢甲》也已问世。二〇〇一年冬，受广东省丘逢甲研究会的委托，由黄志平、丘晨波主编的《丘逢甲集》正式出版，该书被列为国家古籍整理“十五”规划项目，得到文史界的好评。二〇〇六年一月，广东花城出版社还出版了《丘逢甲的故事》一书，内收《丘逢甲》电视连续剧剧本、丘逢甲的故事和丘逢甲爱国诗歌选读（王华编撰）。据悉，以丘逢甲生平事迹为题材的电视连续剧，正在紧张筹拍之中。可以预料，随着时间的推移，海峡两岸对丘逢甲研究的进一步深入展开，丘逢甲先生在中国近代反帝爱国运动史和近代文学史上的地位与贡献，必将得到更为明确、公允的科学评价。

附　录

关于丘逢甲生平中若干问题的考评

徐博东　黄志平

评价丘逢甲一生的是非功过，势必涉及以下三个重要问题：（一）对丘逢甲倡立“台湾民主国”如何评价？（二）丘逢甲兵败内渡是否属于“动摇逃跑”？（三）丘逢甲“卷饷内渡”之说是否属实？为探求历史真相，实事求是地评价丘逢甲，笔者不揣浅陋，就上述三个问题谈谈我们的看法，就教于专家、读者。

一、关于“台湾民主国”的评价

倡立“台湾民主国”，是丘逢甲生平中最重大的事件。过去相当长时间里曾流行一种观点，认为“台湾民主国”是脱离中国而建立的一个“独立国家”；说成立“台湾民主国”“是一种分裂主义行动”。直到近些年，个别论者对此仍颇有微词。如近年尚有论者认为：台湾民主国是“台湾绅士和地方官吏的混合产物，并没有留给什么印象和记忆，它的死亡更不埋在活人的心中。”有的则将台湾民主国议为“按清政府总理衙门的授意”而建立。这些观点都是不辨史实的糊涂认识。至于个别“台独”分子宣扬“台湾民主国”是所谓历史上台湾人“独立建国”的“尝试”，并把丘逢甲说成是“台独”的“鼻祖”，则显然是对历史的歪曲和对丘逢甲先生的污蔑，其目的无非是为他们从事分裂祖国的图谋寻找“历史根据”。

笔者认为，评价“台湾民主国”，一不能脱离当时的历史背景；二不能撇开它发布的文告和实行的具体政策措施；三不能无视它所起的历史作用。

众所周知，台湾民主国是在《马关条约》签订一个多月、烟台换约十七天之后，即于一八九五年五月二十五日才正式宣告成立的。尽管《马关条约》是清政府在日本侵略者的压力之下，违背中国人民的意愿而被迫签订的卖国的不平等条约。但是，清政府既然是当时代表中国的中央政府，因此，从法理上来讲，烟台换约之后，条约业已正式生效，台湾的领土所有权和行政管辖权已从中国方面转到了日本国手中。其时，日军大兵压境，进攻在即，清廷严禁大陆沿海各省援台，台湾已处在“无天可呼，无主可依”和“无人肯援”的困境。在这种情势下，摆在台湾人民面前的只有两条路：要么接受既成事实，甘心当亡国奴，做日本国的“二等公民”，任凭日本殖民者的宰割；要么奋起反抗，宁愿“人人战死而失台”。二者必择其一，别无他路可走。以丘逢甲等爱国绅民为代表的台湾同胞毅然选择了后者。他们不计成败利钝，断然决定成立“台湾民主国”，誓与日本侵略者血战到底。这是什么精神？这明明是大无畏的爱国主义精神！它体现了台湾同胞热爱祖国，不愿与祖国分离，不甘臣服日本的坚强意志，怎么反说是“分裂”祖国的背叛行动呢？如果硬要说这就是“闹分裂”的话，那么，这是和谁“闹分裂”呢？是和已经吞并了台湾的日本帝国主义闹分裂，而不是和祖国闹分裂。这个“分裂”闹得好！闹得有道理！这和当前海内外一小撮“台独”分子勾结国际反华势力、阴谋分裂祖国的“台独”活动，是性质完全不同、风马牛不相及的两码事！

必须指出的是，有的论者把台湾民主国的成立，说成是“总理衙门的指示”,① 其根据是两江总督张之洞给唐景崧的京电中有“画押之后，台即属倭，台或不从，与中无涉”和沈曾植表态中有“台能自保，不累中矣”等字句。其实，沈曾植不过是总理衙门的一个章京，他无权代表清王朝中央政府。事实上，甲午战败，面对日本以“赔偿军费”强索台湾和辽东半岛的强盗行径，清政府曾派员多方奔走，中国朝野都尽力设法抵制日本的割台活动。早在一八九四年冬，张之洞得知“倭索台湾”的传闻，即致电北洋大臣李鸿章，认为“台湾万不可弃，从此为倭傅翼，北自辽，南至粤，永

① 见吴密察：《乙未台湾史事探析》，台湾打印稿，转引自戚其章《论乙未割台的历史背景》，载《历史研究》一九九四年第六期。

无安枕，且中国水师运船终年受其挟制，何以再图自强？台湾每年出产二百万，所失更不可数计”，提出：“与其失地赔费求和于倭，不如设法乞援于英、俄，饵以商务利益。”张分析此策的利弊，认为“偿胜于割”，说“英、俄本强，我虽吃亏于英、俄，而不屈倭，中国大局尚无碍，兵威亦尚未尽损，犹可再图自强雪耻之策，似与古语远交近攻之义相合。总之，与倭和而能不索地最妥；如必索地，则无论他事中国如何吃亏，总胜于弃台湾于倭矣。”① 军机大臣、帝师翁同龢等也坚决反对割让台湾，李鸿章曾连日奔走于各国使馆，意在谋求西方列强的支持。但基于各自的利害关系，西方列强全面权衡得失，最终都采取了支持日本割取台澎的方针，那种认为“一百年前，中国的当权者为了自己的或中国的利益，无暇计及台湾人民的愿望与感受”② 的论调是不合史实的。即使是马关签约之后，张之洞还提出，以“押台”来达到“保台”目的的建议，光绪帝颇为重视，谕曰：“台湾作押借款藉资保卫一节，有无确实办法，着详细电覆。”③ 但英、法、俄、德等国使节都按本国政府指示，先后拒绝了清政府的请求，如英国驻北京公使接到外交大臣金伯利的机密电训：“上峰已经作出允许日本占领台湾的暗示。”以此，清政府所有企图通过外交途径来寻求保台的活动、方案，当然也不会有任何结果。

在争取外援均告失败，烟台换约割台之势难免，“无天可呼，无主可依”、“无人肯援”的危急形势下，台湾绅民才被迫采取自主保台的应急措施。五月十六日，丘逢甲率团赴台北与唐景崧密谈④。同日，唐一面电告总理衙门：“此乃台民不服属倭，权能自主，其拒倭与中国无涉。”一面电张之洞称：“民主之国亦有人主持，绅民咸推不肖，坚辞不获。惟不另立名目，终是华官，恐倭借口缠绕中国；另立名目，事太奇创，未奉朝命，似不可为。如何能得朝廷赐一便宜从事准改立名目不加责问之密据？公能从旁婉

① 《张文襄公全集》（海王村古籍丛刊），中国书店，一九九〇年，第三一—三二页。

② 叶振辉：《台湾割让前的外援交涉》，载《甲午战争一百周年纪念学术研讨会论文集》第四三七页。

③ 《张文襄公全集》（海王村古籍丛刊），第一四三卷第一二页。

④ 见中国近代经济史料丛刊编辑委员会：《中国海关与中日战争》，（帝国主义与中国海关资料丛编之四）第二二九页，可参看《丘逢甲集》（附录），第九四一页，岳麓书社，二〇〇一年版。

奏，此亦救急一策。”而张之洞则复电说：“朝廷未必肯给密据，恐为倭诘。如事至万不得已时，只可由尊处自奏。”① 由此可见，唐景崧十分担心成立台湾民主国而获罪，他怎么可能是奉总理衙门指示而行事呢？台湾民主国完全是台湾绅民强烈要求建立的，尽管行事匆促，但它反映了四百万台湾同胞自主保台的意愿，也得到大陆民众和舆情的广泛支持，上海的《申报》在同年六月三日、六月六日连续刊出《自称岛国》的专讯和《论台湾终不为倭人所有》的专论（详见后文），对台民立岛为国的义举，给予高度评价。

“台湾民主国”成立后，向中外发布了一系列的重要通电和文告（详见本书第二章第三节）。这批珍贵的历史文献，为我们评价民主国的性质提供了最重要的依据。无论是以唐景崧的名义还是以“台湾绅民”的名义发出的所有通电、文告，都反复声明一点：台民“抗不奉诏”、自立为国是迫不得已的；尽管如此，它“仍恭奉正朔”、“永戴圣清，无异中土”；“事平之后，当再请命中朝，作何办理。”

可见，“台湾民主国”及其倡导者都确认：台湾是中国领土不可分割的一部分，即使被迫暂时自立为国，它仍随时准备回归祖国；当时之所以那样做，一是为了拒日割台、“商结外援”，“以待转机”；二是为了便于抵御日寇的侵略，免使朝廷为难。诚如唐景崧所言：“若炮台仍用龙旗开仗，恐为倭人借口，牵涉中国”，“台民不服属倭，权能自主，其拒倭与中国无涉。”遍查民主国的所有文献和有关人物的言论函件，都只见“自主”、“自立”的字样，并未发现有“独立”的词句，这显然不是偶然的巧合，而是主事者们的苦心斟酌和慎重选择。

此外，“台湾民主国”定年号为“永清”，以蓝地黄虎为国旗，发行《独虎图》邮票：“虎首内向，尾高首下”，意在表示龙在上（清廷用“龙旗”），虎在下，尊卑分明，臣服清朝，永隶中国。民主国一成立，迅即派出游说使，“使诣北京，陈建国情形”，同时电告沿海各省封疆大吏，极力与大陆保持密切联系，争取各省援助。所有这些措施和做法，也都说明了台湾官绅并非在搞什么“独立运动”，“台湾民主国”也不是什么从祖国分裂出去的“独立国家”，而是在特殊历史条件下被迫建立起来的一种地方性临

① 《张文襄公全集》（海王村古籍丛刊），第一四五卷，第二二、二三页。

时抗日政权。诚如诗人许南英所说："议院广开民主国，版图还隶圣明朝。"

评价"台湾民主国"，还涉及如何估计它在反割台斗争中的作用问题。对此，一些论者也曾颇作贬抑，或说它"昙花一现"，或讥之为"一幕滑稽戏"，甚而说它"阻遏了台湾人民的抗日力量"，"只能把台湾人民的抗日斗争引入歧路"等等。这些观点显然也与客观历史事实不相符合。的确，"台湾民主国"存在的时间很短，然而，它在反割台斗争中所起的积极作用，却是显而易见、不能抹煞的。这主要表现在以下三个方面：

（一）政治上起到了鼓舞士气、维系人心、稳定局势、打击日寇猖狂气焰的作用

割台凶耗传到台湾之初，全台震骇，惶惶然而不可终日，兵痞盗匪趁机抢劫，社会秩序大乱。这种混乱局面如不尽快扭转，在日寇大兵压境的危急情况下，台防势必不攻自垮，一发不可收拾。此时，丘逢甲等人挺身而出，力挽狂澜，殚思竭虑，拥唐景崧为总统，"建号民主国，立蓝地黄虎旗，有誓死不去之意，百姓大欢。中、南路又先后发兵铲土匪劫掠者，百姓亦大定。全台各局，复争拥总统，守地方。"① 有人曾作诗记叙台胞庆祝民主国成立的盛况："玉人镌印绶，戎仆制旗常。拥迎动郊野，宣耀照城闉。覆舟得援溺，黔首喜欲狂。"② 可见，民主国的适时建立，确实起到了鼓舞人心、稳定局势的重大作用，毫无疑问，这对于动员和组织台湾人民进行反割台斗争，抗击日寇的武装侵略是很有利的。

事实也确实如此，民主国成立后，"全台积极部署抗日，火药局及军装机器局每日约八百人动工，于时义军四起……而富商巨室倾资助军者，为数亦多。"③ 台湾军民这种同仇敌忾的高昂士气，使侵台日军闻风而惧，不敢贸然发动进攻。例如，民主国成立的当天，两艘日舰驶抵淡水港口，试图登岸，当他们获悉台湾已自立为国，未敢近岸，只派出小艇趋岸侦察，遭到沪尾炮台中国守军的炮击，吓得慌忙逃遁。又如乙未五月二十八日，也即民主

① 洪弃父：《台湾战纪》。

② 洪弃父：《台湾沦陷纪哀》，转引自戚其章：《关于台湾民主国的评价问题》。

③ 据台湾郑喜夫：《民国丘仓海先生逢甲年谱》。

国成立的第四天，负责接收台湾的日本专使、首任台湾总督桦山资纪率舰队抵达沪尾海面，接到台湾民主国成立、守军严阵以待的报告后，也不得不放弃原定沪尾登陆的计划，转向基隆、三貂角洋面，游弋侦察，伺机而动。可见，民主国的建立本身，就是对日本侵略者的沉重打击，使它在发动进攻之前，不能不三思而后行！

（二）在军事上建立起了抗日保台的新体制，对部署清军与义军的联合作战、抗击日寇的武装割台，发挥了重大作用

五月八日（阴历四月十四日）烟台换约后，清廷电令唐景崧，“着即开缺”，接着台湾文武官弁纷纷内渡，“台湾民主国”成立后，立即采取相应的补救措施，先后任命了一批新的地方官吏：“檄同知黎景嵩为台湾知府，俞鸿为台北知府，温培华为埔里社通判，史济道知台湾县，罗树勋知彰化县，罗汝泽知云林县，李烇知苗栗县，凌汝曾知淡水县，王国瑞知新竹县，卢自鑠知凤山县，孙育万知嘉义县，欧阳萱知恒春县，代理安平知县忠满兼攗台南道府印。唯台东直牧胡传、南雅同知宋维钊旧管。”上述措施，及时填补了由内渡逃跑之风而骤然形成的权力真空，重建了台湾抗日保台政权的新体制。这些新任的各级地方官吏，虽然在位时间长短不一，表现也有很大差别，但毕竟是坚持了一段时间，在反割台斗争中起到了积极作用。例如，台湾府领导的抗战即延至八月底；台北失陷、唐景崧内渡后，刘永福仍沿袭民主国的机构和体制，继续领导台中、台南一带的抗战，直到十月下旬台南粮尽弹绝、军溃城陷为止。故此，与传统观点不同，史家戚其章认为：“台湾民主国存在的时间，应该从它五月二十五日正式成立这天算起，到十月二十一日台南陷落为止，约五个月”，而不应该只算到六月六日唐景崧内渡、台北失陷为止仅十二天。① 这种见解，是颇有道理的。

民主国成立后，清军与义军联合作战的体制得以初步建立：“景崧既驻台北，以逢甲率所部戍附近，备策应。提督张兆连驻基隆，总兵刘永福驻台南。筹防两局，以绅士理之。”上述军事部署虽非胜着（如把抗法名将刘永福、林朝栋部署台南、台中），但有这个部署总比没有部署、群龙无首、一

① 戚其章：《关于台湾民主国的评价问题》。

盘散沙的混乱状况要强得多。尔后，台北清军虽一触即溃，但台中义军的浴血奋战，却为刘永福固守台南、坚持抗战赢得了一段十分宝贵的时间。在刘永福的统一指挥下，台中、台南地区的广大军民密切配合，有力地打击了日本侵略者（如大甲溪之战）。据日方资料，侵台日军七万多人，死亡四千八百多人，伤病二万七千多人，总计损失三万二千多人，比日军在整个甲午战争中的伤亡人数还多近一倍。陆军中将、近卫师团长北白川宫能久亲王和陆军少将山根信成，在侵台战争中先后丧命。可见，民主国的旗帜之下，台湾军民英勇抗日，使日本侵略者付出了多么惨重的代价！

（三）播下了抗日的火种

一八九五年十月底，日本首任台湾总督桦山资纪大吹大擂，宣布“台湾本岛全归平定”。可是话音刚落，台湾同胞立即发动武装暴动予以回答，揭竿而起的大都是民主国时期的清军和义军的余部。如首揭反抗义旗的林大北，是刘永福的旧部。刘永福内渡后，他收集黑旗军残部，自编一军，于当年十二月起义，占领了宜兰县城和双溪顶一带，义军余部新竹的胡阿锦、北部的简大狮、陈秋菊起而响应，各地台民蜂拥而起，合攻台北。这次起义虽转战一月后归于失败，但影响深远。又如台东守将刘德杓在民主国败亡后，退入云林山中，召集散勇，于一八九九年夏初宣布起义，各地义军群起响应，进袭云林、嘉义等地，连战皆捷，搞得日本殖民者顾此失彼、手忙脚乱，坚持达两年多，最后失败。此后，在日本统治台湾的半个世纪中，台湾人民从来没有停止过反抗，使日本殖民者不得不哀叹台湾“难治”，甚至因此曾有“出卖台湾”的打算。不能不说，台湾人民连绵不绝的反日烈火，是民主国时期留下的火种所点燃。

综上所述，无论是从哪一个角度来看，“台湾民主国”的建立都是完全正义的、适时的，它不仅不是什么“分裂主义”的产物，而是近代台湾人民反侵略斗争的一大创举！是甲午战争后在中国人民普遍掀起的声势浩大的反侵略、反卖国的爱国运动的一个重要组成部分。台湾同胞的这一爱国义举，在当时就受到祖国大陆进步舆论的热烈支持和高度赞扬。例如，上海出版的《申报》就曾对台湾民主国的建立给予很高的评价。一八九五年六月三日，该报发表了一则题为《自称岛国》的专讯，中云：

……接京友信，言台湾电奏到京，计十六字，照录于后："台湾士民，义不臣倭，愿为岛国，永戴圣清。"电奏若此，益见台峤一隅力拒鲸鲵之寇，仍称虮蚕之臣，布置艰危，此中大有人在也！

六月六日，该报第一版又刊出题为《论台湾终不为倭人所有》的专论，强调指出：

台民义愤，誓不臣倭，全台之人同心协力，布告各国，拥立唐薇卿中丞为民主，已进台湾民主国总统之章，俨然海外扶余，别开世界，亦倭人梦想所不到者也。又况唐薇卿、刘渊亭能南北控制，文武协和，上下同心，军民一德，数百万人民之众，几为倭用者，今且易而御倭矣；数千百万资财之富，几为倭有者，今乃用之备倭矣；一岁三熟之地、矿山罗列之区，使倭人可望而不可即，可欲而不可取。如偷儿窃物，黑夜经营，心疲力悴，物将到手为事主所觉，执械以备，欲不窃而心有所不甘，欲窃之而力有所未逮，蹑伏在墙垣之外，盘桓于荒野之中，天不向明，终不肯废然而返。倭人进退维谷，与偷儿得无相类！

这篇"专论"写得何等好啊！它反映了当时大陆人民对"台湾民主国"的正确认识和高度评价。这对于我们今天理解"台湾民主国"不是很有启发吗？

那么，能不能把"台湾民主国"说成是"资产阶级民主共和国"性质的政权呢？

诚然，从形式上来看，"台湾民主国"的国名中有"民主"二字，而且它居然敢于不要皇帝（其实，在民主国倡导者的心目中，清帝仍然是他们的"皇帝"）、公推总统、草定宪法、设立议院、推选议员，因此，从其内涵来说，不能不说它确实带有西欧资产阶级民主共和国的色彩。客观地说，在当时的历史条件下，丘逢甲等人敢于这样做，那是需要有相当大的勇气和魄力的。再者，"台湾民主国"从酝酿到成立，如果从马关签约算起，也仅仅用了个把月的时间。如此短促的时间而又动荡不定的环境下，能够建立起一个粗具规模的新的政权机构，这不能不说是中国近代政治史上的一大奇迹。这一"奇迹"之所以出现，一方面固然反映了台湾同胞炽热的爱国感情，但也说明这一"奇迹"的主要导演者丘逢甲、陈季同等人，在他们的思想深处早已受到西方资产阶级民主思想的影响和熏陶，如若不然，他们是无论如何也不可能懂得也不会敢于毅然采取这种在当时来说是“离经叛道”的非常措施的。但这只是问题的次要方面。从其主要的实质的一面来看，“台湾民主国”毕竟不是台湾资产阶级民主运动的产物，而是台湾人民反侵略、反割台爱国斗争深入发展的结果。这在“台湾民主国”成立后发布的一系列通电、文告中，反映得十分清楚。遍查民主国的所有文献，并无任何涉及资产阶级“民主”、“自由”、“平等”、“博爱”之类的词句，也不见任何反对封建专制制度的言论，有的只是诸如“台民公议，自立为民主之国”、“台民唯有自主”之类的话。刘永福的《盟约》说得更加明确：“改省为国，民为自主。”所有这些，都说明丘逢甲等台湾官绅倡建民主国，其着眼点主要是为了反抗日本帝国主义的侵略，维护祖国的统一和领土的完整，而不是以反对国内封建制度为目标。很显然，“台湾民主国”的“民主”两字，实际上是“台民自主”之意，整个国名，应理解为“台湾人民自主抗日保台之国”较为确切。

二、关于“兵败内渡”的评价

对于丘逢甲乙未兵败内渡，历来也颇多微词，甚至严加抨击。如责之为“经不起考验，事到临头，溜之大吉”，与唐景崧弃军逃跑相提并论。这一“动摇逃跑”之说，至今仍为不少论者所持，是妨碍我们正确评价丘逢甲的又一重要障碍。但笔者认为，如果我们客观地实事求是地分析当时的历史条件，而不是苛求于古人，就不难得出结论：丘逢甲兵败内渡是不应苛责的。

首先，甲午战败后，割台与日、屈膝求和是清政府的既定政策。总理衙门的复电说得很清楚：“台湾虽重，比之京师为轻。倘敌人乘胜直攻大沽，则京师危在旦夕。又台湾孤悬海外，终久不能据守。”马关签约之后，清廷即电饬驻台文武各官限日内渡，并严禁沿海各省督抚商民向台济运饷械兵丁，张之洞等希冀列强干涉的幻想也终成泡影。这样，台湾军民的抗日斗争就完全陷入了孤立无援的境地。

其次，从当时台湾的军事态势来看，敌我双方力量对比太过悬殊。日本垂涎台湾由来已久，早就蓄谋吞并。甲午战胜，以为时机已经成熟。马关首次会谈的第五天（三月二十五日），日本即派兵攻占澎湖，封锁了台湾海峡。从此，“台势益孤”，“海道中梗”，“凡购外洋军械，尽截于倭。”四月十五日马关第五次谈判，李鸿章打出台民反对割台这张牌，伊藤公然声称：“听彼鼓噪，我自有法”，“中国一将治权让出，即是日本政府之责”，“我即派兵前往台湾”。① 可知日寇武力割取台湾决策早定。条约一签，即派桦山资纪为台湾总督，把海陆军精锐共两个师和一个混成支队七万余人投入台湾战场。日军装备精良，训练有素，兼有浓厚的武士道精神，他们乘胜移师南下，气焰极为嚣张。桦山资纪、高岛鞆之助、北白川宫能久亲王、乃木希典、山根信成等侵台日军头目，都是久经沙场的军国主义悍将，他们按日本政府武力割取台湾的既定方针，把扑灭台湾人民的抗日烈火视为“天职”和己任。

相形之下，台湾守备力量却薄弱得多。全台驻军，加上各地团练、义军虽有七、八万众，但大都是仓促成军，缺乏训练，素质极差。加之派系严重、饷械缺乏，战斗力可想而知。更为严重的是，民主国刚一成立，不仅大部分驻台文职官员弃职内渡，且不少统兵将领也相率内渡，所部人马或全部带走，或任其溃散，致使台防更趋薄弱、漏洞百出。台北失陷后，藩库存银及军火弹药尽遭劫掠，更使台中、台南地区的抗敌斗争失去了饷械凭借。新竹激战后，日军不断补充兵员物资，优势更为加强，而台湾抗日力量却日益削弱，迅速转入退却失利阶段。八月，彰化和曾文溪激战后，义军和黑旗军主力丧失殆尽，从此再也组织不起有力的抵抗了。

附带指出，尽管台湾的守备力量薄弱，互不相统，但有两支军队是始终与日寇血战到底的。一是苗栗秀才吴汤兴领导的义军，多由新竹、苗栗一带乡民组成，故称新苗军。吴汤兴是经丘逢甲荐举，由唐景崧颁给“台湾府义军统领关防”（其印鉴现存台北忠烈祠陈列室），故其布告称：“谬蒙前抚宪唐委统全台义民”。后由台湾民主国政府所派的台湾府知府黎景嵩允准，将苗栗县钱粮作义军粮饷，并发给军装。他率部驰援台北，闻台北已失，遂与徐骧、姜绍祖等在中部阻击日军，交锋多次，在八卦山壮烈牺牲。二是清军副将杨载云指挥的防军，俗称新楚军。杨载云是湖北人，从军来台，积功

① 《台海思痛录》，《近代史资料》，一九八三年，第一期。

至副将。台北沦陷后，曾奉黎景嵩之命，北上御敌，中部抗战，“历两月有余，载云出队十余次，有胜无败，杨统领之名大震于中路，敌人闻之，皆有惧心。”在头份之战中牺牲后，其英勇事迹当地广为流传，被赞为“血性奇男子”。浙江余姚人吴彭年以县丞需次台湾，刘永福闻其才干，延为幕客。台北失，他愤然请战，率七百多名七星军北上，命吴汤兴率义军两营与黑旗军两营共守八卦山，自驻茄冬脚指挥。吴汤兴勇战阵亡，八卦山陷敌手，吴亲率马队夺占，“卒至身中数枪，与马同阵亡。”彰化失守后，刘永福也曾派前署台湾镇总兵江苏宿迁人杨泗洪反攻台中，进击逃敌时，杨被伤阵亡。所有这些史实都说明，乙未年部分台湾军民的抗战是非常悲壮和惨烈的，那种把“乙未抗日保台战争”仅仅看作“是一场地域公民的保卫乡土的战争”的见解①是片面的，有悖于历史事实的。部分清军驻台官兵，热爱宝岛，反抗朝命与台湾义军协同苦战，为抗日保台流尽了最后一滴血，台籍文史名家许南英、连横等曾赋诗《吊吴季篯》、《送吴季篯遗骨归粤东》等，表彰捐躯沙场的浙人吴彭年（季篯）捍卫祖国统一的壮烈行为，便是一个明证。

再次，当时台湾军政首脑唐景崧，既无决心也无能力领导台湾人民的反割台斗争。他徒有知兵之名，随时准备“相机自处”。对非嫡系的刘永福、丘逢甲、林朝栋等军均心存疑忌，克扣饷械。他听信谗言胡乱调换守将，对逃将、乱将又不敢惩治，听任部属内讧争功，致使军纪荡然，日军未至，台北先已一片混乱。正是由于唐景崧的懦怯昏聩，使得省城台北不战而失，我方在军事上、经济上蒙受了无法弥补的巨大损失。六月六日，唐景崧甚而弃军仓皇内渡，全台抗日斗争骤然失去了统一的指挥中心。这样，各地军民也就处于日军优势兵力的分割包围之中，只能各自为战、孤军奋战了。

第四，从义军内部的情况来看，丘部义军大多募自客属乡民，杀敌保乡心切，士气高昂，但毕竟仓促成军，缺乏训练，“未可云节制之师”。又兼装备甚差、饷械无着，每营一千四百人仅有二百八十支陈旧枪支，其余皆用刀、矛、鸟铳、棍棒之类的原始武器。六月中旬，龙潭坡、大湖口激战，虽重创敌军，但义军亦伤亡惨重。到七月中下旬，义军转战台中，连遭败绩，饷械皆绝，所部星散。其时，丘被迫“窜身深箐穷谷间”，在道路梗阻、日

① 见杨护源：《丘逢甲传》，台湾出版。

军严索，进退维谷的情况下，丘逢甲才于七月底奉亲内渡。此时，距唐景崧六月初内渡已近两月。

综上所述，从整个甲午战后中国的政治形势和中日双方在台军事力量对比乃至民主国内部的诸因素来看，台湾人民乙未反割台斗争的失败是势所难免的。这场斗争中，丘逢甲尽了他最大的努力，和唐景崧不同，他不是不战而逃；而是和刘永福相似，是在倡谋自主保台，继而率部与日军浴血奋战均告失败，处于兵溃无援、无法立足的困境之下，才被迫饮恨内渡大陆的。因此，笔者以为，同样是内渡，也要作具体的分析，要看究竟是属于唐景崧式的“内渡”，还是刘永福式的“内渡”，不能不加区别，统统斥之为“动摇逃跑”。如有人将唐景崧与丘逢甲相提并论，认为他们内渡，不战而退（逃），只是“五十步与一百步之遥”，相差无几①，这种评价，是失之公允，不合史实的。诚然，从人物形象上来说，如果丘逢甲不内渡，坚持抗日，战死沙场，这样，他或许会显得更完美、高大。但从全局来看，这样做也并非绝对必要。试想，在当时的历史条件下，就连骁勇善战的黑旗军统帅刘永福，尚且无法挽救败局，何况从未经历过战阵的一介书生丘逢甲呢？在祖国的危难时刻，丘逢甲作为一个进士出身却弃官从教的知识分子，为了维护中华民族的尊严和祖国的完整统一，作了他力所能及的顽强斗争，理应受到后人的尊敬和赞扬。古人有云：“何必马革裹尸还”，那种“非战死不英雄”的观点，未免过苛于古人，难以令人信服。

况且，从军事上说，“打得赢就打，打不赢就走”，进退转移乃兵家常事，古今中外，概莫能外。台湾既是祖国领土的一部分，丘逢甲向侵略者作了顽强的抵抗之后，处于兵溃无援、进退维谷的困境，为了保存力量，以图将来，主动撤往祖国大陆，这不是于情于理都是十分自然的事情吗？这又有何可指责的呢？难道仅仅因为隔着一个台湾海峡，这种退却便成了“逃跑”的口实了吗？更何况，丘逢甲内渡大陆并非为了苟且偷安、归隐山林，而是一心“强祖国，复土雪耻”。内渡后，他把自己的余生全部贡献给了兴学育

---

① 《魂南记》收录易顺鼎《盾墨拾遗》卷六，（光绪二十二年）一八九六年（刻本），文中曰：“道员林朝栋、杨汝翼、主事丘逢甲皆拥巨资弃师潜逃。”《寄鹤斋诗话》作于一八九七年，文中曰：“吾郡丘进士仙根，……昨年时事破碎，闻唐抚弃台西遁，己遂弃义军仓皇渡海，军饷不发，家屋尽为部下所焚。”

才、力谋祖国富强的事业，由赞助变法维新进而同情、支持孙中山领导的民主革命，写了大量激励人心的爱国诗篇、做了许多有益于社会进步和民主革命的事情。

“去留肝胆两昆仑”。笔者认为，今天，当我们在表彰吴汤兴、徐骧等人坚持留台抗日、壮烈殉国的功绩之时，也不应当对丘逢甲的内渡加以苛责！

三、关于“卷饷内渡”的质疑

与丘逢甲兵败内渡评价有关的所谓“卷饷”问题，这关系到丘逢甲的毕生名节，至今仍有人不负责地到处传扬此说，例如，台湾近年出版的《攻台图录——台湾历史上最大的一场战争》,① 就是典型的一例。该书制作考究，收录了日军侵台据台时期的大量历史图片，第四十六页丘逢甲立像旁的说明文字，对丘氏大加贬损，说台湾义军统领虽为丘氏，但丘未参战，由吴汤兴取代丘氏率部，“丘逢甲因留下许多慷慨激越的诗句而被视为抗日英雄，事实上他不仅未与日军交战，当基隆沦陷，台北告急时，也带着家属逃回大陆。据连横的说法，被他挟带出走的饷金将近十万。”鉴此，对这个人云亦云、似是而非的问题，不可不详加辨析。

据笔者查考，丘逢甲“卷饷内渡”之说最早见之于易顺鼎的《魂南记》和洪弃父的《寄鹤斋诗话》,② 但易、洪二人均未载明卷饷数额，且语意也甚含混。最早明载卷饷数额者为连横所撰《台湾通史·丘逢甲传》：

> 逢甲任团练使，总其事，率所部驻台北，号称二万，月给饷糈十万两。十三日，日军迫狮球岭，景崧未战而走，文武多逃。逢甲亦挟款以去，或言近十万云。

由于连著影响甚大，此后许多史家都沿用此说，似成定论，甚将“或

---

① 郑天凯著，吴密察审订，台北远流出版公司，一九九七年再版。

② 据台湾郑喜夫：《民国丘仓海先生逢甲年谱》。

言”二字去掉，确认“丘逢甲仓促携未发饷银约十万两，逃回广东嘉应州。”① 但经笔者考证，对此说颇表怀疑。

第一，“卷饷”之说能否成立，首先要看是否有“饷”可“卷”？

众所周知，台湾割让后，清廷停止供给一切饷械，并严禁沿海济助台湾。张之洞原本答应拨银一百万两，因时局遽变，也成了一纸空文。据载，民主国成立时，藩库尚存银四十余万两，唐景崧内渡后，匪勇趁机抢劫，藩库存银二十四万两被洗掠一空。匪勇为夺银互杀达四百余人。② 两数相抵，有十余万两之差。这十余万两银子的下落如何，史书从未明载，而有关丘部义军的饷糈补给，却有同时代人的记叙可供参考。据吴德功《让台记》说：林朝栋、丘逢甲、杨汝翼三人曾“各领饷银三个月”。思痛子的《台湾思痛录》则笼统提到：“数月之间，逢甲领去官饷银十余万两”，上述史料均出自丘氏同时代人之手，比一九二二年问世的连著《台湾通史》早二三十年，他们的记叙虽未必就十分准确可靠，但都没有丘部义军“月给饷糈十万两”的记载，连著用“或言”二字本已缺乏可信实据，今人竟以“或言”来坐实丘逢甲“卷饷”之罪，那就更为荒谬了。

那么，丘部义军饷源补给的实际情况究竟如何呢？据丘氏同时代人思痛子的《台湾思痛录》等史料所载，义军筹建之初，平时“不支公帑，有事择调，再给粮械。”乙未三月奉调台北后路之后，才有若干饷械供给，但也是“营官不领薪水，逢甲月支公费数百金，兵则食清军之半饷”，待遇远不如驻台清军，更不如唐景崧的嫡系亲信部队。即便如此，唐景崧还一再克扣拖欠，丘逢甲不得不向各方紧急商借，以解燃眉之急。从现存丘逢甲信稿中，可看出当时义军筹饷的困窘情状：

> 新调信字两营借饷三千金，拟全拨与家兄，所调靖字一营，可否照借？中路所领之项，营中现止存六百金。（三月二十九日《复俞同甫》）

> 又靖字一营借饷未蒙赐示……营中所存六百金，本日分予各营已毕，靖字营借饷外请另借八千两，以五千济本军之急，以三千给家兄带

---

① 见陈碧笙：《台湾地方史》，第一九四页。

② 见范文澜：《中国近代史》（上），第二七六页。

往防地也。（四月三日《复中丞》）

靖字营借饷千五百两，另借八千两，昨已蒙帅准，共计九千五百两，不如即借万两成数，商之。（《与俞同甫》）

连增借五百两银子这区区之数，都得恭请唐幕要员俞同甫相机呈报批准，于此可知丘部义军的困难处境！可见，《台湾通史》所谓“月给饷糈十万两”的说法，纯系子虚乌有。丘部义军饷糈既如此穷绌，又何来“十万两”饷银可供丘逢甲所“卷”呢？此乃“卷饷”之说不可信之一。

其二，“卷饷”之说出自传闻，并无可靠依据。

如前所述，“卷饷”之说首见之于易顺鼎的《魂南记》和洪弃父的《诗话》。洪弃父，台湾彰化鹿港人，乙未年虽曾与丘逢甲同倡保台抗日，但并未参与丘部义军营务，《诗话》所记义军情况多系传闻，不全可靠。如，唐景崧内渡为六月六日，丘逢甲内渡则为七月底，相隔近两个月之久，但《诗话》却说丘“闻唐抚弃台而遁，己遂弃义军仓皇渡海”，似乎丘逢甲内渡与唐景崧内渡相隔仅有几日，这显然有悖于事实；又如，史有明载，丘逢甲在台中的柏庄宅院（即义军司令部）乃为日寇兽兵纵火所焚，而《诗话》却将此事胡乱安到义军身上，说什么丘逢甲“家屋尽为部下所焚”。可见《诗话》所记，不足尽信。至于《魂南记》的作者易顺鼎，湖南汉寿人，乙未年六月至九月间奉两江总督刘坤一之命曾先后两次赴台南考察，面见刘永福商谈防务，在台南逗留约二十日，但并未去过台北、台中地区。《魂南记》所述台南部分多系其亲身经历，较为可信，而台中、台北部分则全系来自传闻，可信程度大打折扣。另外，值得注意的是，《魂南记》刊刻数年之后，易、丘两人却在大陆建立了十分友好的关系。一九〇八～一九一〇年间，易氏宦游岭南，与丘逢甲多次聚首出游，酬唱之作近二十首，在《春尽夜次韵寄答实甫》二首之一中，丘向友人抒发出“春灯照夜不成寐，四野荒鸡天未明。处处闻饥复闻乱，年年忧雨更忧晴。”[①] 的深沉感叹，可见他们内渡十年后过从甚密，经常诗酒唱和，同抒忧国伤时之情。这从侧面说明，当年易、丘两人之间的芥蒂或误解，至此已经冰释，否则，他们结为好

① 见《诗抄》卷十一－十三。

友，酬唱诗多达二十余首，乃是不可想象的。

那么，丘逢甲“卷饷”之谣的炮制者是谁呢？据丘琮《怙怀录》云：“挟饷之谣，实由叛将吕某为倭捏倡之。”据查，这“吕某”不是别人，正是丘逢甲青少年时代之好友吕赓虞（字汝玉）。丘奉旨创办义军，委他为义军营务处“帮办”，负责掌管机要文牍，颇得丘的信任。台北失守，新竹激战，义军败退，吕某见大势已去，遂叛变投敌，日军借吕之口大肆造谣，败坏丘逢甲的社会声誉，瓦解义军，给丘逢甲以沉重打击。内渡后，丘诗中有“人情易翻覆，交旧成鬼蜮”，“渡江文士成伧父，归国降人谤义师”等句，即指此而言。吕某降敌后，甘为日倭臣妾，为掩饰自己的丑行，遂蓄意散布丘逢甲“卷饷”之谣。因他乃丘氏多年知交，又是义军营务处“帮办”，故他所捏造的谣言之煽动力和危害性殊非他人可比。于是，一时间“里巷谣传：唐景崧内渡以前，台北曾发库银十万元担送至台中，为先生及谢道隆吞没。乡勇或不察，信以为真，遂多逃亡，人心涣散，号令不行。”日军侵占台湾后，吕家子弟先后在日本殖民机关任职，而丘逢甲之兄丘先甲自大陆返回台湾后，却被殖民当局拘押多年，田产亦大部被没收。然而，历史和人民作出了公正的评判：如今台北、台中、台南建有丘逢甲纪念亭、逢甲大学、逢甲医院等永久性建筑以缅怀纪念这位爱国先贤，而吕家显赫一时的筱云山庄则是一副残破萧条的景象，完全失去了它昔日有过的光华。

据甲午战史专家戚其章先生的研究，台北库银十六万两被唐景崧盗走，在当时的台北已是公开的秘密。原来唐景崧在六月四日夜逃离台北转沪尾上船时，居民鸣锣追击，沪尾定海营统领王佐臣上船欲杀唐，唐泣求饶命，将十六万两银票交王，唐一行方得于六日晨乘德船“鸭打”号驶出港外，遁回厦门。[①] 又据吴德功《让台记》所述：

> 五月十二日夜，管带李文魁杀中军方良元，聚众入库劫掠时，“抬出之银多铅条假锡”。

继引栋军参军岳裔之言证实：

> 唐帅本料台不可守，于上海解库金百万时，阴以锡银易之，所以兵弁抢后开封皆假银，至明治30年（光绪二十三年），唐帅在上海租上

① 参见《走近甲午》第五三八页。

等公馆，日客（夜）晏客，弦歌妓女，每日费数千元，约月余间，花费数十万元。昔有何曾者，日食万钱，犹小家数耳。由前而观，既有锡银可证；由后而观，非积多金焉能如此挥霍耶？有识者苟从前后事情细心推测，自恍然于其故耶。

历史和人民是公正的。唐景崧“优游养祸，不战而溃”，知兵之名扫地而尽，客死广州无人过问。丘逢甲去世，人尽哀之，“台湾遗民之在广州者，哭之尤恸”。[①] 后人修史，如只据一时传闻而妄评，难免有后诬先贤之嫌，亦为严肃史家所不取。

其三，联系到义军艰苦转战和丘逢甲兵败内渡的具体境况，所谓“卷饷”之说也不可信。

如本书第二章所述，由于清廷的腐败和唐景崧的无能，导致抗日保台战局迅速逆转，六月七日，日军未放一枪即占台北。此后至七月底，丘逢甲内渡，时近两月，丘氏行踪，史书未见明载。但在这期间，丘部义军吴汤兴、徐骧、姜绍祖、丘国霖等仍率部在作顽强抵抗，却是有案可稽的事实。

台北清军一触即溃之后，抗日重担便首先落到了驻防台北后路的丘部义军肩上。日军倾其精锐南侵，台中义军浴血奋战，几散几聚，饷械本甚匮乏，且有专人掌管，丘逢甲“窜身于深箐穷谷间”，[②] 又怎能随意提取、私自调拨呢？即便如《让台记》所说，丘逢甲部于五月下旬确曾领取“饷银三个月”，那么，经过两个多月的食用，这些饷银也已消耗殆尽，又怎么可能还会有十万存银呢？再说，其时日军悬赏严索、汉奸间谍四处出没，匪勇到处劫掠，丘逢甲一行颠沛流离，时有性命之虞，十万两银子重达六千二百五十斤，当时并无汽车等机械运输工具，只能靠人力来挑，假设每人挑一百斤，也需六七十名壮夫，另需若干随从。试问：丘逢甲在如此艰难困苦的条件下，又怎么能率领这样一支浩浩荡荡的运输队伍而平安脱险呢？据史书记载，台湾军民对卷饷内渡的官绅极其仇视，如唐景崧六月六日沪尾内渡时，“海关委员以存课数万舁入舟中”，炮台守兵闻讯，拦阻射击，“德船爱鲁易将弁开炮回打炮台，铳毙者七、八人，唐帅始得飞渡”，[③] 丘逢甲又如何能

①② 江山渊：《丘逢甲传》。

③ 吴德功：《让台记》。

驱使这近百名壮夫为其卖命而不被劫掠一空呢？再者，当时丘氏一行内渡大陆，所乘乃一艘小小木帆船，“碰上巨浪打来，大家都感到心惊肉跳”，[①] 可以设想，他们又如何能够装载如此沉重的银两，并能安渡波涛汹涌的台湾海峡呢？这是“卷饷”之说不可信之三。

据当年为丘逢甲一行内渡大陆提供小帆船的“源发”商号老板张凤鸣先生的曾孙张明正的回忆与考证：乙未年农历六月四日深夜入眠时，丘逢甲、谢道隆一行叩叫私塾“学海轩”大门。看守私塾的张晓峰开门接待，丘逢甲索取纸笔未果，便在《增补全图足本本草备要》一书的后页空白处题写了著名的《离台诗》六首。次晨由张家指派长工护送到涂葛掘港搭船，行经大肚山时，被土匪“红炮”拦阻抢劫。“红炮”索要的四千两银子由张家代垫，丘逢甲一行才得于六月五日夜晚启航内渡。私通“红炮”的张家长工“戆龟”及“红炮”党羽，事后受到张家的查办。[②] 丘逢甲一行内渡时之紧迫、困窘、艰危之情状，由此可见一斑。另据当年曾去港口送丘逢甲内渡的一位黄姓老翁在台湾光复后的回忆：丘逢甲“他们三、四十人带的都是随身行李，并没有什么笨重的箱囊之类的东西。在兵荒马乱的时候，说他们带有大量白银，那是绝不可能的；要是故意这样讲，则就很对不起这位忠心爱国的读书人了。”[③] 这位“目击者”的回忆，看来较为合乎情理。

诚然，丘逢甲内渡不可能不随身带些盘缠，否则又如何维持一行三四十人的生活开支呢！这些银两从何而来？对此，亲身参加过抗日保台斗争的丘逢甲门生谢汝铨曾有诗云：“飞电燕京誓枕戈，待臣死后始言和；家资席卷随唐遁，伏处羊城愧恨多。”谢某在另文中自注曰：“‘家资席卷’云者，以丘师只收拾家财，别无所取。”这种记叙，或较近实。此外，丘瑞甲在《先兄仓海行状》中回忆说：新竹“义军力御，经二十余昼夜。初，战皆捷，因枪弹少，不支”，“先兄知事无可为，乃回台中，与先考妣仓促内渡，时已六月初旬矣。彼时，家小仍留台中，不数日，日人搜求急，住家被焚净尽。幸田谷未收，地产尚存，举家卒得全回原籍者，实赖有此耳。”对照

① 参见丘念台：《我的奋斗史》。

② 张明正：《丘逢甲进士内渡烧红炮考》。见《台中文史》，一九九三年出版。

③ 丘念台：《我的奋斗史》。

谢、丘二人所言，两者大体一致。

最后，联系丘逢甲甲午战前的生活、思想和他乙未内渡后的际遇景况，“卷饷”之说也不足信。

丘逢甲出身于乡村塾师家庭，自幼受清朴刚正家风的熏陶和艰苦生活的磨炼，“幼负大志”，渴望报效国家民族。中进士后，明摆着升官发财之路不走，他宁愿弃职从教，过较为清苦的教读生活，并多次婉拒唐景崧的入仕之邀。他一贯鄙视贪官污吏和蝇营狗苟之徒，曾作《黄金台》、《虫豸诗》、《去思词》等诗予以抨击和讥讽。对于乡间族人以厚礼请其主持婚丧喜庆之事，他也“感到十分厌烦，经常避免参加。”他说：“地瘠何堪再刮皮？”“宦味何如诗意浓？”，满足于“桃李门前春又深”的教读生涯。正由于他与下层社会有较多接触，对民间疾苦有所体察，同情农家终年劳作而不得温饱和山胞备受歧视盘剥的凄苦命运，才能写出如《农歌》、《早春即事》、《种菜》、《老番行》等许多颇具人民性的优秀作品。因此，只要我们客观地、实事求是地联系丘逢甲乙未内渡前的诗作和生活经历，就不难看出，甲午战前的丘逢甲，是位忧国忧民、淡泊仕途、关心民瘼和鄙弃利禄的正直爱国的知识分子，决非见利忘义的无耻之徒，不存在“卷饷”贪赃的思想基础。也正因如此，他才能在祖国的危难之秋，拍案而起，不顾身家，不计成败荣辱，投笔从戎，肩负起抗日保台的重任。

丘逢甲兵败内渡抵达福建泉州后，桦山资纪曾派人跟踪而来，以金钱地位为诱饵，企图说服丘逢甲率众回台，为其所用，但却遭到丘逢甲的严词拒绝。于此也可见丘逢甲确非见利忘义、志在金帛的贪婪之徒。

那么，丘逢甲内渡后的生活景况又如何呢？如果他果真“卷饷十万”内渡，丘家也应成为岭东富极一时的暴发户，然而事实却并非如此。

据跟随丘逢甲内渡的丘氏族人回忆：当年他们由泉州登岸，返抵故乡镇平，“沿途都曾居留了个把月，由于三、四十人的开销很大，管理财务的人已感难以支应。”丘琮回忆说：返回故乡后，“由于人口众多，耗费浩繁，买些土地，盖些房子，生活费就没有了。居留不过半年，不得不去潮州另谋出路，我的父亲担任教席，三叔树甲经营生意，借以维持部众生活”，“不到一年，鉴于大家生活难继，我的伯父和谢统领也不得不挥泪离粤回台。”

看来，丘琮的记叙并非虚饰之词。丘逢甲在镇平定居后，筑庐于淡定山村，计大小三四十间平房，规模不算宏大，十多亩田交人佃耕，果园、菜圃则自行经营，他自己在潮州一带讲学，丘树甲则去潮汕经商，基本维持一种小康生活。大概已不如在台湾时的生活境况，因此，戊戌年除夕，丘逢甲曾赋诗嘱咐家人宜自奉俭朴、知足常乐，诗曰：

草草杯盘饯岁筵，莫嫌风味逊从前。满城多少贫儿屋，难过钱荒米贵年。

此外，在《答台中友人》等诗中，也有“湛身难诉遗民苦”、“但将文字救饥寒”等诗句，这类诗句确是作者内渡后清苦生活的写照。即便如此，丘逢甲仍安于教读，一再谢绝粤抚许仙屏的出仕之邀。一九〇六年后，丘逢甲到省城供职，社会地位虽已提高，与督抚大吏交往密切，但却并不阿附权贵、钻营利禄，甚至连家眷都不带在身边。在镇平乡间，他力倡革除婚丧喜庆中的奢靡陋俗，对嗜烟赌博，历来深恶痛绝，“遇吸者辄劝戒绝”；出任广东咨议局副议长后，更力主严禁烟赌。他一生自奉俭朴，十年浩劫期间，有人盗掘丘墓，原蕉岭县文化局汤国云局长勘查现场后，说墓穴中的陪葬器物仅有瓷烟筒、眼镜等几件日常生活用品而已。

一九八〇年春，笔者在广州走访了九十七岁高龄的老同盟会员温翀远先生，温老先生回忆说：“我在青年时代，一向十分敬仰仙根先生，喜欢听他讲述国内外大事。他为人刚正清朴，他的儿子丘琮，在‘五四’前去东京读书，考取了官费生，每月才三十二元。但丘琮省吃俭用，留下一半，把他弟弟丘琳接到东京读书，两人合睡四个榻榻米（席子）宽的小房间，兄弟两人一直过着清苦的生活。如果丘家广有资财，他们兄弟又何必装穷？也难有这种刻苦精神啊！”据了解，一九五二年蕉岭县土改时，“丘家子侄后裔七八十人，多以教读谋生，故居房舍未增一间，田地不上百亩，亦无工商企业”；故居及坟墓，直到一九八四年才由人民政府拨专款修复。所有这些，都从侧面说明：丘逢甲谢世后，并未遗留巨额钱财供子侄孙辈们挥霍享受。

居于上述四点，笔者以为，所谓丘逢甲“卷饷内渡”之说实不足信。诚如南社诗人丘复所说：“近人连雅堂（横）著《台湾通史·丘逢甲传》，尚有疑其‘挟款而逃近十万云’之语，不知先生归镇平寓居东山乌石山房，赖人赒恤之款安在哉，甚矣，野史之不足信也！……《通史》成于事后近三十年犹无定论，二十四史皆可作如是观，孟子所以云：‘尽信书不如无书也！’”① 当然，连横所著《台湾通史》是一部颇有影响的史学论著，但囿于时代局限及史料之不足，其中亦确有不少讹误，厦门大学台研院邓孔昭教授撰有《台湾通史辨误》一书，对连著作了数百处的补正，弥补了该书之不足。

① 丘复：《念庐诗话》（未刊稿）。

试论1895年“台湾民主国”的民主性[①]

徐博东

1895年5月，在举国声势浩大的反割台反卖国怒涛中诞生的“台湾民主国”，不仅是近代台湾史上异乎寻常的重大事件，同时也是中国近代政治思想史上颇为值得重视和探讨的重要课题之一。

目前大陆学术界对台湾民主国的反帝爱国性质及其在近代中国人民反帝斗争史上所应占有的地位，已基本达成共识。但由于对这一课题的研究仍甚为薄弱，因此对民主国的阶级属性，也即这一政权代表哪一阶级的利益？它究竟属于何种政体的政权？以及这一政权是否具有民主性？等等在这样一些重要问题的认识和评价上，至今仍存在着重大分歧。

一种观点认为，台湾民主国虽自称“民主国”，但它“并不是一个资产阶级政权”，“与资产阶级‘民主’概念毫无共同之处”；从阶级实质看，它“仍然属于地主阶级政权”，“首先反映了地主阶级的利益和要求”。而另一种观点则认为，台湾民主国是资产阶级性质的政权，它“将民主共和制度破天荒地在中国国土上进行了实践，成为中国近代民主政体的滥觞”，是“中国乃至亚洲第一个民主共和政体”[②]。

笔者认为，上述两种观点均不免失之偏颇。前者忽视了民主国政权“民主性”的一面，贬低了它在中国近代政治思想史上所具有的历史地位和历史作用；而后者则将其“民主性”的一面过分夸大，从而把它的历史地位和历史作用拔高到了不适当的地步。

为探求历史真相，笔者拟对上述问题作一粗浅分析，力图对台湾民主国

① 本文原载于《台湾史研究论文集》，全国台研会、中国史学会主编，1994年5月华艺出版社出版。

② 以上观点均见吴宏聪、张磊主编：《丘逢甲研究》，广东人民出版社，1986年11月。

的阶级属性作出较为客观公允的评价。

一、“台湾民主国”政权的几个特点

“具体问题，具体分析”是马克思主义的活的灵魂。笔者认为，探讨民主国的阶级属性，首应避免将其视作一般“常态”下建立的“正规”的国家政权，而必须特别注意把握这一政权的以下几个基本特点：

首先，从它产生的过程来看，具有典型的“被迫性”和“仓猝性”。众所周知，台湾民主国是在甲午中国战败、马关签约、腐败卖国的清政府不顾全国人民的坚决反对，执意割台畀日，台湾人民在“无天可吁，无主可依”、“无人肯援”而又不甘臣服日本、脱离祖国这样一个特殊历史背景下被迫建立起来的抗日政权机构。也就是说，它既非人民革命的产物，也非统治阶级内部争权夺利互相倾轧的结果。现存史料表明，在5月8日“烟台换约”之前，台湾官绅们尚无建立民主国的任何意向。“烟台换约”之后，割台已无可挽回，走投无路的台湾官绅们才萌生出“自主保台”的构想。首次亮出“建国”旗号是5月15日。这一天，丘逢甲、陈季同、林朝栋等人在台北筹防局集议，随后公集抚署递呈，请唐景崧暂摄台政，并以“全台绅民”的名义，电禀总理衙门及各省大吏：“台湾属倭，万姓不服，……伏查台湾为朝廷弃地，百姓无依，唯有死守，据为岛国”①。民主国正式向中外宣告成立是5月25日。也就是说，这一政权从酝酿到建立，如果从5月8日“烟台换约”开始算起的话，也才不过短短18天的时间，可见其“仓猝性”。因此说，台湾民主国的产生过程与一般常态下建立的国家政权不能相提并论。

其次，从主事者的意图来看，具有“权宜性”或曰“临时性”。正因为这一政权是在台湾官绅们迫不得已的情况之下匆忙建立起来的，因此其主事者从“建国”伊始便没有长远打算。民主国“总统”唐景崧在就职当天给清廷发的奏报中云：“只可臣暂留此，先令各官陆续内渡，臣当相机自

① 王芸生：《六十年来中国与日本》（三），三联书店，1980年6月。

处……伏思倭人不日到台，台民必拒；若炮台仍用龙旗开仗，恐为倭借口，牵涉中国，不得已允暂视事，将旗发给炮台暂换，印暂收存，专为交涉各国之用”①。这段话一连用了四个“暂”字。又如以“台湾绅民”名义对外发布的文告中称：“今已无天可吁，无人肯援，台民唯有自主，推拥贤者，权摄台政。事平之后，当再请命中朝，作何办理……如各国仗义公断，能以台湾归还中国，台民亦愿以台湾所有利益报之”②。上引史料可以清楚看出，台湾官绅创立民主国只不过是为拒日割台所采取的“临时性”应急措施，一时的“权宜之计”，意在“图固守以待转机”，一俟条件成熟，还是要“请命中朝”，“以台湾归还中国”的。从这一点看，台湾民主国显然也与一般常态下建立的国家政权截然不同。

再次，从政权的地位而言，台湾民主国还具有明显的“地方性”。民主国创建者在其发布的文告或奏稿中虽一再声称“自立为国”，并公推“总统”、任命“大臣”、推选“议员”、设立“议院”、更改“年号”、制定“国旗”、草定“宪法”等等，表面看来，似乎真的脱离了清廷，“另立中央”。但我们可以看到，同样是在这些文告和奏稿中，民主国的创建者以更加鲜明的态度反复申明：台湾虽暂时脱离了祖国，但仍然是中国领土不可分割的一部分。例如以“台湾绅民”的名义发给清廷的十六字电报称：“台湾绅民，义不臣倭，愿为岛国，永戴圣清”③；唐景崧以“总统”名义晓谕全台文告则曰：“唯是台湾疆土，荷大清经营缔造二百余年，今须自立为国，感念列圣旧恩，仍应恭奉正朔，遥作屏藩，气脉相通，无异中土”④；而刘永福在台南发布的与台民“盟约书”中说得更加明确：“变出非常，改省为国，民为自主，永隶清朝……为大清之臣，守大清之地，分内事也……虽明为抗旨，实隐为遵旨”⑤。他们定民主国年号为“永清”，意在表示台湾永远属于中国。制“蓝地黄虎”为国旗，“虎首内向，尾高首下”，与清廷的“青龙旗”相对应，以示“龙在上，虎在下，尊卑分明，臣服清朝，永隶中国”⑥。再说“官制”，唐景崧虽称“总统”，但总统印章仅限于对外洋各国

---

①②④ 王芸生：《六十年来中国与日本》（三），三联书店，1980年6月。

③ 《自称岛国》，见《申报》1895年6月3日。

⑤ 《中日战争》（六），《台湾抗战日方资料》。

⑥ 姚锡光：《东方兵事纪略·台湾篇》。

使用，对清廷和大陆各省以及台湾本省文武属员仍以旧衔相称。民主国的“内务大臣”、“外务大臣”和“军务大臣”，其衔名也仅对外使用，对内则称“督办”。而其余道、府、厅、县各地方官制，则一律照旧不变①。可见，事实上民主国的主事者并不认为他们创建的这一新政权机构具有“中央政府”的实际意义。在他们的心目中，清朝皇帝仍然是他们的“皇帝”，清朝中央仍然是民主国政府的“中央”，台湾仍然是中国的一个省，而他们自己则依然是“大清之臣”，拒日割台则是“守大清之地”。民主国政权的这一重要特点，显然也和一般常态下建立的正规的国家政权有着本质的不同，与其说它是个新建立的“国家”，不如更确切地说它是个“地方自治”政府。仅就其与中国的关系而言，这一政权类似于辛亥武昌首义后宣布脱离清廷所建立起来的各省新的政权机构。虽然它们都宣布脱离清廷而“独立”，但这并不等于和中国分离而另外建立一个国家，不同之处在于：前者脱离清廷是“被迫”的，而后者则是“主动”的；前者仍企图等待时机重归清朝中央政府管辖，而后者则是要推翻清廷，“另立中央”，取而代之。

第四，从民主国存在的时间和政权建设方面来看，又具有“短促性”和“不完善性”。以往有关论著，一般大都认定台湾民主国仅存在了 12 天时间，即 5 月 25 日成立的这天算起，到 6 月 6 日唐景崧内渡、台北失陷为止，认为“后面的斗争已和民主国无关了”，似乎它在抗日保台斗争中并没有起多大作用。但笔者同意戚其章先生的观点，即认为民主国存在的时间不是 12 天，而是 148 天。也就是说，应该算到 10 月 21 日台南陷落为止，约五个月的时间，这样较为符合历史事实②。但即便如此，作为一个政权而言，它仍然是极其短命的。在这五个月的时间里，民主国始终处在紧张的战乱之中，从未获得过哪怕很短时间的喘息机会。而且唐景崧内渡后，民主国在台北建立的中央政权机构旋即瓦解，为坚持抗日，刘永福等台湾官绅不得不“另起炉灶”，在台南重新组建民主国中央机构。由于上述种种原因，台湾民主国的政权建设工作没有也不可能得到充分和全面的展开，许多重要政

---

① 转引自戚其章：《关于台湾民主国的评价问题》，《北方论丛》，1984 年第 1 期。

② 有关民主国存在时间的考证，请参见戚其章：《关于台湾民主国的评价问题》（《北方论丛》，1984 年第 1 期）和徐博东：《台湾人民抗日保台爱国斗争的光辉一页——1895 年“台湾民主国”性质初析》（《台湾研究》，1988 年创刊号）。

策、措施、法令等等尚未来得及制定，或虽已制定但并没有真正得到贯彻实施。也就是说，台湾民主国是一个很不完善、尚未真正成型的政权；还在襁褓之中，便告夭折。

台湾民主国的上述四个基本特点，说明它确非一般"常态"下建立的"正规"的国家政权，而是在特殊历史条件下被迫仓猝建立起来的一个临时性的而又十分短暂的、很不完善的"地方自治"抗日政权。只有对此有比较清楚的认识，我们才可能对民主国的阶级属性作出较为客观公允的实事求是的评价。

二、如何评估"台湾民主国"政权的民主性

既然民主国并非是个在"常态"下建立起来的"正规"的国家政权，既然这个政权确切地说不是一个具有实质意义的真正的"国家"，那么很显然，在探讨这一政权的阶级属性时，如果我们只是简单地、生吞活剥地套用马克思主义关于国家政权方面的学说，那就势必导致得出片面乃至错误的结论。

那么，台湾民主国政权究竟是否具有民主性呢？如果有，又具体体现在哪些方面呢？

笔者认为，如果我们从中西方思想文化交流的角度来看，从当时整个中国的大视野下来观察问题，台湾民主国政权的民主性是显而易见不容否认的。这主要体现在以下两个方面：

（一）"台湾民主国"的"国名"本身，便具有资产阶级"民主"的意涵。它是当时中国正在开始向资产阶级转化的封建官绅，学习西方，接受西方资产阶级"民权"思想的影响，并企图利用这种思想救亡图存的产物。

有论者称：台湾民主国之"民主"，"按其本意，乃是'台民自主'……绝不能望文生义，从而把'台湾民主国'之'民主'误解为资产阶级专政的国体"。[①] 此话虽不错，但我们不能不进一步深究："台民自主"的观念

① 转引自戚其章：《关于台湾民主国的评价问题》，《北方论丛》，1984 年第 1 期。

从何而来？而这一观念的提出和使用所反映出的思想内涵又是什么？它体现了哪一阶级的思想原则？

据史料记载，首先提出“自主保台”对策的是唐景崧手下的幕僚陈季同（一说在籍工部主事丘逢甲）。陈季同（1851－1907），字敬如，福建闽侯人。早年曾积极从事洋务活动。1877 年赴法国巴黎大学法学院研修法科和政治学课程。从 1878 年起，先后任驻法、德、意、比、奥、丹麦、荷兰等国中国公使馆参赞多年，并曾任代理驻法公使。他通晓英、德、罗马、拉丁数种文字，熟谙国际事务，尤精法国政治及拿破仑法典，是当时在中国知识分子当中比较了解西方，受西方资产阶级民主思潮影响熏陶较深的人物之一。1895 年春，台事告急，他受唐景崧之邀，赴台任副将，成为唐幕中的主要智囊人物，同时也是“台湾民主国”抗日政权的主要创建者之一。

早在“烟台换约”之前，台湾官绅便企图利用西方的《万国公法》，力争删除割台条款。在 4 月 28 日唐景崧给总理衙门的电奏中，就曾引用西方出版的一本国际法参考书《公法会通》中的有关内容：“查《公法会通》第二百八十六章有云：‘割地须商居民能顺从与否’。又云：‘民必顺从，方得视为易主’等语”①。也就是说，“在政权转换生效之前，须先咨询其居民是否默许此一转换”②。试图以此恳求清廷废除《马关条约》，并“请各国公议，派兵轮相助保台”③。“烟台换约”后，割台已成定局，于是在台北筹防局召开的官绅会议上，陈季同又根据《万国公法》：“民不服某国，可自立民主”的原则，提出了“民政独立，遥奉正朔，拒敌人”的主张④。得到与会官绅们的一致赞同，“自立民主”之策乃最后确定。在 5 月 15 日首次亮出“自主保台”旗号的那份“电禀”中即说：“恳请各国查照割地绅民不服公法，从公剖断，台湾应作何处置”⑤。5 月 25 日，即民主国成立当日发布的“台民布告”中，再次申明：“考公法，让地为绅士不允，其约遂废，海邦有案可援”⑥。总之，台湾官绅们坚信他们“自主保台”、“自立民主”乃是完全符合《万国公法》精神的，并始终盼望这一“公法”的发明

---

①③⑤⑥　王芸生：《六十年来中国与日本》（三），三联书店，1980 年 6 月。

②　（美）蓝厚理：《一八九五年之台湾民主国——近代中国史上一段意味深远的插曲》，《台湾论丛》（一）。

④　陈衍：《闽侯县志·陈季同传》；思痛子：《台湾思痛录》。

者西方列强能"仗义执言"、"拔刀相助"，帮助中国拒日割台。

上引史料足以说明，台湾官绅"自主保台"的构想以及"台湾民主国""国名"中所内涵的"台民自主"观念，均源自于西方的《万国公法》。所谓"割地须商居民能顺从与否"、"民必顺从，方得视为易主"，所谓"民不服某国，可自立民主"云云，都是与中国传统的封建统治思想和伦理道德观念格格不入的。毋庸置疑，它所体现的乃是典型的资产阶级"民权"观和思想原则。可见，"台湾民主国"之"民主"二字，虽不能误解为"民主共和"，从而把"台湾民主国"政权拔高为"资产阶级专政的国体"，但不可否认，它确实隐含着鲜明的资产阶级民主色彩，反映出当时中国的爱国进步士绅已懂得利用他们刚刚从西方学来的新的思想武器来抵御外国帝国主义的侵略，以图达到救亡图存的目的。然而，反割台斗争的惨痛历史事实告诉我们，这只能是一种幻想！

（二）公举"总统"、推选"议员"、设立"议院"、改变"官制"、草定"宪法"，民主国创建者的这一套建"国"蓝图与举措，无论其具体实践如何，其本身便是对封建专制集权统治的一种背叛与否定，闪烁着资产阶级民主的火花。

众所周知，传统的封建统治思想，其核心是"君权神授说"，即所谓"天子受命于天"、"王者承天意以从事"。而封建统治的最大特点，则是君主专制集权，即所谓"君权至上"、"朕即国家"。皇帝说的话称为"圣旨"，也就是"宪法"。全国从中央到地方的各级官吏皆由皇帝任命，受制于皇帝，形成宝塔式的层级控制。清朝政权乃是这一封建君主专制统治制度发展的顶峰。

反观台湾民主国，无论从权力的产生还是从权力的分配角度来看，都是对上述封建统治思想的明显背叛与否定：民主国"总统"如果视为"一国之君"，他并非"受命于天"；如若视作"地方官员"，也非由皇帝任命，相反，是违抗皇帝内渡"圣旨"由民"公举"而来的。唐景崧致电清廷称："嗣后台湾总统，均由民举"①。民主国"大将军"刘永福、"义军统领"丘逢甲以及议院的"议长"、"议员"等，皆是由民"推举"出来的。此外，

① 王芸生：《六十年来中国与日本》（三），三联书店，1980年6月。

民主国还重新任命了一大批地方官吏，尤其在台南，刘永福把清政府设置的一套地方官制作了重大改变和调整（详见后文）。所有这些举措，都不能不认为是对封建皇权的一种大胆“叛逆”，体现出可贵的民主精神。

关于民主国草定“宪法”和设立“议院”，是史学界争论较多、分歧较大的两个重要问题。

有论者认为，“遍查有关文献，还没有发现台湾民主国的‘临时宪法’”，言外之意是它根本就不存在，并据此否认台湾民主国的民主性。但笔者认为：

第一，我们不能因为目前尚未发现民主国的“宪法”就简单地否定它的存在。如前文所述，民主国成立后战事紧迫，很快瓦解，有可能“宪法”虽已“草定”，但尚未来得及讨论和修改定稿，因而也就未能正式对外公布。

第二，民主国创建者既懂得推举“总统”、“议员”和设立“议院”这一套西方资本主义的政治制度，自然也不会忘记需要制定一部相应的“宪法”。这不仅有同时代人的记载，唐景崧就职“总统”时也曾在其发布的“晓谕”中称：“国中一切新政，应即先立议院，公举议员，详定律例章程，务归简易”①。丘逢甲内渡大陆后也曾与人说：“民主国自筹备而成立而败亡，虽为时不久，然宪法、议院、邮政、币制均具，其改制有足多者……”②。可见，轻易否定民主国曾“草定宪法”，未免失之武断。

第三，退一步而言，即便“宪法”并未草定出来，但其“构想”本身便是对“君权神授”传统封建统治思想的否定，同样具有可贵的民主精神。

有关史料说，民主国“宪法”为丘逢甲所“草定”③。丘逢甲（1864－1912），字仙根，号蛰庵，台湾彰化东势角（今台中县东势镇）客家人，祖籍广东镇平（今梅州市蕉岭县）。1888 年中举，次年入京会试，中三甲进士，授工部主事职。但他不满朝政，无意仕途，毅然弃职回台，从事桑梓教育。早于中法战争后，丘逢甲在民族危机的强烈刺激下思想已发生重大变

① 王芸生：《六十年来中国与日本》（三），三联书店，1980 年 6 月。

② 丘琮：《怙怀录》，见《岭云海日楼诗抄》，第 504 页，安徽人民出版社，1984 年 5 月。

③ 江山渊：《丘逢甲传》。

化。他开始涉猎西方资本主义政治制度，试图从中寻找到一条强国富民、振兴中华的新路。中举前他在台湾兵备道兼学台唐景崧的幕府中佐治文书，得有机会饱览唐的大量藏书。据说丘逢甲当时“于古今中外朝闻国政及百家小说，无不览亦无不记”，“兼习中西时事”，并曾写成《中国学西法利弊论》，“洋洋万言，能会中西之通”①。尤为值得注意的是，丘逢甲赴京应试期间，曾有幸结识维新派重要人物黄遵宪。丘、黄俩人一见如故，竟夜长谈，一同漫游京师。黄对于时事政治和国家前途命运的精辟见解，给予丘深刻的启迪和影响。从此，丘逢甲的思想政治倾向发生了质的变化。他毅然弃职还台，恐怕与此不无关系。丘返台后，在其教育实践中不再重视八股括贴之类的应试文艺，而将主要精力用于介绍中外史地和当今时事政治，传播西方新知识新思潮，劝阅报章，引导青年放眼五洲，关心国事和民族前途。他还自订了香港《德臣报》（中文版）、上海《申报》、《字林西报》和《天津时报》等，并常撰文评介国内外大事，鼓吹革新除弊，谋求富国强兵之路。他培养的学生，在后来的反割台斗争中成为一支中坚骨干力量。因此，笔者认为，从丘逢甲当时的思想脉搏来看，从他的政治倾向以及他对西方了解程度而言，台湾官绅们推举他“草定”民主国的“宪法”，乃是颇为可信的。

至于民主国的“议院”，史料记载虽语焉不详，但为数不能算少。有的论者称之为“立法机关”，作为评价民主国是所谓“资产阶级民主共和国”的有力证据之一；而有些论者则讥之为“空架子”，称其主要任务只是“为了筹饷，它并不具备西方资本主义国家议会的性质”②，并据此否定民主国的民主性。笔者以为，这两种观点均有其片面性。

如前文所述，台湾民主国实际上是个“地方自治”政府。就政治思想范畴而言，这一“地方自治”政府的出现不是偶然的，它与当时正在大陆兴起的资产阶级维新思潮相呼应，鲜明地展现了中国那个时代的特点。

中国近代政治思想史表明，早在十九世纪六十年代，早期维新派如陈炽、陈虬、郑观应等人即已开始涉猎西方地方自治制度的有关内容，要求改

① 丘菽园：《挥麈拾遗》。

② 以上观点均见吴宏聪、张磊主编：《丘逢甲研究》，广东人民出版社，1986 年 11 月。

革中国腐败的封建的地方官僚政治，“令各省札饬州县，一例创设议院”①，“以绅耆、士商才优望重者立之”②。从中央到地方重大政事由议会做出决定，否定封建君主专制下的个人独断专行。随着民族危机的加深和中国资本主义的发展，到了十九世纪八九十年代，以康梁为代表的资产阶级维新派在寻找救亡图存方案、探求政治改革的过程中，更进一步发展了早期维新派的“地方自治”思想，极力鼓吹在中国实行西方式的地方自治制，以代替封建专制集权下僵化了的地方统治体制。他们认为，地方自治是“民权之第一基础”，“民权之有无，不徒在议院参政，而尤在地方自治”，地方自治实质就是“在专制政体之国而兴民权，则必不可不将前此固有之君权，割出一部分以让之天下”③。黄遵宪特别是对明治维新后日本的地方议会表示赞许：议员由本籍“民人所选举者充”，按郡区大小定议员人数；议长副议长“于议员中公选”，“仿于泰西，以公国是而伸民权，意其美也!”④。他们认为，一旦设立地方议院，有绅士为议事，“则无事不可办，无款不可筹”⑤。

康梁维新派所鼓吹的“地方自治”模式，显然并不反对“官治”，也没有要求完全的地方自治权，更没有提出要废除地方官僚政治。他们保证“讼狱委之于官”，“办事仍责之有司”⑥。议员只有“评事议事之权而已，办事之权仍官操之”⑦。也就是说，地方议院只是对地方重大兴革事项进行讨论，提出方案，提供官府采纳。这种温和的改革设想，反映了中国新兴的民族资产阶级企图与封建地主阶级分享政权的意识和要求，同时也是他们试图以此拯救时政、挽救民族危亡的一种幻想。考查台湾民主国的“议院”，我们不难发现，它与康梁维新派所极力鼓吹的地方自治性质的“议会”相当类似。

台湾民主国事实上曾存在两个议院。前期为唐景崧任总统时的“台北议院”。史料记载，台北议院最初曾确定设上、下两院，公推首富林维源为

① 陈虬：《开议院》、《治平通议》，转引自丁旭光：《近代中国地方自治研究》，广州出版社，1993年8月。

② 郑观应：《郑观应集》（上），第330页。

③ 《问答》，《新民丛报》第20号，转引自丁旭光：《近代中国地方自治研究》，第31页。

④ 黄遵宪：《日本国志》卷十四，《职官志》。

⑤⑥ 梁启超：《戊戌政变记》。

⑦ 谭嗣同：《谭嗣同集》（下），第439页。

议长。林坚辞不就，以认捐银一百万两作罢。上、下议院拟推选议员八十四名，其中上院二十四名，下院六十名，但当场仅推选出拔贡陈云林、廪生洪文光、街董白其祥和许冀生等数人[①]。台北议院仅存在了12天即随着台北的失陷而消亡，究竟它做了些什么事情？是否起到了“立法机关”的作用？史无明载，难以认定，说它只是个“空架子”也未尝不可。

然而，后期在台南重新设立的议院则不同。它机构较为完整，存在的时间较长，做的事情也较多。据史料记载，台南议院以举人许献琛等3人为“主议”，卢振基等数人为“参议”[②]。他们定期开议，大凡“立官立政，进退人才，因革损益”等军国要政，均经议院讨论议决后，提供给刘永福采纳施行[③]。而刘永福主持下的台南民主国政府显然要比唐景崧的台北民主国政府机构更加完备，运转也更有效率：它建立起了一个由七人组成的“委员会”负责处理日常政务；设立了“筹防局”，以许献琛、陈鸣锵为局长，分东、西、南、北、中五段筹防，“布置周密”；另设粮台、官银票局、厘金局、邮政局、团练局、联庄局、保甲局、新关税司等一系列机构[④]；任命了各局的局长、总办；对所辖地区的县级官吏也进行了任命，并委任了一些负责转运、侦察的官吏等等[⑤]。为解决财政困难，议院还允准发行纸币、邮票，在民主国政府控制地区流通。此外还发行股票、动员绅民义捐等等，筹款达数十万元，有效地支持了后期抗日军民艰苦卓绝的武装反割台斗争。显然，台南议院不能认为只是个“空架子”，除“筹饷”之外，凡“立官立政，进退人才，因革损益”等军国要政，全都要通过它讨论作出决议，具有相当大的权力与影响力。但是，由于台南议院作出的决议仅供刘永福采纳后施行，并无法律效力，因此称之为“立法机关”也显然不妥，事实上它兼具咨询和行政的双重职能。然而，通过议院的设定，却使一批资产阶级化了的台湾地方士绅名正言顺地进入了权力核心，得以分享政权，因而不能不认为它确实具有一定的民主性。

根据以上剖析，笔者认为：

---

① 郑喜夫：《民国丘仓海先生逢甲年谱》，台北出版。

② 《万国公报》，1895年10月。

③⑤ 《台湾战记》，《近代史资料》1962年第2期。

④ 《让台记》及《近代台湾》。

（一）台湾民主国既非“资产阶级民主共和国”，也非纯粹的“地主阶级封建政权”，而是带有鲜明资产阶级民主色彩的、地主阶级开明爱国官绅与新兴资产阶级联合专政性质的临时性“地方自治”抗日政权。

（二）由于台湾民主国是在甲午战后中国民族危机空前严重、民族意识空前高涨这一特殊历史背景下的产物，其主要着眼点在于“拒日割台”，因此，这一政权的职能主要体现在对外反抗侵略的一面，而对内职能的另一面则相对地被民族矛盾所冲淡和掩盖。从这点看，可以说台湾民主国既代表了地主阶级的利益，也代表了资产阶级的利益，同时客观上也反映了广大人民群众反抗侵略、捍卫民族尊严的要求和愿望，因而它符合中华民族的整体利益。

（三）台湾民主国同时还是中西方思想文化交流和当时正在中国兴起的资产阶级维新改良思潮影响下的产物。尽管由于种种原因，这一政权极为短暂，并不可避免地存在着这样那样的弊端和不完善，但它却是近代中国人民向西方寻找真理的一次极为悲壮的实践和可贵探索，在近代中国政治思想发展史上占有相当重要的地位。

三、“台湾民主国”政权民主性的物质基础与阶级基础

台湾民主国政权的民主性并不是凭空而来的，它植根于近代台湾资本主义经济的土壤之中，自有与其相适应的物质基础和阶级基础。

早于清中叶，台湾的商品经济已经相当发达，资本主义经济呼之欲出。鸦片战争以后，由于外国资本主义的入侵，台湾的社会经济遭到严重破坏，但同时也在客观上刺激了资本主义因素的成长与发展。特别是1885年台湾单独建省之后，首任台抚刘铭传着力举办洋务新政，使台湾的各项近代化建设蒸蒸日上，资本主义经济得以迅速成长。到甲午战争爆发前夕，台湾的社会经济结构、阶级结构均已发生了重大变化，一跃而成为全国的先进省份。

刘铭传新政是以振兴传统实业和“清赋”为其经济后盾的，并在此基础上着力兴办近代民用企事业，发展新式教育。

1. 传统实业：台湾的传统实业主要指樟脑业、茶业、糖业、硫黄业和盐业。在刘铭传的大力提倡下，上述各业得到快速发展，尤其樟脑业和茶业，产量快速上升，成为台湾出口创汇的主要农产品。当时，仅台湾大稻埕一地，已有茶厂150多家，经常雇佣的茶工达2万人以上，成为茶商的主要集散市场。樟脑和茶叶外销获利甚丰，民主国创建者之一的林朝栋和商人蔡南生，便是靠经营樟脑业发迹的；“源陆”、“建成”两茶号的老板吴福元、王安定、张古魁，则靠雇佣福建技工制作的“包种茶”而致富。糖业发展也很快，糖商沈鸿杰从德国引进新式制糖机，在台南创设新式糖厂；陈福谦则在旗后设“顺和行”，将台糖远贩日本、英国，成为巨富①。

随着传统实业的发展和商业化程度的日益提高，台湾贸易额得以快速提升。从1886年到1890年，在大陆贸易出现大幅度入超的情况下，而台湾却相反，一直处于出超的有利地位，以每年递增30%的比例高速增长，这是中国近代经济史上绝无仅有的奇迹。

2. 农业：经过编制保甲－清丈－改赋－颁发丈单等一系列步骤，到1890年初，完成了全台的“清赋”工作。不仅使入册田亩和地赋银额大增，更重要的是理顺了原来台湾十分混乱的土地关系，并使农业发生了结构性的变化，逐渐形成了各种农作物的专业种植区，开始出现资本主义的经营方式。例如1888年，成立了专营樟脑业的“林合公司”；另有林商黄南球投资植树，专门制造枕木。此外，还促成了土地资本向产业资本的转化。如大租户林维源（即后来被推举为民主国台北议院院长者），与巨商李春生合资建台北千秋、建昌两条大街，作为市场贸易中心，并经营蚕桑局，成为台湾最著名的地主兼工商业资本家②。

总之，振兴实业和“清赋”这两项措施的成功实施，不仅使政府的财政收入大幅增加，为推行新政提供了可靠的资金来源，同时也使民间资本日益壮大，涌现出一大批富甲一方的大商人和企业主。他们积极创办或投资于刘铭传创办的各类民用企事业，成为台湾新兴的资产阶级。例如，除前述事例外，为修筑铁路而发行100万两铁路股票，民间纷纷应募入股；1888年，民办煤矿年产量已达2.3万吨以上，大大超过官办煤矿的1700吨；民间资

①② 姚永森：《刘铭传传》，时事出版社，1985年9月。

本还投资6万两，将基隆煤矿改为官商合办；此外，民间还投资购买西式甘蔗压榨机和制糖机，精制白糖（1890年在淡水），引进西式机器创办煤砖制造厂等等。诚如戴国辉教授所言：正由于有“相当规模的社会经济基础，及有逐渐向资本主义商品生产的资本家之存在，才能从内部支撑洋务运动——刘铭传改革。”①

3. 民用企业：1886年6月创办商务局，后又在新加坡设立招商局，招募华侨商股，成立轮船公司，航行于东南沿海和东南亚等地，与外轮抗衡；1887年4月设立铁路总局，招募民间资本，聘请外国和华侨工程师，到1893年秋，修成一条基隆到新竹间长达100公里的铁路。这是由中国自行集资和主办、自行控制全部权益的第一条铁路，也是第一条官督商办的铁路；1888年8月创设大机器厂，引进外国设备，除制造枪炮子弹外，还生产民用伐木机，制造、修理铁路客货车辆，这是台湾机器制造业的雏形；1876年创设伐木局，自行生产铁路枕木；1887年2月重建煤务局，招募商股加上地方拨款，官商合办，恢复基隆煤矿生产。到1891年，基隆煤矿工人达千人以上，全年产煤7.7万吨，仅次于大陆开平煤矿，居全国第二位②；1887年设煤油局，开采后垅石油，年产值1万两。此外，刘铭传还曾筹设龟山水力发电所，这是中国有史以来破天荒的事情，可惜因刘的去职而未能完工。

4. 民用公共事业：1886年设立电报总局，铺设了两条横穿台湾海峡的海底电缆，有史以来台湾与大陆之间有了电报联系。陆路电报线路也增长至1055里。从此，台湾与大陆的通讯联络大为改观；1888年1月创设邮政总局，各地设分局，仿照西方邮政章程，印制邮票，办理岛内及与大陆间的信函和包裹业务。当时大陆邮政尚处于由海关试办阶段，而在台湾已创设了较为完备的近代邮政体系。

刘铭传还十分重视城市建设。当时在台湾的台南、高雄、基隆、淡水、台北五大城市中，台南开发最早，到1892年已发展成为一座拥有85条命名

① 戴国辉：《晚清期台湾的社会经济》，《台湾史研究》第49页，远流出版公司（台北）1987年1月。

② 周文顺：《台陆关系通史》第258页，中州古籍出版社，1991年11月。

街道的繁华城市。台北起步最晚，为加速台湾北部的经济开发，刘铭传特意将省城设在台北，并下大力进行建设。到甲午战争爆发前，台北已经后来居上，建设成为一座有10万人口、资本主义经济初具规模的近代化城市和文化教育中心：不仅有宽阔的街道，整齐的楼房，鳞次栉比的商店、客栈，密集的厂房，雄伟的铁路，还有邮电局、医院、养老院、学校、电灯、电话、自来水、理发店，街道上有奔驰的车辆、熙熙攘攘的人群，有巡逻警察管理交通和治安……一派生机勃勃的繁荣景象，人称“小上海”！

此外，新式教育也发展起来。1887年3月，在台北设立西学堂，聘请外国教习和侨居外国多年的留学生任教，购置了不少西洋图书和教学设备，重点讲授外语、测绘、理化、算术、史地、汉文课程，开启了台湾近代教育之先河；1890年又设立电报学堂，培养电报局需要的司报手和制器手，开台湾职业技术教育之先河；还曾筹设日学堂，拟培养通晓日语的专门人才。

总之，刘铭传新政在短短的几年时间里成绩斐然，建树颇多，影响深远。他所倡办的近代民用企业尽管形式多样，有的官办，有的官督商办或官商合办，也有的纯属商办，但它们都有两个共同特征：一是“它是把它的产品当做商品来生产”；二是“剩余价值的生产作为生产的直接目的和动机”，因此具有鲜明的近代资本主义企业的性质。据统计，到1891年刘铭传离台前，这些新兴民用企业每年的收入已占台湾国民经济总收入的25.4%（其他收入分别为：田赋及各种地租占19%、厘金约占17%、海关税收与船钞约占25.1%、樟脑、硫黄及盐课约占13.4%）①，很明显，同其他项目相比较，资本主义经济所占的比重已呈领先地位，这说明台湾的社会经济结构已发生了重大变化。随之，阶级结构也相应发生变化，新兴资产阶级力量不断壮大，投资于近代企事业的民间商人、资本家和许多通晓洋务的官员活跃全岛，往来于台湾与大陆、东南亚和欧美各国之间，他们对西方资本主义和国际情势较为熟悉了解，要求参与政权、反抗侵略以维护自己的阶级利益；同时，通过举办洋务新政，台湾风气大开，影响造就了一大批关注时事政治和国家前途命运而又具有一定新知识、新思想和新观念的新型知识分子。他们努力摆脱封建主义思想文化对他们的束缚，睁开眼睛看世界，思考和探索

① 姚永森：《刘铭传传》，时事出版社，1985年9月。

救国救民的真理，从而在台湾面临危难的时刻，挺身而出，拍案而起，发出时代的最强音，成为人民思想感情和切身利益的代表者和代言人。台湾民主国主要创建者之一的丘逢甲，以及在后来的武装反割台斗争中壮烈殉国的义军统领徐骧、吴汤兴、姜绍祖等人，正是近代台湾这一类爱国进步知识分子中的典型代表。

台湾民主国政权的民主性确非空穴来风，它与台湾洋务运动息息相关，以近代台湾资本主义生产力和生产关系的成长和发展为其物质基础和阶级基础，从而印证了“经济基础与上层建筑相适应”，这一马克思主义基本原理的正确性。

丘氏七代简表

丘仕俊（1758—1828，第十八世，由广东镇平东渡迁台第一代）

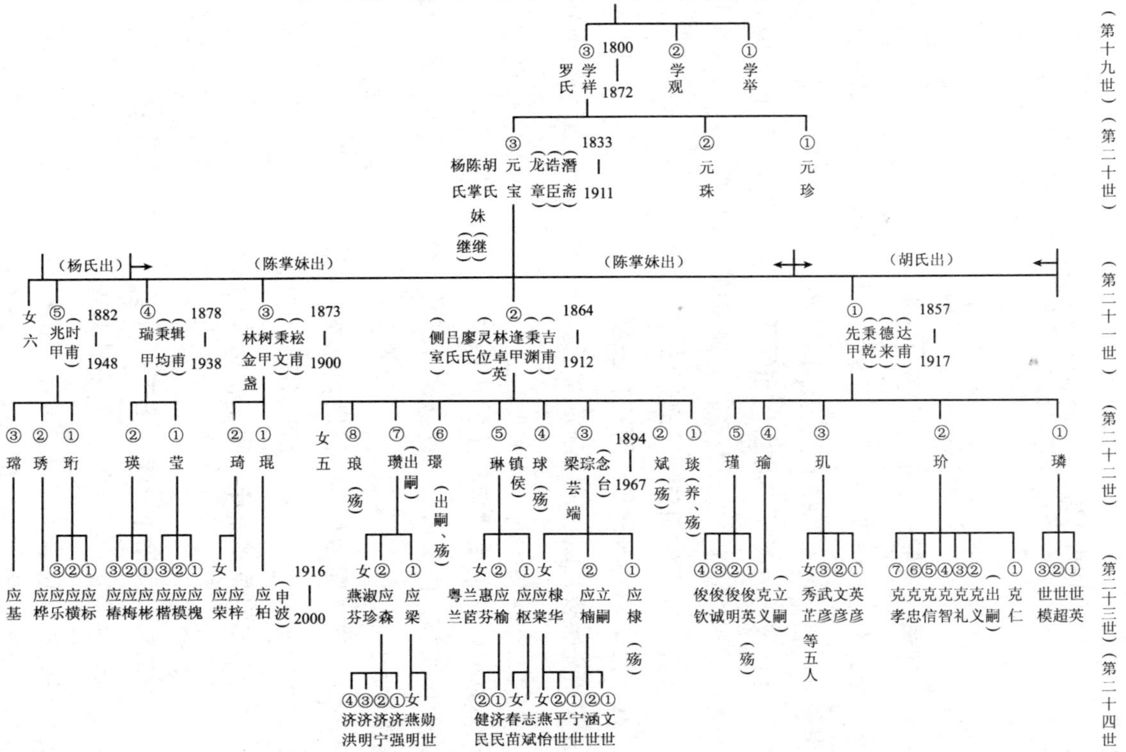

注：(1)丘氏后裔第二十四世人数太多，故仅列出传主丘逢甲直系裔孙。
(2)丘家裔孙散居世界各地，虽努力搜寻仍有不少缺漏，敬请鉴谅。

丘逢甲生平大事简表[①]

一八六四年（清同治三年　甲子）一岁

十二月二十六日（阴历十一月二十八日）丑时，生于福建省台湾府淡水厅铜锣湾（今台湾省苗栗县）之李氏家塾。

曾祖丘仕俊，清乾隆中叶由广东镇平（今蕉岭县）东迁台湾彰化东势角（今台中县东势镇）。父丘龙章，台湾贡生，毕生从教。

一八六五年（同治四年　乙丑）二岁

一八六六年（同治五年　丙寅）三岁

丘龙章开始教其认字，随学童背诵《三字经》、《千家诗》等浅显儿童读物。

一八六七年（同治六年　丁卯）四岁

入李氏家塾，由父执教，读书过目成诵。“以父为之师，读书同一堂”，“予与弟皆未更他师”（《题崧甫弟遗像》）。

一八六九年（同治八年　己巳）六岁

已能写浅显文章，自此读作日不辍。

一八七〇年（同治九年　庚午）七岁

始学作短文。

一八七二年（同治十一年　壬申）九岁

作《学堂即景》、《万寿菊》七绝二首诗。

是年冬，祖父丘学祥病逝，随父返彰化东势角奔丧。

一八七三年（同治十二年　癸酉）十岁

春，随父迁往彰化三角庄（今台中神冈）魏家设教处，随父就读。

---

① 该大事简表，主要参考丘晨波《丘逢甲年谱简编》和郑喜夫的《民国丘仓海先生逢甲年谱》修订而成。

在当地望族吕家“筱云山庄”拜著名举人吴子光为师，结识吕家汝玉、汝修、汝诚三兄弟及谢道隆（颂臣），得以借阅吕家所藏大量书报，学识大进，入“文英社”课艺，切磋诗文，作《继而有师命》，获第一名。

三弟树甲生。

一八七五年（清光绪元年　乙亥）十二岁

随父迁往彰化新伯公庄刘氏家塾设教处就读，间佐课童。继续与吴子光及吕氏兄弟密切交往，住溪心祖居。

一八七七年（清光绪三年　丁丑）十四岁

虚报十六岁，赴台南应童子试，作《穷经致用赋》及诗、词各一首，引起闽抚兼学台丁日昌关注，命其属对并作《全台利弊论》，受丁赏识，特赠“东宁才子”印一方，以资鼓励。是科院试获第一，由此闻名全台。

一八七八年（光绪四年　戊寅）十五岁

始留心国家大事，曾上书大吏陈论时务。（据江山渊《丘逢甲传》）

丁日昌因病乞休归里（广东丰顺），曾贻书招其就学潮州，因丁病卒，未果。

祖母罗太夫人逝世，四弟瑞甲生。

一八七九年（光绪五年　己卯）十六岁

生母陈氏病卒，居家守制。

一八八〇年（光绪六年　庚辰）十七岁

随父迁往彰化王子社（今台中丰原翁子里砚池）丘氏书塾教读。

作七律三首恭祝吕母游氏五十寿庆。

一八八一年（光绪七年　辛巳）十八岁

父丘龙章娶继室杨氏。

是年赴台南院试，偕林氏、吕氏兄弟遍游台南诸名胜古迹。有《竹溪唱和集》。

一八八二年（光绪八年　壬午）十九岁

补廪膳，巡台闽抚岑毓英特予接见，奖勉备至。是年，丁日昌在广东丰顺老家病逝，逢甲十分哀痛，谓“每念师门，泪辄涔涔坠也。”

一八八三年（光绪九年　癸未）二十岁

受友人鼓励，三日内作成《台湾竹枝词》百首（现存四十首）。

迎娶夫人廖氏。

是年冬，中法战争爆发。

一八八四年（光绪十年　甲申）二十一岁

战火燃及台湾，法军陷基隆、据澎湖，痛感国家民族之患，由是“益留心中外事故及西方文化，慨然有维新之志。”

一八八五年（光绪十一年　乙酉）二十二岁

秋，首途赴福州乡试，未售。

是年，唐景崧任台湾兵备道，见逢甲《台湾竹枝词》百首，许为才士，罗为门生，入幕佐治，并与三弟树甲同入“海东书院”深造，攻举子业。唐藏书极丰，遂得以饱览官方典册文书及许多西方译著，“习知中西时事”，学识更为长进，眼界大开。作《中国学西法得失利弊论》，“卷中洋洋万言，能会中西之通”，极受唐赏识。时，唐于官邸设“文酒之会”，逢甲遂与台湾上层及名士交往日多。

是年应府试，作《何以安置余勇》获第一名。

是年底，由台南返彰化翁子社省亲，继续攻举业。

是年十月，清廷宣布台湾改建行省，淮军将领刘铭传首任台湾巡抚。

一八八八年（光绪十四年　戊子）二十五岁

秋，再赴福州乡试，中试，榜列第二十八名。

一八八九年（光绪十五年　己丑）二十六岁

春二月，首途赴京会试，中第八十一名贡士；续应殿试，中三甲第九十六名进士，钦点工部虞衡司主事。到署未几，以清廷腐败、百政紊乱，厌之，以亲老告归，弃职返台，沿途游历沪滨等地。

寓京期间，结识黄遵宪、温仲和等人，遍游京师，见闻益广。

返台后，往台南谒唐景崧，婉拒唐劝其出仕之邀，旋归彰化奉亲。

一八九〇年（光绪十六年　庚寅）二十七岁

应唐景崧之聘，任台南崇文书院主讲，同时兼任台湾府衡文书院及嘉义罗山书院主讲。慨括帖之无用，除略课应试文艺外，主要讲授中外史实及西方新知识、新思潮，并“劝阅报章，以广见闻。”招收原住民青年入学，黄遵宪闻讯，作《岁暮怀人诗》赞之。

是年，买台湾县大埔厝（今台中潭子）张氏宅院，取名“柏庄”，举家迁入。

一八九一年（光绪十七年　辛卯）二十八岁

仍主讲崇文、衡文、罗山各书院。

是年夏，刘铭传离台归乡。秋，邵友濂接任台抚，旋将省会迁往台北。

六月，唐景崧升署台湾布政使，赴台北履新。唐先后在台南、台北署内设“澄怀园诗文酒会”和“牡丹诗社”。丘逢甲为两诗社积极参与者，课余常前往唱和，诗名因此而誉满全台。两诗社诗友所作辑为《澄怀园唱和集》和《诗畸》。

一八九二年（光绪十八年　壬辰）二十九岁

继续主讲各书院。

是年自编《柏庄诗草》，收入二月至八月所作近体诗二百余首。为台南“延平郡王祠”题写楹联两副。

是年，《台湾通志》总局正式开设，被聘为采访师，负责采访、补辑乡土故实，遂有较多机会深入民间，了解社会民情。

是年与台南盐务提调胡传相识，与台北知府陈文騄、台北知府唐赞衮有唱和。

是年，由谢道隆作伐，娶如夫人吕隋珠。

一八九三年（光绪十九年　癸巳）三十岁

继续主讲各书院，兼任《台湾通志》采访师。

是年，唐景崧编刻的《诗畸》出版，内收丘氏七律五十首及诗钟对句二百一十五联。

一八九四年（光绪二十年　甲午）三十一岁

三月十一日，吕夫人生三子琮。

七月，中日甲午战争爆发，预感台岛危难，对友人说：“日人野心勃勃，久垂涎此地，彼讵能恝然置之乎！”遂日集乡民训练，以备战守。

九月，由唐景崧奏准创建义军，初称团练，丘“倾家财以为兵饷”，以守土拒倭号召乡里，至是年冬，全台编册计一百六十余营，特别编练者三十二营，丘氏负责“总办全台义勇事宜”，父丘龙章命子弟能战者皆入营。

十月，邵友濂内调，唐景崧升署台抚，刑部主事俞明震来台帮办防务。

十一月，团练改称义军，自任全台义军统领，设司令部于台中柏庄，祭旗誓师，驻防台中、新竹等地，兼任筹饷。

一八九五年（光绪二十一年　乙未）三十二岁

三月，中国战败，清廷派李鸿章赴日乞和。

三月上旬，奉命率所部义军北上，驻防台北后路南嵌至后垄一带，坐镇元帅庙。

四月十七日，马关约成。联合台绅，三次刺血上书，要求废约再战，清廷执意割台，烟台换约后，势难挽回，遂联合官绅，倡立“台湾民主国”。

五月二十五日，民主国成立，拥唐景崧为总统，自任全台义军统领，以蓝地黄虎为国旗，改年号“永清”，致电清廷：“台湾士民，义不臣倭，愿为岛国，永戴圣清”，以示台湾永属中国。

六月初，日军大举侵台，不久，台北告失，唐景崧内渡，日军南侵，所部义军苦战不支，退守台中。

六月中，义军誓师北上，新竹一役，血战二十余昼夜，因饷绝弹尽而失利。在所部星散、叛徒出卖、日军严索、道路梗阻的困境下，被迫于七月底奉父母内渡。临行，作《离台诗》六首，其他家属，由三弟树甲带领，另途内渡。

八月初，抵达泉州，经厦门、汕头、潮州，于阳历九月上旬举家返抵祖籍广东镇平（今蕉岭县），在东山村赁屋居住。

一八九六年（光绪二十二年　丙申）三十三岁

夏，淡定村“心太平草庐”草创，举家迁入。

六月，赴广州，结识粤抚许振祎、菊坡书院山长梁居实等，遍游省垣及潮、嘉、香港诸名胜。

冬，奉旨“归籍海阳”，携家小寓居潮州。

是年，以部将吴汤兴、姜绍祖、丘国霖、徐骧等壮烈殉国，具文湖广总督张之洞请恤表彰，不报。

乙未内渡后，诗篇始有存稿，历经家国之变，多为悲凉哀壮之作。

一八九七年（光绪二十三年　丁酉）三十四岁

春，应潮州知府李士彬之聘，主讲韩山书院，“以科举必废，课文外兼课科学”，介绍东西方文明，被顽固势力“目为异端”。年终，愤而辞去。是年起，与侨居新加坡的丘菽园书信交往日趋频繁，诗文酬唱日多。

一八九八年（光绪二十四年　戊戌）三十五岁

春，主讲潮阳东山书院。

六月至九月，光绪帝接受康有为奏议，推行“百日维新”。

冬，黄遵宪因参与变法被黜归里，特赶往梅州探慰。

是年，诗篇多感怀时事之作，与王晓沧唱和诗甚多，部分辑成《金城唱和集》刊布。

是年，为丘菽园的《菽园赘谈》作长序，痛斥清朝吏治的种种腐败无能，另作《感事》五律二十首，作为《政变诗》，附编于丘菽园《星洲上书记》之后，猛烈抨击慈禧，盛赞维新志士。

一八九九年（光绪二十五年　己亥）三十六岁

仍主讲潮阳东山书院，兼任澄海景韩书院主讲。

冬，辞去东山、景韩两书院教席，在潮州（后迁汕头）独立谋办新式“岭东同文学堂”，聘日人熊泽为教授，灌输维新学术。

是年末，应康有为之邀，秘密赴港会见维新人士，谋划武装“勤王”运动。与潘飞声等唱和多首，游澳门作杂事诗十五首。

是年，诗作多表扬古代忠义、振奋民族精神，怀昔感今，抒写抱负。

一九〇〇年（光绪二十六年　庚子）三十七岁

三月至六月，受粤省当局委派，赴南洋各埠查访侨情兼事联络。同文学堂托温仲和等先行招生开办。途经香港会晤平山周等日本志士。在新加坡与康有为、容闳、丘菽园等会面。参与密谋两广武装“勤王”事。为“岭东同文学堂”募得一笔经费。南洋期间，多次发表演说，鼓吹以新观点弘扬中华文化，广开学堂，培育人才，以救危亡。

六月中，返抵汕头，得知两子——丘琰、丘球均遭鼠疫夭折。回抵镇平山村，又悉三弟树甲病逝。

六月，义和团运动进入高潮，八国联军入侵京津。唐才常在汉口被捕遇害，武装“勤王”运动失败。

八月，八国联军陷北京，两宫西逃。

秋冬，往“入境庐”造访，与黄遵宪连作唱和诗二十二首。

是年，诗作多感慨时事，哀虑家国。

一九〇一年（光绪二十七年　辛丑）三十八岁

春，赴汕头正式创办“岭东同文学堂”，自任监督，“以欧西新法教育青年”，有志者“纷纷投考”。

是年，清廷诏筹“新政”，《辛丑条约》签订，丘愤列强之入侵，痛国人之愚散，作《汕头海关歌》、《晨起书所见》等以抒怀。

辛丑至甲辰，一意教务，诗作较少，所作多感怀时变，期许将来奋进之意。

一九〇二年（光绪二十八年　壬寅）三十九岁

仍任“岭东同文学堂”监督。秋，兼任学堂管理。

老友谢道隆由台湾到汕头探望，相聚十天，有唱和作品多首。得悉台中士人组织“栎社”，诗社宣扬祖国文化、民族意识，丘作诗致意。

一九〇三年（光绪二十九年　癸卯）四十岁

仍任“岭东同文学堂”监督兼管理。

是年秋，因“岭东同文学堂”宣传新思想，同文学生响应上海爱国学社鼓吹种族革命之号召，革命文字见诸国文课卷，丘氏以“天赋人权”、“思想自由”为之申辩，地方守旧势力借端捣乱，企图搞垮学堂牵累丘逢甲。

是年冬，辞去“岭东同文学堂”职，赴广州接洽奔走，谋向省垣发展新式教育。

连年，鼓励新进青年东渡日本留学。

革命思潮渐盛，思想日渐同情革命。

是年三月，唐景崧病逝于广州旅次，身后萧条，逢甲撰挽联悼之。

一九〇四年（光绪三十年　甲辰）四十一岁

四月，由广州回镇平。

是年夏，在乡设“自强社课”，辅导族中子弟补习文化；在县城桂岭书院倡办“初级师范传习所”，大力培训小学师资。

是年冬，在东山、员山创办两家族学堂，以始祖讳“创兆”名校。

是年，收谢逸桥为门生，作《赠谢生》，盛赞鼓吹思想言论自由之新进青年。

是年秋，挚友温仲和在松口病逝，先后作诔、铭、赞。

一九〇五年（光绪三十一年　乙巳）四十二岁

春，“创兆学堂”正式开学。

三月，黄遵宪病逝，亲往吊唁，有挽联。

八月，孙中山领导的“中国同盟会”成立于日本东京。

是年，派族中子弟往闽之武平、上杭，邻之平远、嘉应、兴宁等县筹办族学。

一九〇六年（光绪三十二年　丙午）四十三岁

春夏，“镇平初级师范传习所”结业，改办“镇平县立中学堂”；又于员山创兆学堂附设“师范传习所”。

夏，应两广总督岑春煊之聘，赴广州任两广学务公所议绅兼任惠、潮、嘉视学员，旋任广府中学堂监督。

九月，清廷宣布“预备立宪”，丘感叹时世，作《秋怀》六迭四十八首，纵论古今。

十一月，广东总教育会成立，被公举为正会长。

是年冬，收邹鲁为门生。

乙巳至戊申，诗作虽忧伤而怨愤不露，感怀古今、瞻虑中外，“有兴复宗邦、拯救民族之意。”

一九〇七年（光绪三十三年　丁未）四十四岁

仍任两广学务公所议绅兼惠、潮、嘉视学员，广府中学堂监督等职。

四月，游上杭，拜访族人，后作忆上杭记游诗十五首。

五月，同盟会策动的“黄冈起义”失败，丘劝粤省当局“防止株连”，致使一批党人幸免于难。清廷诏各省成立咨议局。

十一月，加入立宪团体——“广东地方自治研究社”，为该社最早社员之一。

是年秋冬，派罗福星赴南洋视察侨教。

一九〇八年（光绪三十四年　戊申）四十五岁

仍任前职。

是年春，汕头《中华新报》出刊，丘辄将诗文投寄该报披载，先后与梁千仞、叶楚伧结识，互有唱和。谢道隆在台湾建生圹，作为地下诗社文友集会之地，辑成《科山生圹诗集》，逢甲为之作序。

十一月，慈禧、光绪先后卒。

是年，梅州松口发生进步“学潮”，两广总督张人骏奏请停办全梅学校，丘“以华侨利害说之，一言而解。”

年来，革命风潮日盛，丘与革命党人来往增多，思想益同情革命。

一九〇九年（清宣统元年　己酉）四十六岁

仍任两广学务公所议绅等职。

五月，好友刘铭伯（士骥）自美洲归，旋被保皇党人刺杀于广州寓所，丘悲愤至极，由此促成思想之激变，曾撰联悼刘，怒斥康党，并支持刘子刘作楫向两广总督呈文要求查办刺刘凶手及其幕后策划者。

十月，广东咨议局成立，当选为副议长，旋安插革命党人古应芬、邹鲁到局任职。不久，受聘任两广总督公署议绅及两广方言学堂监督，聘朱执信、邹鲁、丘复等到堂任教。

十二月，偕陈炯明等三人赴上海参加十六省咨议局代表会议。

是年，为子丘琮命字“念台”。

己酉至辛亥三年，诗作多描写山川，少写情感；而有所作，则判华夷、倡忠义，多揭国家民族精神，诗风雅丽飘逸，别具一格。

一九一〇年（宣统二年　庚戌）四十七岁

仍任前职。

二月，革命党人赵声、倪映典发动广州新军起义。事前，赵声与丘“深相结纳”，党人商定，起义成功后，举丘为临时民政长官。事败，出面保护陈炯明、邹鲁脱险。

是年，在咨议局内与陈炯明等联合提出“禁赌案”，终获胜利。

中秋节前，与友人游罗浮山十日，归途中又泛游惠州西湖，作记游诗八十一首，辑为《仓海君庚戌罗浮游草》。

是年，与革命党人叶楚伧、高剑父、高奇峰，广东新军将领黄士龙、饶景华等时相过从。

一九一一年（宣统三年　辛亥）四十八岁

仍任前职。

二月，父丘龙章病逝，在乡料理丧事并编辑乙未内渡后所作，凡十三卷，初名为《岭云海日楼诗稿》，付梓时定名为《岭云海日楼诗抄》。

四月，“黄花岗起义”失败，适逢丘返抵省垣，尽力营救革命党人。

十月，武昌首义成功。

十一月九日，配合革命党人劝说水师提督李准、粤督张鸣歧认清形势，脱离清廷，接受条件，促成广东和平独立，被举为广东革命军政府教育部部长。

十二月，以广东代表资格，赴南京出席独立各省组建临时中央政府会议。会议前夕，在上海谒见孙中山，交谈甚欢，号召在沪粤籍商人捐款支持孙中山革命事业。

一九一二年（中华民国元年　壬子）四十九岁

元旦，孙中山在南京就任大总统，宣告中华民国成立。

一月上旬，谒明孝陵，游莫愁湖、扫叶楼等古迹，皆有诗作，讴歌革命，竟为绝笔。

一月下旬，病辞南京，经沪乘舟南返，途经潮汕，获悉被举为临时参议院参议员。

二月上旬，返抵镇平，病势日重，自知不起，遗嘱：“葬须南向，吾不忘台湾也!”

二月二十五日，病逝于镇平淡定山居。

丘逢甲诗文目录

1. 《台湾竹枝词百首》，早年作品，现存四十首，收入《台南文献》。

2. 《澄怀园唱和集》，唐赞衮辑，版藏台南松云轩，内收与唐景崧、施士洁等唱和诗。

3. 《诗畸》，唐景崧编，一八九三年版，内收台湾社友诗作多首，其中丘逢甲所作诗钟二一五联，七律诗五十首。

4. 《柏庄诗草》，一八九二年作，内收古近体诗凡二百八十二首，见《台北文献》直字第五十一、五十二期合刊。内附王国璠辑：《仓海先生集外集》及为《柏庄诗草》作注等。

5. 《柏庄诗草》，台湾出版，有精装与平装两种单行本，台北市文献委员会编。

6. 《柏庄诗草》，台湾某氏印本，平装。

7. 《台湾诗乘》，连横编，内收丘氏《台湾竹枝词》及其他诗作若干首。

8. 《感事诗》五律二十首，戊戌年作，附编于丘菽园《星洲上书记》后。

9. 《海天唱和集》，丘菽园编，新加坡出版，内收与丘菽园、潘兰史等唱和诗多首。

10. 《金城唱和集》，王晓沧辑，收与王晓沧戊戌年秋冬唱和诗一百五十六首，有单行本。

11. 《丁未秋怀诗》，有《粤台秋唱》单行本。

12. 《戊申送王豹君之蜀诗》，有单行本。

13. 《仓海君庚戌罗浮游草》，有单行本。

14. 《蛰庵诗存》，丘菽园辑，收乙未秋至庚子夏诗作约五百首，有单行本。

15.《云海日楼诗抄》，丘逢甲自编，丘复校订，丘瑞甲、丘兆甲补辑，一九一三年初版刊本。

16.《岭云海日楼诗抄》，一九一九年秋，二版刊本。

17.《岭云海日楼诗抄》，一九三七年七月，三版刊本，补入《选外集》，邹鲁校订、作序，广州培英书局印刷，广州中山大学出版部出版。

18.《岭云海日楼诗抄》，一九六〇年，《台湾丛书》刊本。

19.《岭云海日楼诗抄》，一九七九年，台湾丘应棠、丘应楠自印本。

20.《岭云海日楼诗抄》，丘铸昌标校，一九八二年，上海古籍出版社刊本，依一九三七年“邹本”标点出版，全书计二十五万字。

21.《岭云海日楼诗抄》，丘晨波、黄志平编校，一九八四年，安徽人民出版社刊本，依丘氏手稿，参照旧版标校，增《选外集补遗》一百四十首，附录文字多篇，全书计三十八万字。

22.《仓海先生丘公逢甲诗选》，丘琮编，一九三五年，上海商务印书馆刊行，后附《年谱》、《怙怀录》等，收诗三百首。

23.《丘逢甲诗选》，卢前编选，抗战期间刊行。

24.《丘、黄二先生遗稿合刊》（与黄遵宪合集），由彰化施梅樵辑，台湾一九四二年六月刊本。

25.《丘仓海先生念台诗集》，邹鲁、丘琮编辑，一九四七年，南京独立出版社出版。

26.《丘逢甲诗选》，李树政选注，一九八四年，广东人民出版社出版。

27.《丘仓海先生文集》，丘冬友辑，一九四一年，广东蕉岭联和印务局承印，内收三十五篇诗文、联句等。

28.《丘逢甲信稿》，丘琳辑校，刊《近代史资料》一九五八年，第三期，内收丘氏乙未在台统领义军抗日时信稿十九封。

29.《丘逢甲未刊文稿六篇》，丘晨波、黄杨（即黄志平）点校，北京《文献》，一九八四年第二十辑。

30.《柏庄诗草》黄杨、丘晨波校点，中国友谊出版公司，一九八六年出版，内收丘氏早年在台诗作共二百八十二首。

31.《丘逢甲文集》，丘晨波主编，上编收丘诗六百余首，下编收丘文四十七篇，一九九四年，广州花城出版社出版。

32.《丘逢甲诗选》，冯海荣选注，上海华东师范大学出版社，一九九二年十二月版。

33.《丘逢甲集》，广东丘逢甲研究会组编，黄志平、丘晨波主编，湖南岳麓书社，二〇〇一年十二月初版。该书系繁体字本，列入国家古籍整理规划项目，内收迄今已发现的全部丘氏诗文作品，计诗歌韵文类作品二千五百五十九首，文一〇二篇，书末附有丘氏抗日保台档案选编，旧版序、跋文字及简谱等，全书六十五万字。

注：

（1）目录仅列丘氏诗文专集或与他人的合集，至于丘氏发表在清末报刊（如《知新报》、《清议报》、《新小说报》、《女报》、《女学报》，汕头《中华新报》、新加坡《天南新报》）上的若干零散作品及收入同时代人诗文集中的丘氏作品（如《介柳温公墓志铭》、《〈人境庐诗〉跋》、《〈请缨日记〉序》、《〈菽园赘谈〉序》、《〈五百石洞天挥麈〉序》等）均未计在内。

（2）本目录所收丘氏诗文集截止于二〇〇一年十二月。因笔者涉猎所限，疏漏在所难免，仅供研究者参考。

大陆学术界丘逢甲研究论著目录

1. 《先兄仓海行状》，丘瑞甲，一九一二年三月，载《岭云海日楼诗抄》一九一三年初版粤刊本等。

2. 《仓海先生墓志铭》，丘复，一九一二年三月，载《南社文丛》第四卷，后收入《诗抄》。

3. 《岭云海日楼诗抄·跋》，丘瑞甲，一九一三年秋，载《诗抄》一九一三年初版粤刊本。

4. 《丘逢甲传》，江山渊，一九一五年，载《小说月报》第六卷三号，后收入《诗抄》，更名《丘仓海传》。

5. 《丘逢甲传》，连横：《台湾通史》（下册），一九二〇年初刊，一九八三年，商务印书馆出版。

6. 《丘逢甲传》，一九三一年，广州《越华报》。

7. 《丘逢甲传》，一九三三年，广州《国华报》。

8. 《丘逢甲传》，一九三四年，《教育年鉴》，南京教育部编。

9. 《丘逢甲传》，一九三四年，载中山大学《文史月刊》（五）。

10. 《丘逢甲传》，罗香林，一九三四年，载中山大学文史研究所《月刊》第二卷第五期。

11. 《怙怀录》，丘琮：《仓海先生丘公逢甲诗选》附录，一九三五年。

12. 《仓海先生丘公逢甲年谱》，丘琮：《仓海先生丘公逢甲诗选》附录，一九三五年。

13. 《仓海公诗选跋》，载丘琮：《仓海先生丘公逢甲诗选》，一九三五年。

14. 《丘逢甲谋保台湾》，徐珂辑（清末），载中华书局一九五八年版《甲午中日战争文学集》，阿英编。

15. 《挥麈拾遗》，丘菽园（清末），载中华书局一九五八年版《甲午中日战争文学集》，阿英编。

16. 《五百石洞天挥麈》，丘菽园（清末），一八九八年刊于广州。

17. 《愿丰楼杂记》，丘复。（未刊手抄本）

18. 《念庐文存》，丘复。（未刊手抄本）

19. 《念庐诗话》，丘复。（未刊手抄本）

20. 《念庐诗集》，丘复。（未刊手抄本）

21. 《仓海先生遗稿序》，丘冬友，载《丘仓海先生文集》，一九四一年。

22. 《仓海先生遗稿跋》，丘冬友，载《丘仓海先生文集》，一九四一年。

23. 《丘逢甲和他的台湾诗歌》，谢晋康，载《羊城晚报》，一九五八年十一月十五日。

24. 《丘逢甲的对联》，潘联芳，载《羊城晚报》一九六〇年三月三日。

25. 《台湾爱国诗人丘逢甲的诗歌》，艾扬，载《成都晚报》，一九六二年九月十三日。

26. 《爱国诗人丘逢甲》，济华、雨桐，载《海江文艺》，一九七九年第二期。

27. 《血泪的诗篇，抗敌的号角——读爱国诗人丘逢甲的诗》，丘铸昌，载《中山大学学报》，一九七九年第一期。

28. 《从潮州到镇平——小记清末爱国诗人丘逢甲》，杨匡汉，载《解放日报》，一九八〇年二月三日。

29. 《山河终一统》，许宗元，载安徽《艺谭》，一九八〇年第三期。

30. 《台湾爱国诗人丘逢甲》，雨桐、济华，载《羊城晚报》，一九八〇年九月二日。

31. 《应该正确评价丘逢甲》，潘国琪，载《东岳论丛》，一九八一年第四期。

32. 《惠博行——罗浮山观摩台湾诗人丘逢甲锲石诗》，李松庵，载《广东政协》，一九八一年第五期。

33. 《不要忘记爱国志士丘逢甲》，沐兰，载《光明日报》，一九八一年九月一日。

34.《台湾爱国诗人丘逢甲》，任光椿，载《人民日报》，一九八一年十一月十二日。

35.《清末爱国诗人丘逢甲》，魏东海，载《梅江报》，一九八一年一月十一日。

36.《英雄故乡话沧桑》，徐放，载《梅江报》，一九八一年十月二日。

37.《念台精舍情思》，王华，载《梅江报》，一九八一年十月二十七日。

38.《丘逢甲先生轶事》，徐坤辉，载《梅江文艺》，一九八一年第五期。

39.《丘逢甲忆上杭诗简介》，文宾，载《上杭文化》，一九八一年第三期。

40.《丘逢甲是近代民族英雄》，丘有俊，载《上杭文化》，一九八二年第二期。

41.《台湾诗人丘逢甲的爱国诗》，吴世常，载上海《社会科学》，一九八二年第一期。

42.《丘逢甲咏怀台湾》，刘学照，收入《中国近代爱国者的故事》，一九八二年上海人民出版社。

43.《爱国志士丘逢甲》，张九洲等，载《河南师范大学学报》，一九八二年第二期。

44.《台湾爱国诗人丘逢甲》，梁文，载苏州大学《明清诗文研究丛刊》，一九八二年第一辑。

45.《爱国志士丘逢甲》，李景光，载《历史知识》，一九八二年第六期。

46.《爱国诗人丘逢甲及咏怀台湾的诗作》，刘学照，载江西《上饶师专学报》，一九八二年第二期。

47.《丘逢甲诗作中的爱国主义精神及其艺术特色》，丘铸昌，载《华中师范学院学报》一九八二年第一期。

48.《丘逢甲》，陈品珍、王志诚，载天津《历史教学》，一九八二年第十期。

49.《台湾省籍爱国诗人丘逢甲》，钟铸昌，载《人物》一九八二年第一期。

50.《爱国诗人丘逢甲》，徐坤辉，载《中国建设》，一九八二年第二期。

51.《致力于祖国统一事业的爱国志士丘逢甲》，汤国云，中共蕉岭县委、县人民政府编印，一九八二年。

52.《寄语台湾话统一——范寿康谈丘逢甲》，罗自苏，载《人民日报》，一九八二年十二月二日。

53.《大九州成大一统，书生原有觉民权——访丘逢甲淡定村故居》，丘铸昌，载《羊城晚报》，一九八二年四月二日。

54.《爱国诗人丘逢甲》，康群，载《河北日报》，一九八二年二月十四日。

55.《台湾爱国诗人丘逢甲》，郑海麟，载《广州日报》，一九八二年二月二十八日。

56.《〈春江〉诗与姚雨平》，丘晨波，载《南风》（广州），一九八二年第四十六期。

57.《丘逢甲营救姚雨平》，梁志，载《羊城晚报》，一九八二年五月二十一日。

58.《丘逢甲赠郑成功一副对联》，何国华，载《梅江文艺》，一九八二年第二期。

59.《丘逢甲和他的辞台诗》，陈国强，载《中国新闻》，一九八二年。

60.《读丘逢甲先生〈岭云海日楼诗抄〉》，黄海章，载《梅江文艺》，一九八二年第六期。

61.《读〈岭云海日楼诗抄〉有感》，赖仲昭，载《梅江文艺》，一九八二年第六期。

62.《兴宁近代教育的兴起——丘逢甲在兴宁办学》，陈爱，载《兴宁文艺》第二期。

63.《丘逢甲禁赌轶事》，何国华，载《梅江报》，一九八三年二月十二日。

64.《近代爱国先驱丘逢甲》，汤国云，《梅江报》，一九八三年二月十九日。

65.《毕生为台湾回归而奋斗的丘逢甲》，刘晓梅，载《羊城晚报》，一九八三年二月二十三日。

66.《丘逢甲及其诗歌》，杨桦，载广东《学术研究》，一九八三年第一期。

67.《戎马书生豪志在——清末台湾将领丘逢甲》，徐航，载《北京晚报》，一九八三年五月三十日。

68.《发扬丘逢甲的爱国精神》，胡耀华、刘星，载《羊城晚报》，一九八三年七月二十日。

69.《台湾抗日爱国志士丘逢甲》，李实，载《南方日报》，一九九三年八月八日。

70.《战血台澎心未死的丘逢甲》，唐豪，载《广东画报》，一九八三年第二期。

71.《丘逢甲的〈灵光寺晚眺〉》，赖雨桐，载《梅江报》，一九八三年七月三十日。

72.《丘逢甲的"家教"》，何国华，载《梅江报》，一九八三年九月十七日。

73.《丘逢甲的自书诗轴》，史树青，载《光明日报》，一九八三年九月二十四日。

74.《银烛鏖诗罢，夜夜梦台湾》，丘应才，载《南方日报》，一九八三年九月二十五日。

75.《丘逢甲年事小考》，路边草，载《嘉应师专报》，一九八三年九月二十五日。

76.《爱国志士丘逢甲》，汤国云，载《梅江文艺》，一九八三年第五期。

77.《爱乡之情，跃然纸上》，丘波、路边草，载《嘉应师专报》，一九八三年十月二十五日。

78.《十年如不死，卷土定重来》，汪松涛，载华南师范大学《语文辅导》，一九八三年。

79.《丘逢甲的复姓和改名》，徐博东，载《光明日报》，一九八三年十月二十九日。

80.《台湾志士丘逢甲和他的〈岭云海日楼诗抄〉》，连燕堂，载北京《学习与研究》，一九八三年第五期。

81.《近百年诗坛点将录》，钱仲联，载《中国近代文学研究》，一九八三年十一月第一辑，中山大学编，广东人民出版社出版。

82.《近代台湾爱国志士丘逢甲》，黄杨，载《台声》，一九八四年第一期。

83.《丘逢甲生平大事年表》，丘铸昌，载《华中师范学院学报》，一九八四年第四期。

84.《丘逢甲的教育思想和实践》，何国华，载《华南师范大学学报》，一九八四年第一期。

85.《试论丘逢甲的爱国主义思想》，张正吾、吴宏聪，载《中山大学学报》，一九八四年第四期。

86.《台湾爱国志士丘逢甲》，古凡，《老人报》，一九八四年十一月十六日。

87.《广州、梅县市和蕉岭县举行活动纪念台湾爱国志士丘逢甲诞辰一百二十周年》，古凡，《人民日报》，一九八四年十二月二十二日。

88.《蕉岭县纪念台湾爱国志士丘逢甲诞辰一百二十周年》，《人民日报》，一九八四年十二月二十九日。

89.《海岛风光民俗画，东宁史迹吟咏诗——评丘逢甲的〈竹枝词〉》，李廷锦，载《中山大学学报》，一九八四年第四期。

90.《试论丘逢甲的教育思想》，古岭新，载《中山大学学报》，一九八四年第四期。

91.《关于丘逢甲在台湾抗日的评价问题》，廖伟章，载《中山大学学报》，一九八四年第四期。

92.《关于丘逢甲生平中若干问题的考证》，徐博东，载中国社科院历史所编《中国历史大辞典通讯》，一九八四年第一、二期合刊。

93.《丘逢甲诞生一二〇周年》，杨奎章，载《人民日报》，一九八四年十二月五日。

94.《关于丘逢甲的籍贯》，胡安权，载《近代史研究》，一九八四年第四期。

95.《仓海先生精神不死》，吴庄，载《岭南文史》，一九八四年第四期。

96.《近代爱国先驱丘逢甲》，汤国云，载《岭南文史》，一九八四年第四期。

97.《散论丘逢甲的诗》，丘铸昌，载《岭南文史》，一九八四年第四期。

98.《丘逢甲〈台湾竹枝词〉校注》，罗可群，载《岭南文史》，一九八四年第四期。

99.《爱国志士丘逢甲》，何国华，载《广州研究》，一九八四年第五期。

100.《丘逢甲抗日保台：纪念丘逢甲诞辰一百二十周年》，史斌，载《广州日报》，一九八四年十二月十三日。

101.《逢甲的〈念台诗〉》，林运来，载《南方日报》，一九八四年十二月二日。

102.《为国为民，不图自了：丘逢甲岭东办学活动简说》，李景纲，载《嘉应师专学报》，一九八四年第一期。

103.《丘逢甲乙未保台事迹考》，戚其章，载广州《学术研究》，一九八四年第四期。

104.《爱国主义的强音：读丘逢甲〈岭云海日楼诗抄〉》，吴颖、许崇群，载广州《学术研究》，一九八四年第五期。

105.《关于〈创设岭东同文学堂〉缘起》，何国华，汤孟松，载广州《学术研究》，一九八四年第五期。

106.《甲午战争时期丘逢甲在台湾的抗日斗争》，关捷，《中日关系史论文集》，辽宁大学科研处，一九八四年。

107.《丘逢甲爱国思想的发展》，刘圣宜，载广州《学术研究》，一九八四年第六期。

108.《丘逢甲“挟款潜逃”辨讹》，徐博东，载广州《学术研究》，一九八四年第六期。

109.《廿载风尘两鬓丝，英雄心性由来热：论丘逢甲内渡后的生活、思想和诗作》，陈新伟，载《韩山师专学报》，一九八四年第二期。

110. 《丘逢甲在潮汕事迹作品述略》，吴颖、许崇群，载，《韩山师专学报》，一九八四年第二期。

111. 《甲午战后反割台斗争中的爱国志士丘逢甲》，黄杨、丘晨波，载《羊城晚报》，一九八五年一月九日。

112. 《兴学启民智以强中国：丘逢甲对我国教育事业的贡献》，史斌，载《广州日报》，一九八五年一月三十一日。

113. 《丘逢甲学术讨论会论点简介》，史斌，载《学术研究》，一九八五年第一期。

114. 《丘逢甲祖籍不在商丘》，李鸿生，载《学术研究》，一九八五年第一期。

115. 《中国近代杰出的爱国主义者丘逢甲》，戚其章，载《人民日报》，一九八五年一月二十一日。

116. 《杰出的爱国者、教育家、诗人：纪念丘逢甲诞辰一百二十周年》，杨应彬，载《南方日报》，一九八五年一月十日。

117. 《学习和发扬丘逢甲的爱国主义精神》，王致远，载《南方日报》，一九八五年一月十日。

118. 《丘逢甲〈台湾竹枝词〉初探》，罗可群，载《暨南大学学报》，一九八五年第二期。

119. 《丘逢甲在台任职考辨》，戚其章，载《汕头大学学报》，一九八五年第一期。

120. 《读〈岭云海日楼诗抄〉安徽新版》，许崇群，载《汕头大学学报》，一九八五年第一期。

121. 《丘逢甲乙未内渡考辨》，许崇群，载《汕头大学学报》，一九八五年第二期。

122. 《丘逢甲〈创设岭东同文学堂序〉考》，徐博东，《汕头大学学报》，一九八七年第一期。

123. 《论爱国志士丘逢甲》，徐位发、黄展人，载《暨南学报》，一九八五年第二期。

124. 《略论丘逢甲抗日保台》，李明，载《暨南学报》一九八五年第二期。

125.《晚年的丘逢甲是资产阶级革命派》，徐博东，载《学术研究》，一九八五年第二期。

126.《晚年的丘逢甲是维新派和立宪派》，郭汉民，载《学术研究》，一九八五年第二期。

127.《爱国诗人丘逢甲》，丘晨波、黄杨，载《广州文史资料》附刊《珠江艺苑》，一九八五年第一期。

128.《从一首佚诗看丘逢甲与日本人士的关系》，丘铸昌，载《华中师院学报》，一九八五年第四期。

129.《潮汕山水长在，仓海业绩永存：纪念丘逢甲诞辰一二〇周年》，蔡荣武，载《汕头文史》，一九八五年三月第二辑。

130.《廿载称知己，巍巍泰斗颜：记丘逢甲和温丹铭的交往》，温原，载《汕头文史》，一九八五年三月第二辑。

131.《爱国志士丘逢甲》（一～四），徐博东、明华，载《北京青年报》，一九八五年二月至四月连载。

132.《台湾诗人丘逢甲〈红楼梦〉诗》，李梦生，载《社会科学战线》，一九八五年第四期。

133.《抗日志士爱国诗人教育家丘逢甲》，蕉岭县纪念丘逢甲活动筹备委员会编，一九八四年十二月。

134.《黄遵宪与丘逢甲的友谊》，丘铸昌，载《岭南文史》，一九八三年第二期。

135.《试析丘逢甲诗歌的艺术特色及其诗歌理论》，黄志平、徐博东，《台湾研究集刊》（厦门大学）一九八七年第一期。

136.《丘逢甲研究》，吴宏聪、张磊主编，广东人民出版社，一九八六年十一月出版。

137.《丘逢甲传》，徐博东、黄志平著，时事出版社，一九八七年四月出版。

138.《丘逢甲评传》，丘铸昌著，广东人民出版社，一九八七年五月出版。

139.《丘逢甲与诗界革命》，张永芳，《辽宁师范大学学报》（社科版），一九九〇年第一期。

140.《丘逢甲“卷饷内渡”质疑》，汤国云、黄志平、徐博东，载《桂岭艺文录》，一九九一年十月，广东蕉岭县志办编辑出版。

141.《台湾爱国志士丘逢甲》，徐博东、黄志平著，河北教育出版社，一九九二年八月出版。

142.《新发现的丘逢甲“大忠祠记”》，蔡金才，《汕头特区报》，一九八八年八月二十日第四版。

143.《丘逢甲的教育思想与实践》，李鸿生、朱春燕，广州《学术研究》，一九九五年第二期。

144.《丘逢甲与日本》，赵春晨，广州《学术研究》，一九九五年第二期。

145.《纪念丘逢甲诞辰一三〇周年学术研讨会综述》，曾燕，广州《学术研究》，一九九五年第二期。

146.《论丘逢甲诗作中的“台湾意识”》，黄志平，《湖南教育学院学报》，一九九五年第四期。

147.《一宗地方乡绅密控丘逢甲重要档案史料的介绍与考证》，徐博东，《北京档案史料》，一九九五年第三期。

148.《丘逢甲传》，徐博东、黄志平著，时事出版社，一九八七年四月初版，一九九六年修订版。

149.《托物言志无限情：评丘逢甲的咏物诗》，李廷锦，《中山大学学报》，一九九五年第二期。

150.《游览山水情犹在，千秋笔铸爱国心：丘逢甲内渡后所写记游诗的特点》，古岭新，《中山大学学报》，一九九五年第二期。

151.《丘逢甲与乙未抗日保台运动》，戚其章，《社会科学研究》（四川），一九九六年第四期。

152.《丘逢甲乙未抗日保台若干问题之我见》，李祖基，厦门大学《台湾研究集刊》，一九九六年第四期。

153.《九龙还是汉家山》，黄志平，《湖南教育学院学报》，一九九七年第四期。

154.《百年国耻今朝雪，九龙还是汉家山》，黄志平，《台声》，一九九七年第八期。

155.《丘逢甲研究——一九八四至一九九六年专集》，吴宏聪、李鸿生主编，广东人民出版社，一九九七年。

156.《丘逢甲与康有为》，黄志平等，《厦门大学学报》，一九九八年第六期。

157.《丘逢甲内渡考》，戚其章，广州《学术研究》，二〇〇〇年第十期。

158.《丘逢甲和康咏的交往、唱和》，陈新伟，韩山师院学报，一九九九年。

159.《同一苍黄路，英雄识所归》，张筱琮，《韩山师范学院学报》，二〇〇〇年第四期。

160.《丘逢甲己亥港澳行探论》，赵春晨，《广州师院学报》，二〇〇〇年第六期。

161.《略论丘逢甲爱乡爱国精神的统一》，赖雨桐，《岭南文史》，二〇〇〇年第二期。

162.《少年才子丘逢甲》，邬和镒，《广州羊城晚报》，二〇〇二年十一月三日。

163.《〈丘逢甲集〉序》，钟敬文，《广州羊城晚报》，二〇〇二年一月十七日。

164.《喜读〈丘逢甲集〉》，丘铸昌，武汉长江日报，二〇〇二年四月三十日。

165.《爱国爱台，黄钟大吕》，陈斌华，北京《人民日报》海外版，二〇〇四年四月二十四日。

166.《丘逢甲诗之台湾情结》，许宗元，《光明日报》，二〇〇四年七月七日。

167.《蕉岭文史》第二十辑——纪念丘逢甲诞辰一百四十周年学术研讨会论文专辑，政协广东蕉岭县委员会编，二〇〇六年六月（内收海峡两岸文史学者研究丘氏的论文三十篇）。

168.《丘逢甲交往录》，丘铸昌，华中师大出版社，二〇〇四年十月。

169.《爱国志士浩气长存》，《广东历史文化行》，二〇〇五年第四十三期。

170.《丘逢甲的故事》，王华，花城出版社，二〇〇六年一月。

171.《岭云海日行踪》，汤国云编著，广东人民出版社，二〇〇六年六月。

172.《爱国精神昭日月，故乡犹在仰英风》，《梅州日报》，二〇〇六年十月二十七日。

173.《书香扑鼻，堪慰乡思——喜读〈岭云海日行踪〉》，黄志平，《梅州日报》，二〇〇七年六月二日。

174.《纪念丘逢甲诞辰一百四十五周年学术讨论会论文集》，广东中山大学、台湾逢甲大学合编，二〇〇九年十一月。

175.《国族至上，为民由己，自强不息——浅论丘逢甲祖孙三代对中华优秀传统文化的传承与实践》，黄志平、徐博东，《台湾研究》，二〇〇九年第六期。

176.《从培远堂联额看丘逢甲乙未内渡初期的心态与情志》，杨淑云，《大众文艺》，二〇一〇年第六期。

注：

（1）本目录仅限于收录研究丘逢甲的专著、论文、生平事迹介绍及回忆文字等；不包括涉及丘氏的有关论著、史料集、回忆录及文艺小说、电视文学剧本等。

（2）本目录不含港台及海外丘氏研究目录，大陆部分也因笔者涉猎所限，疏漏肯定难免。

（3）本目录所收文章截止于二〇一〇年六月。

台湾出版发表的有关“台湾民主国”和“乙未抗日”研究论著目录（部分）

一、有关台湾民主国

专著与资料集

1.《一八九五日军侵台图纪：台湾民主国抗敌实录》，杜晴惠编辑，天下文化出版，黎明图书总经销，1995 年第一版。

2.《台湾民主国的两位大总统》，茅钝着，香港华南书室，1949 年。

3.《台湾民主国国旗——历史调查研究报告》，许佩贤著，台湾博物馆，2007 年。

4.《台湾民主国的自主与溃散》，施家顺著，高雄：复文图书，1995 年 5 月。

5.《中日甲午战争一百周年学术研讨会与史料展览会论文集》，“国家建设文教基金会”编印，1994 年 8 月初版。

6.《攻台战记》，许佩贤译，台北：远流出版事业股份有限公司，1995 年初版。

7.《攻台见闻》，许佩贤译，台北：远流出版事业股份有限公司，1997 年初版。

8.《台湾前期武装抗日运动有关档案》，陈泽编，程大学译，台湾省文献委员会，1977 年初版。

9.《台湾民主国的自主与溃散》，施家顺，现代教育出版社，1984 年。

10.《台湾民主国之研究》，黄昭堂着，财团法人现代学术研究基金会，1991 年。

11.《礼密臣细说台湾民主国》，陈俊宏著，南天书局，2003 年 1 月初版。

12.《台湾民主歌》，陈宪国、邱文宪著，樟树出版社，1977 年 8 月初版。

13.《甲午中日战争文学集》，广雅出版有限公司编辑部编，广雅出版，1982 年初版。

14.《“台湾民主国”研究：台湾独立运动史的一断章》，黄昭堂日文原著，廖为智译，前卫出版，2006 年初版。

15.《黄虎旗的故事：台湾民主国文物图录》，李淑惠、李子宁、吴佰禄执行编辑，台湾历史博物馆筹备处，2002 年初版。

16.《日治时期文学作品所反映的台湾民主国形象》，洪博文著，2000 年。

17.《百年孤寂的台湾民主国》，羊恕著，麦田，1996 初版。

18.《台湾民主国之研究》，黄昭堂著，廖为智译，现代学术研究基金会出版，1993 初版。

19.《一八九五年“台湾民主国”的成立经过》，吴密察著，台湾大学历史系，1981 年。

20.《台湾民主国の研究：台湾独立运动史の一断章》（日文），黄昭堂著，东京大学，1970 初版。

博、硕士论文

1.《马关割台与乙未抗日之诗坛评议研究》，中国文化大学中山学术研究所，93 硕士/093PCCU0043004 研究生：王淳纯；指导教授：王晓波。

2.《光绪乙未之役与刘永福》，台湾成功大学历史学系，87 硕士/087NCKU0493003 研究生：谢佳卿；指导教授：梁华璜。

3.《日治时期文学作品所反映的台湾民主国形象》，台南师范学院乡土文化研究所，88 硕士/088NTNTC64200 研究生：洪博文；指导教授：吕兴昌。

期刊论文

1.《台湾民主国在台北》，廖汉臣著，《台南文化》，台南市文献委员会，1952 年 9 月。

2.《台湾民主国在台南》，绿珊盦著，《台南文化》，台南市文献委员会，1952 年 9 月。

3.《台湾民主国在台南二三事》（上），朱锋著，《台南文化》，台南市文献委员会，1952 年 9 月。

4.《台湾民主国在台南二三事》（中），朱锋著，《台南文化》，台南市文献委员会，1953 年 1 月。

5.《台湾民主国在台南二三事》（下），朱锋著，《台南文化》，台南市文献委员会，1953 年 6 月。

6.《乙未抗日杂记》，谢雪渔著，《台北文物》，台北市文献委员会，1960 年 3 月。

7.《台湾战争记》，吴质卿，收录于《近代史资料》第 3 期 1962 年。

8.《台湾乙未抗日死难五统领》，张雄潮，《台湾文献》17∶2，南投，台湾省文献委员会，1966 年 6 月。

9.《甲午战争前日本并吞台湾的酝酿及其动机》，梁华璜，《台湾文献》26∶2，南投，台湾省文献委员会，1985 年 6 月。

10.《乙未割台与日本兵遣送清文武官兵始末》，王世庆，《台湾风物》38∶2，台北县，台湾风物杂志社，1988 年 6 月。

11.《甲午战争与台湾》，林子候，《台湾文献》42∶3—4，南投，台湾省文献委员会，1991 年 12 月。

12.《乙未之役打狗的沦陷》，张守真，《史联杂志》第 24 期，高雄“中华民国”台湾史迹研究中心，1995 年 1 月。

13.《乙未征台日志》，早川直义，《史联杂志》第 25 期，高雄“中华民国”台湾史迹研究中心，1995 年 10 月。

14.《乙未之役刘永福议和始末》，张守真，《史联杂志》第 26 期，高雄“中华民国”台湾史迹研究中心，1995 年 11 月。

15.《乙未台湾史事探析》，吴密察，收录于《甲午战争一百周年纪念学术研讨会论文集》台北 台湾师范大学历史研究所、历史学系编印，1995 年。

16.《〈攻台战记〉与台湾攻防战》，吴密察，收录于许佩贤译《攻台战纪——日清战史・台湾篇》，台北 远流出版公司，1996 年 12 月，初版一刷。

17.《刘永福与乙未反割台运动》，黄秀政，收录于《甲午战争一百周年纪念学术研讨会论文集》，台北 台湾师范大学历史研究所、历史学系编印，1995 年。

18.《台湾民主国的官银票发行一百年》，曾泽禄，《台湾文献》47: 3，南投 台湾省文献委员会，1996 年 9 月。

19.《乙未之役黑旗军在打狗的表现》，张守真，收录于《台湾开发史论文集》台北“国史馆”，1997 年。

20.《日据初期台湾总督府的对外交涉——以收回四处通商港口之交涉为例》，陈文添，台湾总督府公文类纂专题研究论文单行本，南投，台湾省文献委员会，1998 年 11 月。

21.《巴克礼 宋忠坚——刘永福 逃亡》，前岛信次，《台湾时报》1936 年，台北，《台湾时报》发行所。

22.《巴克礼 宋忠坚——八重山舰 追迹》，前岛信次，《台湾时报》1936 年，台北，《台湾时报》发行所。

23.《巴克礼 宋忠坚——台南府恐怖 的一日》，前岛信次，《台湾时报》1936 年，台北，《台湾时报》发行所。

24.《刘永福》，木村秀岳，《台湾时报》，1937 年，台北《台湾时报》发行所。

25.《刘永福逃走始末》，雉刀草履，《台湾时报》，1937 年，《台湾时报》发行所。

26.《领台之后物情咏汉诗——华丽岛文学志》，松风子，《台湾时报》1940 年，《台湾时报》发行所。

27.《台湾民主国邮史外一章——台南官银票之收藏与分类》，黄明正，《邮史研究》，1989 年 4 月。

28.《台湾民主国与刘永福》，谢佳卿，《台湾文献》，1990 年 6 月。

29.《台湾民主国邮票》，林维绣，《少年台湾》，1991 年 8 月。

30.《台湾民主国风云》，陈俊豪，《少年台湾》，1991 年 10 月。

31.《抢救台湾的外交手段——台湾民主国》，陈俊豪，《少年台湾》，

1991 年 10 月。

32.《再谈台湾民主国邮票发行日期》，张敏生，《中国邮刊》，1992 年 8 月。

33.《台湾民主国两要角与法国渊源》，吴锡德，《历史月刊》，1992 年 10 月。

34.《从独立到日殖——论台南县五位文学家》，龚显宗，《国文学志》，1993 年 6 月。

35.《台湾民主国邮票之鉴别》，张敏生，《中国邮刊》，1993 年 8 月。

36.《台湾民主国在台南二三事》，朱锋，《文史荟刊》，1994 年 6 月。

37.《“历史”的建构与想象——以“台湾民主国”史事为例》，许旭辉，《台湾风物》，1994 年 9 月。

38.《1895 年清廷割台与台湾命运的转折》，黄秀政，台湾文献，1995 年 3 月。

39.《金鱼缸争夺战——台湾民主国与卫台之战的开始》，苏军玮，（未刊稿）。

二、有关乙未抗日

专著与资料集

1.《台胞抗日文献选编》，王晓波，台北，帕米尔书店，1985 年。

2.《台湾割让与乙未抗日运动》，黄秀政著，台北市，台湾商务印书馆，1992 年初版。

3.《台湾割让与乙未抗日运动》，黄秀政，台北，台湾商务印书馆，1996 年，二刷。

4.《三峡地区乙未抗日史料》，王天纵撰，台北市，1967 年。

5.《中华民族乙未抗日史导论》，曾乃硕撰，南投市，台湾文献委员会，1955 年。

6.《1895 年决战八卦山：乙未年抗日义军浴血风云录》，陈文德著，台北市，远流，1995 年，卷上；《孽海孤舟美丽岛》卷下，《乙未烟尘台湾魂》。

7.《光绪乙未战役麻豆镇抗日志士略传》，詹评仁，台南县麻豆镇，1989年。

8.《光绪乙未台湾的交割与保台》，梁华璜，高雄，庚子出版社，1974年。

9.《台湾抗日秘史》，喜安幸夫，台北，武陵出版社，1997年。

10.《乙未抗日史料汇编》，海峡学术出版社编，海峡学术出版社，1999年。

11.《乙未抗日运动的构成及其行动》，王炜煌撰，2005年。

博、硕士论文

1.《乙未抗日运动的构成及其行动》，中国文化大学、中山学术研究所，1994/硕士/093PCCU0043006 研究生：王炜煌；指导教授：王晓波。

2.《台湾割让与乙未抗日运动》，台湾师范大学历史研究所，1986/博士/075NTNU2493002 研究生：黄秀政；指导教授：林明德。

期刊论文

1.《殖民统治下的协力关系——以李春生为例 》，陈立家，《洄澜春秋》，2006年。

2.《乙未抗日的反思：该投降还是抵抗——陈映真先生〈文明和野蛮的辩证〉读后感》，张健丰，《海峡评论》，2006年6月。

3.《苗栗县公馆乡人——赖襄臣昆仲的乙未抗日事迹》，黄荣洛，《苗栗文献》，2001年3月。

注：（1）因客观资料所限，本目录只收集到台湾出版发表的有关论著的极少部分，敬希读者谅解；（2）本目录由台湾学者苏军玮协助搜集整理，特此感谢。

《丘逢甲传》出版后新闻媒体的报道和学术界的评论（部分）

（一）新闻媒体的报道

大陆第一部《丘逢甲传》出版

（中新社北京八月十八日电）最近，中国大陆第一部《丘逢甲传》出版。

我国台湾省籍著名抗日爱国志士、进步教育家和杰出诗人丘逢甲先生，是海峡两岸同胞都十分尊崇的历史人物。他毕生为了祖国的统一和繁荣昌盛奔走呼号，奋斗不息。近几年来，大陆学者在丘逢甲研究方面取得了丰硕成果，由徐博东、黄志平先生合作撰写的《丘逢甲传》已由时事出版社出版。该书由赵朴初题签，这是大陆出版的第一部丘逢甲传记。全书二十余万字，比较系统全面地记叙了丘逢甲一生感人的爱国业绩。

另悉，散失多年的丘逢甲先生早年在台湾自编的诗集《柏庄诗草》，最近也由中国友谊出版公司出版。这部诗集的手稿于一九八零年在台湾发现后，被丘氏后人重金购得，辗转寄回大陆。

——《中国新闻》一九八七年八月十九日

《丘逢甲传》在大陆首次出版

——散失多年的《柏庄诗草》手稿重印问世

（中新社北京八月十八日电）最近，中国大陆第一部《丘逢甲传》出版。

我国台湾省籍著名抗日爱国志士、进步教育家和杰出诗人丘逢甲先生，是海峡两岸同胞都十分尊崇的历史人物。他毕生为了祖国的统一和繁荣昌盛奔走呼号，奋斗不息。近几年来，大陆学者在丘逢甲研究方面取得了丰硕成果，由徐博东、黄志平先生合作撰写的《丘逢甲传》已由时事出版社出版。该书由赵朴初题签，这是大陆出版的第一部丘逢甲传记。全书二十余万字，比较系统全面地记叙了丘逢甲一生感人的爱国业绩。

另悉，散失多年的丘逢甲先生早年在台湾自编的诗集《柏庄诗草》，最近也由中国友谊出版公司出版。这部诗集的手稿于一九八〇年在台湾发现，被丘氏后人重金购得，辗转寄回大陆。

——《人民日报》（海外版）一九八七年八月十九日

大陆出版《丘逢甲传》

最近，由徐博东、黄志平合撰的大陆第一部《丘逢甲传》，由时事出版社出版。全书约二十万字，史料翔实，论述公允。特别值得提出的是，该书对于丘逢甲主谋筹建“台湾民主国”的真实情况，亦作出了较为客观公正的评价。

丘逢甲是近代中国历史上力谋抗日保台的爱国志士、清末有影响的教育活动家、著名的爱国诗人和资产阶级民主革命派的真诚朋友。

——《台声》杂志 一九八七年十一、十二期合刊

《丘逢甲传》首次出版

散失九十年的《柏庄诗草》重印问世。继《丘逢甲研究》之后，一部由徐博东、黄志平合撰的《丘逢甲传》在北京时事出版社出版。该书由著名诗人赵朴初题签，是大陆出版的第一部丘逢甲传记，填补了学术界近代史研究领域的一项空白。全书二十余万字，比较系统全面地记叙了丘逢甲一生感人的爱国业绩。既是一部有参考价值的学术专著，又是一部爱国主义教育的好教材。

丘逢甲于一八九二年创作并亲手编订的诗集《柏庄诗草》，在日军侵台的战乱中，没来得及刊行而散佚了近九十年的诗稿，于一九八〇年在台湾发现，由丘氏后人重金购得，辗转寄回大陆，最近也由中国友谊出版公司出版。

——《梅江报》（广东梅州市）一九八七年十月二十二日

《丘逢甲传》在京出版

（中新社北京八月十八日电）最近，中国大陆第一部《丘逢甲传》出版。

我国台湾省籍著名抗日爱国志士、进步教育家和杰出诗人丘逢甲先生，是海峡两岸同胞都十分尊崇的历史人物。他毕生为了祖国的统一和繁荣昌盛奔走呼号，奋斗不息。近几年来，大陆学者在丘逢甲研究方面取得了丰硕成果，由徐博东、黄志平先生合作撰写的《丘逢甲传》已由时事出版社出版。该书由赵朴初题签，这是大陆出版的第一部丘逢甲传记。全书二十余万字，比较系统全面地记叙了丘逢甲一生感人的爱国业绩。

另悉，散失多年的丘逢甲先生早年在台湾自编的诗集《柏庄诗草》，最近也由中国友谊出版公司出版。这部诗集的手稿于一九八零年在台湾发现后，被丘氏后人重金购得，辗转寄回大陆。

——《大公报》（香港）一九八七年八月二十一日

大陆出版《丘逢甲传》　徐博东　黄志平合撰

——详记其一生感人爱国业绩

（中新社北京十八日电）最近，中国大陆第一部《丘逢甲传》出版。

我国台湾省籍著名抗日爱国志士、进步教育家和杰出诗人丘逢甲先生，是海峡两岸同胞都十分尊崇的历史人物。他毕生为了祖国的统一和繁荣昌盛奔走呼号，奋斗不息。近几年来，大陆学者在丘逢甲研究方面取得了丰硕成果，由徐博东、黄志平先生合作撰写的《丘逢甲传》已由时事出版社出版。该书由赵朴初题签，这是大陆出版的第一部丘逢甲传记。全书二十余万字，比较系统全面地记叙了丘逢甲一生感人的爱国业绩。

另悉，散失多年的丘逢甲先生早年在台湾自编的诗集《柏庄诗草》，最近也由中国友谊出版公司出版。这部诗集的手稿于一九八〇年在台湾发现后，被丘氏后人重金购得，辗转寄回大陆。

——《华侨日报》（美国）一九八七年八月二十一日

（二）学术界的评论

朴实无华　翔实公允——评介《丘逢甲传》

郭汉民

徐博东、黄志平合著的《丘逢甲传》作为“台湾丛书”之一，已由时事出版社出版。该书是祖国大陆出版的第一本丘逢甲传记，反映了近年活跃起来的丘逢甲研究的最新成果，值得一读。

《丘传》共分五章，前四章以时间先后为序，把丘逢甲的生平活动和思想发展划分为四个阶段，每个阶段突出一个重点，条分缕析，据实铺陈，最后一章，则对丘逢甲诗歌创作成就和艺术特色作了深入评述。关于丘逢甲评价中的几个有争议的问题，诸如倡立“台湾民主国”的是非曲直和所谓“动摇逃跑”、“卷饷内渡”等问题，作者为之严正辩诬，撰写专门《考评》，放在后面的附录中。全书结构合理，眉目清晰，较好地反映了丘逢甲与时俱进的光辉一生，和催人奋发的爱国主义精神。在具体论述上，兼顾言行，寓论于述，风格朴实无华，评价翔实公允。书后的附录还收入了《丘氏五代简表》、《丘逢甲生平大事简表》、《丘逢甲诗文目录》和《丘逢甲研究论著目录》，给研究者检索资料提供方便。这是一本颇有价值的学术著作。

丘逢甲是以倡导抗日保台的爱国壮举而彪炳史册的，内渡之后，一本爱国夙志，致力教育，兴学育才，支持维新立宪，要求改革弊政，并随着时代潮流的演进，倾向资产阶级民主革命，是顺应时代需要、勇于弃旧图新的先进人物。且勤于创作，名震诗坛，为中华民族留下一份值得珍视的文化遗产，对于这样一位为国家民族作出过重大贡献的历史人物，理应进行较多的研究，给予充分的评价。遗憾的是，在较长的时间内，由于“左”的思想严重影响，丘逢甲的形象多被歪曲，丘逢甲研究几乎成了学术界的禁区，很少有人敢于问津。“文革”前，除了两三篇谈论丘氏诗歌联语的短文之外，连一篇评论其生平与思想的学术论文都没有。一九七八年之后，特别是进入八十年代以来，丘逢甲研究才受到人们的重视，这一研究热潮的兴起，对产生一部较高学术价值的丘逢甲传记提出了客观要求，同时也为它的产生准备了一定的条件。正是这种情况下，徐博东、黄志平二位同志认真汲取学术界已有的研究成果，努力挖掘新资料，进行了艰苦的探索，撰写出这部传记，填补了中国大陆近代史研究中的一项空白。从某种意义上可以说，他们做了一件很有价值的开拓性的工作。

丘逢甲研究虽然在大陆起步较晚，但在台湾却早已是个热门课题，且取得不少成果，出版了好几本记述丘逢甲生平的传记和年谱。在这个较高的起点上再前进一步是不容易的，既要吸收，更要创新。徐、黄二人当然注意到这些著作，并从中汲取过不少营养，诚如为该书作序的林增平所说，“是迄今较为翔实、揄扬较得体的丘逢甲传记，比起台湾出版的三本同类著作来说，明显的是后来居上。”平心而论，《丘传》确实体现了目前大陆丘逢甲研究的广度和深度，表明大陆学者起码与台湾同行已呈并驾齐驱之势。

以往有关丘逢甲的传记、行状、墓志铭等，大都属于“树碑立传”之作，浮现于人们眼前的只是一个表面的、孤立的、空泛的人物形象，缺乏历史感与现代感，任何历史人物不可能离开自己所处的时代和阶级，丘逢甲也是一样。他出生在资本帝国主义对华侵略日益扩大、清朝统治危机日益加深的年代。孤悬海外的台湾比内地更深切地感受到这种危机。丘逢甲自幼所接受的传统教育，使他走上了封建士子科举仕进的道路，并且一帆风顺，连捷进士，但爱国世家的感染、台湾人民强烈民族意识的熏陶，对朝政的失望以及较早地接受西方影响等，又促使他在受任工部主事之后毅然弃官返台，致力于讲学育人，开启民智。甲午战争的急风骤雨，把他从书院的讲坛推到抗日保台的前沿阵地。然而，大局已定，无力回天。“义不臣倭”的丘逢甲只好内渡，返回故里。此后，丘逢甲和他同时代的进步人士一样，面临着两次重大的历史转折和严峻考验。一次是变法维新，一次是辛亥革命。本来，台湾的割弃，家国的破碎，使他对腐败的清廷满怀积愤与幽怨，“欲觅山林寄此身”。然而，复土雪耻的强烈愿望，仍然把他与祖国的兴亡紧紧联系在一起，期待清政府变法维新，奋发图强。当变法维新浪潮日渐高涨之时，他成了这一革新运动的热情支持者。政变发生后的“自强不息”，坚定地选择了教育救国的道路，支持光绪与康梁维新派。二十世纪的最初十年，资产阶级革命浪潮逐渐高涨，丘逢甲再一次面临着考验。尽管他曾寄希望于清廷的和平“改革”，对革命党人的态度有所保留，然而当他认清清廷腐败至极而革命即将爆发的时候，就坚定不移地转向支持革命，并为之鞠躬尽瘁，死而后已。《丘传》的显著特色之一就是能紧扣时代、环境和丘氏个人的生活实践，较为深刻地揭示出其爱国思想的形成、发展和升华的过程，力图阐明丘氏思想的矛盾及其变化，乃是时代、社会的复杂矛盾和新旧思想斗争及其消长过程的折射和反映，从而避免了简单化和表面化，使历史人物富有时代感和历史感，给读者以启迪。

《丘传》的特色还在于它写出了丘逢甲鲜明的思想个性。丘逢甲是出生在台湾的爱国志士，又是一个杰出的诗人。他那脍炙人口的《台湾竹枝词》，表现了青少年时期的丘逢甲即怀有热爱台湾、热爱祖国的炽烈感情。后来弃官从教、服务桑梓；组织义军，抗日保台，就是这种诚挚而热烈的爱乡爱国思想感情的发展和反映。他之所以支持维新、襄助革命，都是与期望祖国强盛、复土雪耻密切相关的。

他榜其庐为“念台”，其子丘琮命字“念台”，临终留下的遗言仍是“葬须南向，吾不忘台湾也!”他写了许多催人泪下、也使人感奋的痛台诗、梦台诗、念台诗，坚信台湾一定能够回归祖国，一个统一、独立、光明的新中国必将屹立于世界民族之林。“重完破碎山河影，与结光明世界缘”。正是这种爱台忧国的思想情怀，使他能在故土沦陷、身世飘零的哀痛中抬起头来，透过祖国上空的阴霾迷雾，从历史与现实中去寻觅民族精神的闪光，在揭露满目疮痍的社会现实的同时，积极探索中华民族的光辉未来，这既不同于叱咤风云的革命家，也不同于血染疆场的将士，更不同于出生入死的侠客式人物，但赤忱爱国却是共同的。《丘传》既写了丘逢甲与其同时代爱国志士的共性，又把他与时俱进的共性寓于爱台忧国的个性中，着重写其个性，较好地反映了丘逢甲之所以为丘逢甲的那些思想特色，从而避免了脸谱化、概念化，使历史人物富有立体感和真实感。

传记的第三个特色是资料丰富、治史严谨，具有较强的科学性，一部成功的传记必须详尽地占有材料，并对之进行认真地鉴别、考订，这是公允评价人物的基础。应当说，《丘传》的作者在这方面是颇下了一番工夫的。他们征引的资料相当丰富，既充分利用了海峡两岸和港澳地区乃至东南亚和日本已刊的大量资料，也发掘了不少鲜为人知的未刊史料，像未刊诗文稿和《丙午日记》等，尽管不完整，但十分宝贵。在鉴别材料方面，作者也做了许多工作，订正了不少讹误。例如，一九〇六年丘逢甲在广州的任职问题，不少论者称丘被聘为“两广学务处视学”或“两广学务公所参议”，《丘传》依据丘逢甲未刊《丙午日记》和丘复《念庐居士岁记》（未刊稿），认为上述记载不确，应为“两广学务公所议绅和惠、潮、嘉视学员”。又如，不少论者称：“丘逢甲得悉黄花岗起义失败，急忙从乡间赶回省城，不顾个人安危，设法营救。”这类溢美之词虽然有助于把丘逢甲塑造成一个“自觉的革命者”，但因与事实不符，而为《丘传》所指正。作者经过考查，认为一九一一年二月六日丘逢甲父亲去世，当时他正好在乡度假，编辑其内渡后的诗稿《岭云海日楼诗抄》，“至阳历四月上旬，因粤省当局屡电来召，遂节哀动身返穗视事”，并非特意赶回省城设法营救起义志士。再如丘逢甲参加南京代表会议期间曾冒雪游历明孝陵，写下了“郁郁钟山紫气腾，中华民族此重兴；江山一统都新定，大纛鸣笳谒孝陵”等光辉诗篇，作者在叙述这一史事的同时，在相应的注释中写道：“不少论者云丘逢甲随同孙中山先生等拜谒明孝陵，此说不确。孙中山谒明孝陵为二月十五日，其时，丘逢甲已告病南归，卧病镇平山居。因此，丘拜谒明孝陵当在一月中上旬，属个人单独行动。”根据笔者最近所看到的材料。丘氏《谒明孝陵》四首最初发表于一九一二年一月十一日的上海《民立报》上，寄稿人叶菊生在“附识”中说：“仙根先生，学问文章，海内推重，其近体诗尤擅胜场，今以奉使来宁，游踪所至，句满奚囊，友人以先生近作数首见示，……亟录以贻同好……”可见《丘传》对丘氏谒明孝陵时间的判断大致上是准确的。这样的例子还可以举出许多，兹不赘述。

更可贵的是，作者经过慎重的审查和考订史料之后，本着实事求是的精神，勇于修正乃至否定自己过去某些不够成熟的看法。《丘传》作者之一徐博东过去曾认为丘逢甲自一九〇六年后就转变成为资产阶级革命派，当时依据的多是后人一些并不完全确切的回忆。两年前在丘氏学术讨论会上，还就丘逢甲晚年的政治倾向和思想转变问题与笔者进行过有益的争论。如今笔者仔细拜读《丘传》，颇获教益，同时也发现在关于丘氏是否参加过同盟会，是否营救过革命党人姚雨平，是否特意赶回广州营救黄花岗起义志士，一九〇六年后是否已完成了向资产阶级革命派的转变问题上，作者已经改变了原先的看法，将晚年的丘逢甲作为“革命民主派的朋友”来论述，对丘的思想矛盾与演变作了比较翔实和中肯的分析。讲丘逢甲暗护革命党人，力促广东独立的功绩，据实而论，不加溢美之词；讲丘逢甲思想的矛盾、局限和他对革命党人策划武装暴动所持的保留甚至反对的态度，秉笔直书，不为隐讳之笔。从而较为真实地恢复了丘逢甲作为那个特定时代历史人物的本来面目。

当然，《丘传》并非十全十美，由于史料不足，（一）对某些问题，如丘氏倡立“台湾民主国”、在台北后路和台中地区领导义军抗日的情况以及辛亥广东光复中的具体活动，交代就不很清楚。丘逢甲辛亥赴宁后的活动，记载也嫌含混，仅据台湾《传记文学》的一条材料，就说他出席过各省代表会议投票选举孙中山为临时大总统，似缺乏佐证。（二）丘氏注意向西方寻找真理，但传统的儒家思想文化即当时所谓的“国粹”，仍深深地影响着他，对于这后一方面，《丘传》虽有所涉及，但未能予以足够的论述。（三）此外，《丘传》前后文风也有差异，某些文字还有精心润饰的必要。（四）附录中的《丘氏研究论著目录》未能将港台部分收入，也属美中不足。当然，这些与传记的著述特色相比，自是些许微疵罢了。

——《近代史研究》一九八八年第三期

《丘逢甲传》简评

潘国琪

徐博东、黄志平合著的《丘逢甲传》（以下简称《丘传》），最近已由时事出版社出版。这是大陆第一部全面介绍和评价丘逢甲的学术著作。

丘逢甲是台湾省籍著名的爱国志士和杰出的诗人。他一生为捍卫祖国统一、振兴近代教育和辛亥革命做出过很大贡献。对这样一位重要的历史人物，过去，史学界很少研究，即使偶有涉及，评价也颇不公允。我认为，对丘逢甲真正进行深入研究，是从中共十一届三中全会以后才开始的，《丘传》的问世，就是其中的一个突出的成果。

《丘传》对丘逢甲的评价，比较准确地把握了这样两点：其一，扬其功而不护其短。关于对丘逢甲在一八九五年抗日保台期间主谋筹建“台湾民主国”一事，是应该肯定、赞扬？还是应该批评、否定？这是关系到能否正确评价丘逢甲的一个关键问题。过去有的论者，指斥“民主国”是“分裂主义”的产物，并由此而一笔抹掉丘氏在抗日保台斗争中的重要地位和作用。但《丘传》不囿于陈言，它以翔实可靠的史料为依据，认真分析当时的历史环境，认为“民主国”的实质，“是在特殊历史条件下被迫建立起来的一种地方性临时抗日政权”。它在维系人心、稳定局势、组织抗日力量、打击日军侵略气焰等方面，都发挥了重要作用。因此，“民主国”的建立，不是什么“分裂主义”，而是一个保卫国土的爱国举动。同时，《丘传》又不为贤者讳。如对丘逢甲浓厚的尊孔思想以及他对待义和团运动的错误态度等等，都一一予以批评。其二，不苛求，也不拔高。举例说，过去有些论者，对于丘逢甲一八九五年兵败内渡之举严加抨击，责之为“动摇逃跑”。《丘传》对此详加辨析，认为丘逢甲和唐景崧不同，他不是不战而逃，而是和刘永福相似，是在倡谋自主保台，继而率部与日军浴血奋战均告失败，处于兵溃无援、无法立足的困境之下，才被迫饮恨内渡的。所以，给丘氏扣上“动摇逃跑”的帽子，是不公正的，作者指出，那种“非战死不英雄”的观点，未免过苛于古人，难以令人信服。同时，《丘传》在肯定丘氏一生功绩时，并不任意美化他的形象。例如，它对丘逢甲晚年能顺应时代潮流，由支持改良到倾向于帮助民主革命，给予了很高评价，认为这是他爱国思想在新的条件下质的飞跃，是他一生政治生活中的重大转变，但又并未由此而将他拔高为一个民主主义革命者。相反，对他那时仍未能和立宪派真正彻底决裂等不坚定的表现，都给予了严肃批评，加以否定。

《丘传》写作历时四载，作者多方收集，阅读了大批文集、报刊、传略、年谱、方志及回忆录等；并前往丘逢甲活动过的岭南地区进行调查、访问，获得了第一手材料，尤为难得的是，书中还引用了由丘氏后人提供的不少未刊手稿，这对作者全面评价丘氏，推翻种种有悖事实的陈说，提出自己的新见，至为重要。比如，关于丘氏“卷饷内渡”之说，沿袭已久，似成定论。《丘传》经过对大量史料的考证，确定此实系叛将吕赓虞的诬蔑之词，殊不足信，应予推翻。

《丘传》编写上也还存在一些不足之处。如个别章节行文稍嫌枝蔓，有些史料引用多有重复等，希望将来能得到改进。《丘传》的出版，受到海峡两岸史学界的重视和广大读者的欢迎。足见它是一部颇有价值的成功之作。

——《人民日报》（海外版）一九八七年十二月二十日

（注：该评原载《人民日报》一九八七年十二月十四日）

大陆第一部介绍丘逢甲的学术著作

——《丘逢甲传》出版

潘国琪

徐博东、黄志平合著的《丘逢甲传》，最近已由时事出版社出版，这是大陆第一部全面介绍和评价丘逢甲的学术著作。

我国台湾省籍著名抗日爱国志士、进步教育家和杰出诗人丘逢甲先生，是海峡两岸同胞都十分尊崇的历史人物。他出生于晚清，经历了中法战争、中日甲午战争、戊戌变法和辛亥革命的不平凡岁月，可谓历尽沧桑。《丘逢甲传》真实地再现了丘氏的一生，对他在一八九五年抗日保台斗争中的贡献、振兴近代教育的成就和支持辛亥革命的事迹等，都作了详尽而生动的记叙。

《丘逢甲传》以历史唯物主义为指导，以翔实可靠的史料为依据，公允切当地评价了丘逢甲的功过是非。如对他主谋筹建的“台湾民主国”，究竟是“分裂主义”的产物，还是保国卫土的爱国举动？将他一八九五年兵败内渡说成“动摇逃跑”，究竟是公正之论，还是苛责之言？所谓“卷饷内渡”是确有其事，还是诬蔑不实之词？书中都一一详加辨析，恢复了事物的本来面目。

《丘逢甲传》二十余万字，正文共五章，前四章从纵向着笔，从容地勾画了丘逢甲爱国主义思想发展的轨迹；第五章从横向落墨，综合归纳了丘氏诗歌的内容和艺术特色。全书结构严谨而富于变化。书后有问题考评、生平大事年表、诗文目录、研究论著索引等五个附录，可供研究者参考。

——《北京师范大学学报》一九八七年第六期

原版后记

一、本书写作历时四载，先由黄志平起草了一个约七万字的初稿，后经徐博东重定章节，在初稿基础上加以扩充、补正。第一至第四章及附录部分的《大事简表》由徐负责起草；第五章、结束语及附录的其余部分由黄负责起草。尔后，两人多次共同商讨修改，数易其稿。最后由徐通阅全书，负责定稿。

二、本书写作得到丘逢甲嫡孙丘应枢和侄孙丘晨波的大力支持，他们给作者提供了不少珍贵的丘氏未刊手稿及海外亲友辗转寄来的一批宝贵资料。丘晨波同志始终关心本书的写作，仔细审读全部书稿，提供了许多重要意见，核对了若干具体史实。

本书写作还得到许多前辈、专家和同行的指导、鼓励和帮助。广东社会科学院王致远院长及中央人民广播电台离休老干部徐森源同志，抽空、带病审阅书稿，指导写作；著名书法家赵朴初先生，欣然命笔为本书题签；中国近代史专家、湖南师范大学校长林增平教授和山东社会科学院历史研究所戚其章研究员，在百忙中抽空审读了全书的内容提要，给予了热情的鼓励和指导，并为本书撰写序言。此外，福建师范大学历史系王民、北京大学历史系徐万民、北京图书馆张明华、中国第一历史档案馆李守郡、中国社会科学院近代史研究所刘丽、广东潮州韩山师专陈新伟、汕头工艺品进出口公司蔡荣武等同志，以及中共广东蕉岭县委、县委统战部、台办、县文化局和丘逢甲陈列室、广东梅县市博物馆、中国新闻社广东分社等单位的有关领导，都曾为本书的写作给予过大力支持，协助搜集资料或提供图片，谨在此一并表示诚挚的谢意。

三、本书吸收了海峡两岸学者丘逢甲研究的许多重要成果，但由于篇幅所限，未能一一注明，在此表示歉意；囿于我们的学识水平和资料条件，本书肯定存在不少缺点和疏误，亟盼广大读者、专家给予批评指正。

四、本书的出版，如果对推动海峡两岸的丘逢甲研究、对当前正在深入进行的爱国主义宣传教育和祖国统一的伟业能够起到一点点作用的话，那将是我们最大的欣慰！

五、在本书出版之际，我们热切地盼望着海峡两岸的丘逢甲研究工作者能够早日欢聚一堂，交流心得、交换资料，以促进丘氏研究进一步推向深入。

徐博东　黄志平

一九八六年三月于北京

修订版后记

本书自一九八七年由时事出版社首版发行以来，业已过去八个年头了。作为中国大陆出版的第一部丘逢甲传记，受到海内外舆论的重视和海峡两岸学术界前辈、同仁的肯定与鼓励，在此，作者表示深切的谢意。

丘逢甲先生是台湾学术界竞相研究的历史人物，有关著述颇丰，散见于各种报章杂志上的评价文章不计，仅举其较著者，至少有郑喜夫编撰的《民国丘仓海先生逢甲年谱》、蒋君章等著《丘逢甲的一生》、郭兆华著《丘逢甲先生的生平》、丘秀芷著《剖云行日——丘逢甲传》、曾养甫著《丘逢甲事略》等多部著作出版问世，产生了较大的影响。相形之下，由于种种原因，大陆学术界对丘逢甲的研究却起步较晚，八十年代以前只有少数几篇评析丘诗的文章问世。但是进入八十年代以后，特别是围绕着一九八四年十二月在广东首次举行全国性的纪念丘逢甲诞辰一二〇周年学术讨论会，大陆学术界掀起了一股丘逢甲研究热潮，涌现出一批较有学术价值的研究论文（请参见本书附录五）。此前，上海、安徽还分别出版了重新标校的丘逢甲诗集《岭云海日楼诗抄》（分别由丘铸昌、黄杨主校），广东出版了《丘逢甲诗选》（李树政选注）等。首版《丘逢甲传》就是在广泛参考、吸收了海峡两岸学者上述学术成果，融汇了自己的研究心得，并充分利用了许多新发掘的珍贵史料，考证了若干讹误的基础之上撰写出来的。因此，应该说，《丘逢甲传》得以出版问世，乃是海峡两岸学术界共同努力的结果，决非作者个人的能力可以济事的。

拙著《丘逢甲传》自一九八七年问世以来，学术界又相继出版了一批有关丘氏的著作，如由黄杨（即黄志平）、丘晨波校点的丘氏早年诗集《柏庄诗草》、丘铸昌著《丘逢甲评传》、徐博东与黄志平合著《台湾爱国志士丘逢甲》和丘晨波主编的《丘逢甲文集》等；一九九四年十二月，在广东梅州市举行的首次有海峡两岸学者参加的“纪念丘逢甲诞辰一三〇周年学术讨论会”上，又有一批学术论文发表，丘逢甲研究得以进一步深入开展。《丘逢甲传》（修订版）即是以一九八七年时事出版社出版的《丘逢甲传》为底本，吸收利用了近几年来，学术界丘氏研究的最新成果加以修订而成的。全书框架和基本观点没有什么变化，只是对一些史实上的明显讹误作了订正，并补充了一些新发现的重要史料，许多地方在文字上也作了技术性的处理，以期能反映出当前海峡两岸学术界在丘逢甲研究方面的基本面貌。但限于资料条件和作者的学识水平，书中许多地方仍感明显不足，疏误也肯定在所难免，敬希海峡两岸文史界前辈、同仁和广大读者继续不吝赐教。

今年是马关割台和台湾人民反割台斗争一百周年，同时也是抗日战争胜利和台湾光复五十周年，此时此刻，我们愈加缅怀爱国先贤丘逢甲先生，谨以本书的出版以资纪念！

正值本书紧张修改之际，作者接获台湾逢甲大学的邀请函，盛情邀请我们于一九九六年三月赴台参加该校首次举办的“丘逢甲与台湾历史文化学术研讨会”；与此同时，又欣闻财团法人台北市逢甲大学校友文教基金会发起“纪念丘逢甲先生研究”征文活动，向海内外华人广泛征集记叙丘逢甲先生生平事迹的文章。这些有益的活动，必将进一步推动丘逢甲研究的深入开展，有助于弘扬丘逢甲先生的爱国爱乡精神和高贵品格，作者将不揣翦陋，撰文应征，并热切期待着能顺利赴台，出席明春在逢甲大学举行的盛会，以便和台湾同行欢聚一堂，共同切磋，领受教益。

在本书出版之际，令作者倍感难过的是，曾为本书写作给予过很多鼓励和指导的徐森源先生（徐博东先父），以及为本书原版作序的林增平教授已先后病逝，永远离开了我们，在此，我们表示深切的哀悼！

最后，感谢台盟中央主席团主席、全国人大常务委员会常委蔡子民先生在百忙中为本书作序。

徐博东　黄志平

一九九五年八月于北京

图书在版编目（CIP）数据

丘逢甲传／徐博东，黄志平著．—增订本．—北京：九州出版社，2011.5 重印

ISBN 978-7-5108-0740-4

Ⅰ.①丘… Ⅱ.①徐… ②黄… Ⅲ.①丘逢甲（1864～1912）-传记 Ⅳ.①K827=52

中国版本图书馆 CIP 数据核字（2010）第 218798 号

丘逢甲传（增订本）

作　　者	徐博东　黄志平　著
出版发行	九州出版社
出 版 人	徐尚定
地　　址	北京市西城区阜外大街甲 35 号（100037）
发行电话	（010）68992190/2/3/5/6
网　　址	www.jiuzhoupress.com
电子信箱	jiuzhou@jiuzhoupress.com
印　　刷	三河市东方印刷有限公司
开　　本	720 毫米×1020 毫米　16 开
印　　张	20　彩插　1
字　　数	330 千字
版　　次	2011 年 2 月第 1 版
印　　次	2011 年 5 月第 2 次印刷
书　　号	ISBN 978-7-5108-0740-4
定　　价	68.00 元